AF536339

IMPRESSUM

Gerhard Puhlmann
Die Stalinallee
1. Auflage – Berlin: Berlin Story Verlag 2022
ISBN 978-3-95723-190-1

Leuschnerdamm 7, 10999 Berlin
UStID: DE276017878
AG Berlin (Charlottenburg) HRB 132839 B
www.BerlinStory.de, E-Mail: Service@BerlinStory.de
Umschlag: Kerstin Hülsebusch-Pfau
Satz: Kerstin Hülsebusch-Pfau (Nachauflage)

WWW.BERLINSTORY.DE

DIE STALINALLEE

NATIONALES AUFBAUPROGRAMM 1952

WWW.BERLINSTORY.DE

Gerhard Puhlmann

DIE

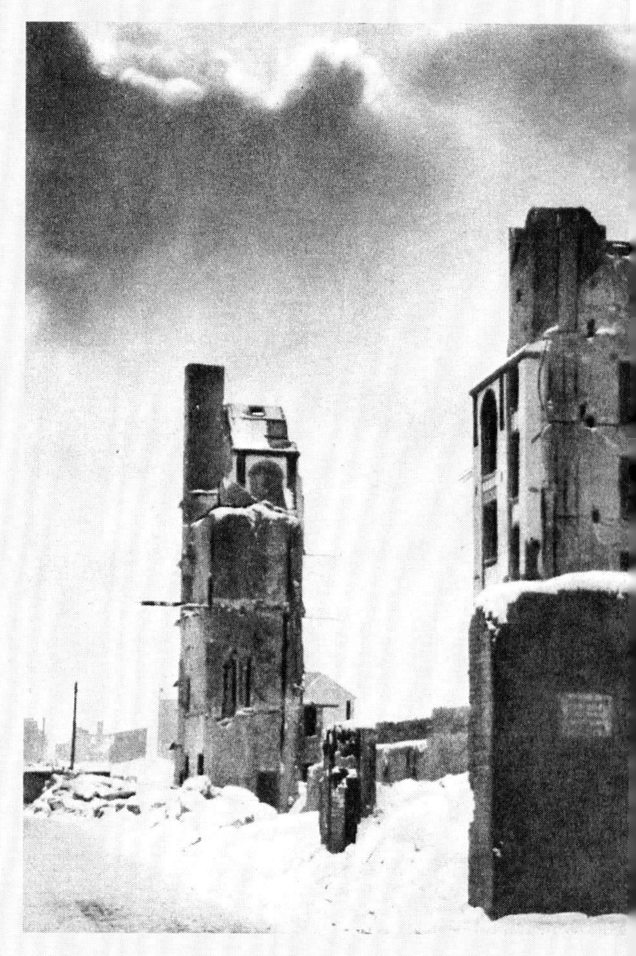

STALINALLEE

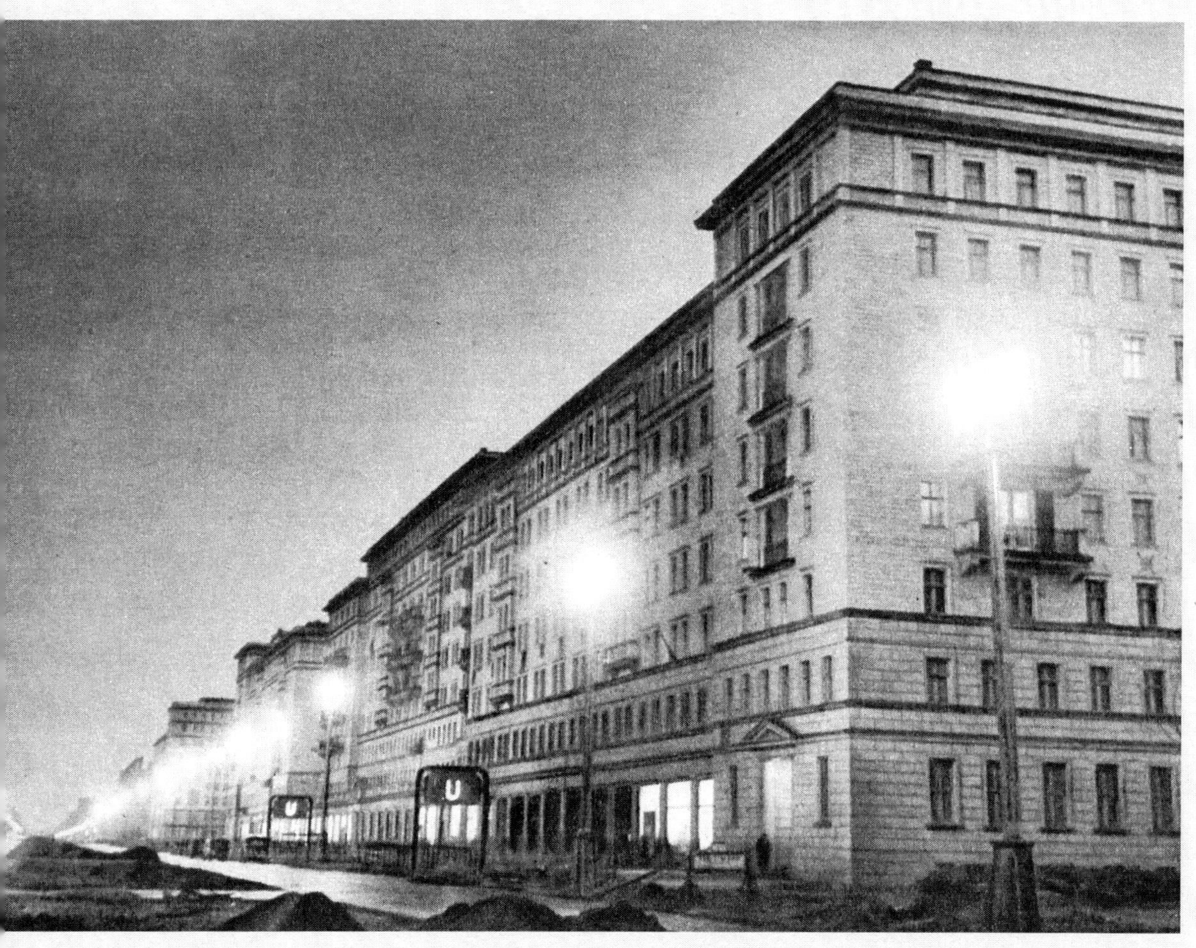

NATIONALES AUFBAUPROGRAMM 1952

Inhaltsverzeichnis

MIT DER
VOLKSBEWEGUNG
FÜR DAS
NATIONALE AUFBAUPROGRAMM
BERLIN 1952
BEGINNT EIN NEUER ABSCHNITT
IN DER GESCHICHTE
DES BEFREIUNGSKAMPFES
UNSERER NATION

JEDER DEUTSCHE
SOLL MIT STOLZ SAGEN KÖNNEN
DASS ER
DABEIGEWESEN IST

Aus dem Aufruf des Nationalen Komitees für den Neuaufbau der deutschen Hauptstadt an die Deutschen in Ost und West

DAS NATIONALE AUFBAUPROGRAMM

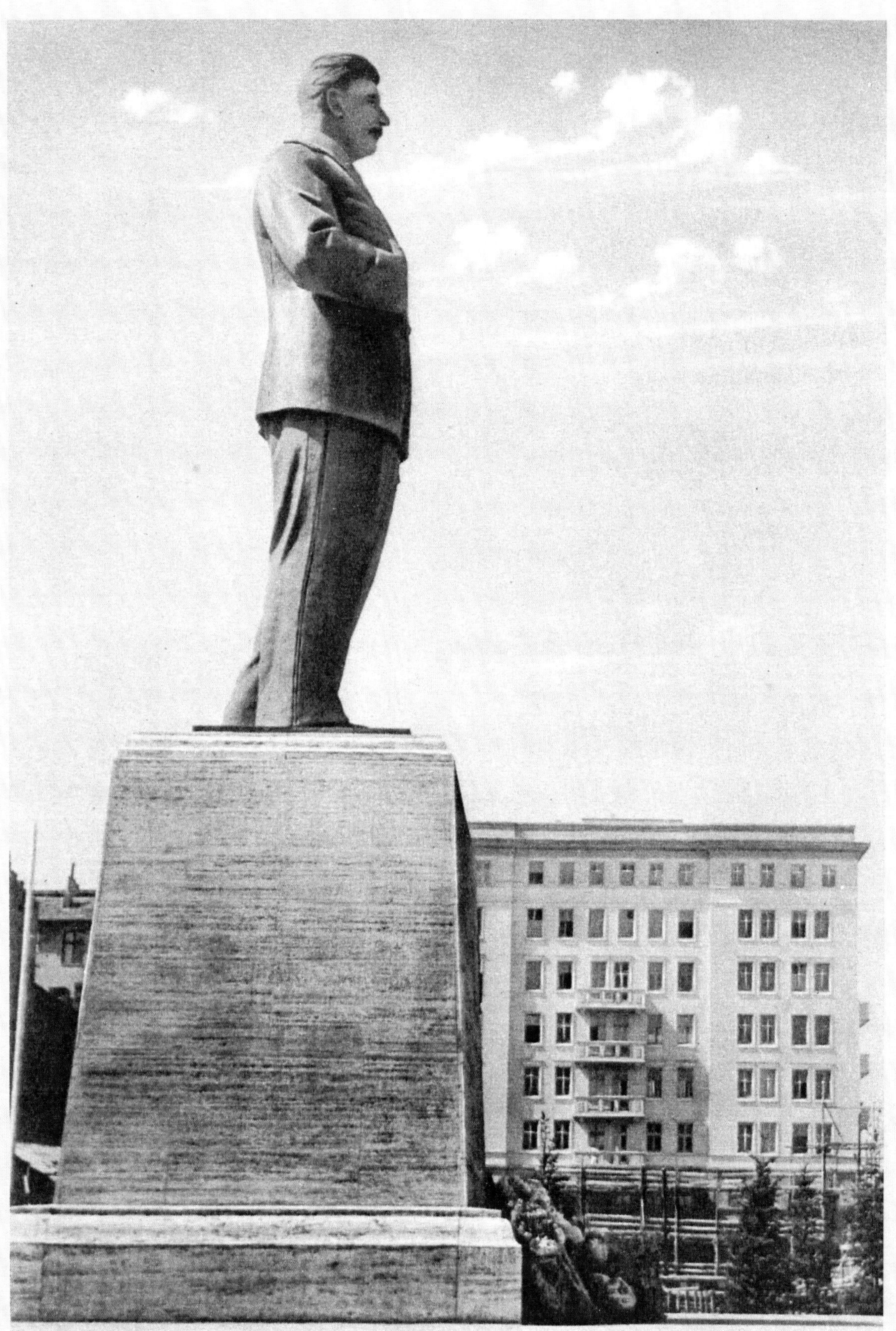

Josef Wissarionowitsch Stalin, der große Freund des deutschen Volkes

Sein Denkmal erhebt sich gegenüber der Deutschen Sporthalle

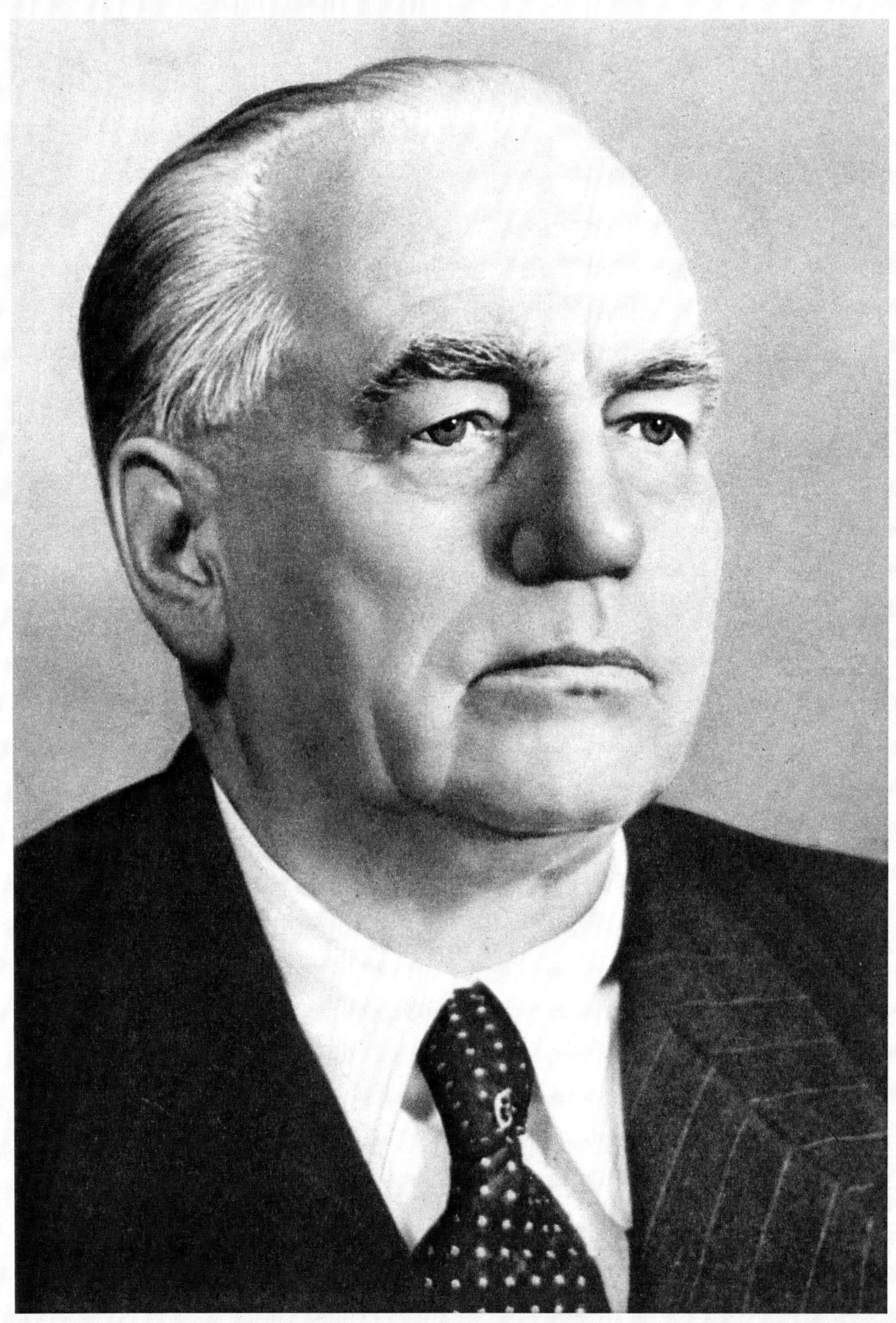

Wilhelm Pieck, Präsident der Deutschen Demokratischen Republik

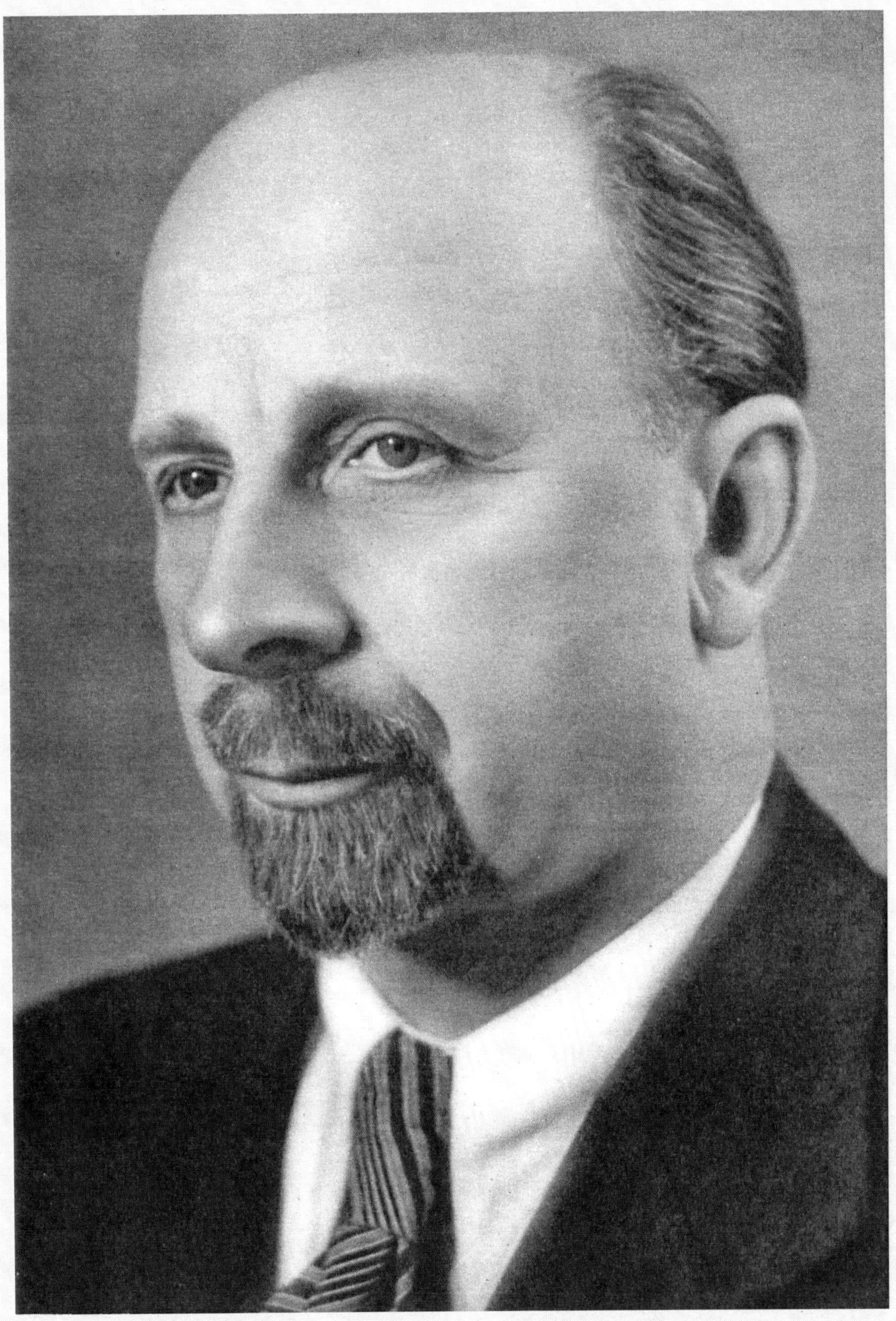

Walter Ulbricht, Stellvertreter des Ministerpräsidenten, Erster Sekretär des ZK der SED

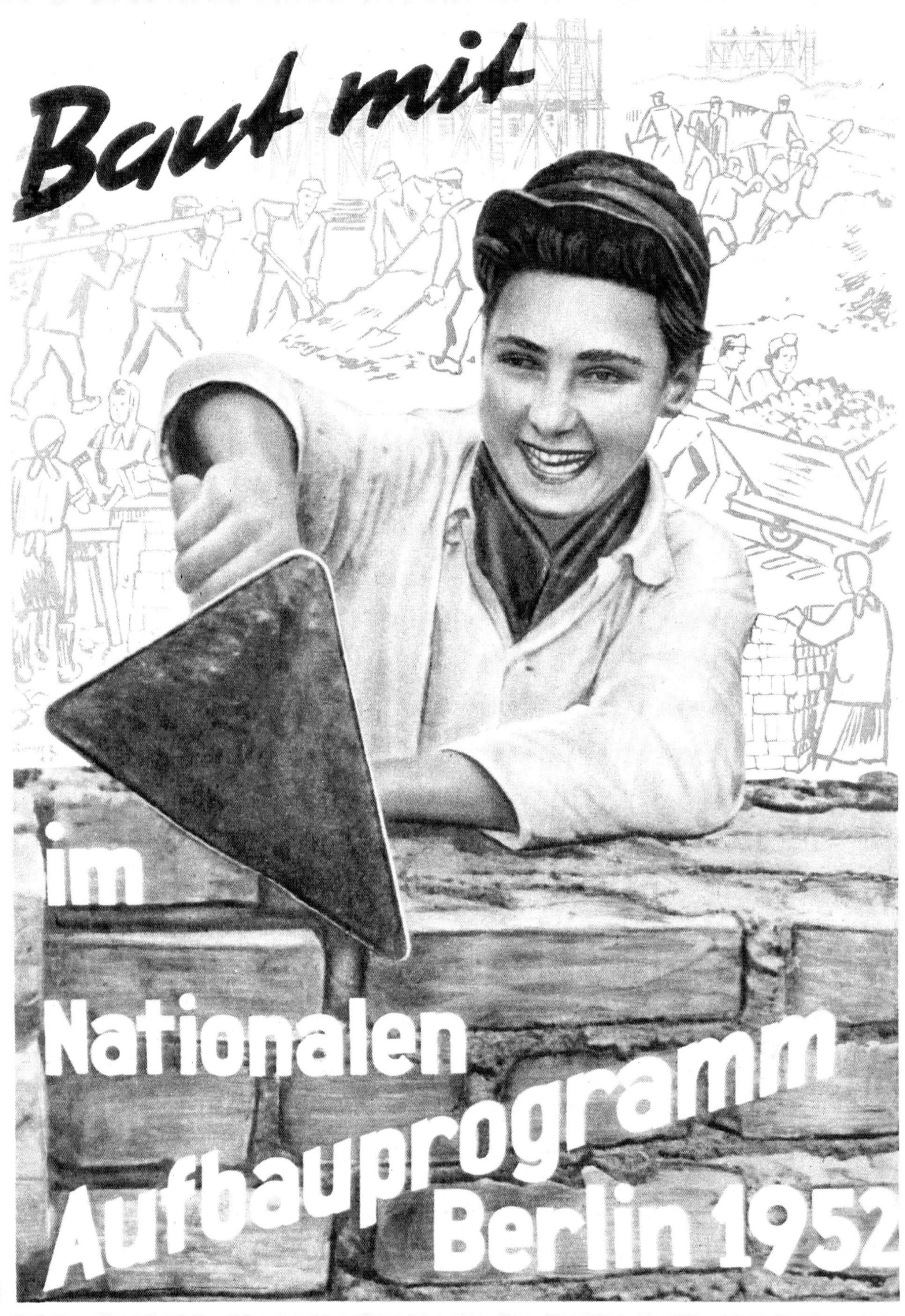
Baut mit
im
Nationalen
Aufbauprogramm
Berlin 1952

DEUTSCHLAND

ES DER SOZIALISTISCHEN EINHEITSPARTEI DEUTSCHLANDS

Berlin, Sonntag, 25. November 1951 — 6. (62.) Jahrgang / Nr. 274 / Einzelpreis 15 Pf.

VORSCHLAG

des Zentralkomitees der Sozialistischen Einheitspartei Deutschlands

Für den Aufbau Berlins!

Bürger Berlins!
Bürger der Deutschen Demokratischen Republik!
Bürger Westdeutschlands!

Nachdem der Fünfjahrplan beschlossen wurde, der von den Werktätigen der Deutschen Demokratischen Republik und des demokratischen Sektors von Berlin mit so großem Schwung verwirklicht wird, lenkt das Zentralkomitee der Sozialistischen Einheitspartei Deutschlands die Aufmerksamkeit aller Deutschen auf den Aufbau Berlins. Wir schlagen vor, die durch Kriegseinwirkungen zerstörte Hauptstadt Deutschlands innerhalb weniger Jahre neu aufzubauen, und zwar schöner und großzügiger, als sie bestand. Erforderlich ist dazu die Entfaltung einer nationalen Initiative. Andere Völker haben, unter ähnlichen Umständen, die Kraft zu einer solchen Initiative gefunden. Die Geschichte zeigt, daß auch das deutsche Volk imstande ist, große Leistungen im Namen der Nation zu vollbringen.

Die Ergebnisse einer nationalen Initiative zum schleunigen Neuaufbau Berlins werden — gerade unter den heutigen Umständen — außerordentlich sein: schon im Jahre 1952 werden in Berlin ganze Stadtteile von Wohn- und Hochhäusern entstehen, die den Menschen zeigen, wie die Hauptstadt des einheitlichen, demokratischen Deutschlands nach Beendigung ihres Wiederaufbaus aussehen wird. Schon im Jahre 1952 werden viele tausende Familien, die das noch gestern nicht erhoffen konnten, in geräumige moderne Wohnungen einziehen.

Ein Aufbaufieber wird die Menschen erfassen — denn die Notwendigkeit liegt klar zutage, die Durchführbarkeit auch, und das Ergebnis wird täglich vor den Augen wachsen. Zehntausende in Berlin, Hunderttausende außerhalb Berlins werden mit dem Namen der deutschen Hauptstadt auf den Lippen enttrümmern, mauern, schmelzen, gießen, fällen, forsten, transportieren usw.

In der gemeinsamen Arbeit für ein edles und nützliches Ziel werden sie nicht nur neue Maschinen erfinden und bessere Arbeitsmethoden schaffen, sie werden vor allem einander nahekommen. Die neuerstehende deutsche Hauptstadt wird zum Symbol des Lebens der deutschen Nation werden — in einer Zeit, in der die Deutschen wie nie zuvor um die Erhaltung ihres Vaterlandes bangen. Sie wird die Kraft zeigen, mit der die Deutschen für den Frieden, für die Einheit Deutschlands kämpfen. Die deutsche Hauptstadt, unser Berlin, bisher gespalten und angeblich ohnmächtig, wird in ganzer Größe hervortreten und eine aktive Rolle bei der Herstellung der Einheit und eines dauerhaften Friedens übernehmen.

Wäre das schön? Es wäre schön. Ist es möglich? Natürlich ist es möglich. Wenn das Volk *seine* Sprache, die Sprache des Fortschritts zu reden beginnt, ist jede Kulturtat möglich.

Ausgehend von solchen Erwägungen, unterbreitet das Zentralkomitee der Sozialistischen Einheitspartei Deutschlands in Verbindung mit der Landesleitung der SED Groß-Berlin nach gründlichen Beratungen mit Städtebauern, Architekten und Künstlern der Öffentlichkeit den folgenden Vorschlag zur Diskussion:

I.

Die friedliebenden Kräfte in Deutschland entschließen sich zur Durchführung des „Nationalen Aufbauprogramms Berlin". Der erste Abschnitt dieses Programms ist das „Nationale Aufbauprogramm Berlin 1952".

II.

Das „Nationale Aufbauprogramm Berlin 1952" beginnt am 1. Januar 1952 und endet am 31. Dezember 1952. Es besteht aus folgenden Teilen:

a) Mit Schwerpunkt Stalinallee wird ein Stadtteil von Wohnhäusern und Hochhäusern gebaut, der für die Architektur und Stadtplanung der neuentstehenden deutschen Hauptstadt vorbildlich ist.

b) Mit Schwerpunkt Stalinallee, aber auch an anderen Stellen des demokratischen Sektors wird eine umfassende Enttrümmerungsaktion in Gang gesetzt, welche für den Aufbau des neuen Stadtteils die Hauptrohstoffe (Schrott, Träger und Steine) liefert.

c) Alle vom demokratischen Magistrat von Berlin und der Regierung der Deutschen Demokratischen Republik für das Jahr 1952 beschlossenen Bauvorhaben in Berlin werden unvermindert durchgeführt und dem „Nationalen Aufbauprogramm Berlin" eingegliedert.

III.

Die große Aufgabe bei der Durchführung des „Nationalen Aufbauprogramms Berlin 1952" besteht darin, daß erhebliche finanzielle Mittel und Materialien *über den Plan hinaus* aufgebracht werden müssen, denn die laut Plan im Jahre 1952 zu erzeugenden Mittel sind auch laut Plan verteilt und können nicht ohne Schädigung der Volkswirtschaft abgezogen werden. Eben zur Lösung dieser Aufgabe bedarf es der nationalen Initiative.

IV.

Zur Aufbringung der finanziellen Mittel wird eine Aufbaulotterie, an der alle deutschen Staatsbürger teilnehmen können, nach folgenden Grundsätzen vorgeschlagen: Wer 3 Prozent seines Monatseinkommens (bei Selbständigen 3 Prozent des Einkommens) für die Dauer eines Jahres (1. Januar bis 31. Dezember 1952) zeichnet, erhält die gesamte eingezahlte Summe plus 3 Prozent Zinsen in drei Jahresraten am 1. Juli 1956, 1. Juli 1957 und 1. Juli 1958 zurück.

Außerdem berechtigt die monatliche Einzahlung von 3 Prozent des Monatseinkommens — ohne Rücksicht auf die Höhe des eingezahlten Betrages — zum Empfang eines Loses. Das Los ist namentlich und nicht übertragbar.

Am 31. Dezember 1952 kommen als Gewinne zur Auslosung

1000 2- bis 3-Zimmer-Wohnungen in Berlin sowie Geldprämien nach einem aufzustellenden Schlüssel. An Stelle einer ausgelosten Wohnung kann eine Geldprämie in Empfang genommen werden.

Die Gewinner der 1000 Wohnungen erhalten, in der Annahme, daß sie das Geld für die Einrichtung der Wohnung brauchen, den gesamten eingezahlten Betrag am 2. Januar 1953 zurück.

V.

Zur Beschaffung der Materialien (Steine, Stahl, Zement, Holz, Glas, Keramik usw. usw.) wird eine ineinandergreifende Aktion unternommen, die aus folgenden Teilen besteht:

Die unter IIb genannte umfassende Aktion zur Enttrümmerung des demokratischen Sektors von Berlin. Je großzügiger, disziplinierter, enthusiastischer sich diese Aktion entfaltet, desto mehr Schrott, Träger und Steine werden gewonnen. Je mehr Schrott, Träger und Steine gewonnen werden, desto mehr Gebäude können entstehen.

Alle Betriebe Berlins und der Deutschen Demokratischen Republik helfen — durch Abschluß von Wettbewerben zur überplanmäßigen Erzeugung und Materialeinsparung — am Neuaufbau mit. Ihre Hilfe hat entscheidende Bedeutung, denn alle Betriebe sind mittelbar oder unmittelbar mit dem Materialbedarf des Neuaufbaus verbunden. Nur wenn der Schrott von den Berlinern überplanmäßig herausgeholt, von den Stahlwerkern überplanmäßig geschmolzen, von den Walzwerkern überplanmäßig gewalzt, von den Eisenbahnern überplanmäßig transportiert wird usw., stehen am Ende moderne Hochhäuser da. Und nur wenn die Bergarbeiter überplanmäßig fördern, können die Stahlwerker überplanmäßig feuern und die Eisenbahner überplanmäßig transportieren. Es gibt keinen Betrieb, der außerhalb dieses Kreislaufes stünde.

VI.

Die neuen Bauvorhaben werden von der Berliner Bauarbeiterschaft durchgeführt, die sich bei der Errichtung der Bauten für die III. Weltfestspiele der Jugend und Studenten so sehr bewährt hat. Ihre Hauptaufgabe besteht nunmehr in der Entfaltung des Wettbewerbes zur systematischen Senkung der Baukosten und der Verbrauchsnormen durch neue verbesserte Arbeitsmethoden. Bauaktivisten aus der Republik werden zur zeitweisen Teilnahme am Neuaufbau Berlins eingeladen. Im Maße der Notwendigkeit werden freiwillige Hilfskräfte aus der Bevölkerung zugezogen.

VII.

Zur Enttrümmerung des demokratischen Sektors wird die Berliner Bevölkerung aufgerufen. Das Gebiet wird in Enttrümmerungsobjekte aufgeteilt, für je ein Objekt wird eine Brigade zusammengestellt. Kern jeder Brigade ist die Spezialistengruppe, welche die Facharbeiten (schweißen, montieren, sprengen usw.) durchführt. Kein Objekt darf zur Enttrümmerung freigegeben werden, bevor nicht eine eigens zu schaffende Arbeitsvorbereitungskommission bestätigt, daß alle Voraussetzungen für ein produktives und gefahrloses Arbeiten vorliegen. (Geräte und Zusammensetzung der Brigaden, Organisation des Trümmerplatzes usw.)

VIII.

Die großen neuen Bauvorhaben und die Enttrümmerungsobjekte werden mit Radiolautsprecheranlagen und Scheinwerfern ausgerüstet. Die Rundfunksender werden ersucht, Spezialmusikprogramme für die Bau- und Enttrümmerungsarbeiter zu senden. Die Theater, Kinos usw. werden ersucht, Sondervorführungen für die Bau- und Enttrümmerungsarbeiter zu veranstalten. Die Autoren, Komponisten usw. werden ersucht, das Leben auf den Baustellen zu studieren und zum Gegenstand ihrer Schöpfungen zu machen.

IX.

Die freiwillige Arbeitsleistung am Bau oder an der Enttrümmerung erfolgt in Halbschichten zu je drei Stunden. Dadurch wird auch den Berufstätigen Gelegenheit zur Teilnahme gegeben. Wer 100 Halbschichten aufweist, erhält ein Los. Das Los ist namentlich und nicht übertragbar. Zur Auslosung an die Bau- und Trümmeraktivisten gelangen am 31. Dezember 1952 weitere tausend 2- bis 3-Zimmer-Wohnungen in Berlin sowie Geldprämien nach einem aufzustellenden Schlüssel. An Stelle einer ausgelosten Wohnung kann eine Geldprämie in Anspruch genommen werden. Niemand kann zwei Wohnungen gewinnen.

X.

Auf dem Gebiet Stalinallee wird eine ständige Bauausstellung errichtet. Sie zeigt:

a) Die geschichtliche Entwicklung des Bauwesens und der Architektur;

b) den jeweiligen Stand in der Entwicklung des Bauwesens und der Architektur in Deutschland (gezeigt am Beispiel des Neuaufbaus der Stadt Berlin im Jahre 1952).

Diese Ausstellung — mit ihrer Darstellung des neuen Menschen, der neuen Arbeitsmethoden, der neuen Baustoffe, der neuartigen Verwendung der Baustoffe, der neuen Maschinen usw. — wird zum Hebel für die Entfaltung einer systematischen und rationellen örtlichen Bautätigkeit in allen Städten und Gemeinden der Deutschen Demokratischen Republik. Die Bürger der Deutschen Demokratischen Republik unterstützen den Neuaufbau Berlins nicht nur deshalb, weil Berlin ihre Hauptstadt ist und weil der Neuaufbau Berlins die Einheit Deutschlands fördert, sondern vor allem auch deshalb, weil die in Berlin begonnene Initiative in der Republik fortgesetzt werden soll, sobald die nötigen Erfahrungen vorliegen.

XI.

Die Bürger Westdeutschlands, Arbeiter, Bauern, Wissenschaftler, Unternehmer werden aufgefordert, Vorschläge für die Mitarbeit der westdeutschen Bevölkerung am „Nationalen Aufbauprogramm Berlin 1952" zu entwickeln. Die Architekten in Westdeutschland und Westberlin werden aufgefordert, ihre Vorschläge und Entwürfe für den Neuaufbau Berlins einzureichen.

XII.

Die im demokratischen Sektor von Berlin 1952 fertiggestellten Wohnungen werden in erster Linie den Aktivisten (Betriebsaktivisten, Bau- und Trümmeraktivisten usw.), den Werktätigen zur Verfügung gestellt. Eine eigens zu schaffende Kommission erstattet der Öffentlichkeit mit genauen Ziffern darüber Bericht, daß die Wohnungen tatsächlich in die Hände der Werktätigen gegeben wurden.

XIII.

Zur Leitung des „Nationalen Aufbauprogramms Berlin 1952" wird ein „Nationales Komitee für den Neuaufbau der deutschen Hauptstadt" gebildet, dem Vertreter aller zustimmenden Parteien und Organisationen sowie Einzelpersönlichkeiten angehören können. Das „Nationale Komitee" gliedert zur operativen Führung einen Stab aus. Als erste Maßnahme wendet sich das „Nationale Komitee" an die Magistrate in Berlin und die Regierungen in Deutschland mit der Bitte um Unterstützung des „Nationalen Aufbauprogramms Berlin 1952".

XIV.

Insbesondere schlägt das „Nationale Komitee für den Neuaufbau der deutschen Hauptstadt" der Bevölkerung in Westberlin und den westberliner Behörden vor, den Neuaufbau Berlins auch in Westberlin zu beginnen, durch Überprüfung der gesamten Stadtanlage, Festlegung der Hauptstraßenzüge sowie Errichtung von räumlich und architektonisch geschlossenen Stadtteilen von Wohnhäusern und Hochhäusern im Jahre 1952.

Bürger Berlins!
Bürger der Deutschen Demokratischen Republik!
Bürger Westdeutschlands!

Wir sind überzeugt, daß es genügend Deutsche gibt, die diesen Vorschlag begrüßen und aufgreifen. Wir zweifeln aber nicht daran, daß es einige Menschen in Deutschland geben wird, die auch diesen Vorschlag ablehnen und über ihn höhnen. Mögen sie es. Das aus der Erde wachsende neue Berlin wird mit der Unwiderleglichkeit, die Tatsachen innewohnt, die Wahrheit erweisen. Mit jedem neuen Stein, jeder neuen Wohnung wird um so klarer werden — wer für den Frieden ist, für die Einheit Deutschlands und für den Wohlstand des Volkes!

Zentralkomitee der Sozialistischen Einheitspartei Deutschlands

…fbau Berlins — …

…andesvorstand Groß-Berlin der National-De…

…ettstreit für den A…

…f an alle Kulturschaffenden / Selbstverpflicht…

Freudige…

Riesaer Stahlwerker liefe…

…r Professor greift zur…

…chaffenden und Nationales Aufbauprogramm /…

Plan für Gesamtberlin

…sind noch gründliche und weitreichende Vorbereitungen nötig. Erst wenn diese getroffen sind, kann die Ausschreibung des Wettbewerbs erfolgen. Zum ersten Teilbebauungsplan …

Aufbau nach den Sechzeh…

…erlin erfordert nationales Aufgebot

Vorschläge und Anregungen

In dem Beschluß unseres Parteivorstandes vom 26. [?] November 1951 heißt es: „Eine wichtige Aufgabe fällt unserem Landesverband Groß-Berlin zu, der dahin wirken wird, daß der Aufbau der deutschen Hauptstadt zur Sache der Bevölkerung *ganz* Berlins wird."

Wir schlagen vor: In den Ländern der Deutschen Demokratischen Republik freiwillige Arbeitsbrigaden zum zeitlich begrenzten Einsatz in Berlin durch die FDJ, Studenten der Hoch- und Fachschulen, Lehrlinge und Jung…

Berlin wird schöner denn je aufgebaut

„Nationales Aufbauprogramm Berlin" freudig begrüßt / Selbstverpflichtungen zur Teilnahme

Berlin. Das von dem Zentralkomitee der Sozialistischen Einheitspartei Deutschlands der Öffentlichkeit zur Diskussion unterbreitete „Nationale Aufbauprogramm Berlin", in dem vorgeschlagen wird, die durch Kriegseinwirkungen zerstörte Hauptstadt Deutschlands innerhalb weniger Jahre neu [?] aufzubauen … als sie je bestand, hat bei der Be…

… ersteht neuer, schöner denn je, allen Kriegstreibern zum Trotz. Nie mehr wird eine Bombe das Werk der schaffenden Menschen zerstören, dafür wird das deutsche Volk sorgen."

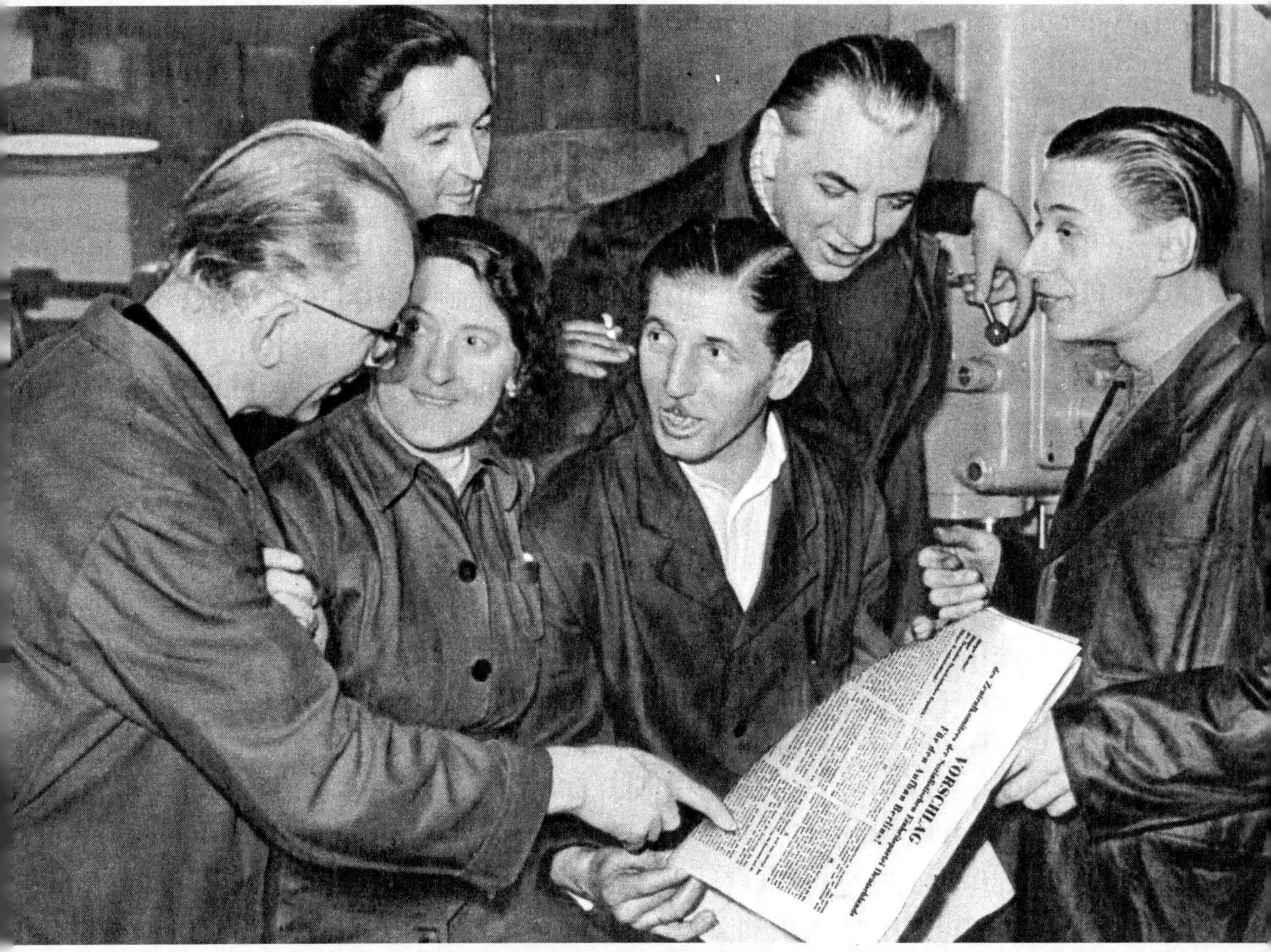

In allen Betrieben besprechen die Werktätigen – so wie hier die Kollegen vom VEB Secura, auf dem Bild rechts die Maurer auf ihrer Baustelle – den Vorschlag des ZK der SED zum Nationalen Aufbauprogramm Berlin 1952

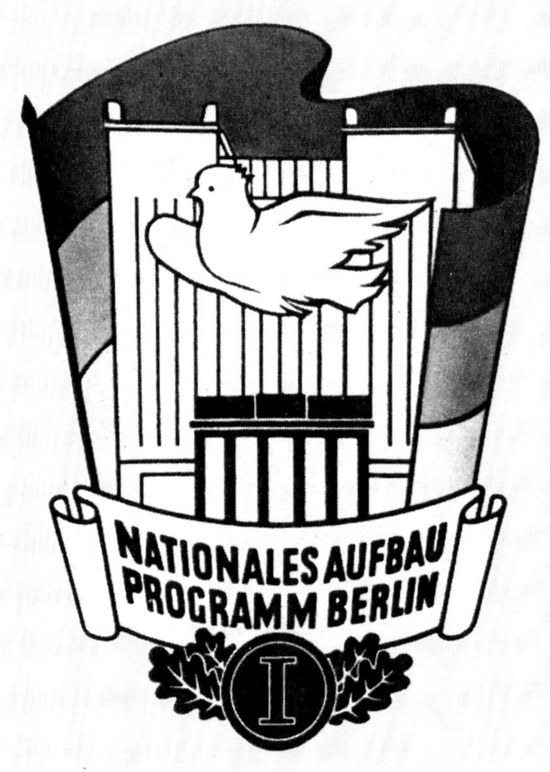

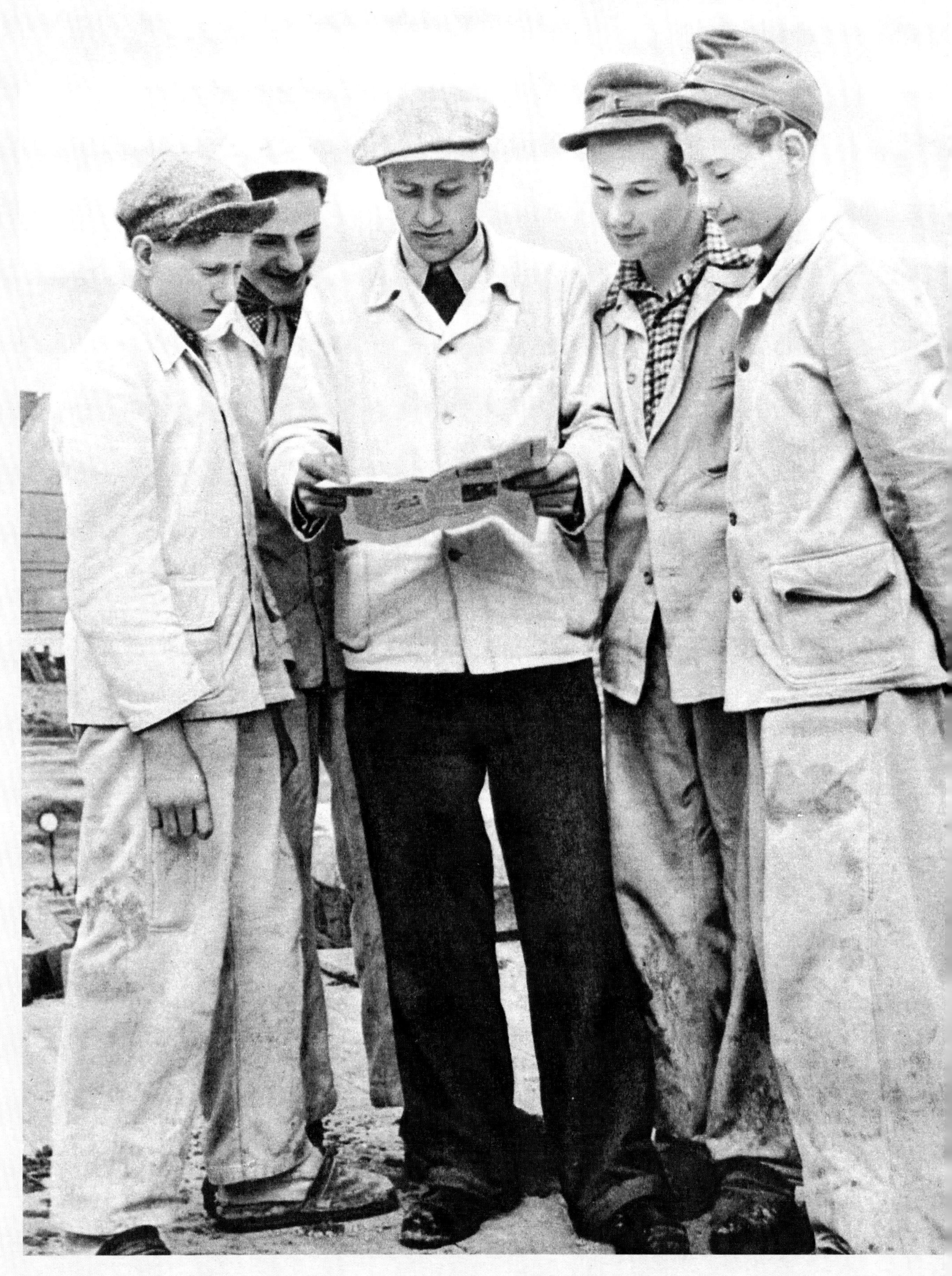

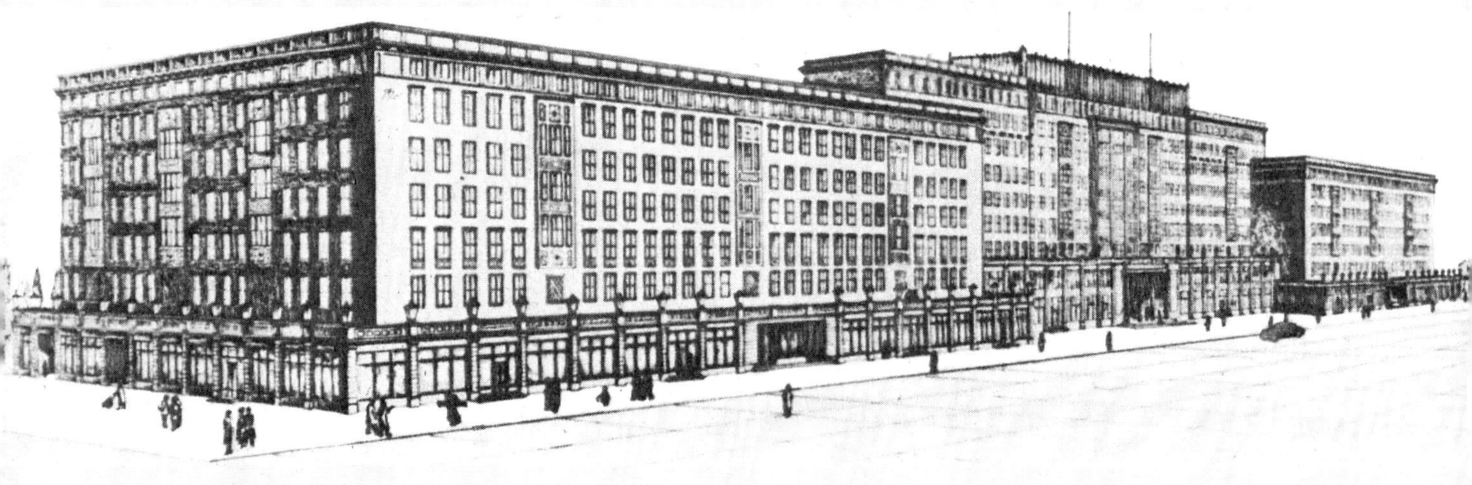

BERLIN IM FÜNFJAHRESPLAN

Der Wiederaufbau der Hauptstadt Deutschlands ist eine unserer wichtigsten Aufgaben. Dieser Wiederaufbau schließt eine nationale Verpflichtung in sich, deren Erfüllung Herzenssache aller deutschen Patrioten ist

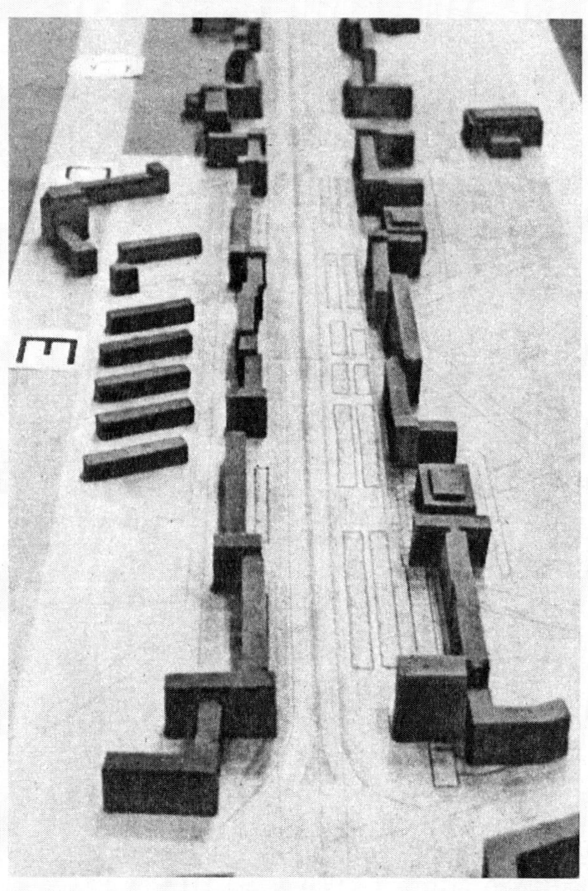

Das erste Rohmodell der Stalinallee

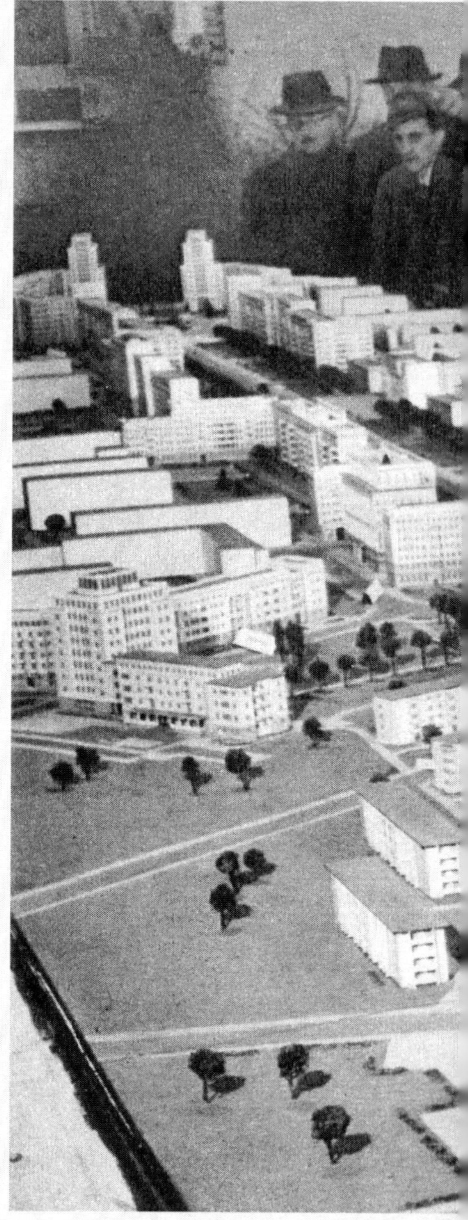

Eine Ausstellung in

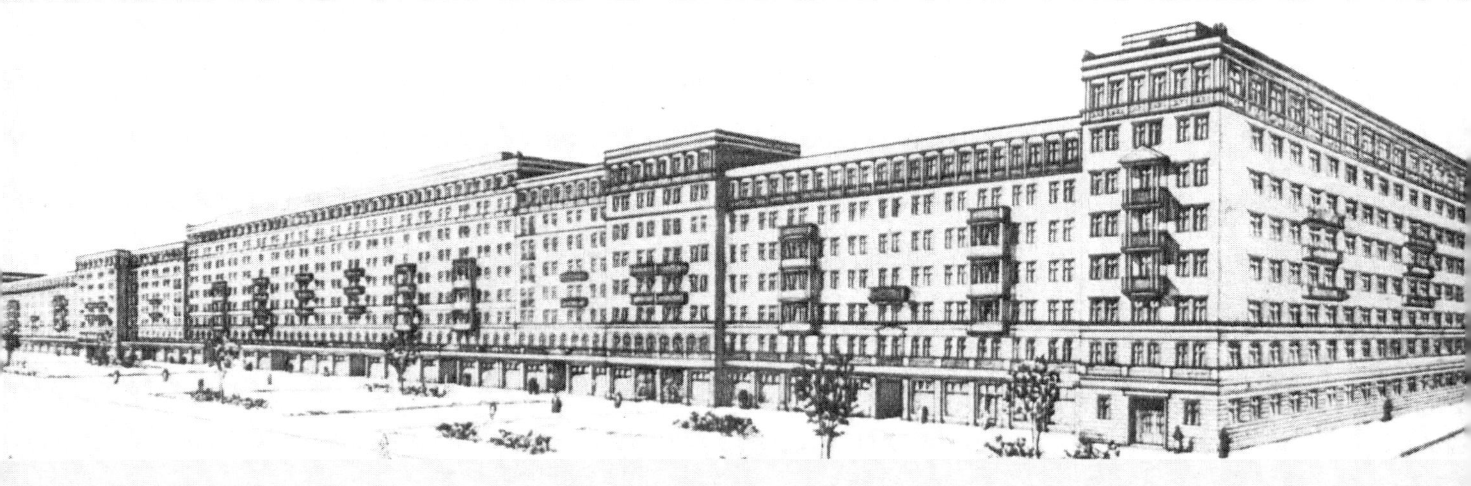

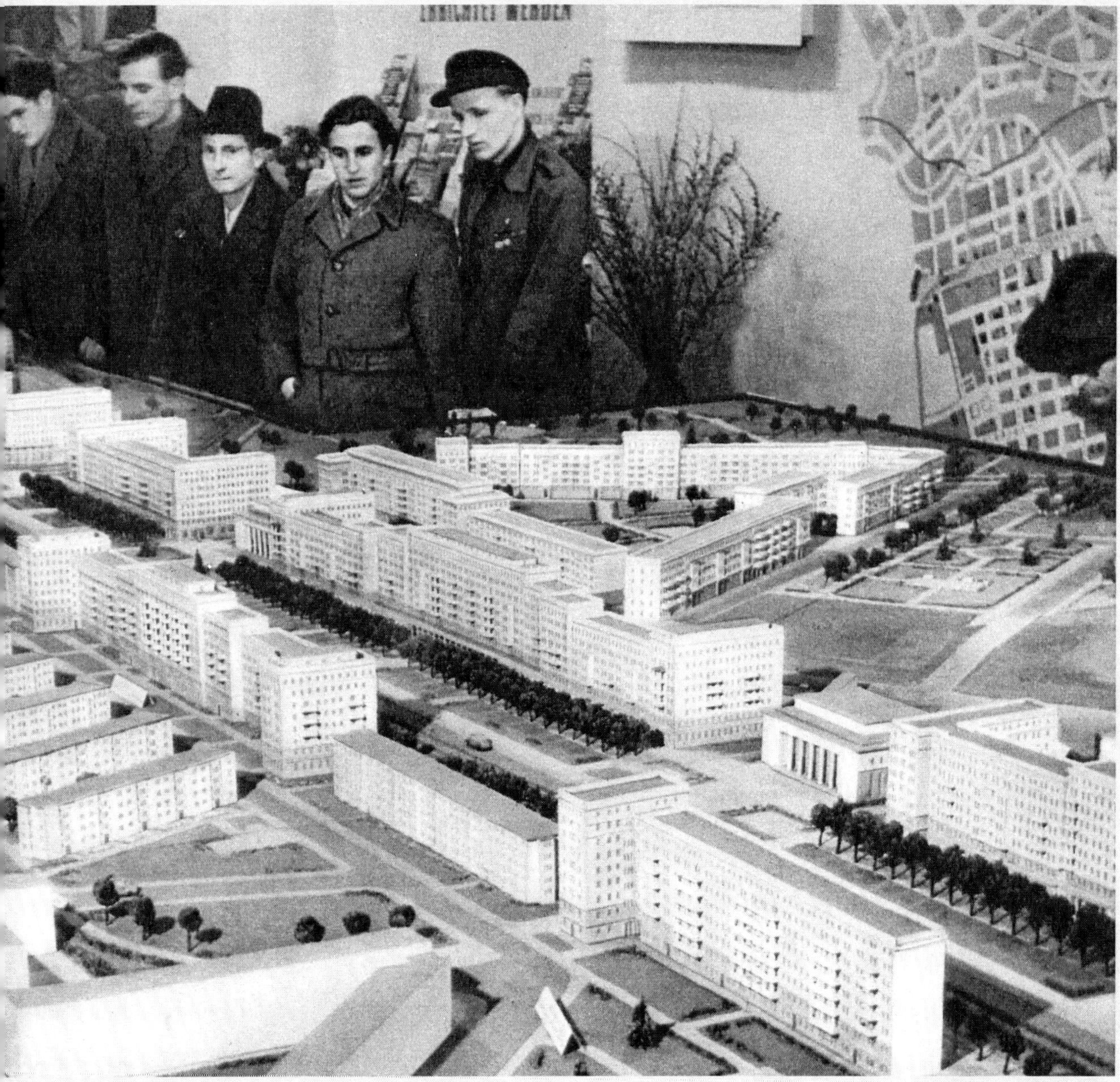

tschen Sporthalle ermöglicht es den Besuchern, zu den Entwürfen der Architekten kritisch Stellung zu nehmen

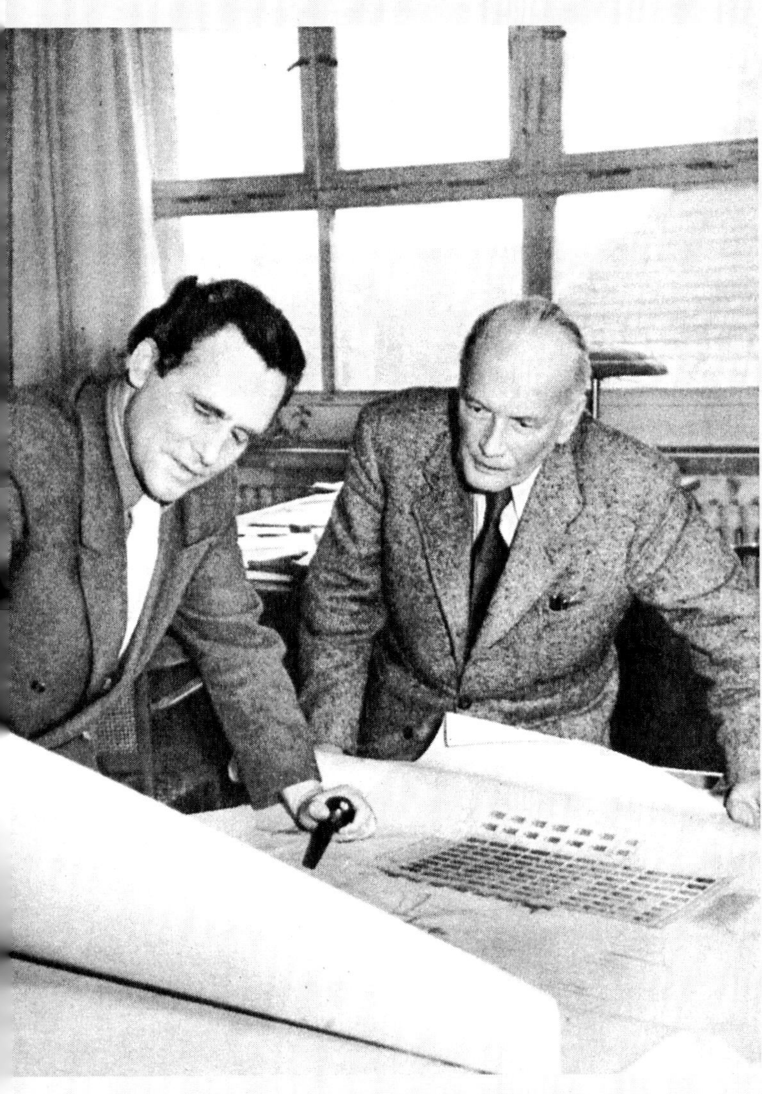

Die Nationalpreisträger Professor Henselmann und Professor Hopp besprechen die Entwürfe

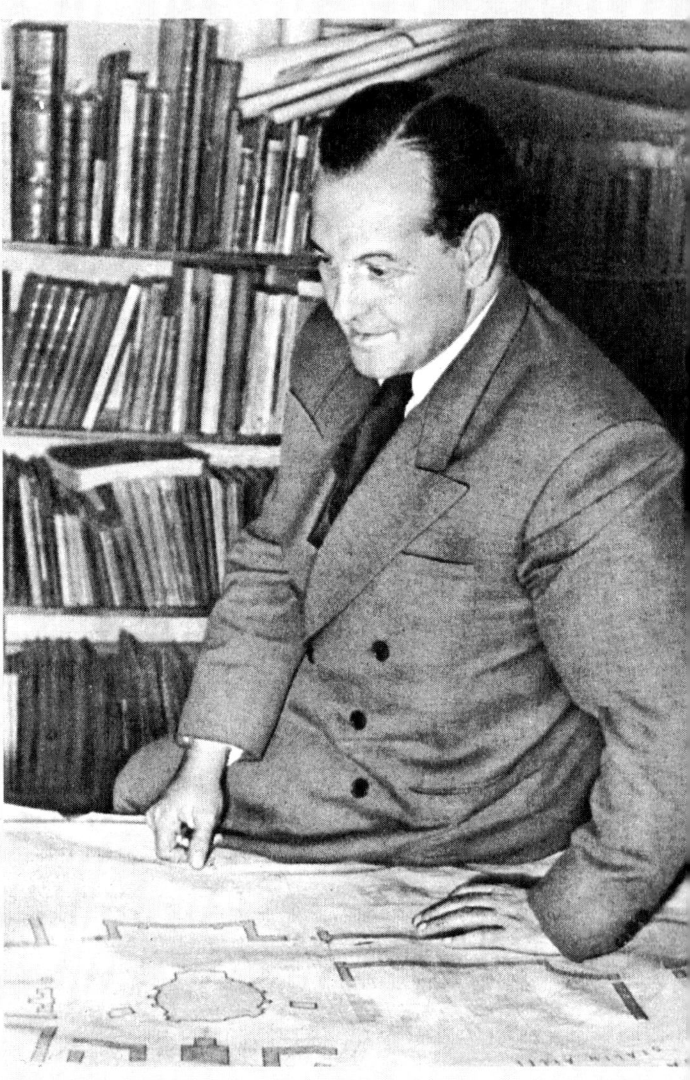

Nationalpreisträger Professor Paulick, Mitschöpfer der Pläne zum Aufbau des neuen Berlin

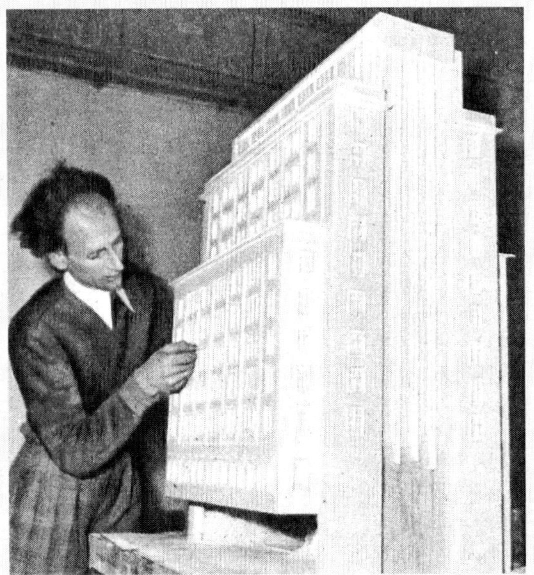

An einem Hochhausmodell werden alle Einzelheiten der Fassade sorgfältig ausgearbeitet

Die sechzehn „Grundsätze des Städtebaues" geben die Richtlinien auch für den Bau der Stalinallee als eines Teiles der großen Ost-West-Magistrale Berlins. Mit der Weiterführung über den Alexanderplatz, die Rathausstraße, die Straße Unter den Linden und die Charlottenburger Chaussee wird diese die Hauptachse der ganzen Stadt bilden. Sie wird in repräsentativer Weise Osten, Mitte und Westen der Stadt miteinander verbinden. Damit wird zugleich die Vernachlässigung des östlichen Teiles überwunden, der besonders in der „Gründerzeit" nach 1871 zu einem Tummelplatz übler Bauspekulation geworden war.

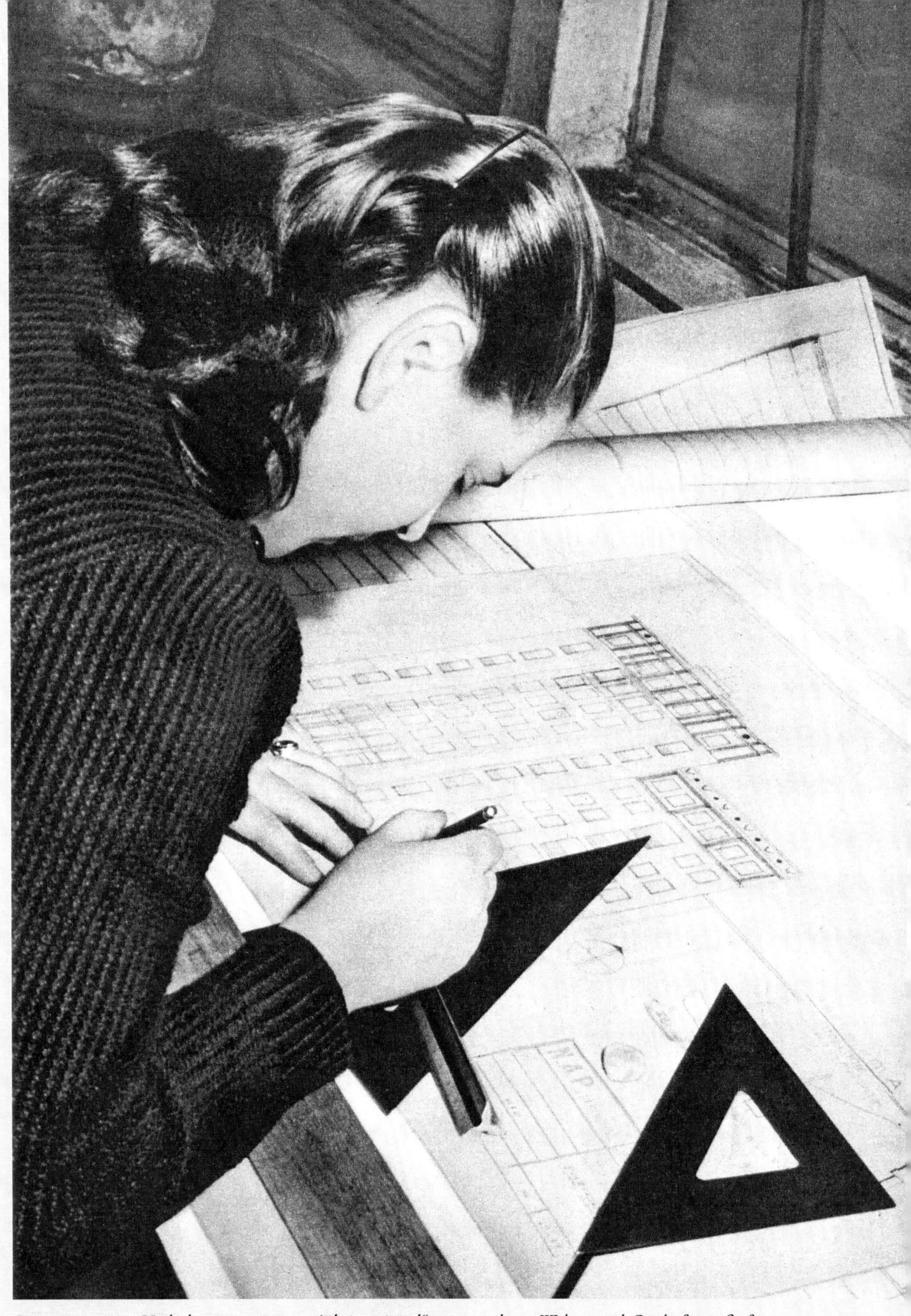

Das einzigartige Vorhaben, mitten im „Arbeiterviertel" eine moderne Wohn- und Geschäftsstraße für Werktätige zu bauen, erfordert die Anfertigung Hunderter von Zeichnungen

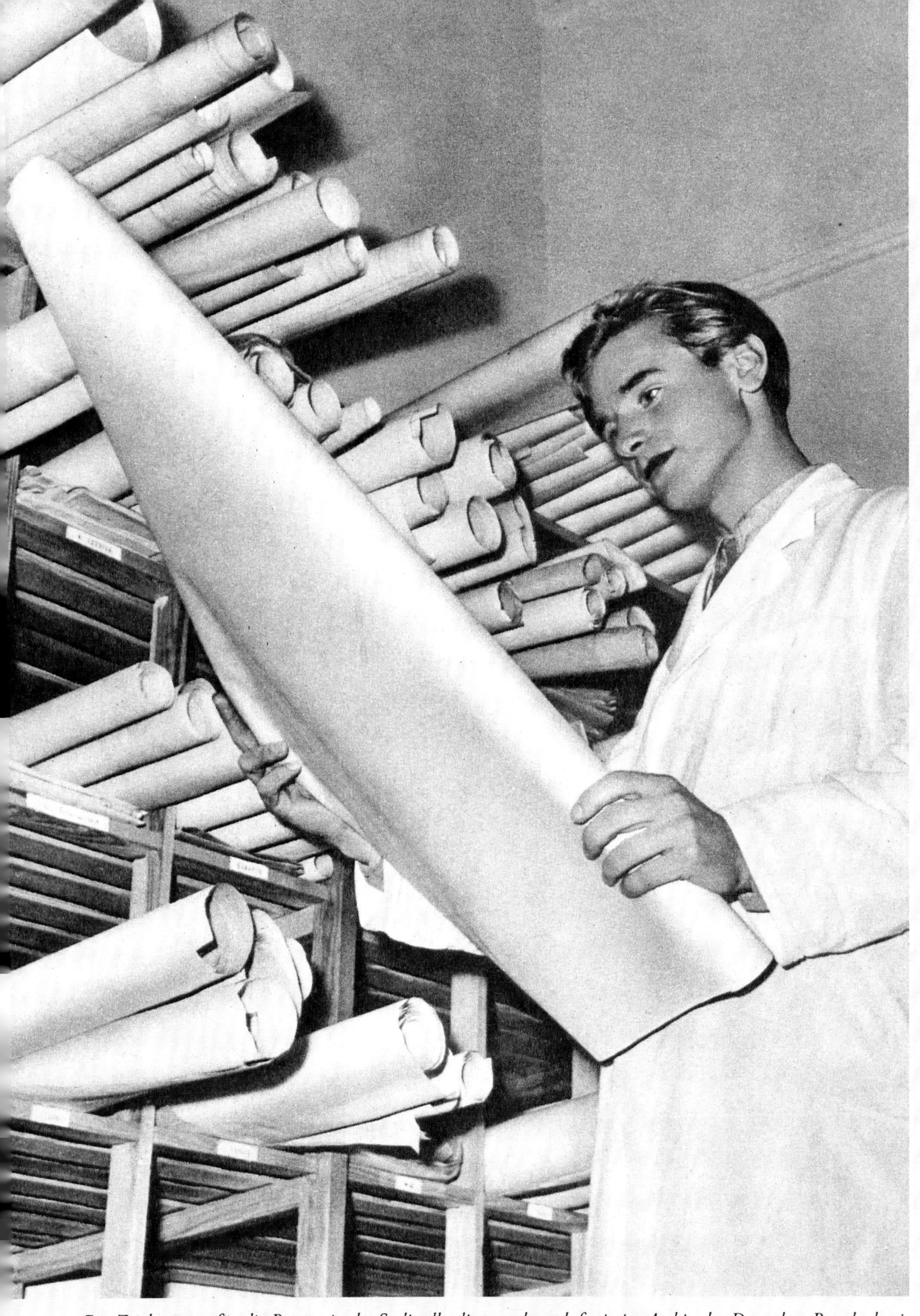

Die Zeichnungen für die Bauten in der Stalinallee liegen gebrauchsfertig im Archiv der Deutschen Bauakademie

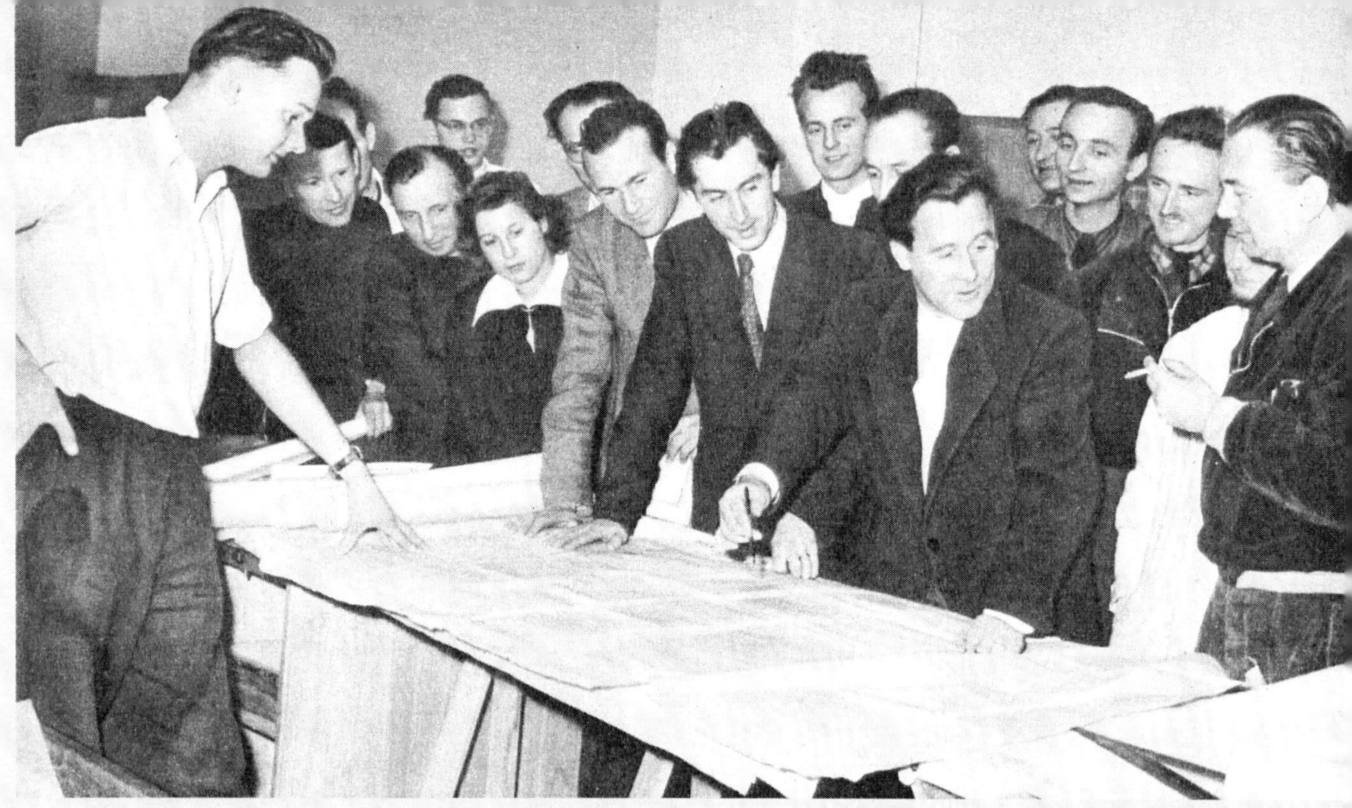

In der Deutschen Bauakademie: Professor Henselmann bei einer Arbeitsbesprechung

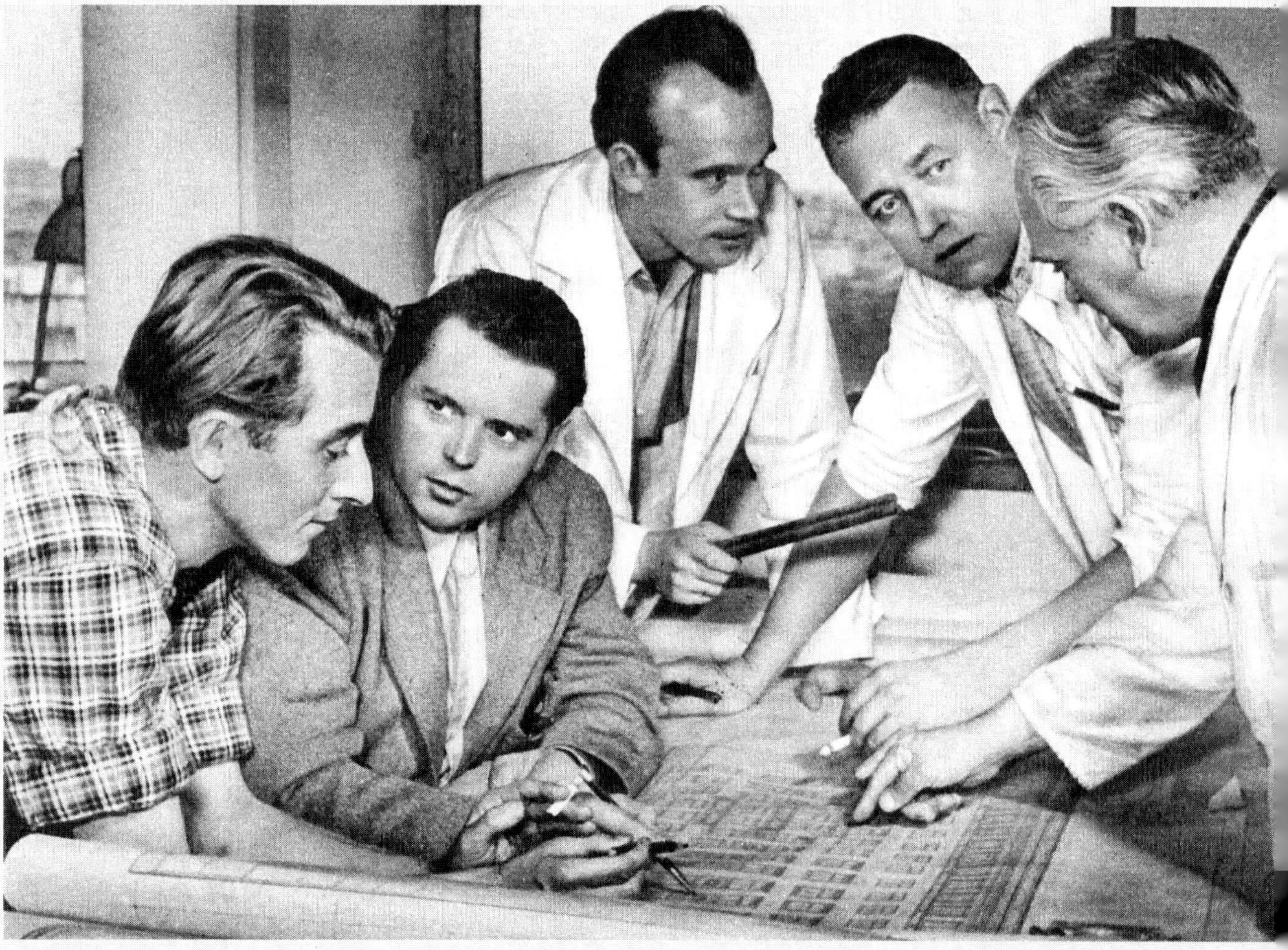

Nationalpreisträger Architekt Leucht diskutiert mit seinem Kollektiv den Entwurf eines Bauabschnitts

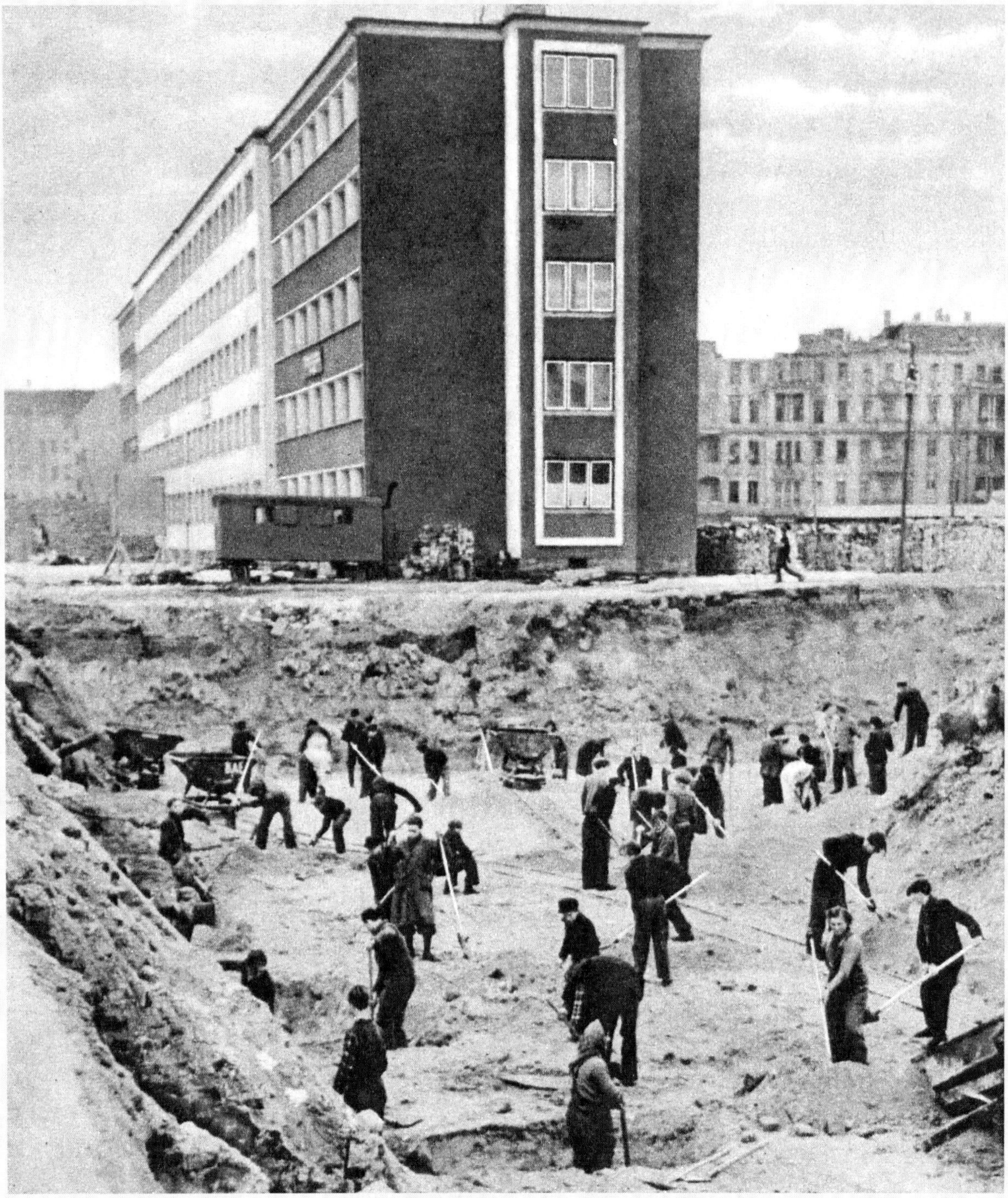

Freiwillige Helfer bei den ersten Ausschachtungsarbeiten

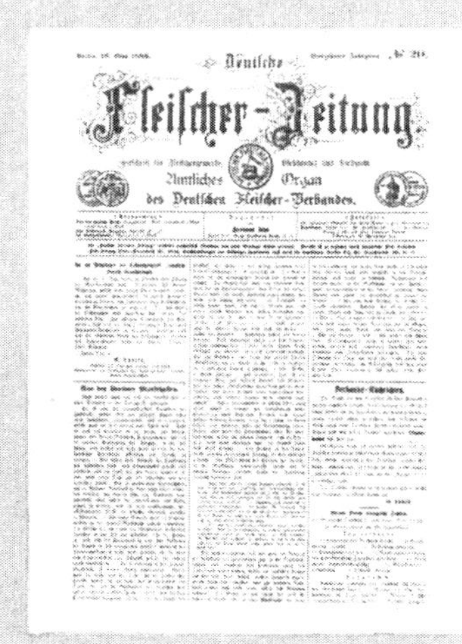

Deutsche

Fleischer-Zeitung.

Amtliches Organ des Deutschen Fleischer-Verbandes.

Bei Beseitigung der Fundamente zerbombter Häuser kommen zuweilen Dokumente über die ehemaligen Bauherren ans Tageslicht. Die beiden Fundstücke (rechts und links) aus dem Jahre 1886 zeigen, daß auch dem Gewinner des „Großen Loses" der Bau einer Mietskaserne als eine sehr „rentable" Geldanlage erschien

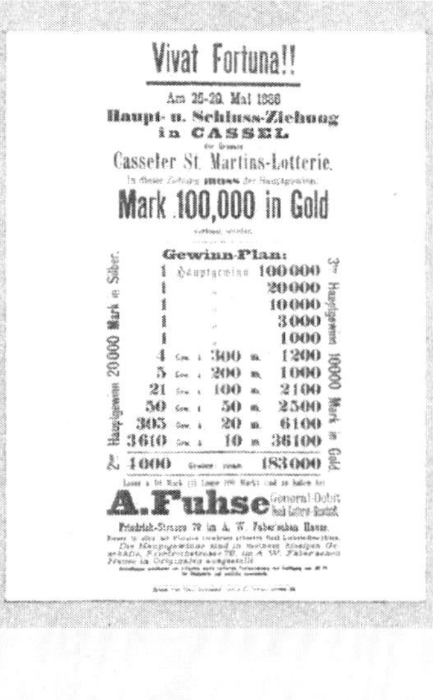

Vivat Fortuna!!

Am 26-29. Mai 1886

Haupt- u. Schluss-Ziehung in CASSEL

Casseler St. Martins-Lotterie.

Mark 100,000 in Gold

Gewinn-Plan:

2te Hauptgewinn 20000 Mark in Silber. 3te Hauptgewinn 10000 Mark in Gold.

1	Hauptgewinn		100000
1			20000
1			10000
1			3000
1			1000
4	Gew. à	300 M.	1200
5	Gew. à	200 M.	1000
21	Gew. à	100 M.	2100
50	Gew. à	50 M.	2500
305	Gew. à	20 M.	6100
3610	Gew. à	10 M.	36100
4000			183000

A. Fuhse General-Debit

Friedrich-Strasse 79 im A. W. Faber'schen Hause.

An Hand der Zeichnungen der Architekten beginnen die Vermessungstechniker ihre Arbeit >

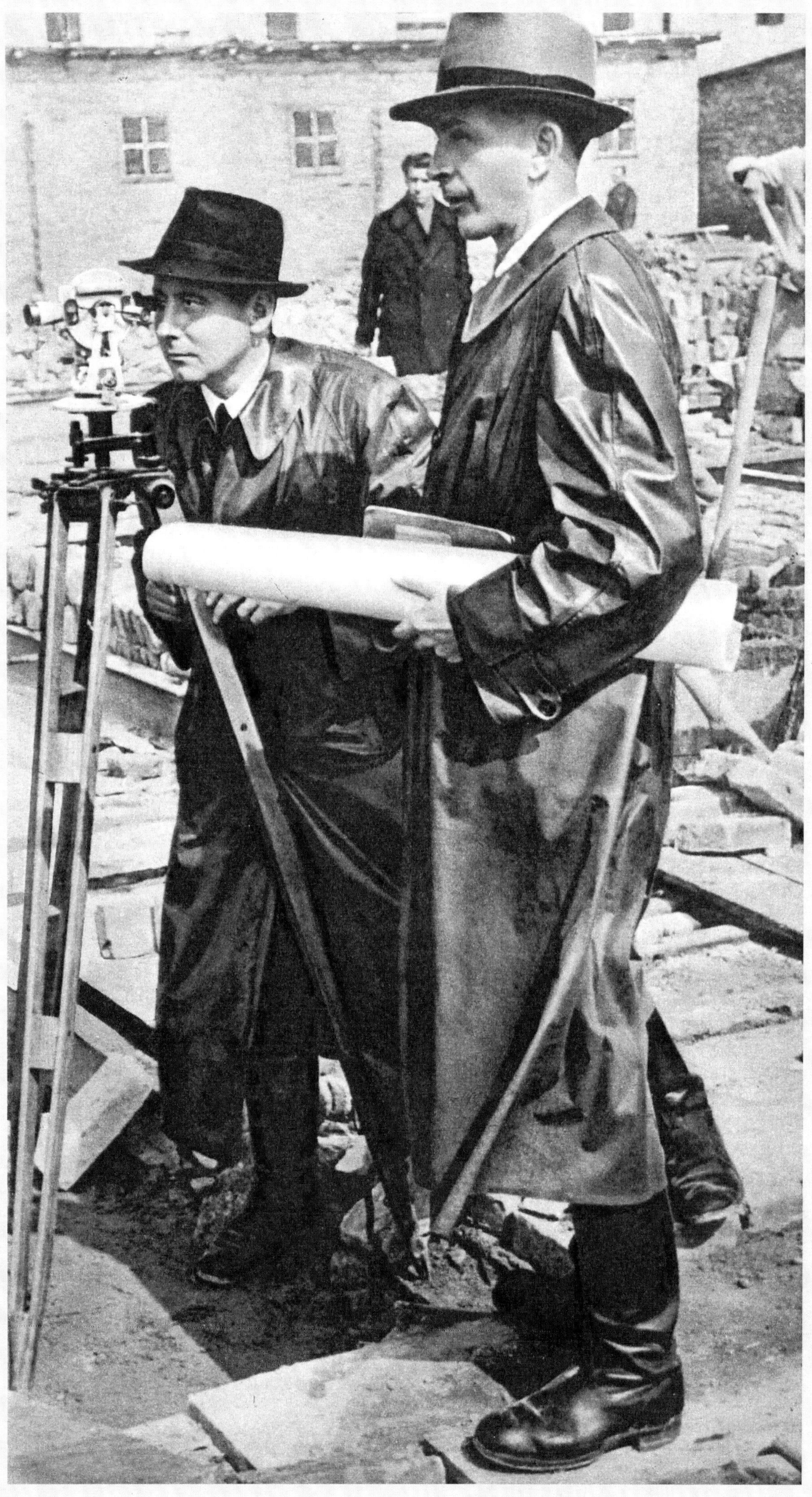

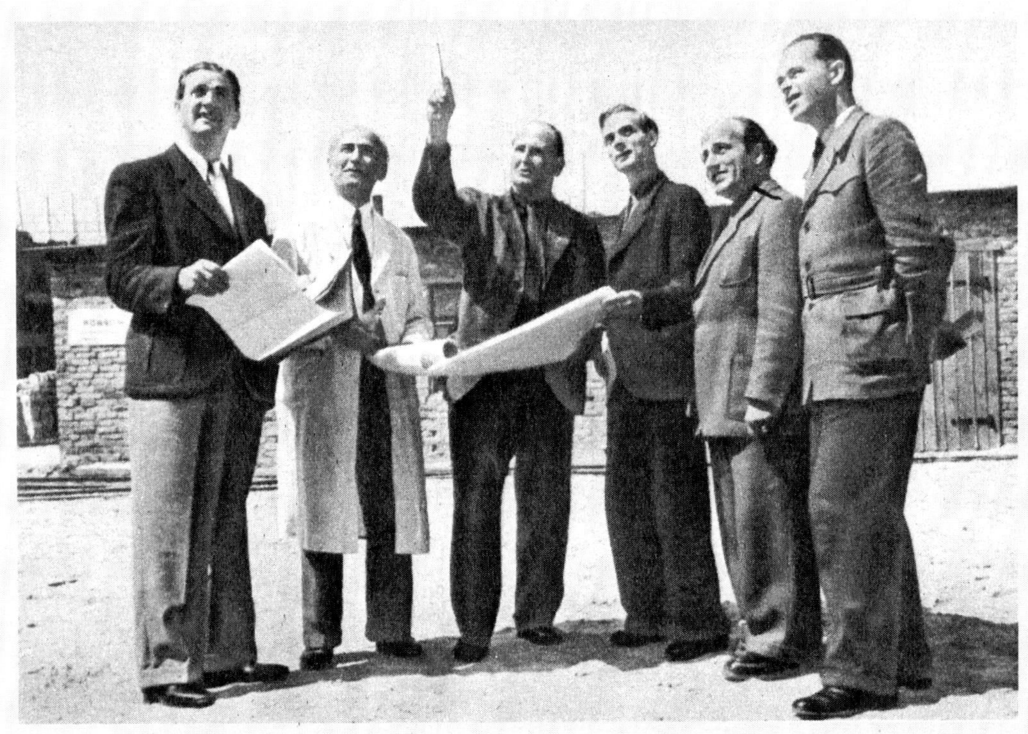

Architekten und Bautechniker besprechen an Ort und Stelle die Projektierungsarbeiten

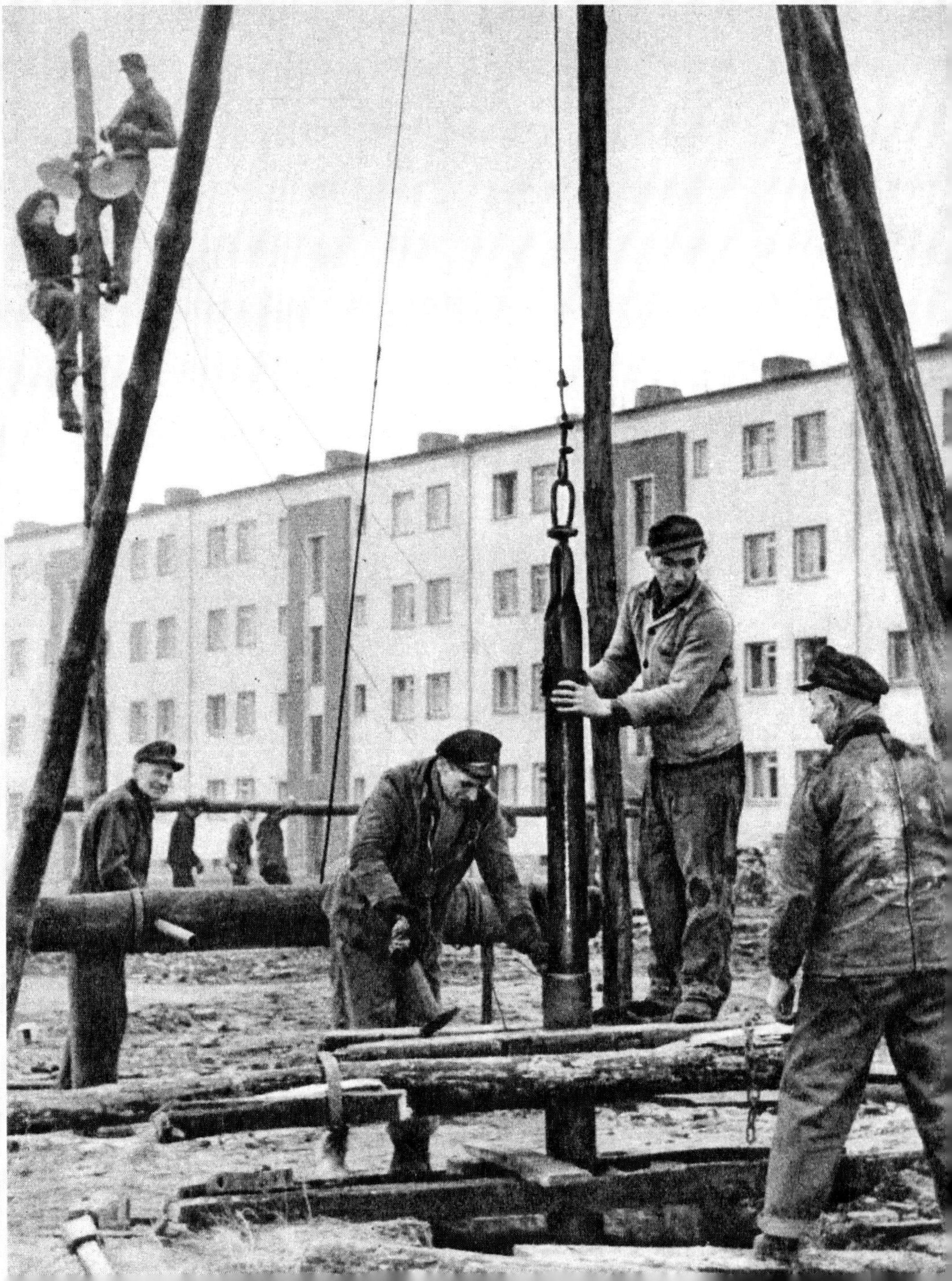

Umfangreiche Bohrungen dienen dazu, den Baugrund zu prüfen

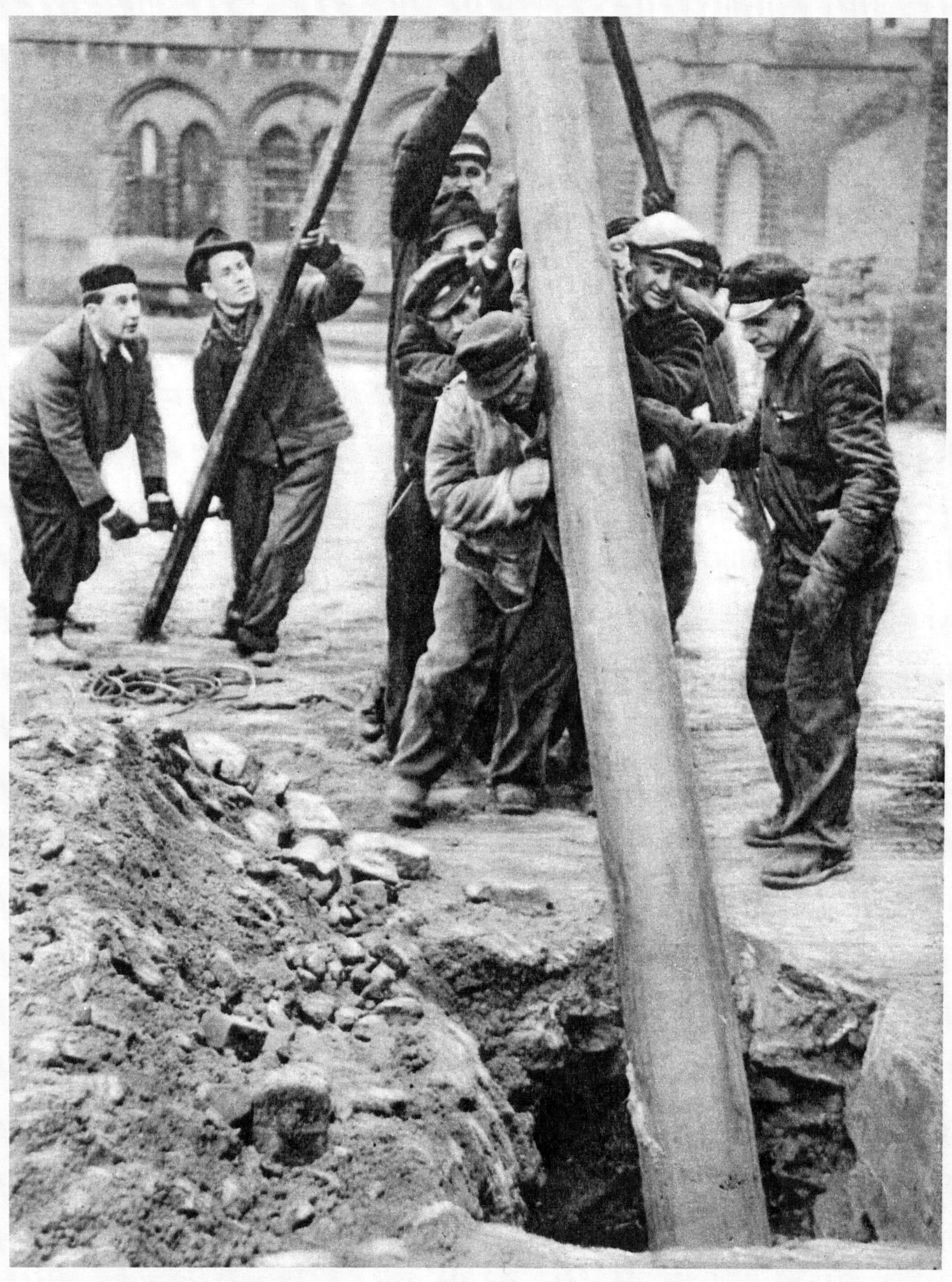

Da auf den Baustellen auch nachts gearbeitet wird, werden Beleuchtungsmaste errichtet

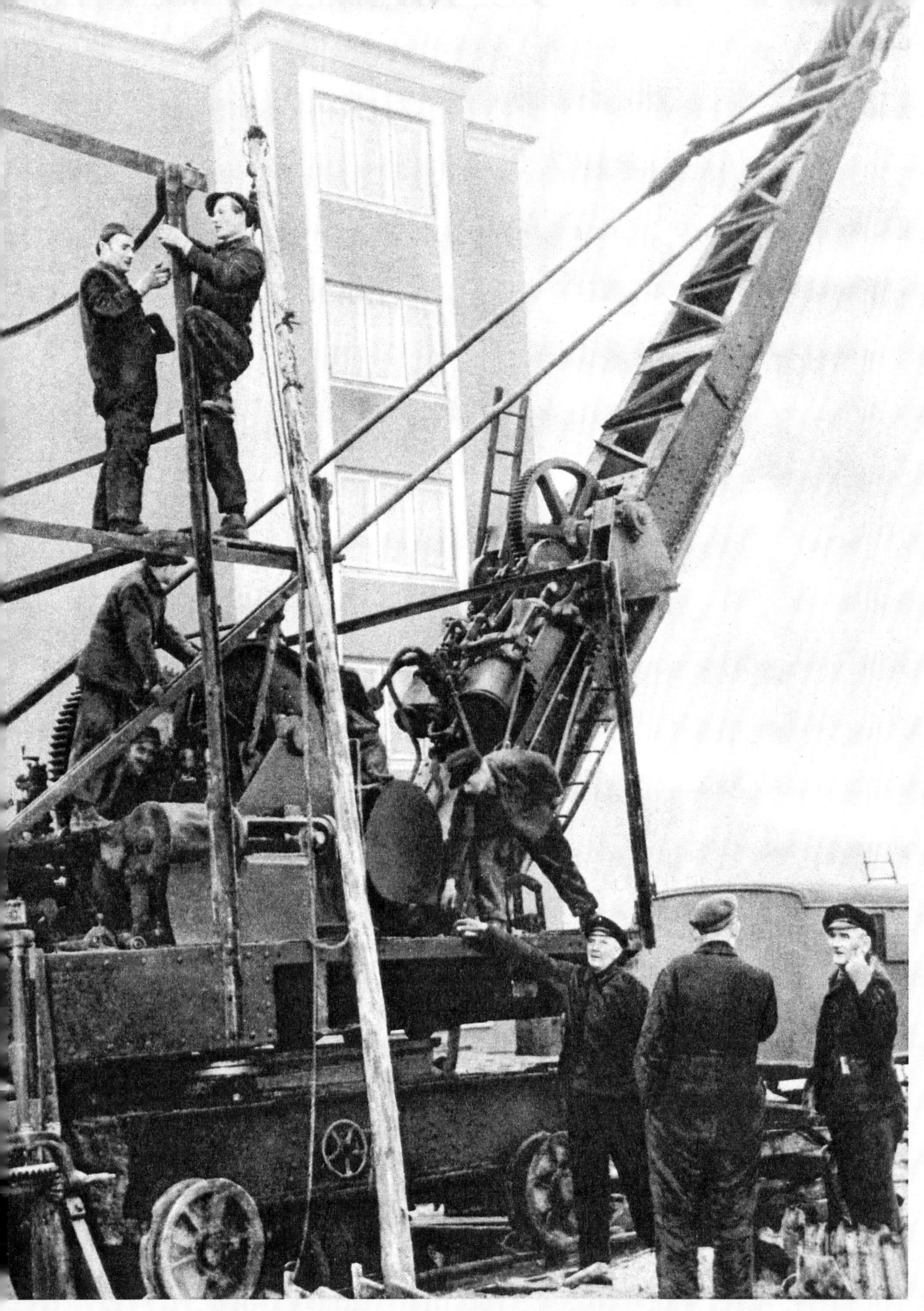

Zur Beschleunigung der Ausschachtungsarbeiten werden Greif- und Schaufelbagger aufgestellt

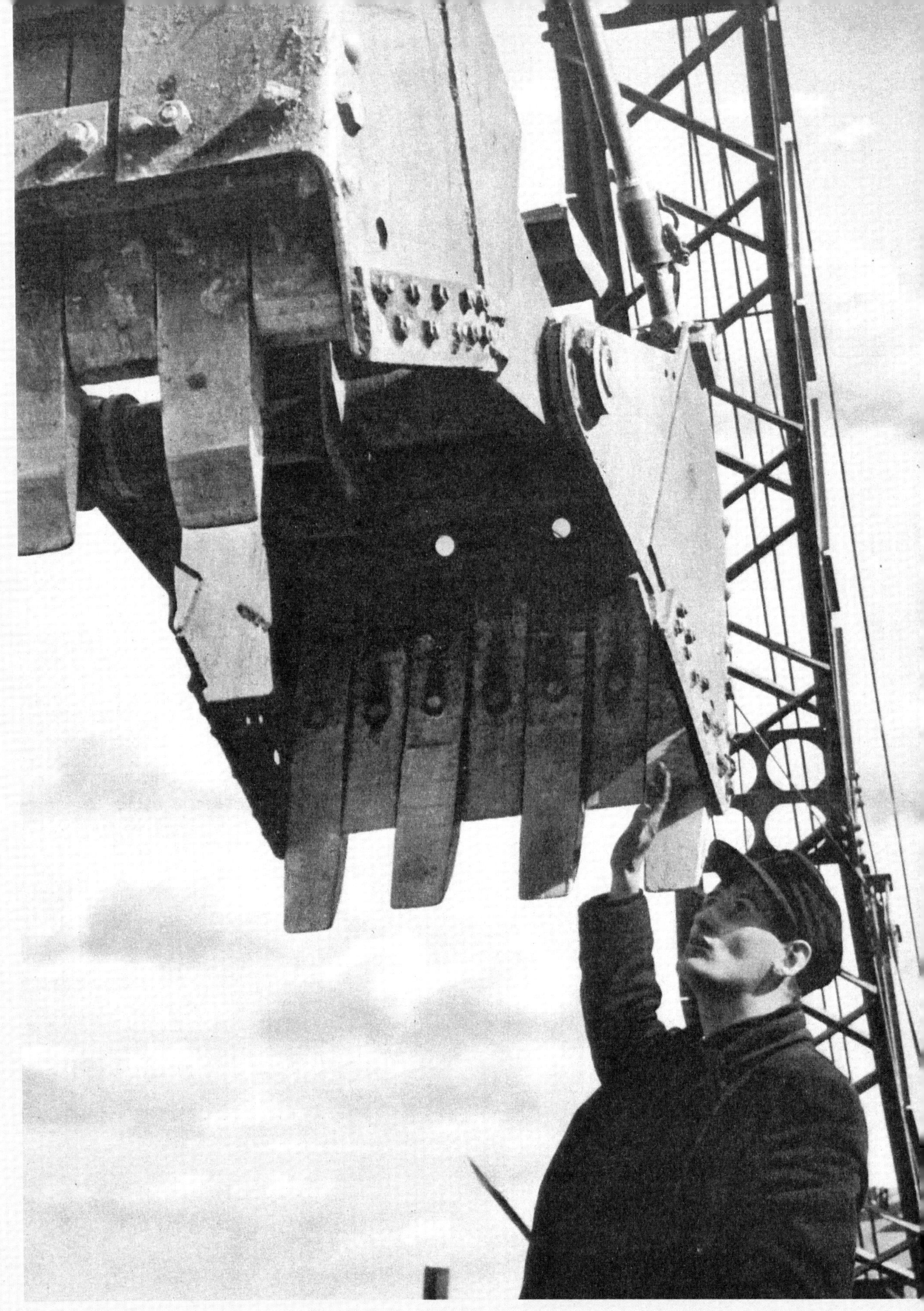

Das Riesenmaul eines Greifbaggers ersetzt bei den Erdbewegungen wertvolle Menschenkraft

NATIONALES AUFBAUPROGRAMM

Berlin 1952

Unsere Erfolge im

Januar

Bau mit!

5 243 570
STEINE
GESTAPELT

37 240 cbm
SCHUTT
ABGEFAHREN

291 TONNEN
SCHROTT
GEWONNEN

Noch 'nen Zahn druff!

ALLE
KRAFT
FÜR DEN
AUFBAU
BERLINS

Fahnen und Transparente an der Spitze, so ziehen am Abend des 2. Januar 1952 über 45 000 Berliner, mit Schaufeln und Pickeln versehen, fröhlich singend zu den Trümmerplätzen an der Stalinallee. Kaum können die Trümmerzüge und Lastkraftwagen das Material fassen, das bereits am ersten Tage aus den Ruinen geborgen wird

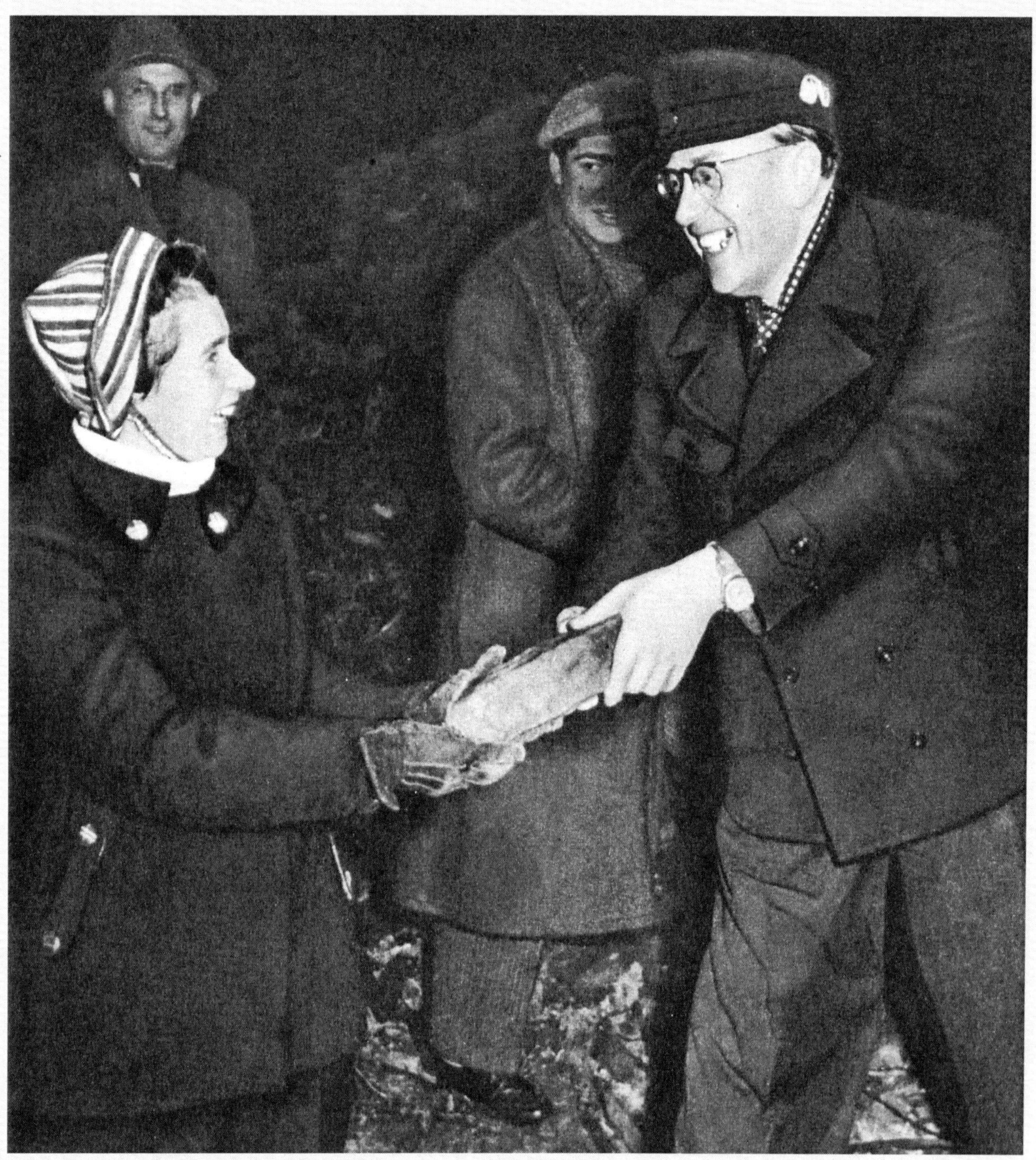

Unter den Zehntausenden freiwilliger Aufbauhelfer befinden sich auch Otto Grotewohl und Frau

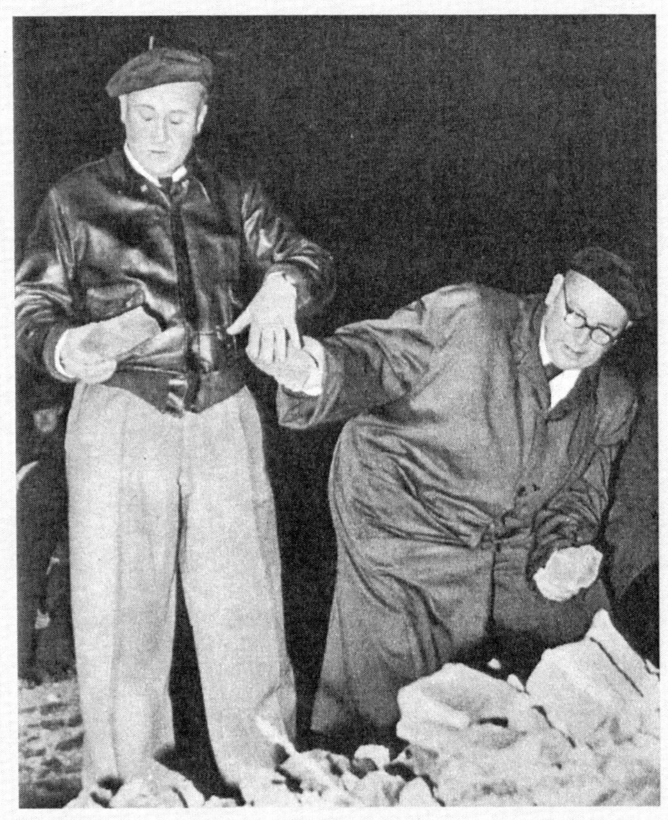

Der Stellvertreter des Ministerpräsidenten, Dr. Bolz (rechts), u. Nationalpreisträger Prof. Norden inmitten der Aufbauhelfer

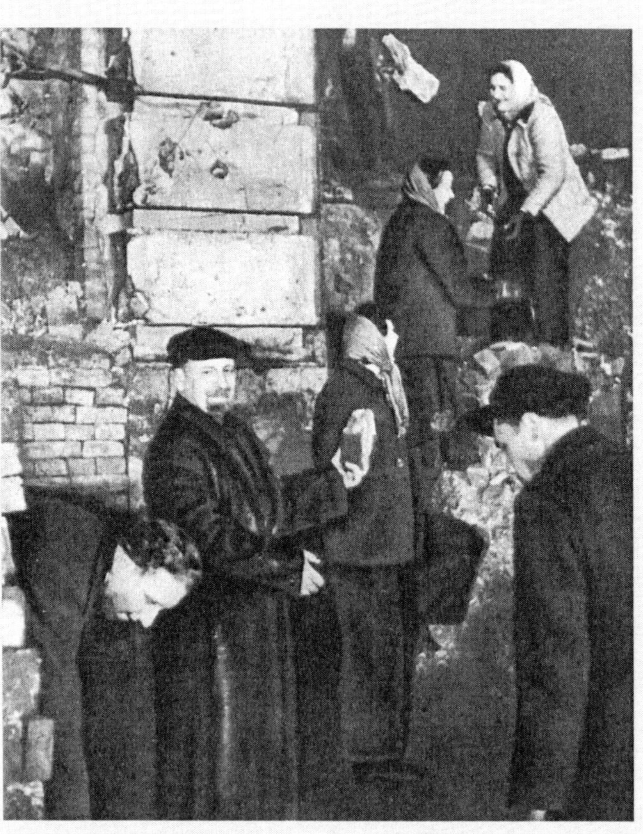

Der Stellvertreter des Ministerpräsidenten, Walter Ulbricht, hilft bei der Enttrümmerung des Schwerpunktes I

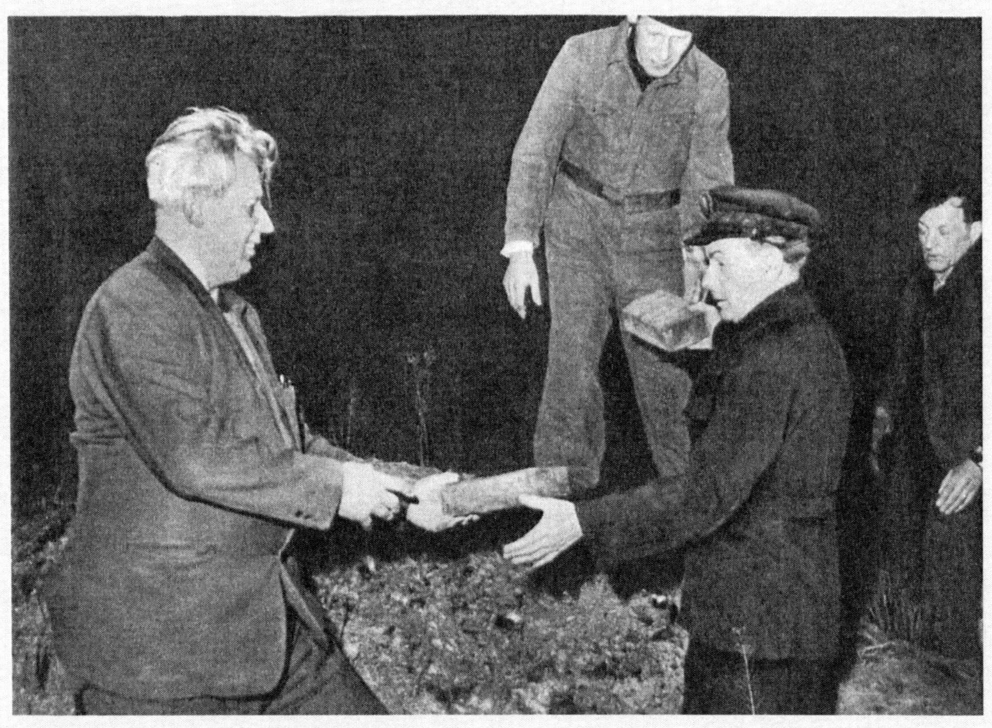

Herbert Warnke, Vorsitzender des FDGB, geht allen Kollegen mit gutem Beispiel voran

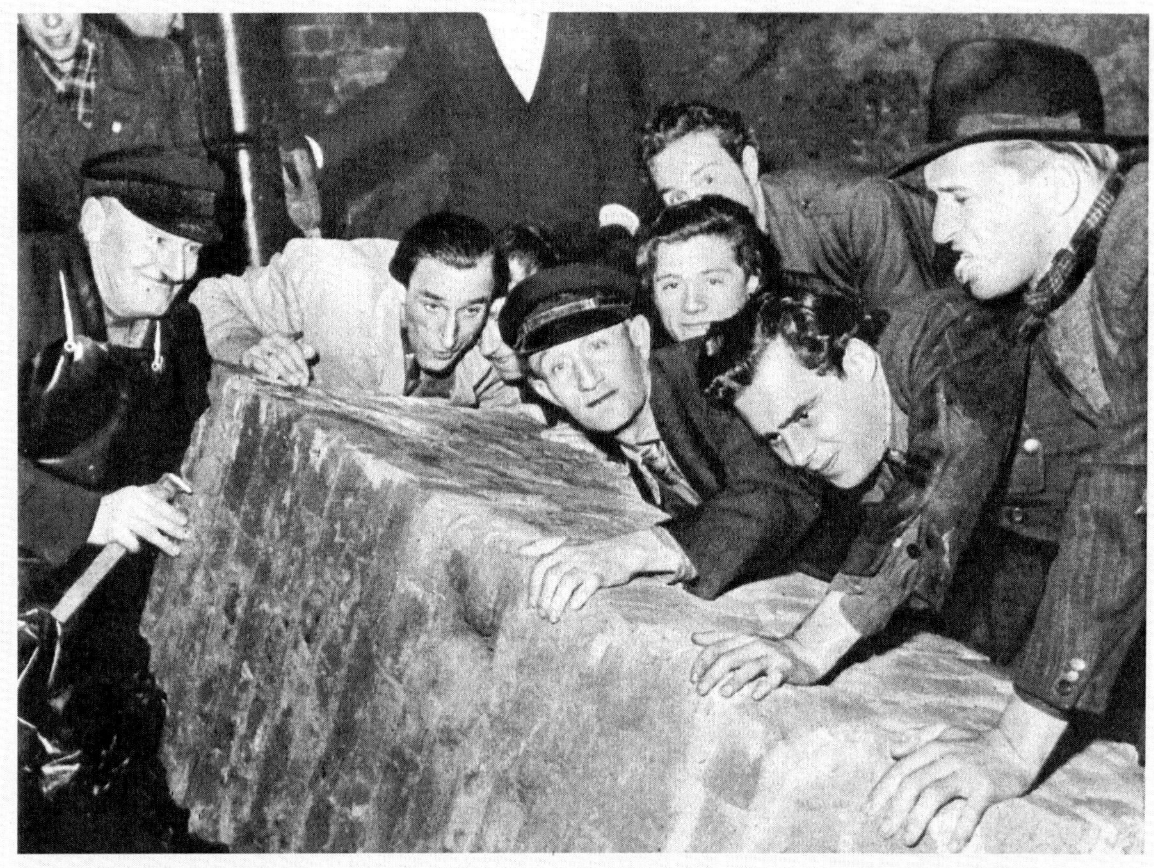

Mit „Hau-ruck“ und vereinten Kräften wird auch dieser schwere Brocken geschafft

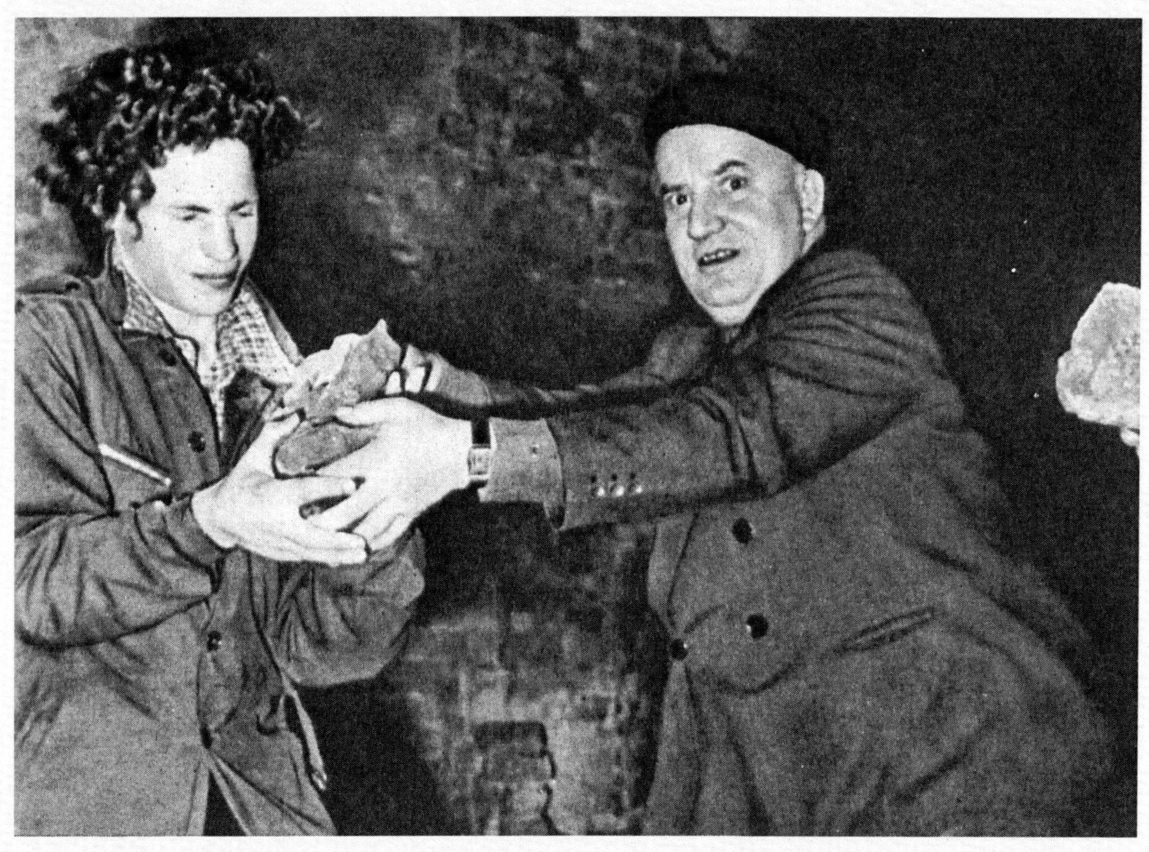

Nationalpreisträger Willi Bredel packt kraftvoll mit an

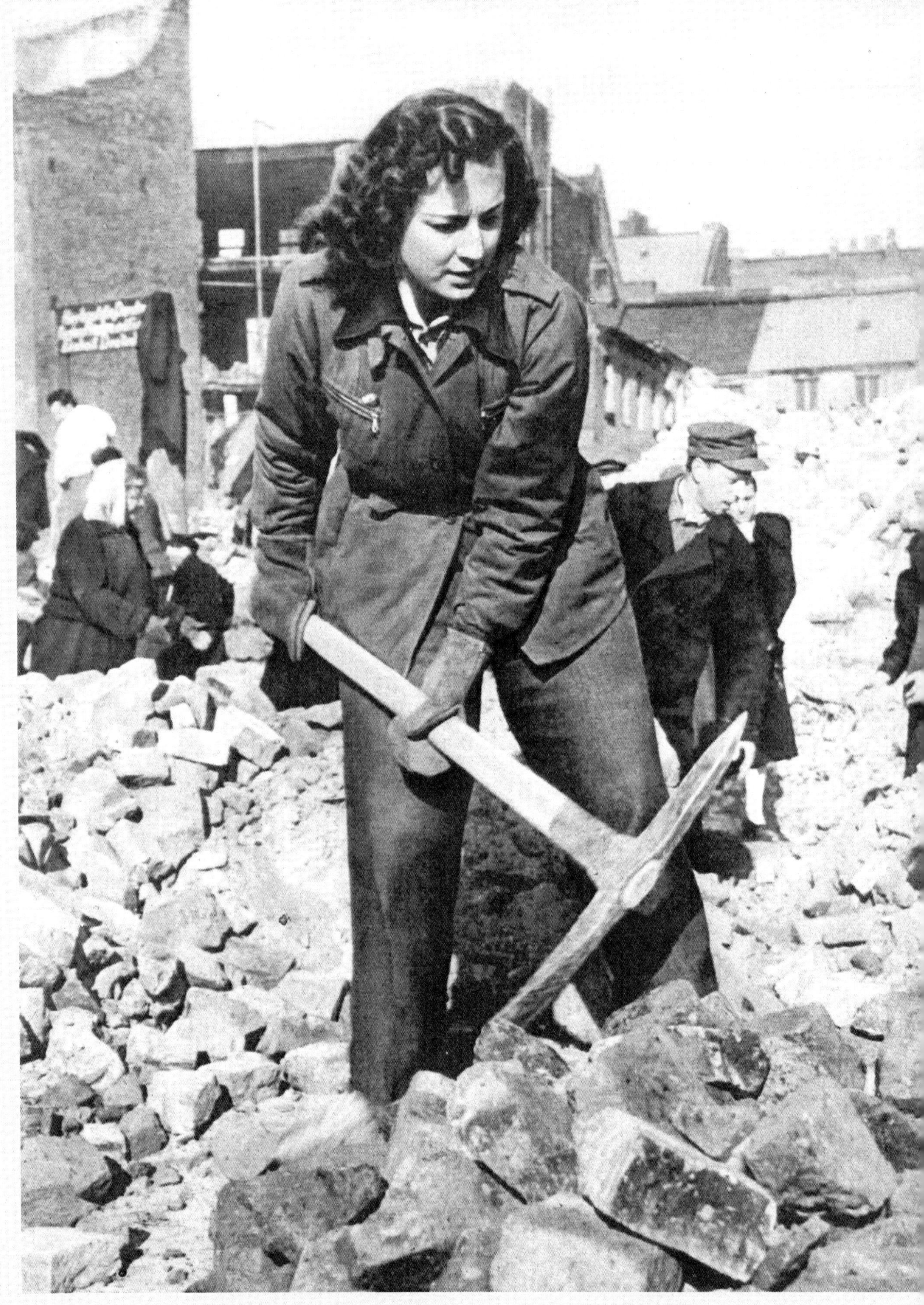

Mit Elan gehen die Mitglieder der Freien Deutschen Jugend ans Werk

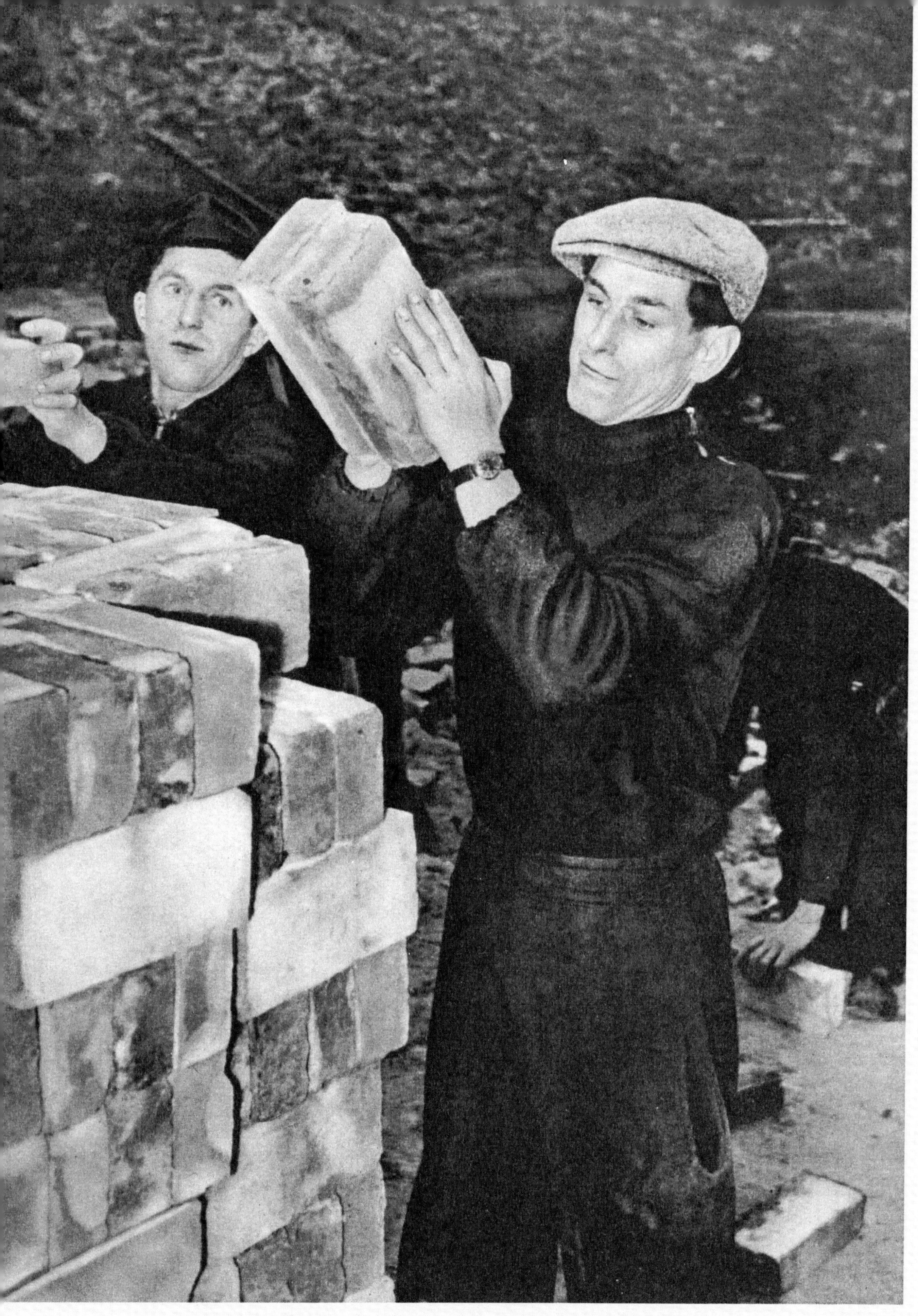

Hans Schön, der Torschützenkönig von 1951, „macht Hand" …

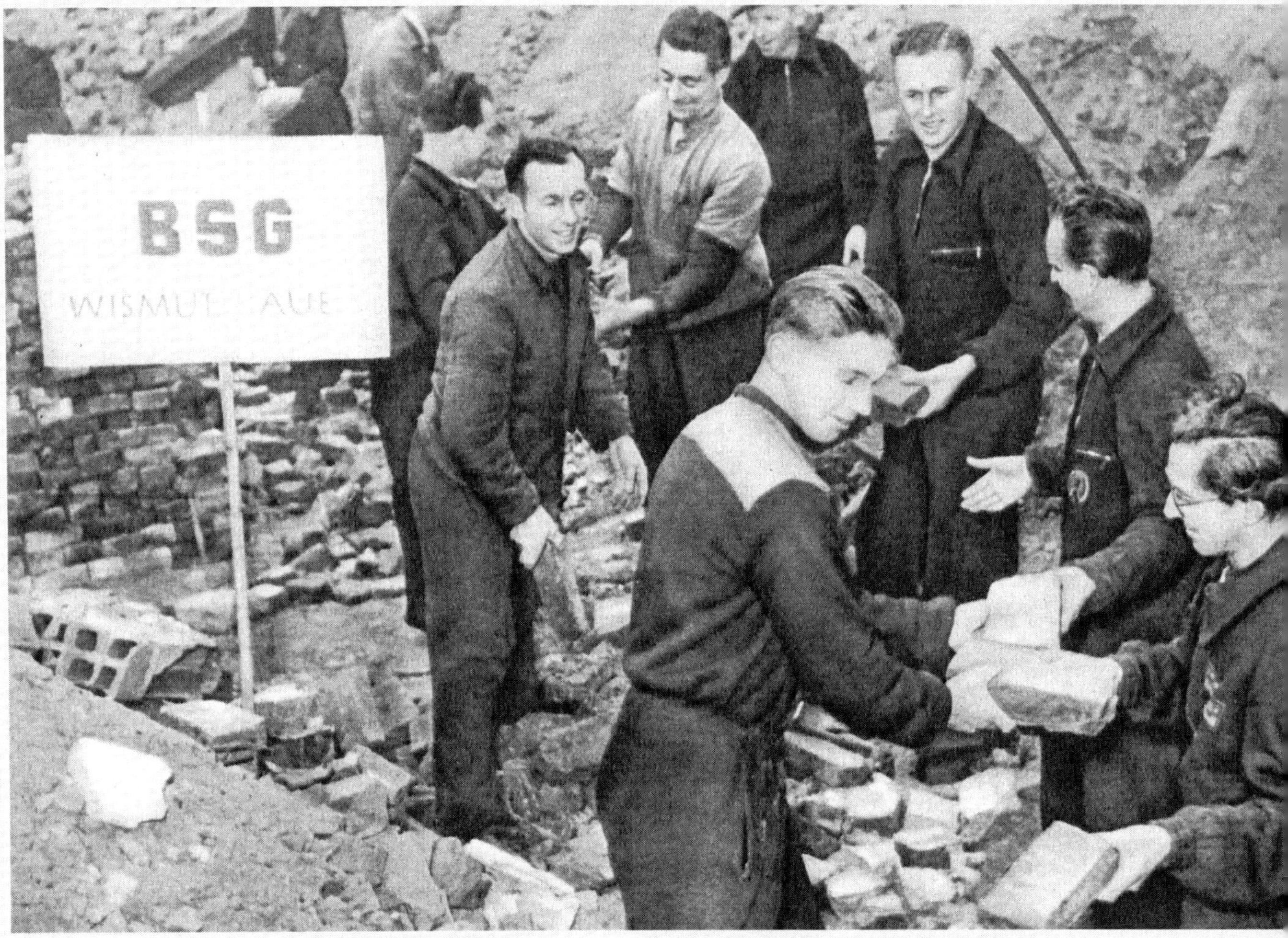

Fußball-Oberligamannschaft Wismut Aue nach ihrem Spiel in Berlin beim Aufbau

Sonntag für Sonntag erleben die Berliner große und schöne Sportveranstaltungen bekannter Betriebssportgemeinschaften sowie der repräsentativen Oberliga-Fußballmannschaften. Die Sportler verpflichten sich, nach jedem Spiel in Berlin einen Tag am Wiederaufbau der Hauptstadt Deutschlands mitzuhelfen.

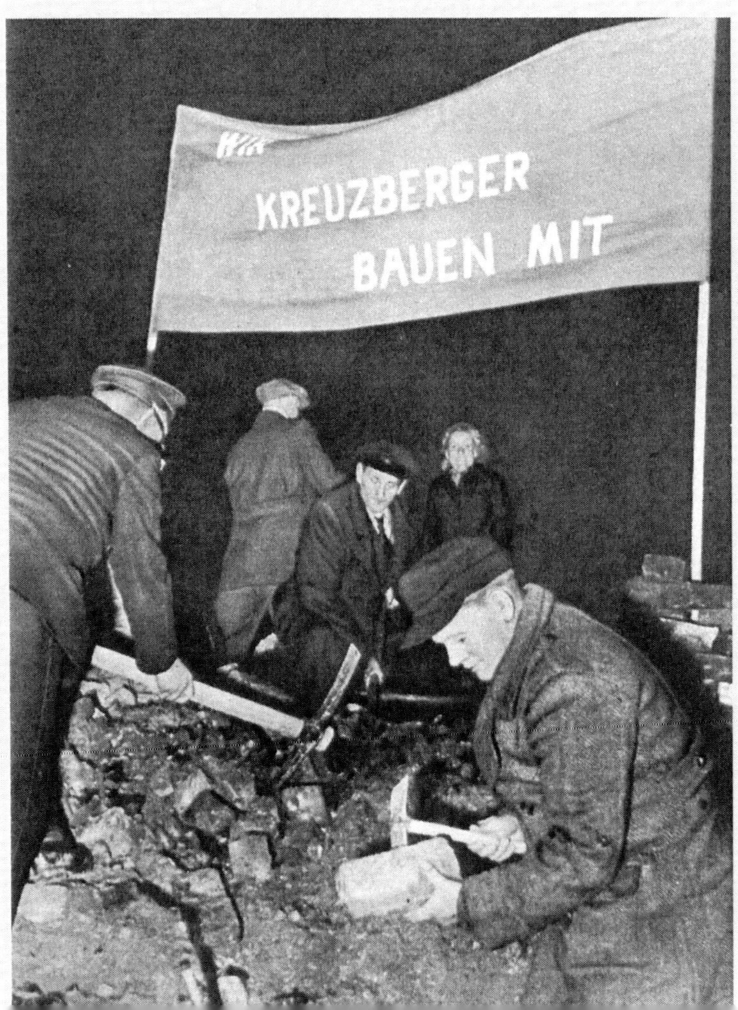

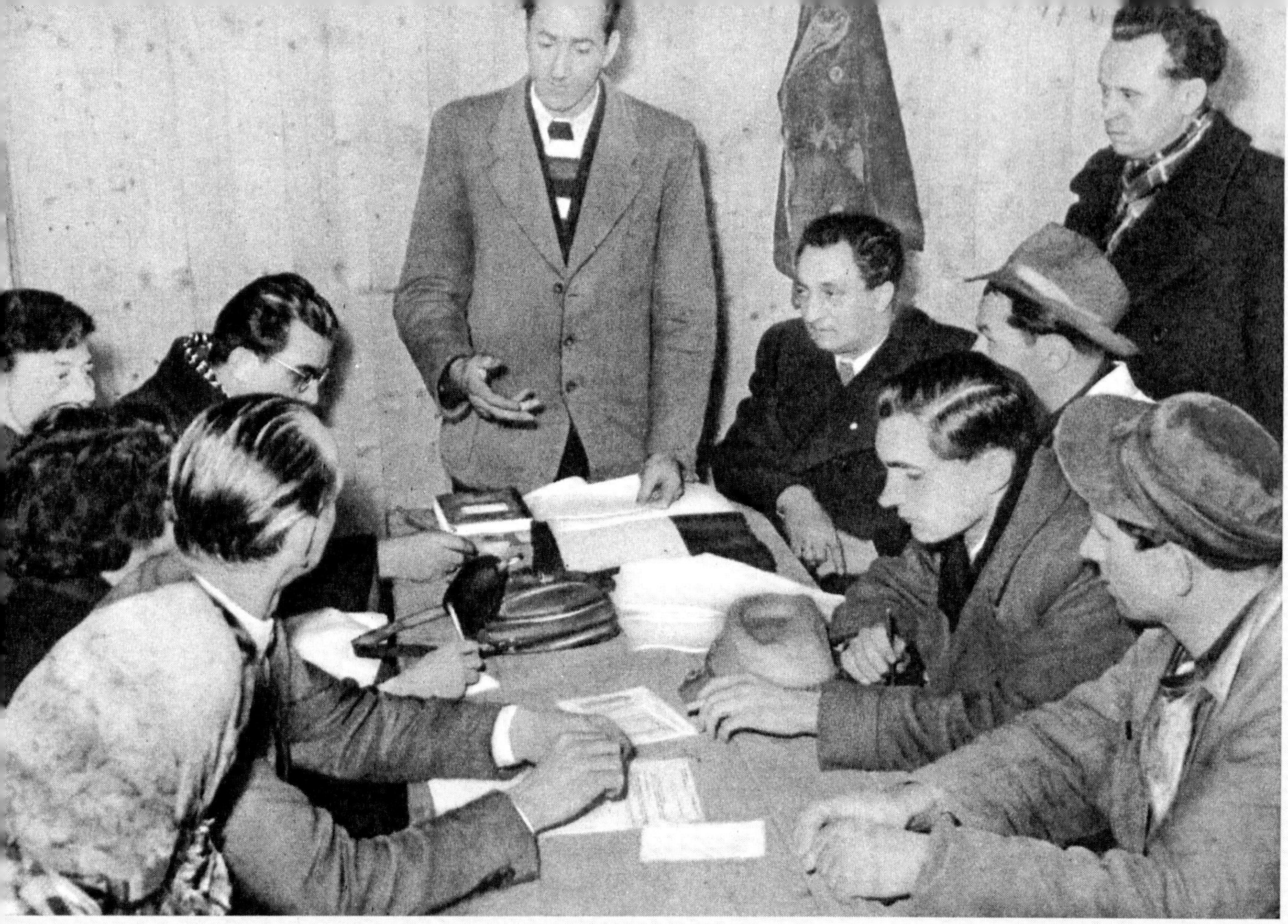

Kollegen des Sonderbaustabes diskutieren mit den Vertretern der Betriebsaufbaukomitees

Einmal wöchentlich kommen Mitarbeiter des Sonderbaustabs mit den Leitern der Bezirksarbeitsstäbe zusammen, um mit ihnen alle Aufgaben durchzusprechen und den Arbeitsablauf auf den Entrümpelungsstellen noch besser zu organisieren. Zu den wichtigsten Aufgaben der Bezirksstäbe gehören Anleitung, Unterstützung und Kontrolle der Betriebsaufbaukomitees.

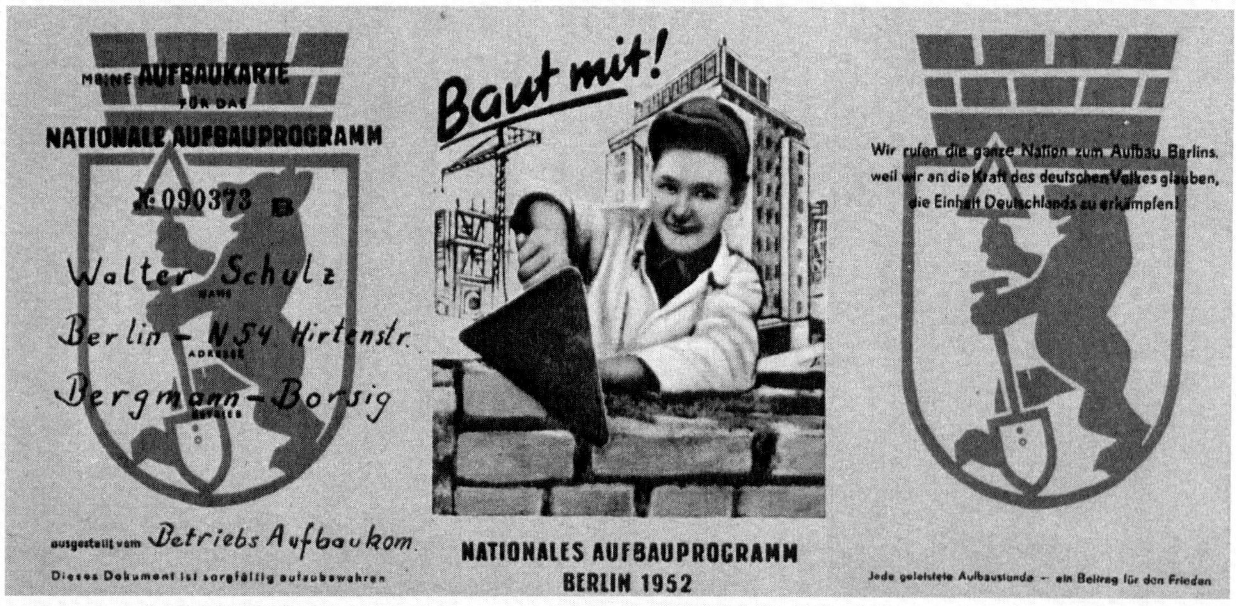

Jede geleistete Halbschicht wird dem Aufbauhelfer in seiner Aufbaukarte bescheinigt

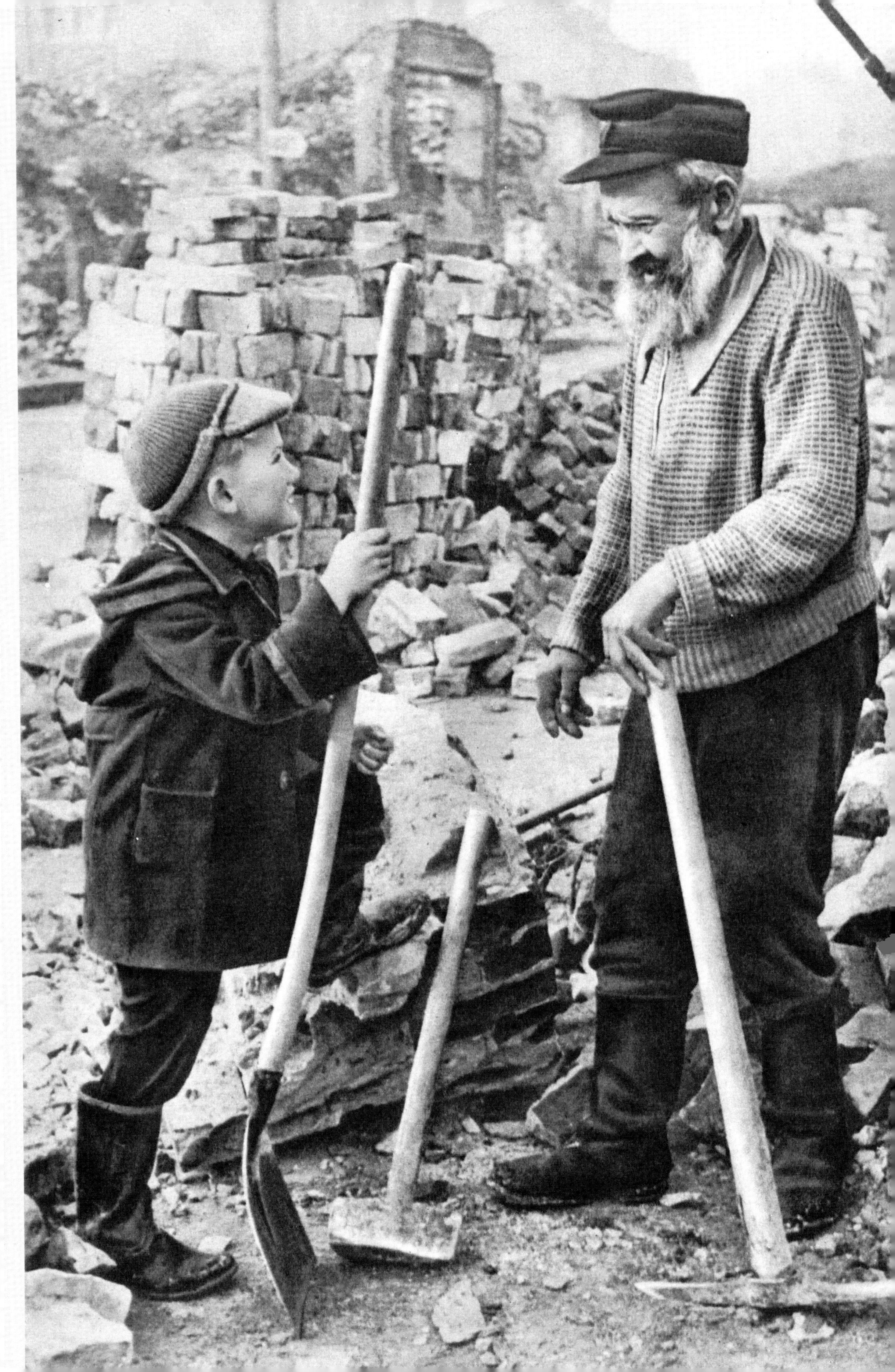

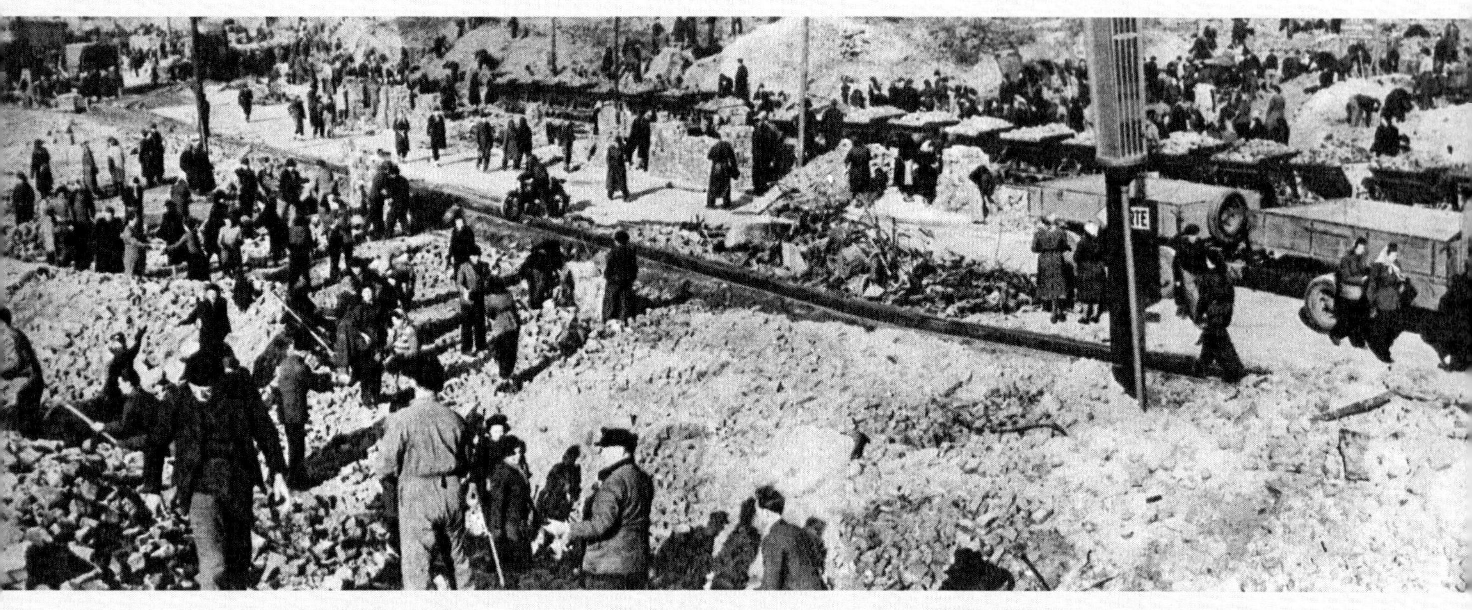

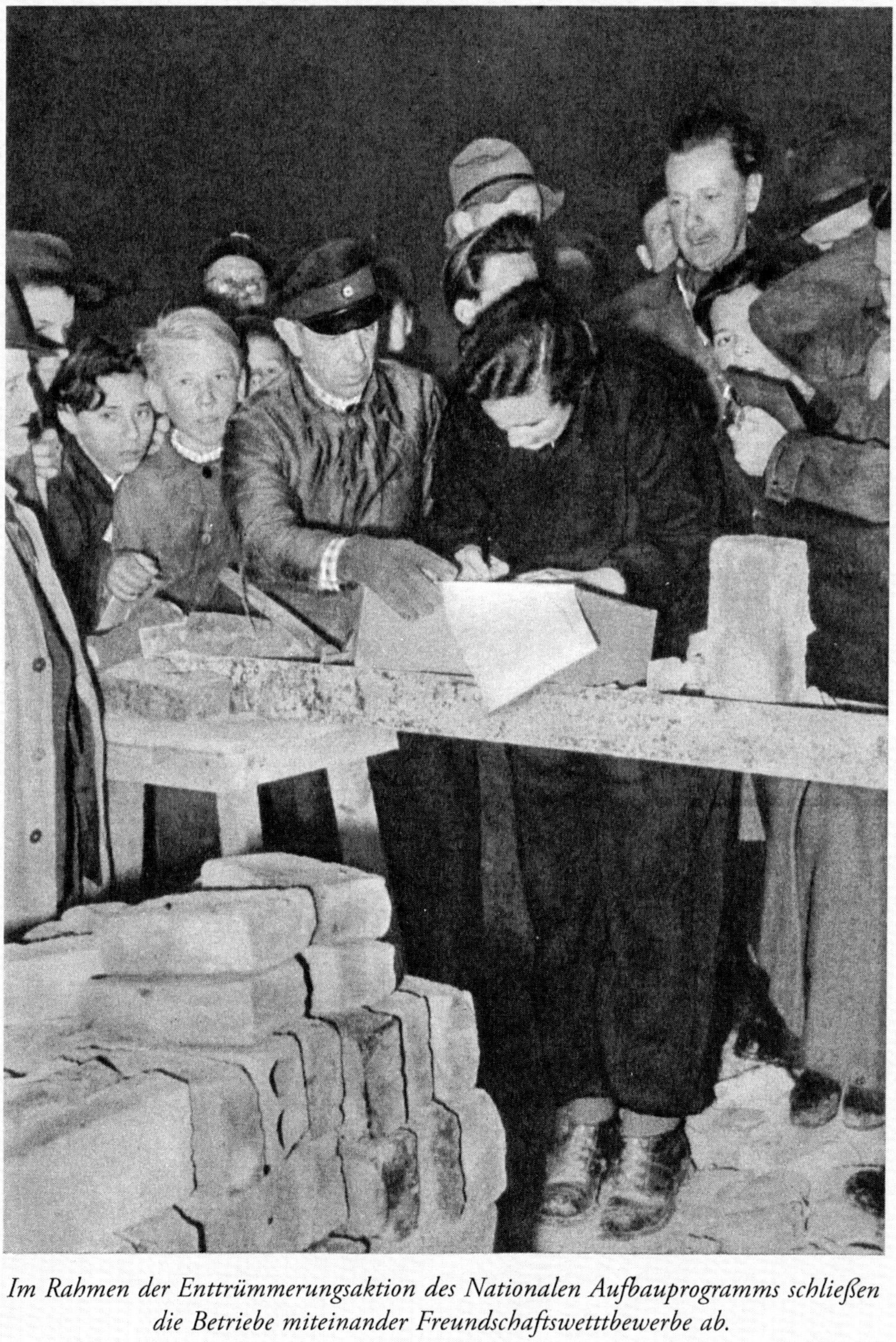

Im Rahmen der Enttrümmerungsaktion des Nationalen Aufbauprogramms schließen die Betriebe miteinander Freundschaftswetttbewerbe ab.

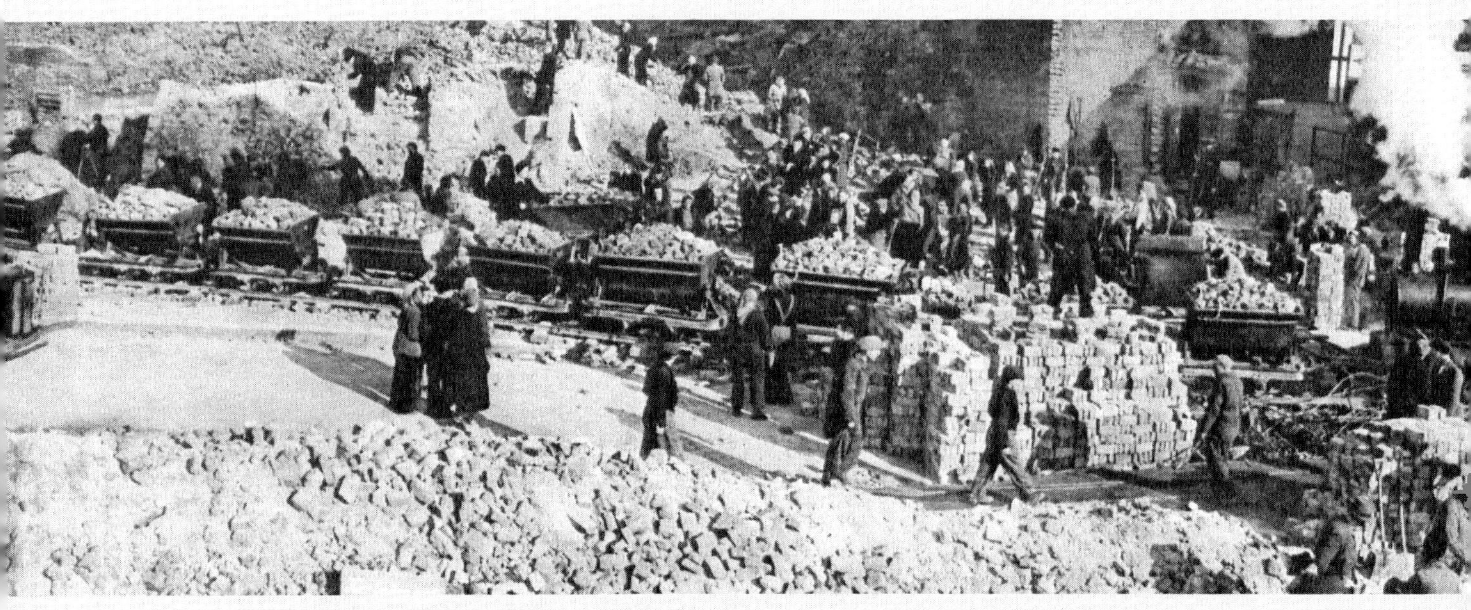

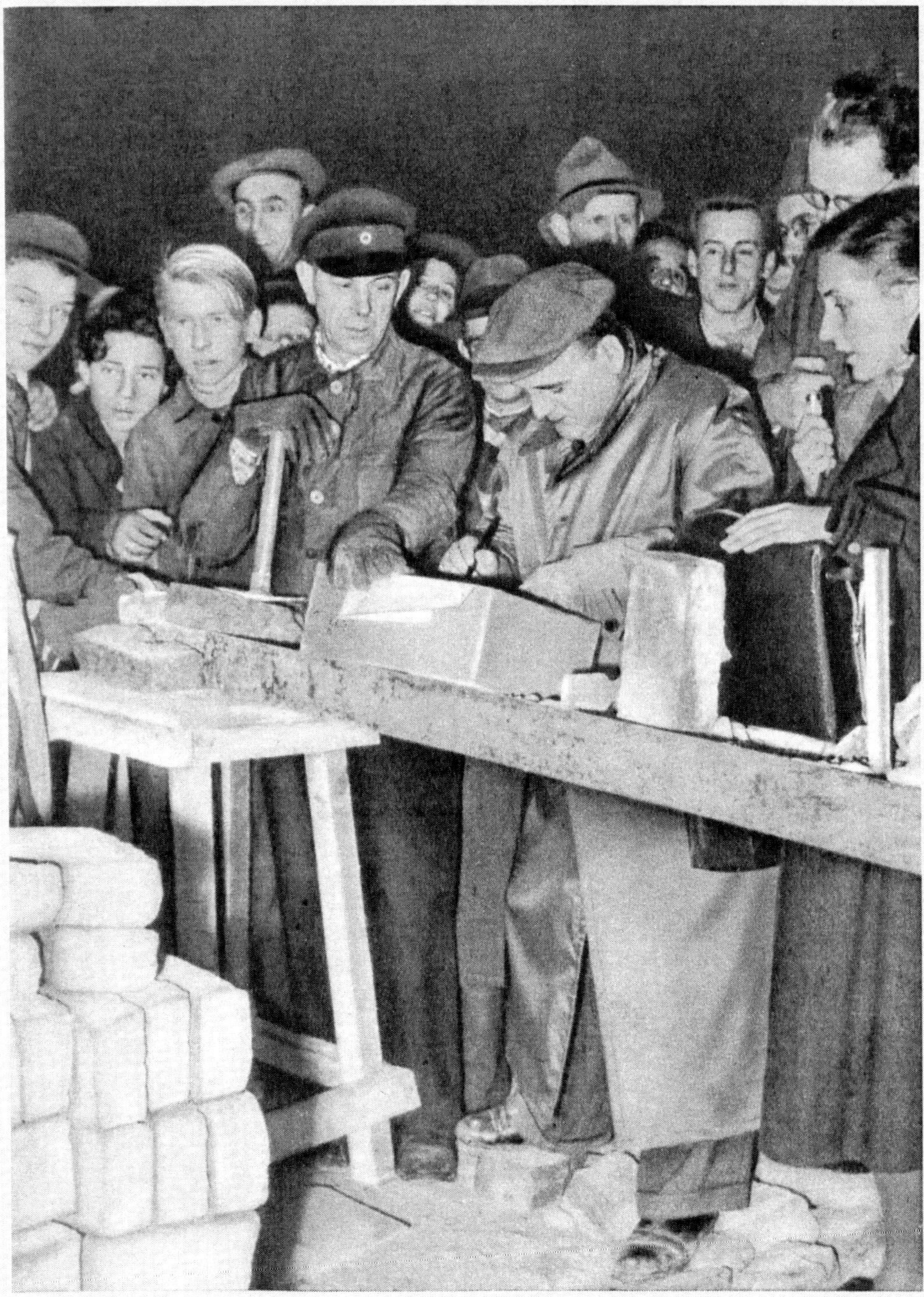

Kollegin Warnke, Kulturdirektorin des VEB Siemens-Plania, und Direktor Knapp von der BVG unterzeichnen die zwischen ihren Belegschaften getroffenen Vereinbarungen

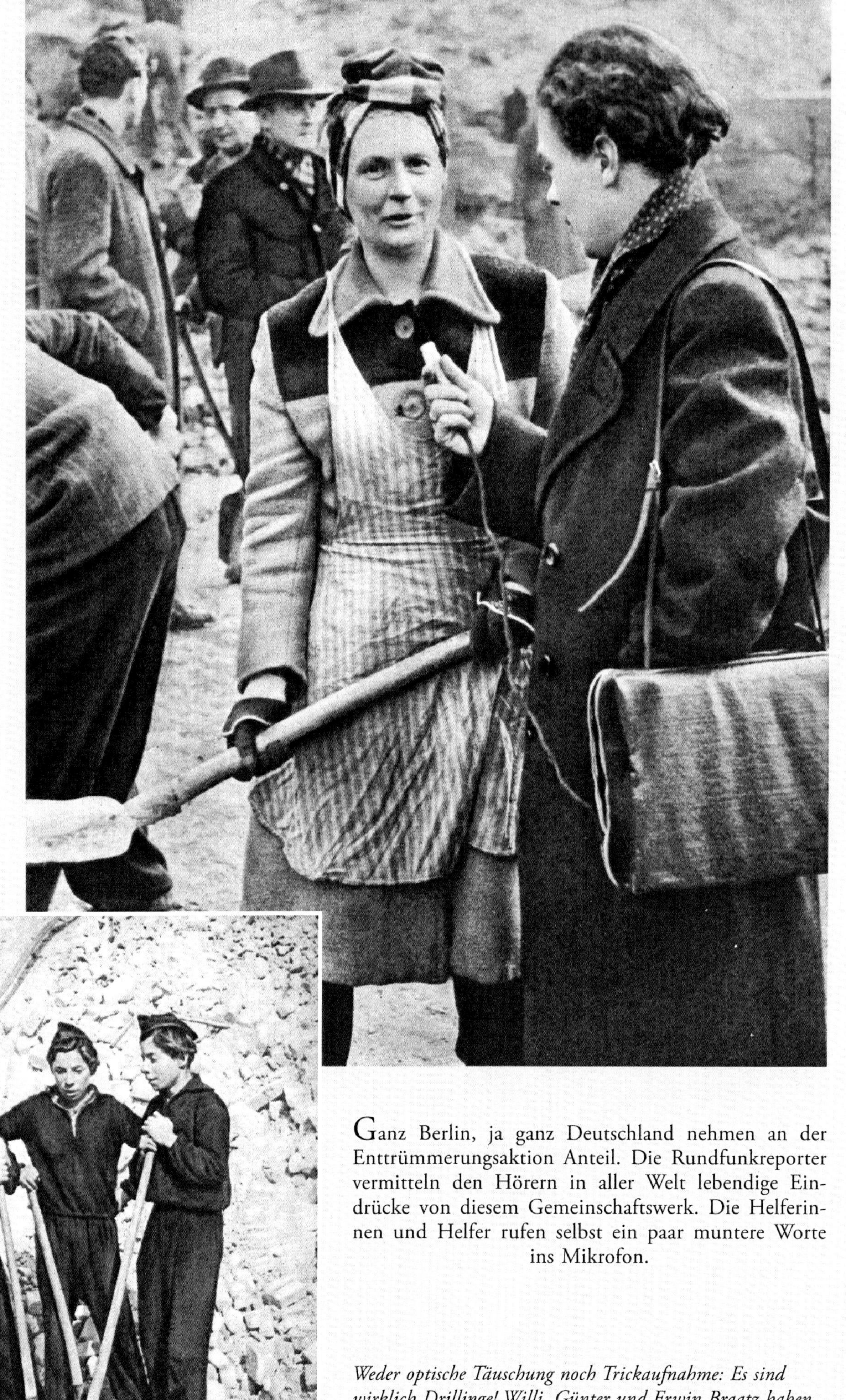

Ganz Berlin, ja ganz Deutschland nehmen an der Enttrümmerungsaktion Anteil. Die Rundfunkreporter vermitteln den Hörern in aller Welt lebendige Eindrücke von diesem Gemeinschaftswerk. Die Helferinnen und Helfer rufen selbst ein paar muntere Worte ins Mikrofon.

Weder optische Täuschung noch Trickaufnahme: Es sind wirklich Drillinge! Willi, Günter und Erwin Braatz haben mit ihren fünfzehn Jahren gemeinsam mehr als dreihundert Halbschichten geschafft

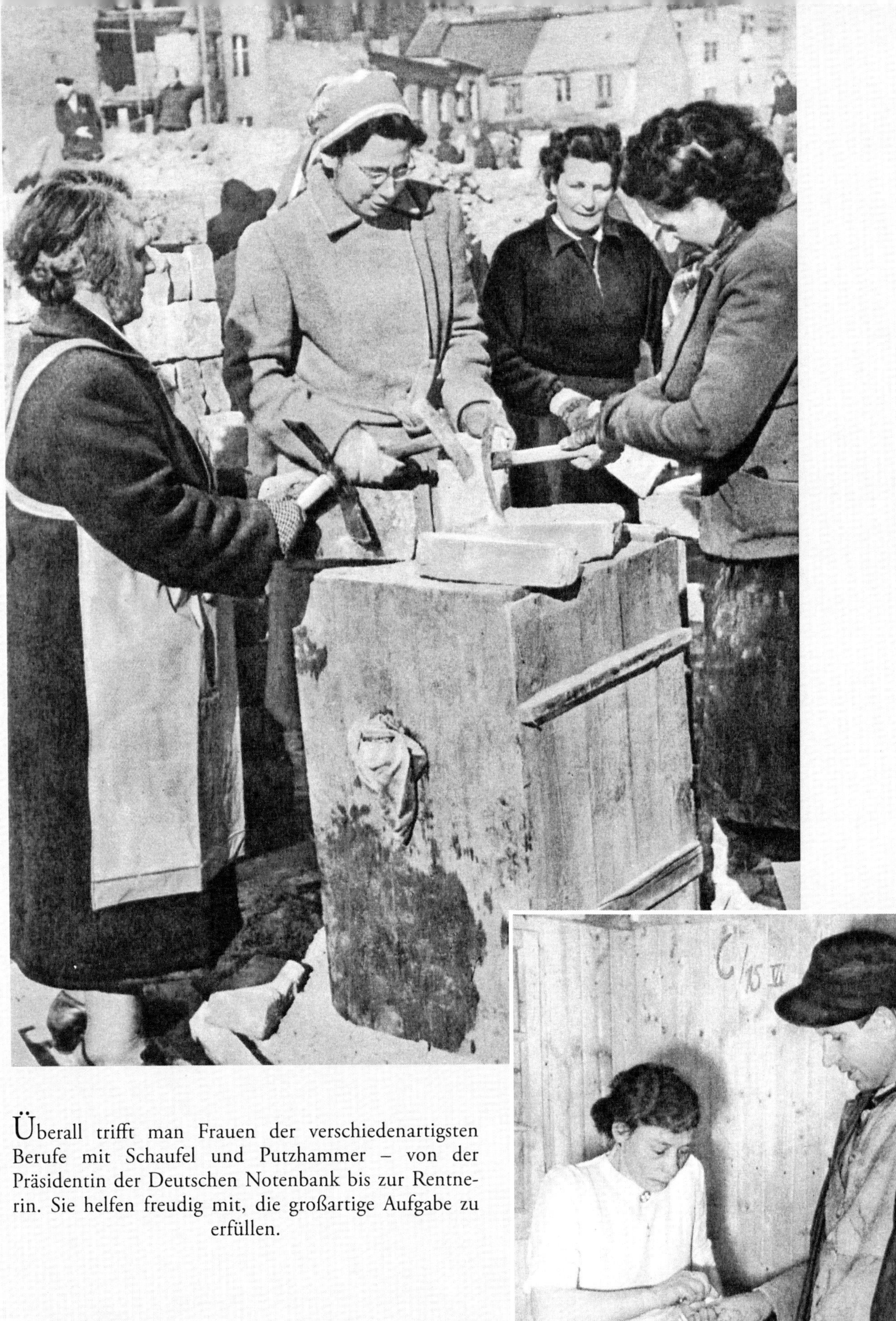

Überall trifft man Frauen der verschiedenartigsten Berufe mit Schaufel und Putzhammer – von der Präsidentin der Deutschen Notenbank bis zur Rentnerin. Sie helfen freudig mit, die großartige Aufgabe zu erfüllen.

Hier hat sich ein Kollege versehentlich auf die Finger geklopft. Um bei Verletzungen Erste Hilfe zu leisten, steht Sanitätspersonal ausreichend zur Verfügung

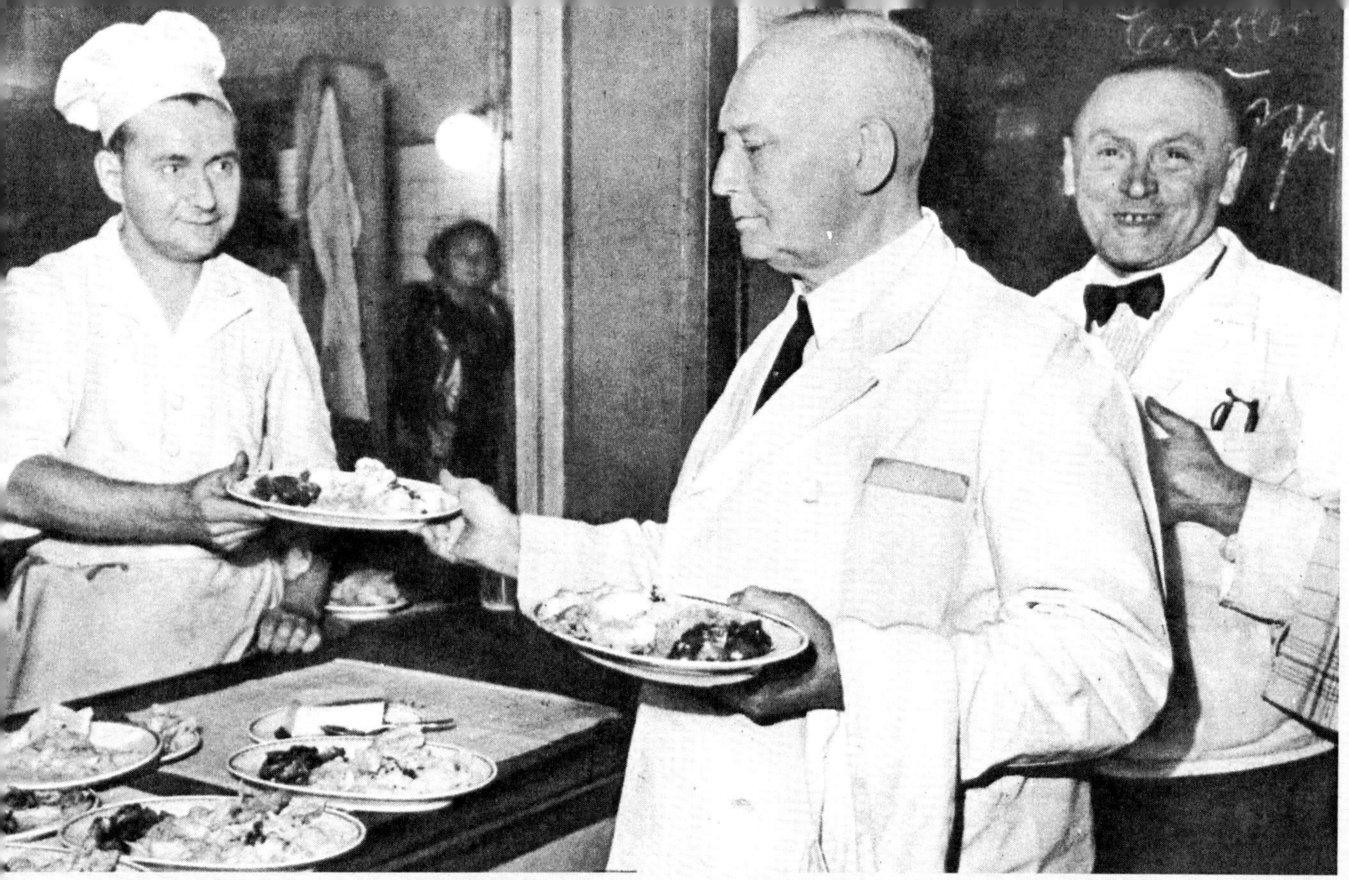

Der Kellner Buckow und der Koch Bauhoff vom „Prälaten" am Alex sind nicht nur im Beruf sehr tüchtig…

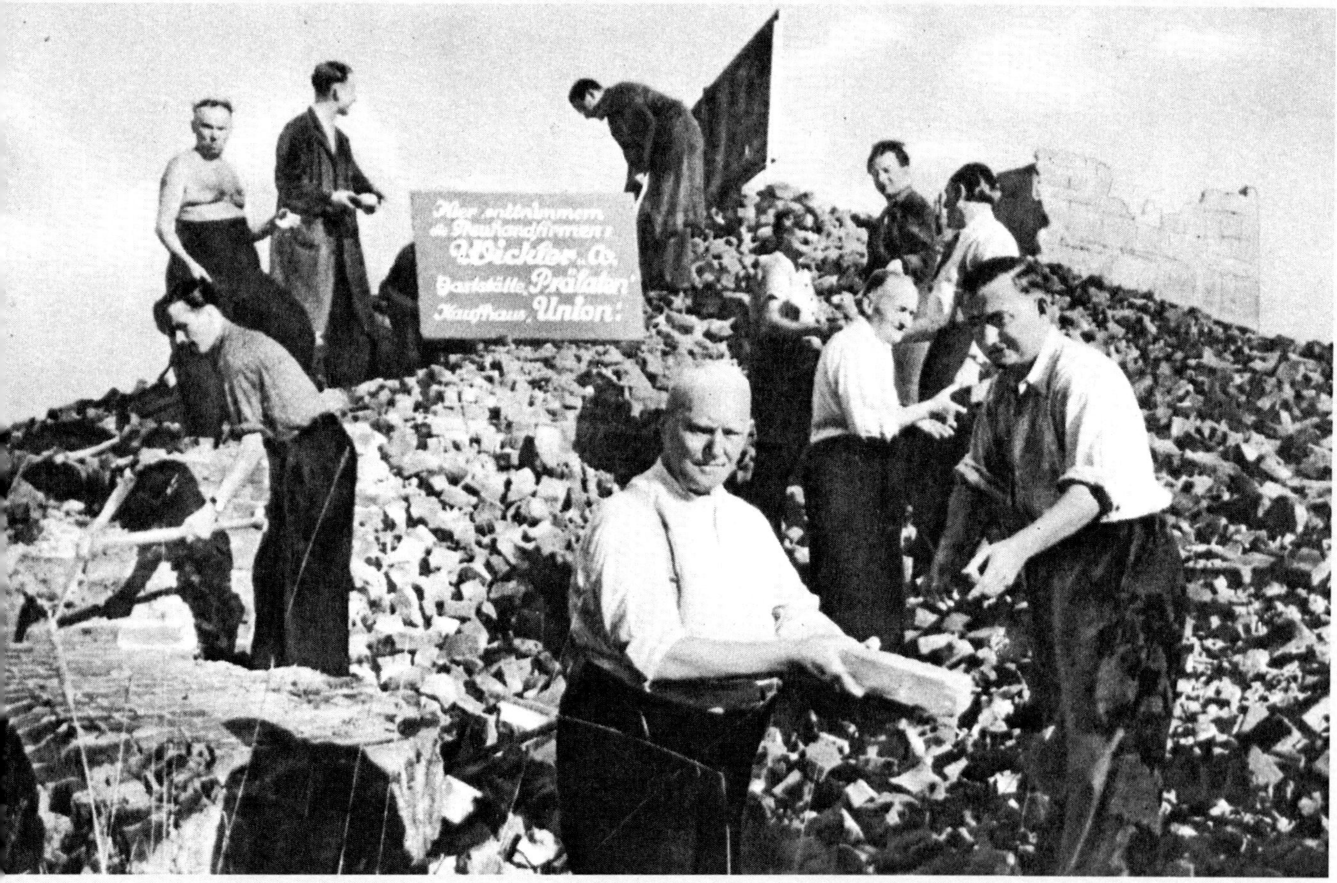

…auch nach Beendigung ihrer Arbeitszeit packen sie auf ihrer Baustelle – einem Enttrümmerungsschwerpunkt in der Leninallee – immer wieder tüchtig zu

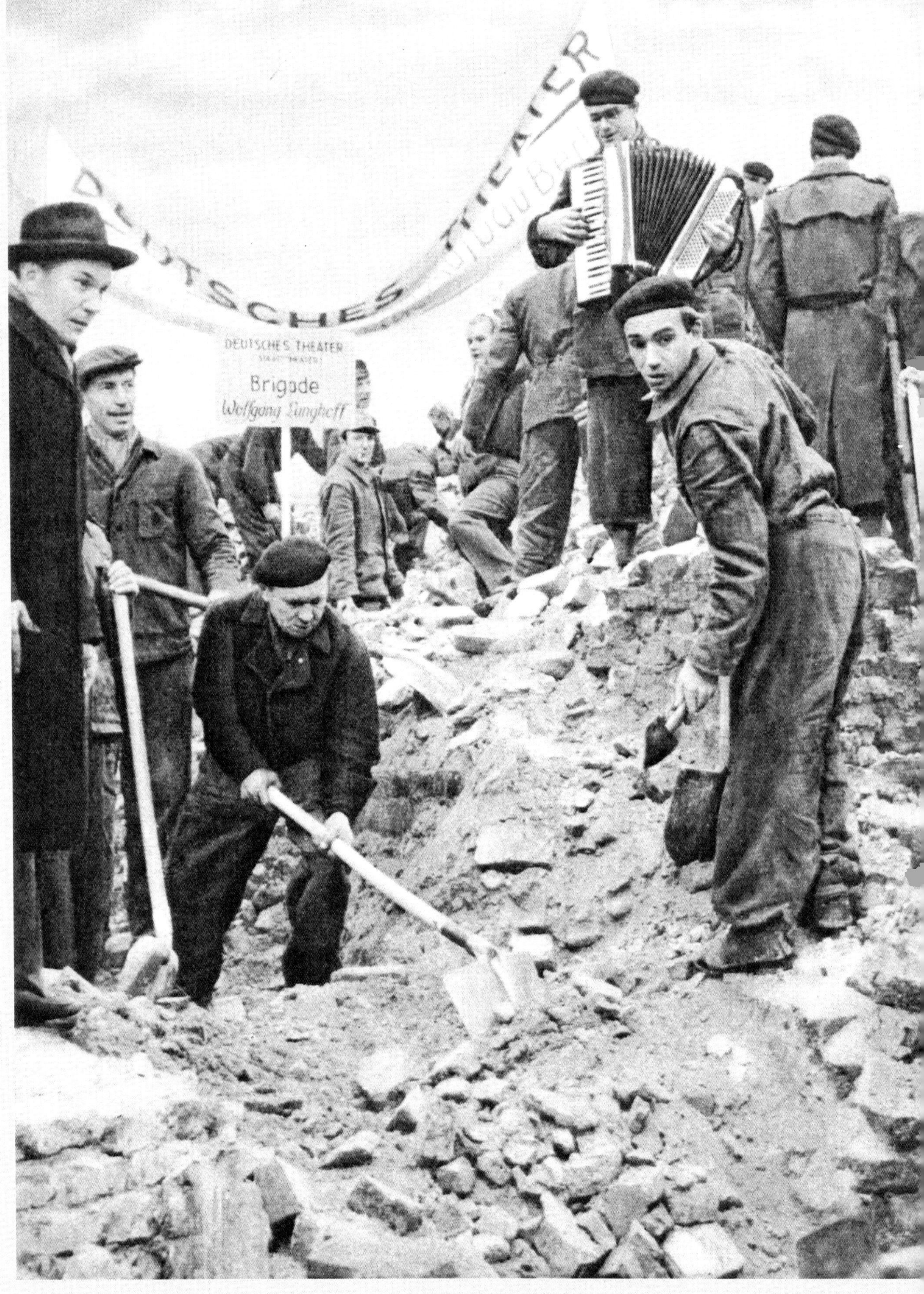

Die Bühnenschaffenden des Deutschen Theaters haben hier die „weltbedeutenden Bretter“ mit dem Bauplatz, „Kostüm und Maske“ mit der Trümmerkluft vertauscht

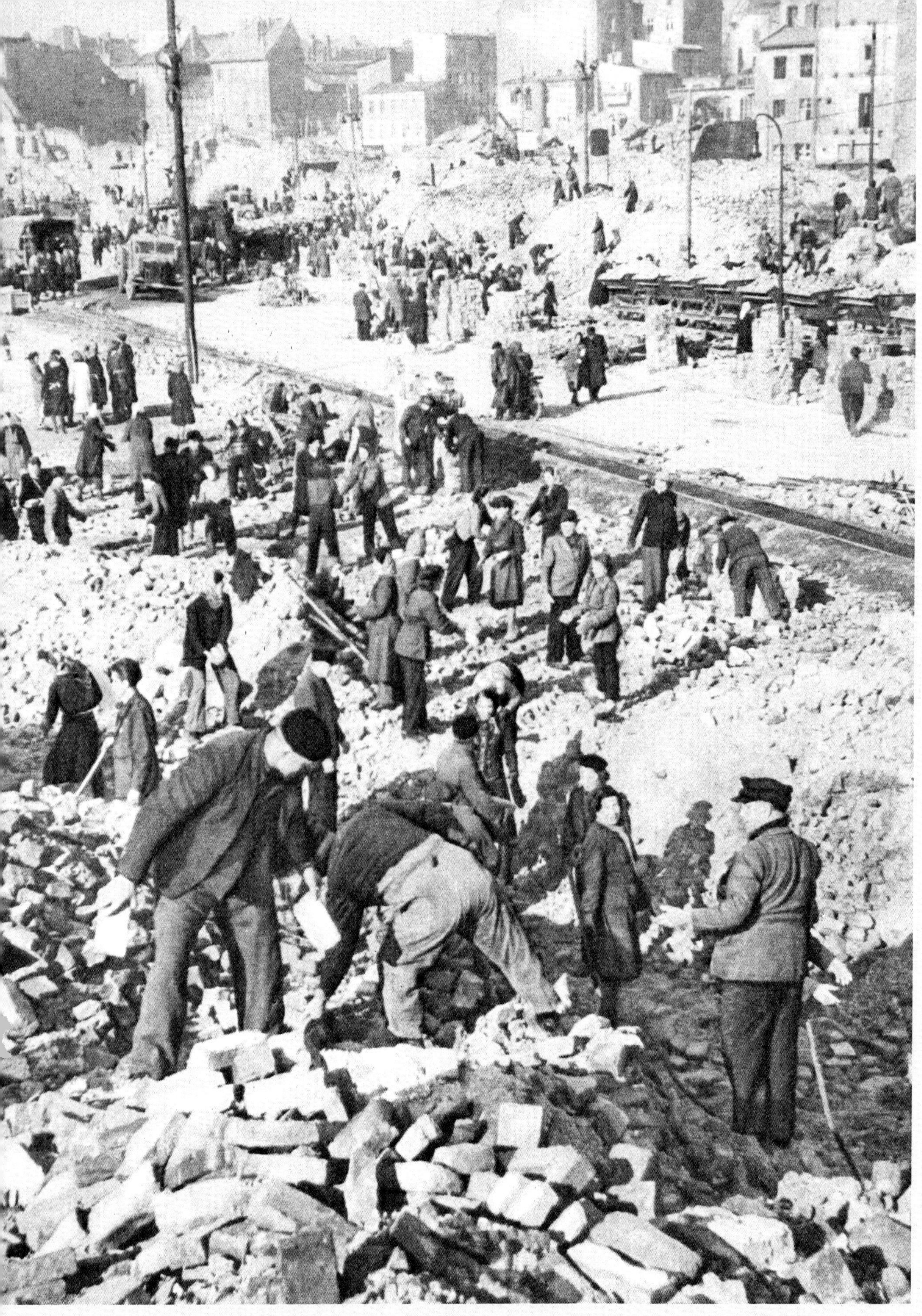

Das tägliche Bild: alt und jung, Frauen und Männer, bei der Beseitigung der Spuren des Hitlerkrieges

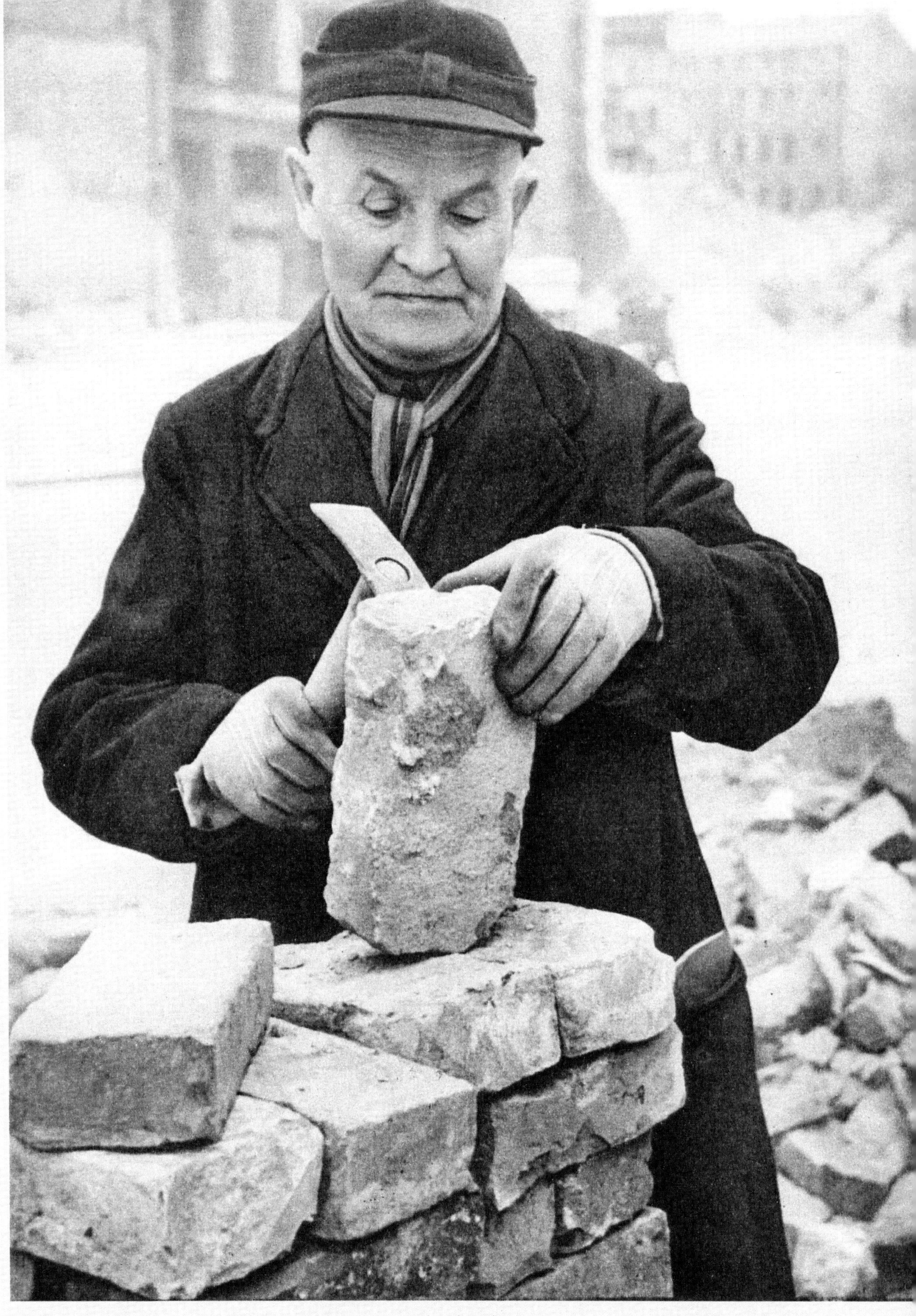

Trotz seiner 77 Jahre hat der Rentner Karl Patzer aus Lichtenberg bis zum 1. Mai 1952 200 Halbschichten geleistet

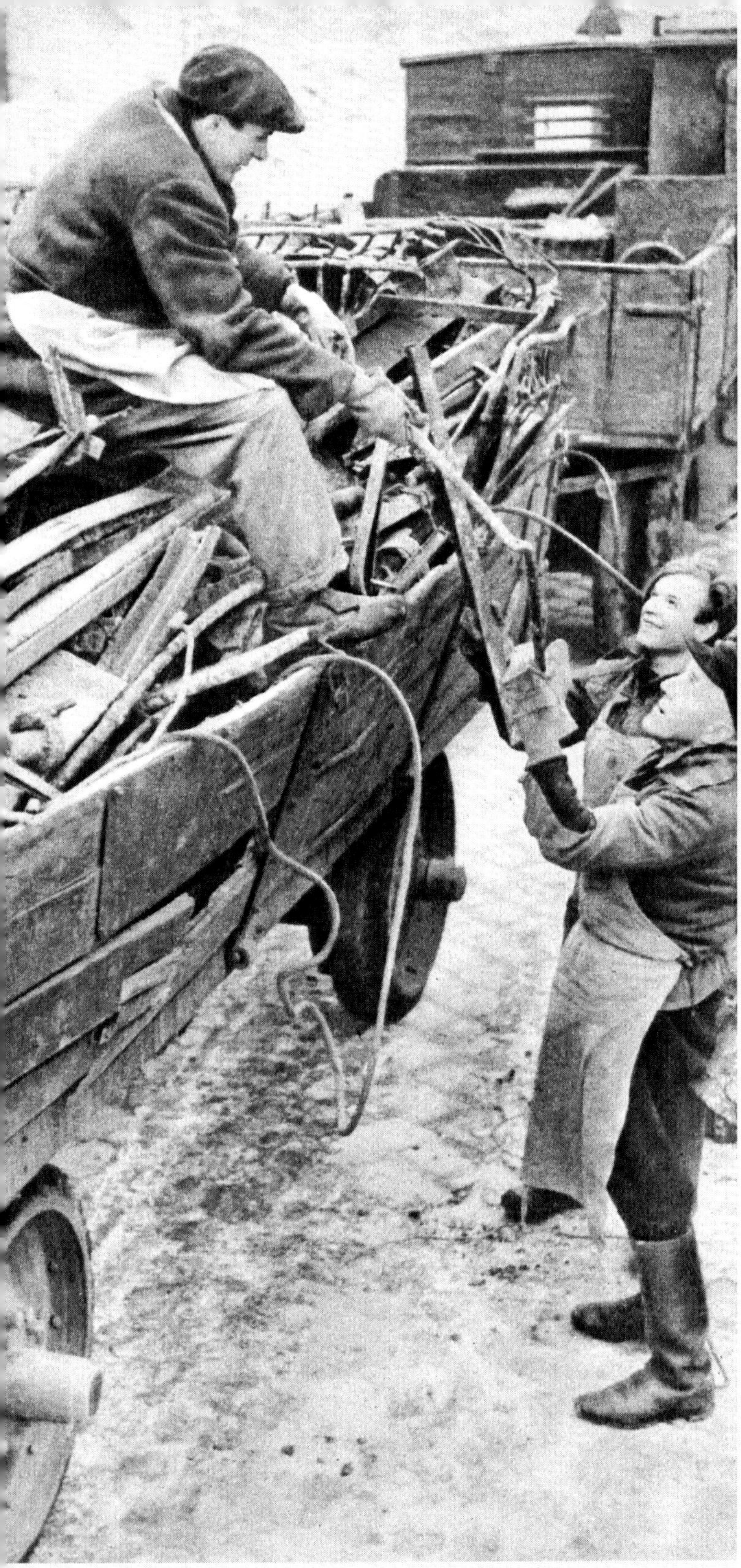

Täglich werden an den Schwerpunkten tonnenweise Schrott und Buntmetall geborgen und von der BHZ Schrott zu den Stahlwerken transportiert, um daraus wertvolle Baumaterialien, z. B. Eisenträger, Stahlgeflechte für Betonfertigteile und Stahlträger für Baukräne, herzustellen.

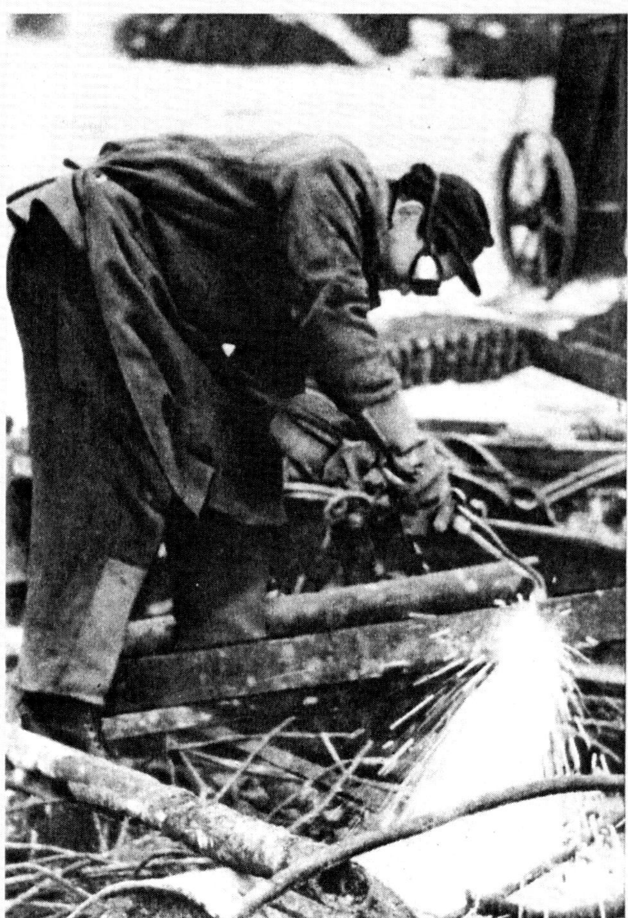

Zum leichteren Abtransport werden sperrige Träger gleich auf den Trümmerstellen mit Schweißbrennern zerschnitten

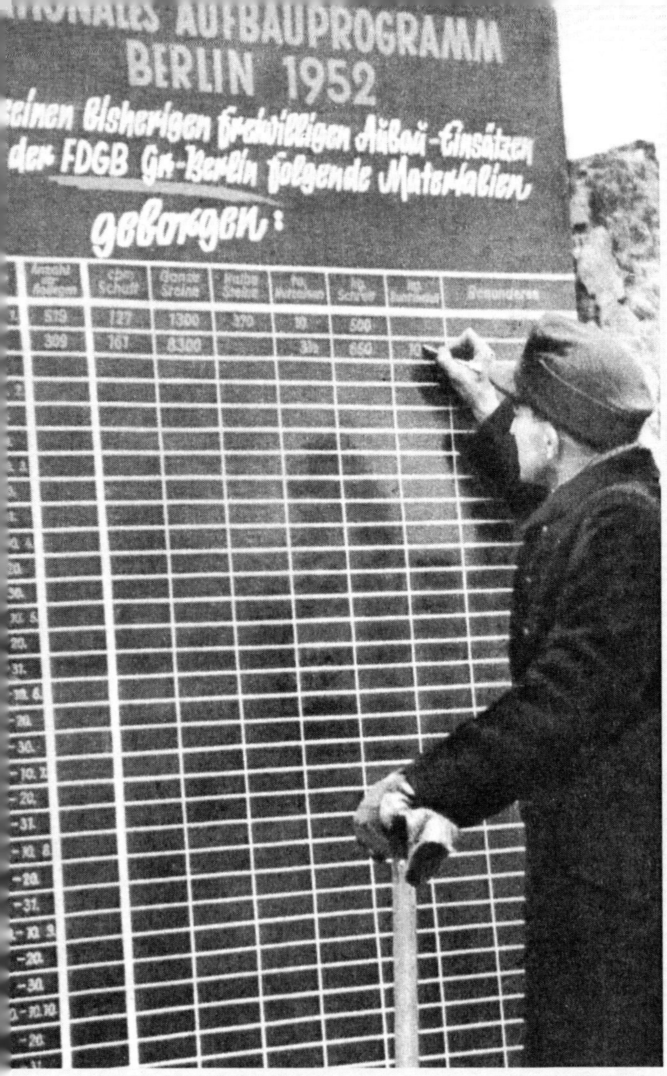

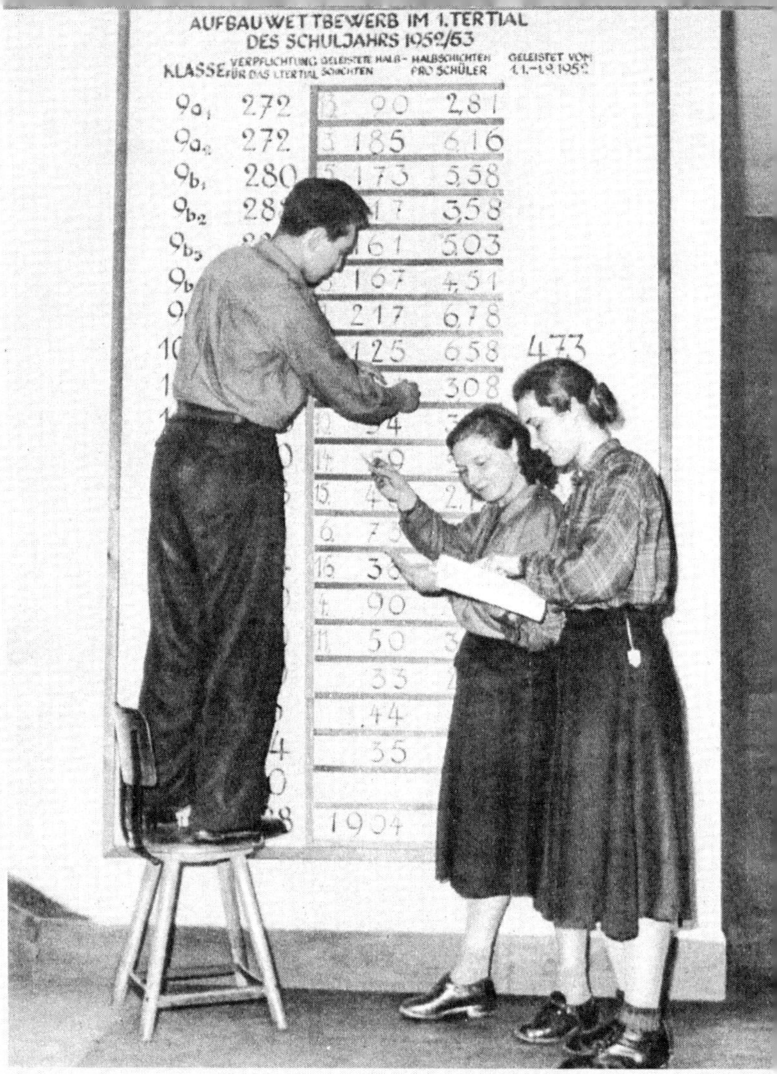

Die Betriebsaufbaukomitees bringen auf ihren Entrümpelungsstellen Wettbewerbstafeln an, um alle Beteiligten über die Arbeitsergebnisse ständig auf dem laufenden zu halten.

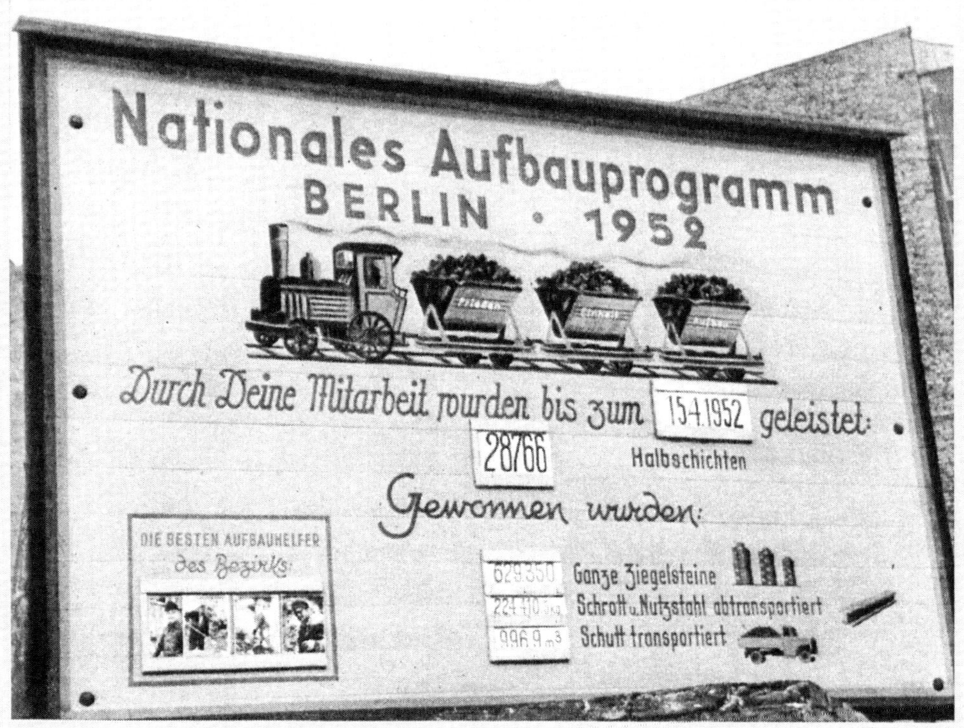

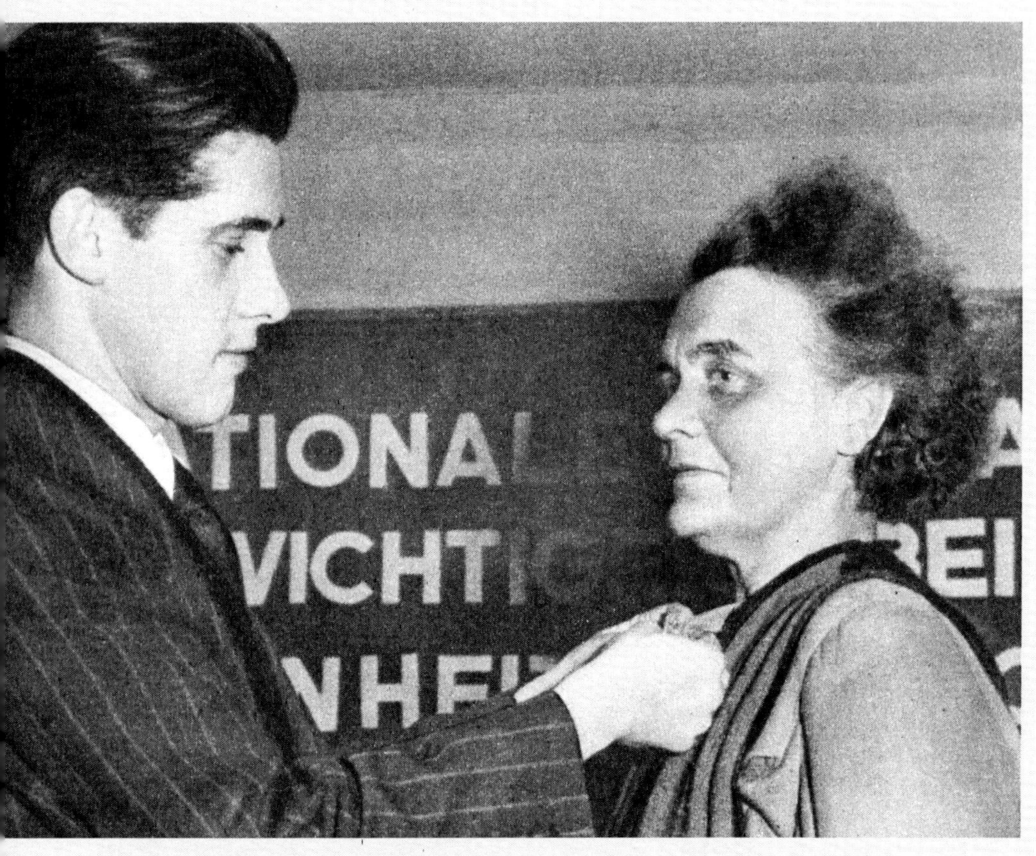

Für die treuen Aufbauhelfer, die Tag für Tag bei Wind und Wetter ihre freiwillig übernommenen Verpflichtungen erfüllen, hat das Nationale Aufbaukomitee eine Ehrennadel in drei Stufen – für 50, 100 und 150 Halbschichten – geschaffen. Erstmals wird diese Auszeichnung der Kollegin Ella Tomezak, Aktivistin im Berliner Vergaserwerk, für ihre bis zum 20. März 1952 geleisteten 60 Halbschichten verliehen

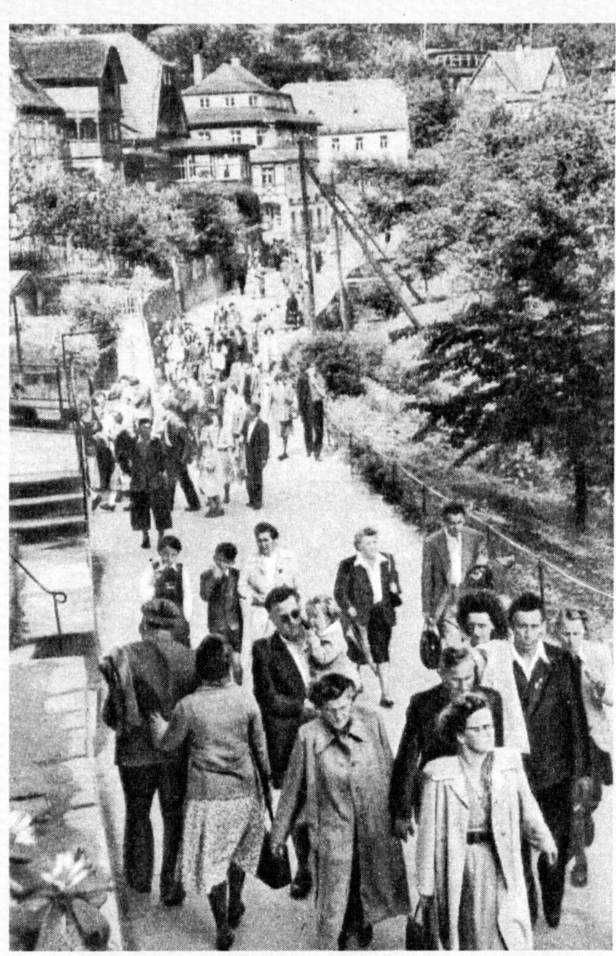

Ein gemeinsamer fröhlicher Ausflug ins Elbsandsteingebirge ist der Lohn für die 800 besten Aufbauhelfer

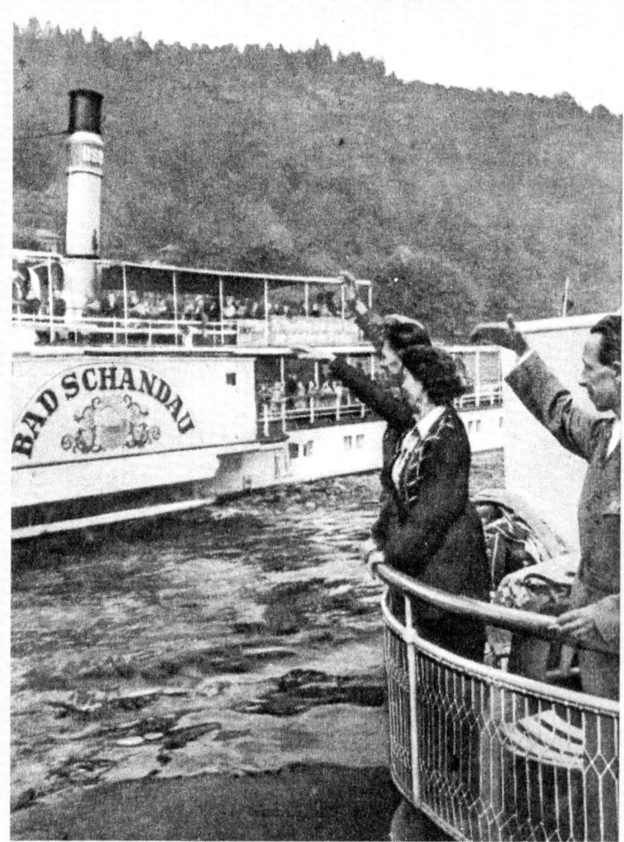

Dampfer der „Weißen Flotte" bringen sie bei Musik und Tanz elbaufwärts in die romantische „Sächsische Schweiz"

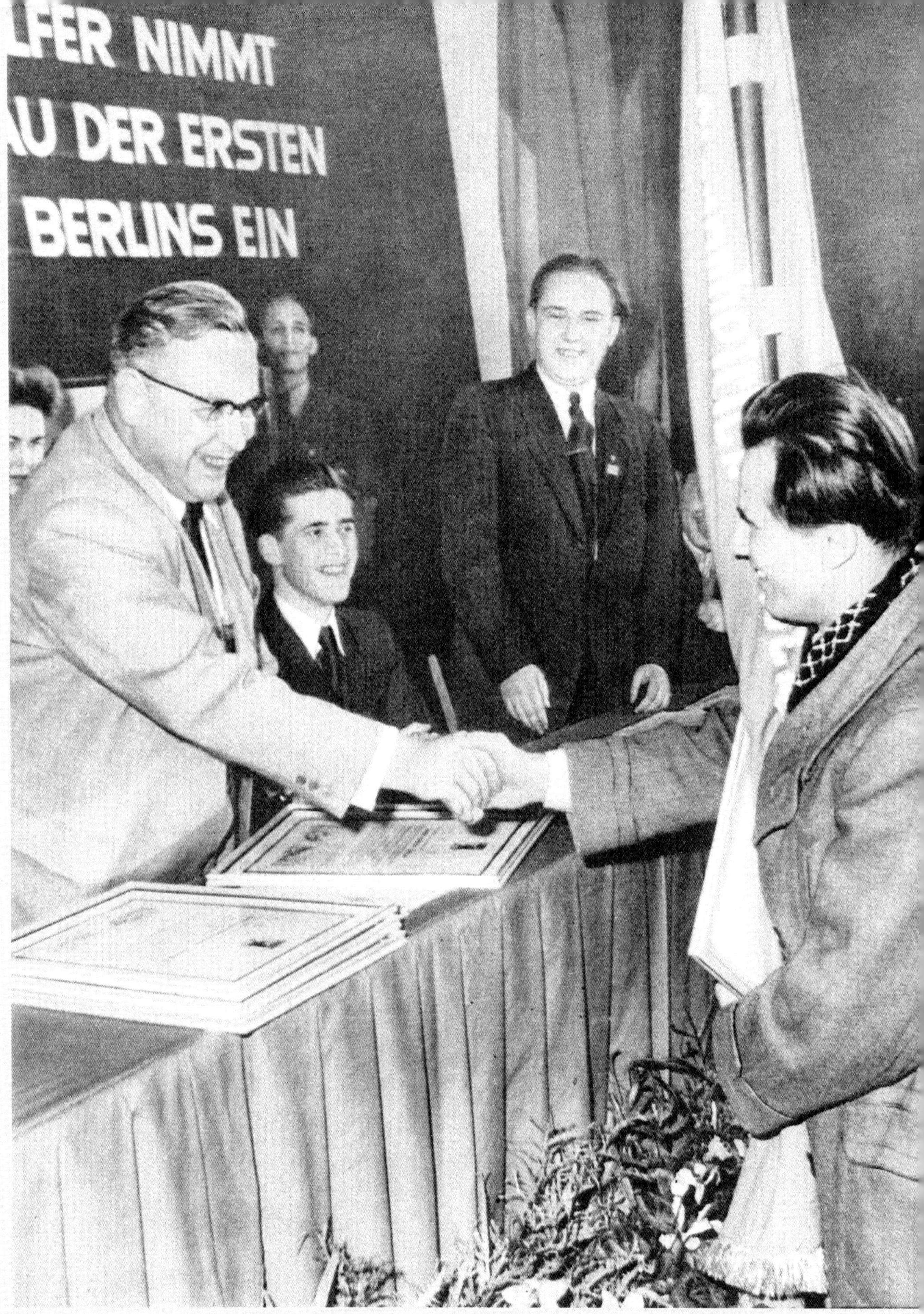

In einer Feierstunde im Alten Stadthaus überreicht der Vorsitzende des Nationalen Aufbaukomitees, Dr. Lothar Bolz, den Siegern im Enttrümmerungswettbewerb der Berliner Betriebe Fahnen, Urkunden und Geschenke

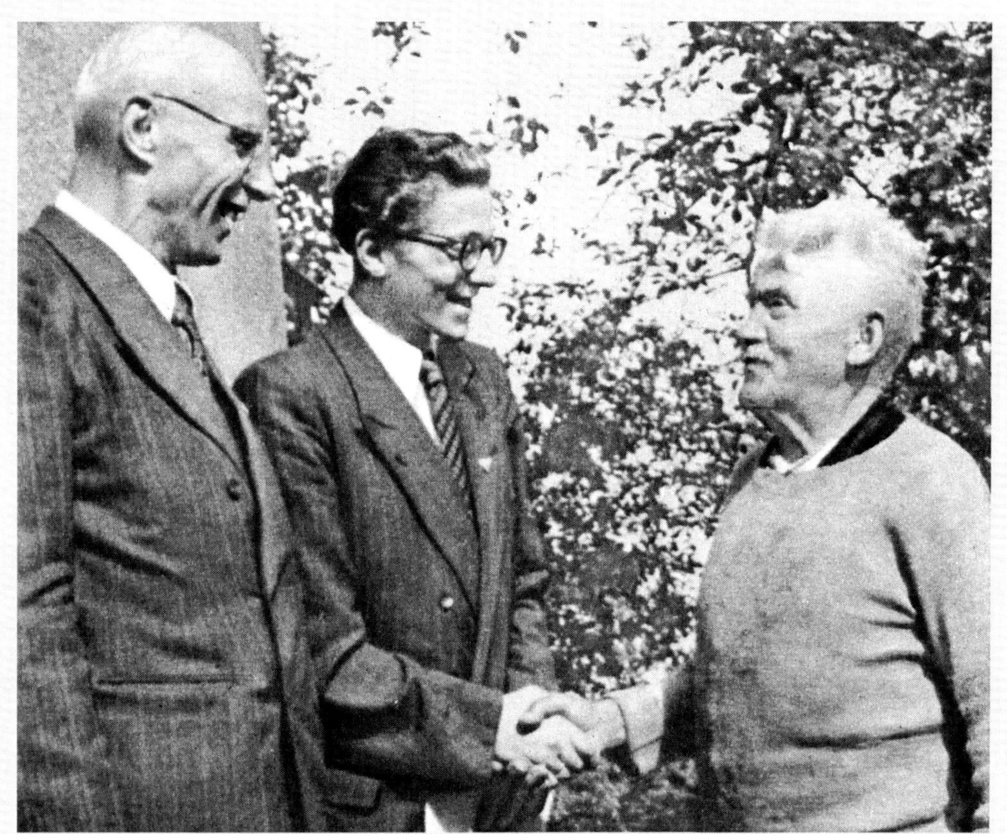

Zwei goldene Trauringe schickte der 82jährige Rentner Wilhelm Opel aus Mahlsdorf dem Präsidenten Wilhelm Pieck mit der Bitte, sie dem Nationalen Aufbauprogramm zur Verfügung zu stellen. Vertreter der Präsidialkanzlei und des Sonderbaustabes überbringen ihm die Spendenurkunde und den Dank des Präsidenten

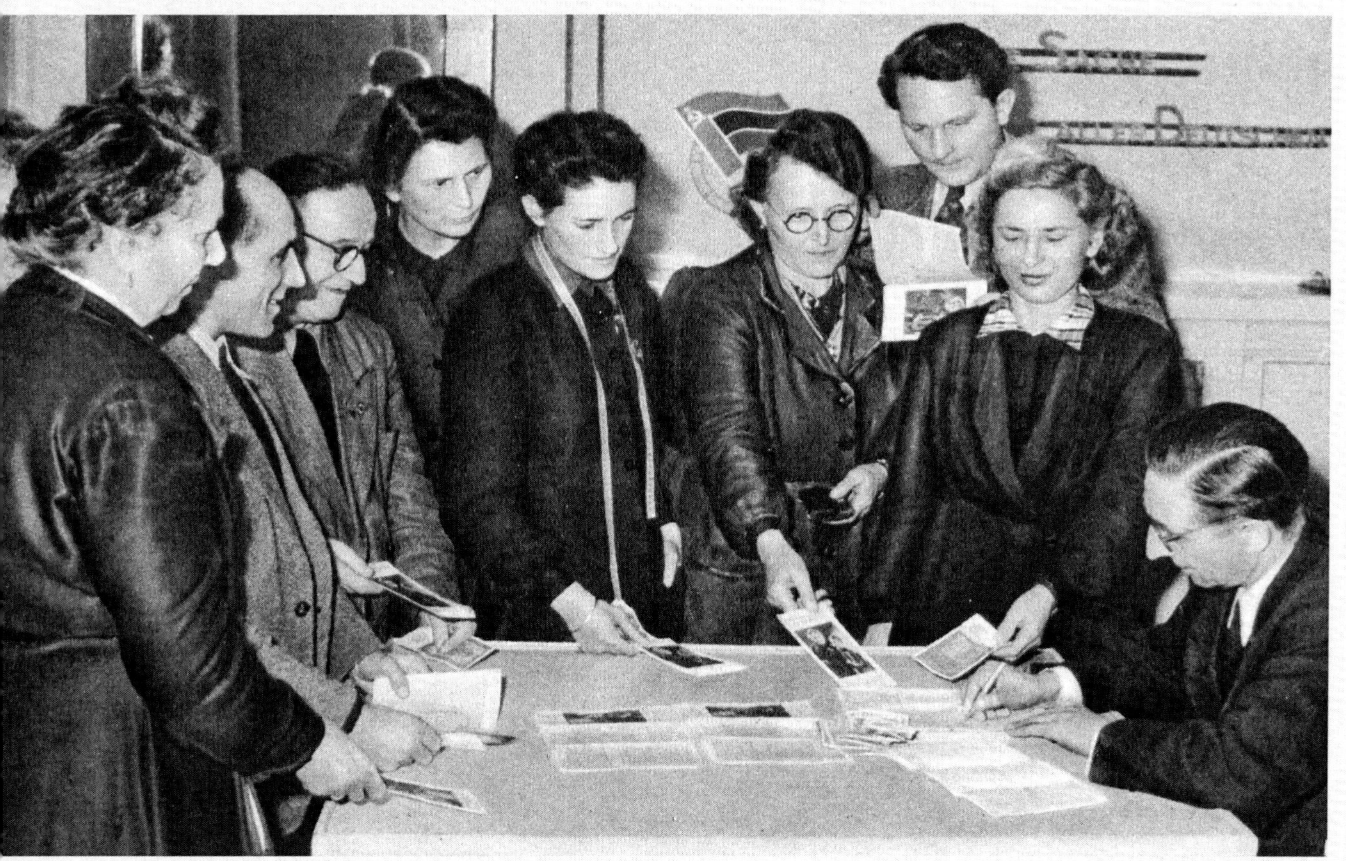

Die Kolleginnen und Kollegen des Bekleidungswerkes „Fortschritt IV" zahlen pünktlich 3 vH ihres Lohnes für die Aufbaulotterie

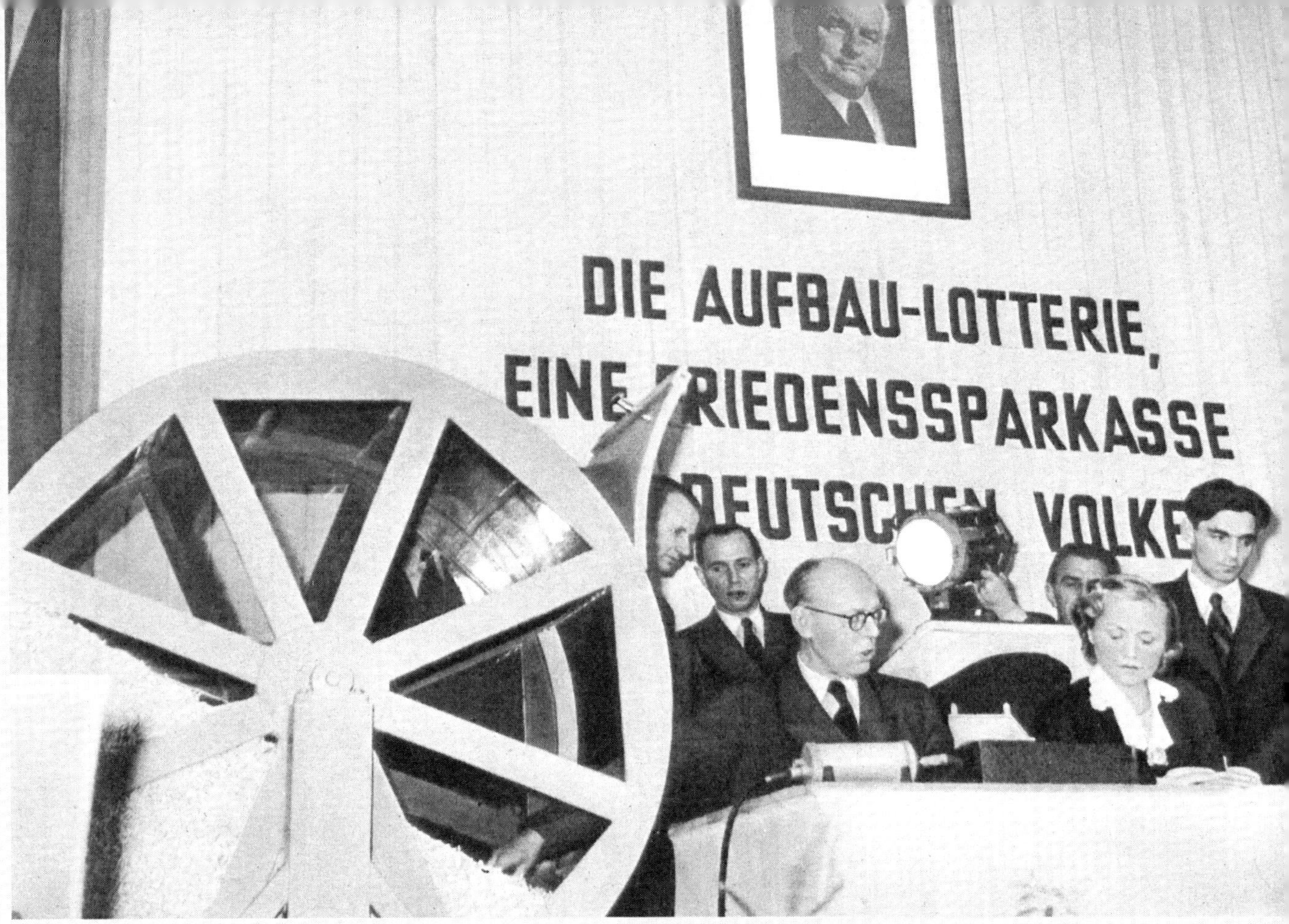

Vier Tage dauert die Ziehung in der Aufbaulotterie, die eine Friedenssparkasse des deutschen Volkes darstellt

3%
SPAREN

Dank der guten Anleitung der Sparkasse und der Finanzabteilung des Nationalen Aufbaukomitees konnte eine Aufbaulotterie ins Leben gerufen werden. Weite Kreise der Bevölkerung der DDR beteiligten sich an diesem Sparen in dem Bewußtsein, auch finanziell das Bauvorhaben an der Stalinallee zu unterstützen. Hohe Gewinne winkten dem, der 1952 drei Prozent seines Einkommens einzahlte. Alle Teilnehmer an der Lotterie – auch die glücklichen Gewinner – erhalten nach Ablauf des Fünfjahresplans den eingezahlten Betrag, mit 3 Prozent verzinst, zurück.

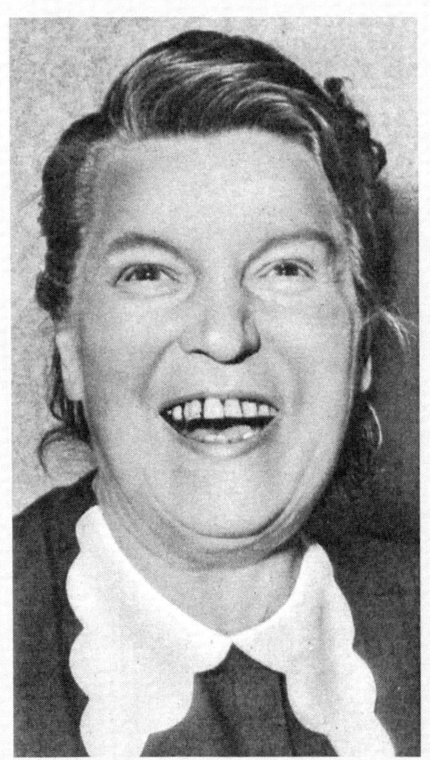

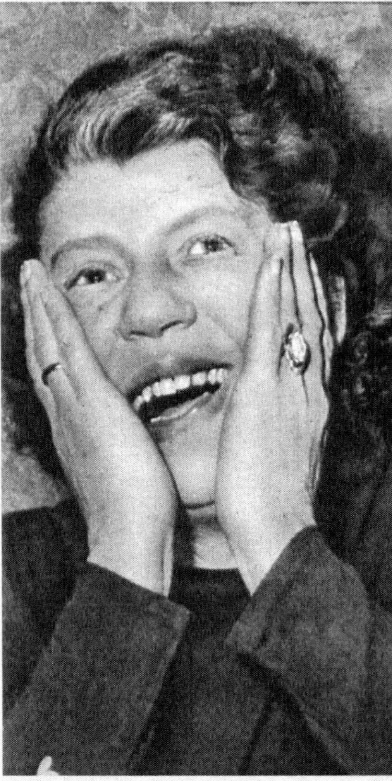

Die Arbeiterin Hertha Tharmann und die Angestellte Erna Oder haben je 10 000 DM gewonnen

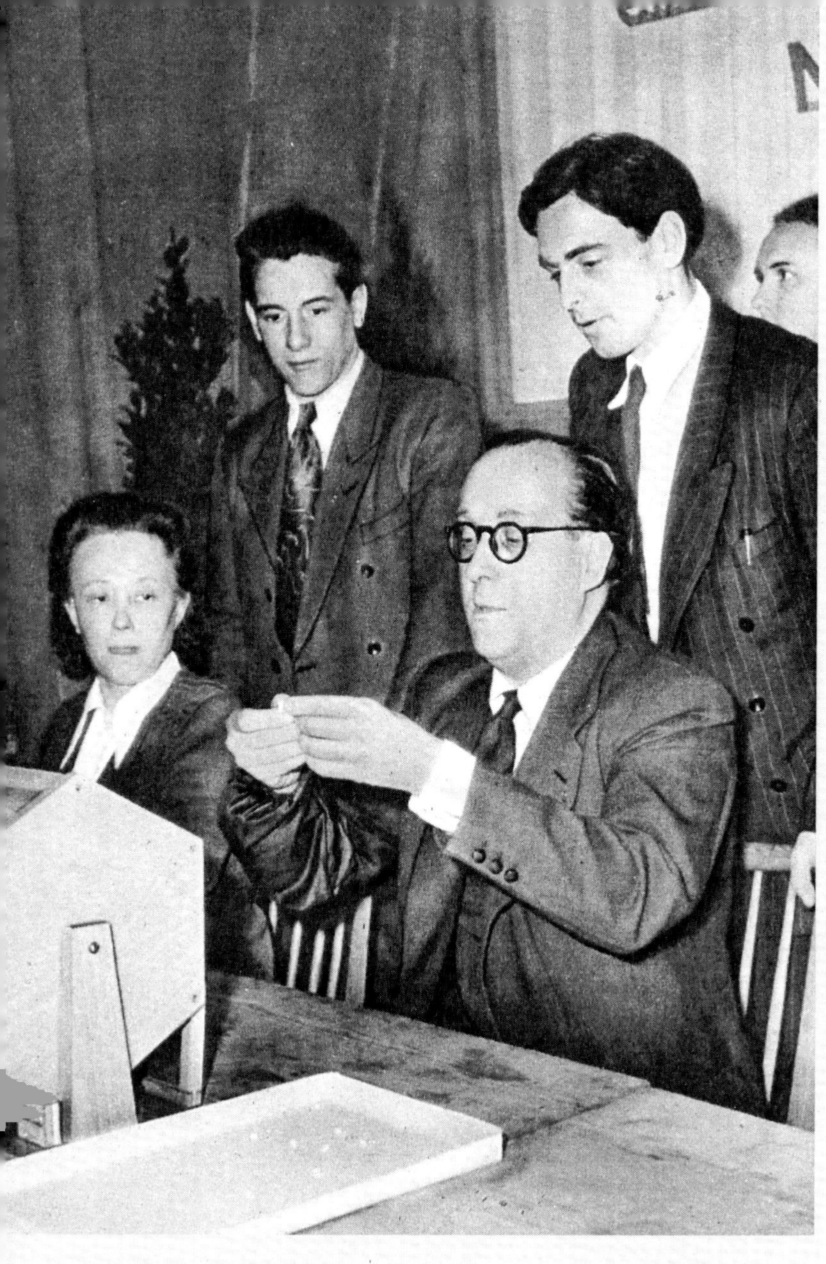

1000 GEWINNER

Unter die 3000 Aufbauhelfer, die 1952 hundert Halbschichten und mehr geleistet haben, werden tausend Wohnungen in der Stalinallee oder – nach Wunsch – je 1000 DM verlost. Unter der Aufsicht eines Notars und von Mitgliedern des Sonderbaustabes dreht sich am 30. Januar 1953 im Haus der Presse die Glückstrommel, um die Gewinner zu ermitteln.

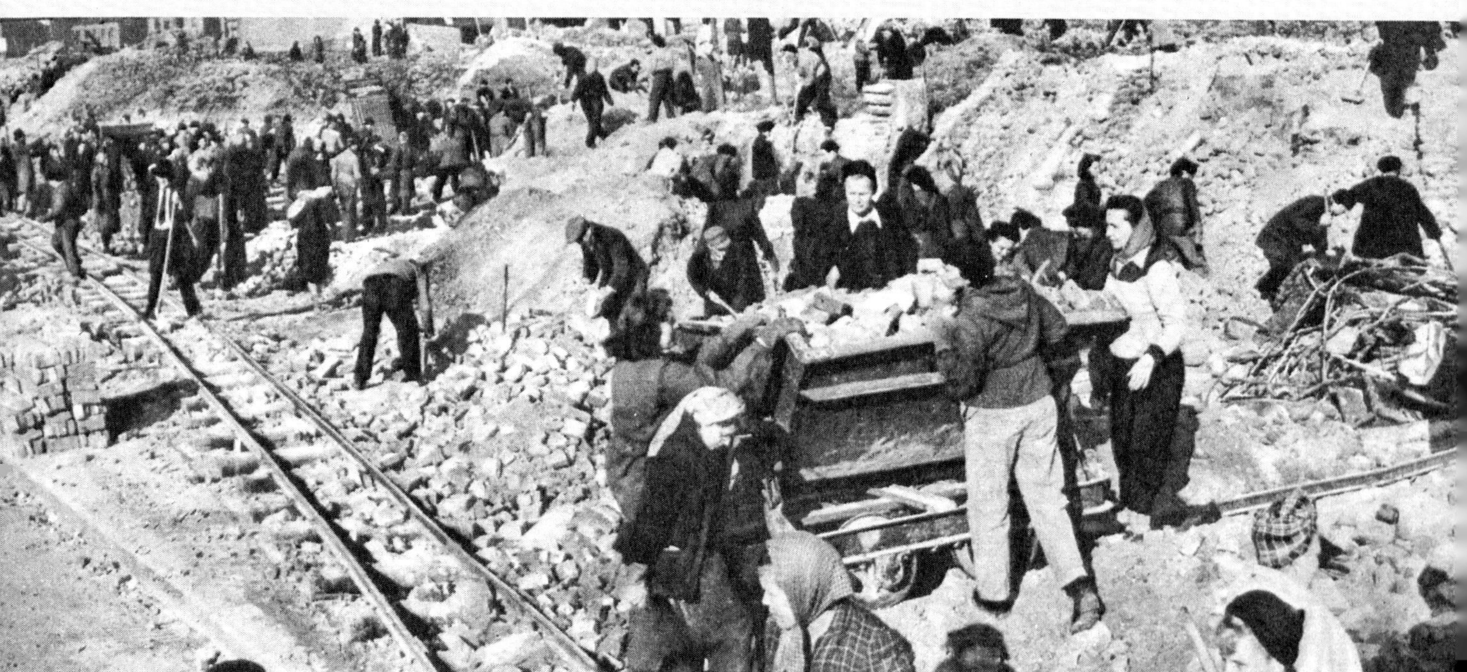

Auch nach Abschluß der Aufbaulotterie bleiben alle Helfer a

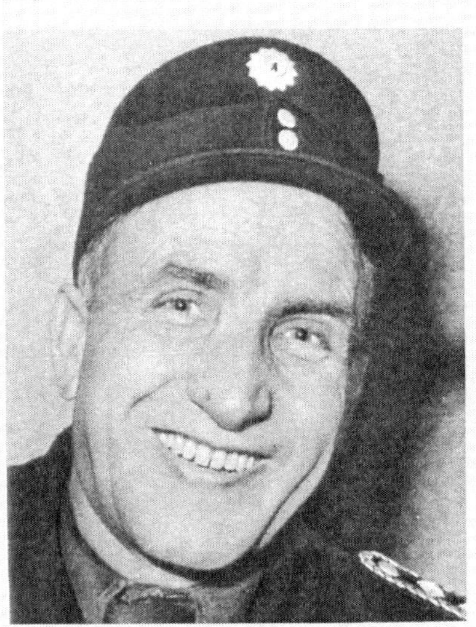

Der Volkspolizist Anton Groß gehört zu den glücklichen Gewinnern einer Wohnung

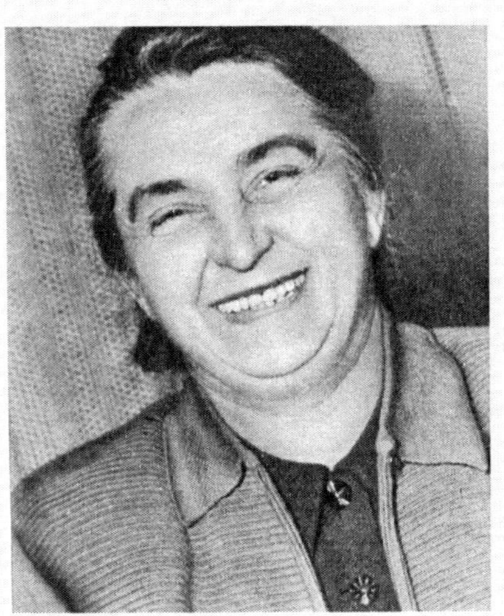

Die Postangestellte Frieda Peters hat sich für den Bargewinn von 1000 DM entschieden

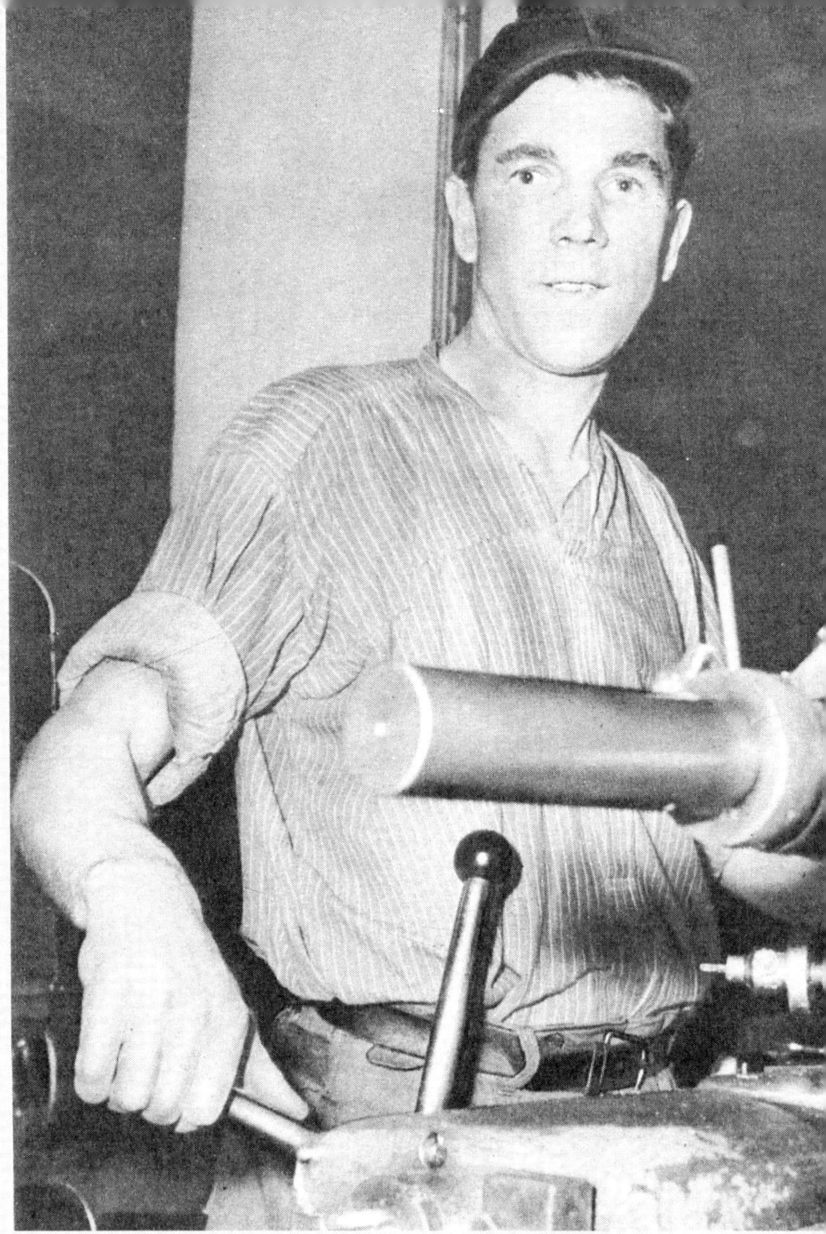

Zu den Gewinnern zählt auch der Dreher Kurt Metzger, der sich für 1953 zu weiteren Aufbauschichten verpflichtete

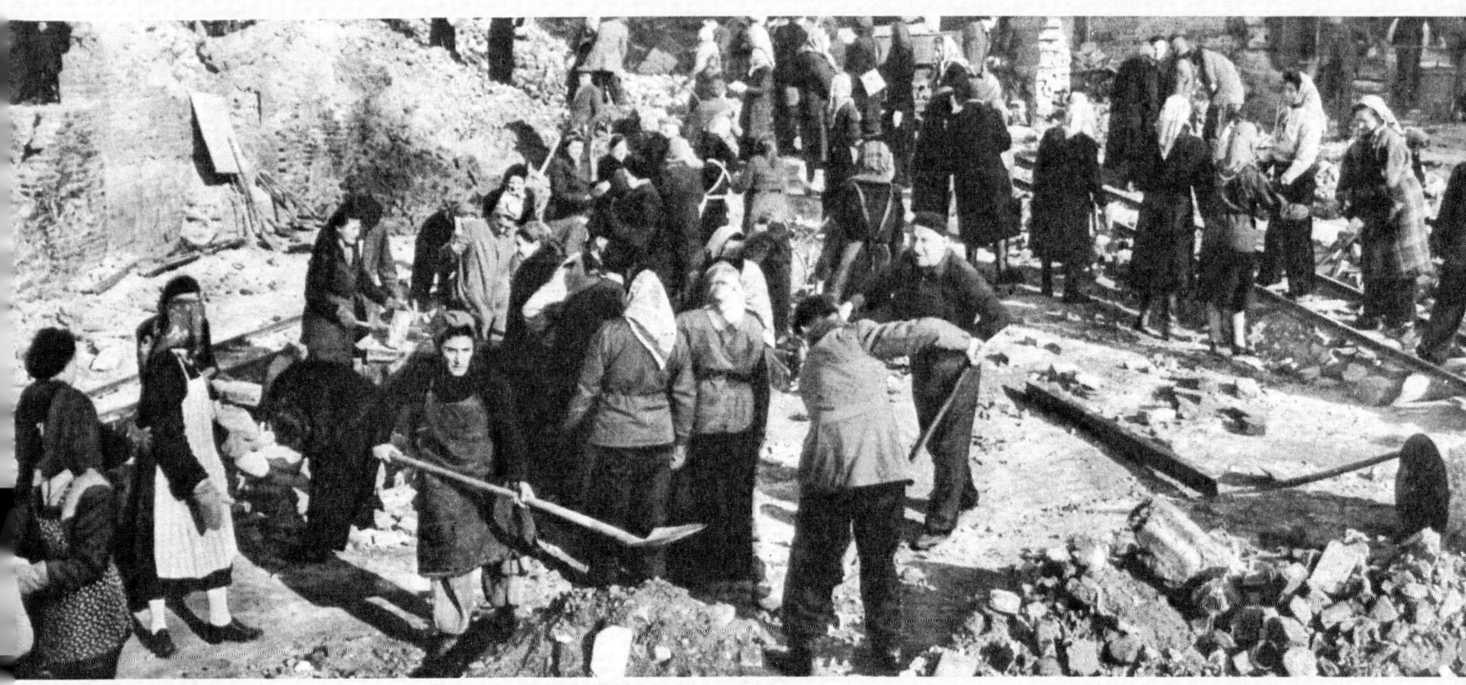

einsamen Sache treu und setzen sich unentwegt bei Aufräumungsarbeiten ein

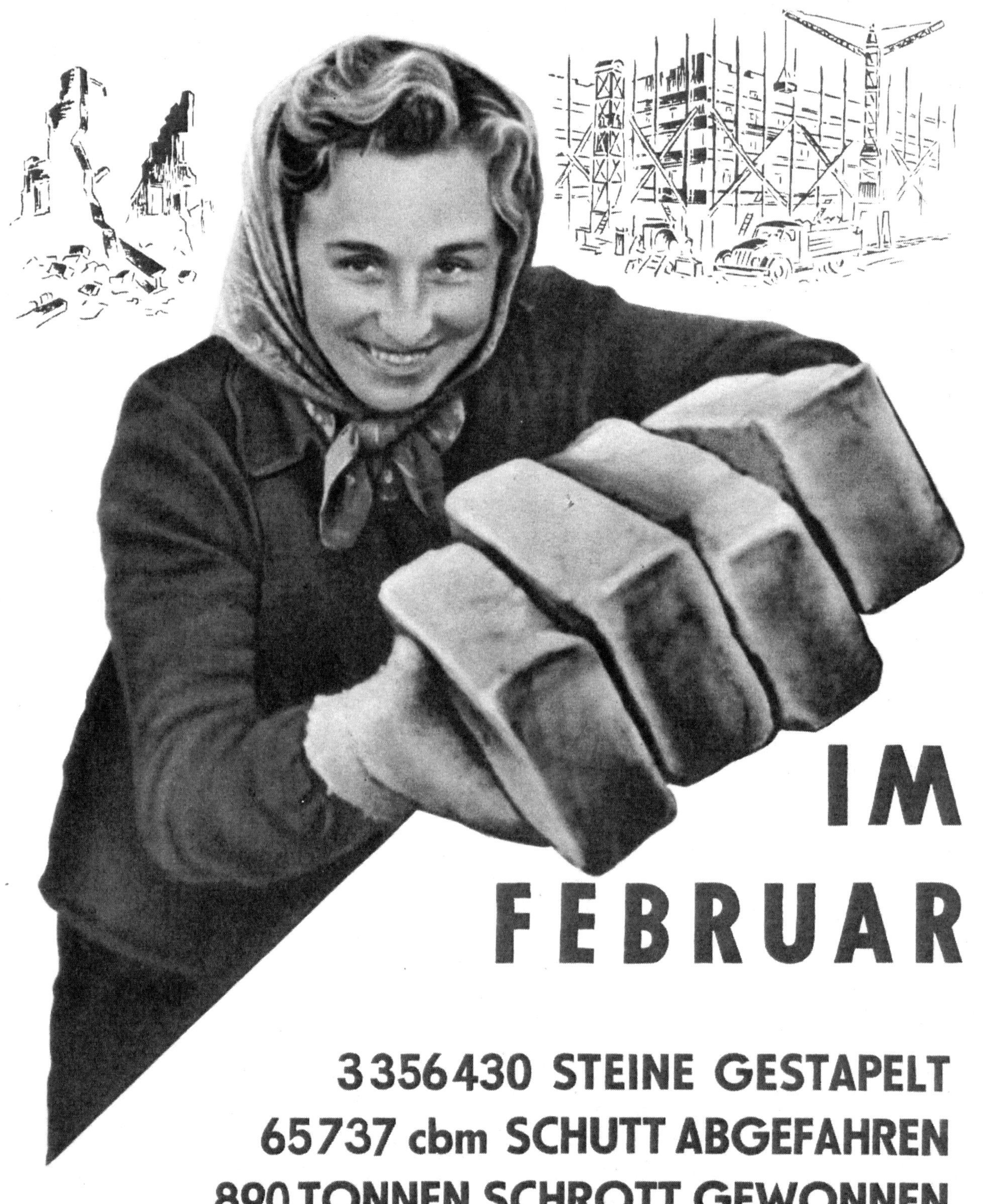
NATIONALES AUFBAUPROGRAMM BERLIN 1952
IM FEBRUAR
3356430 STEINE GESTAPELT
65737 cbm SCHUTT ABGEFAHREN
890 TONNEN SCHROTT GEWONNEN
Macht weiter so, Friedens-Freunde

DIE DEUTSCHE DEMOKRATISCHE REPUBLIK HILFT BERLIN

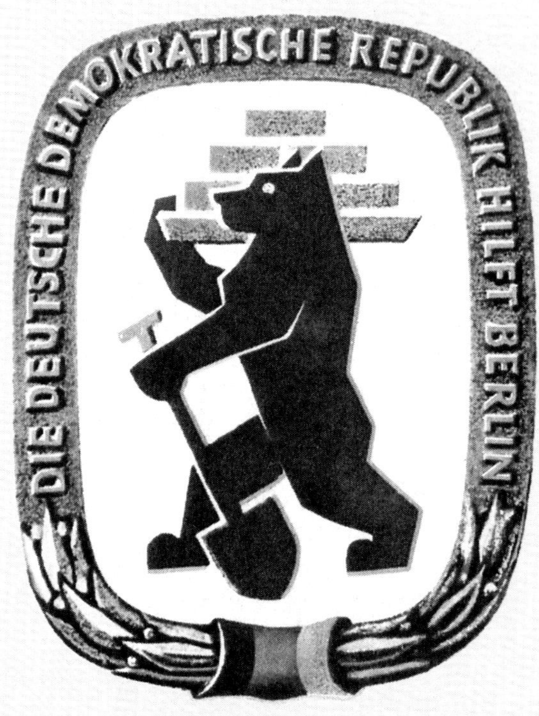

Plakette „Die Deutsche Demokratische Republik hilft Berlin"

Zahlreiche Selbstverpflichtungen für das Nationale Aufbauprogramm treffen aus der Deutschen Demokratischen Republik ein

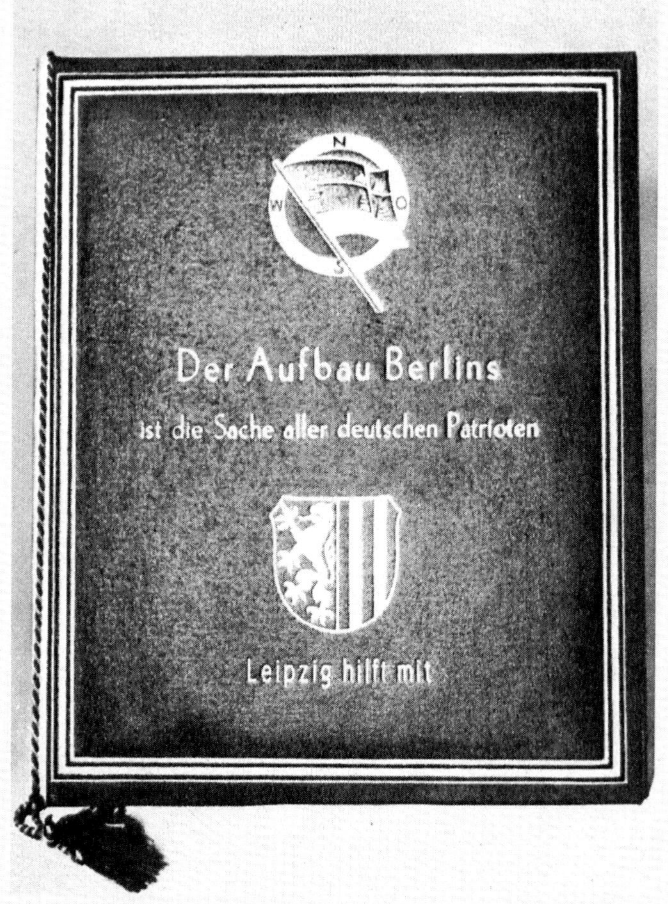

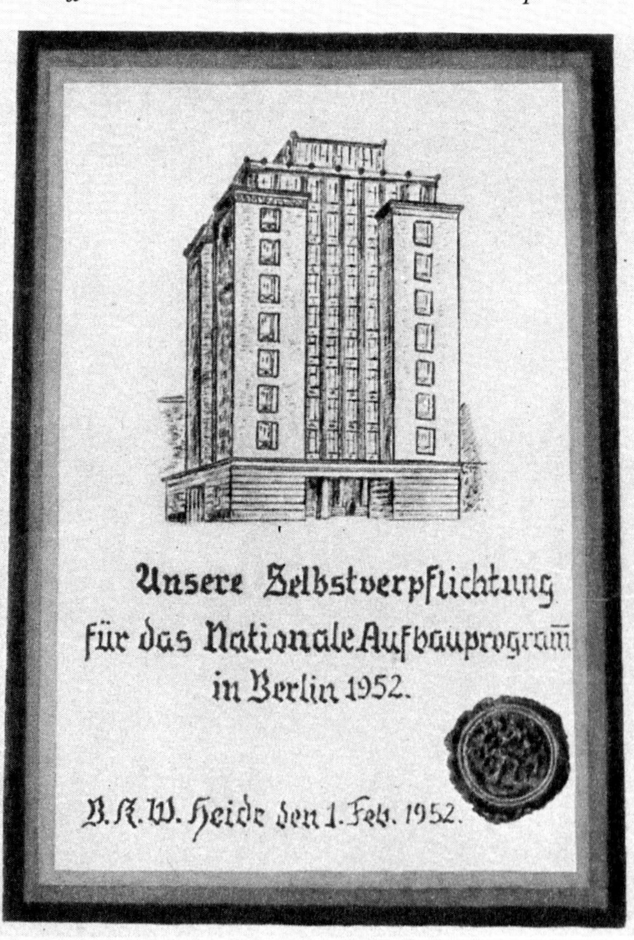

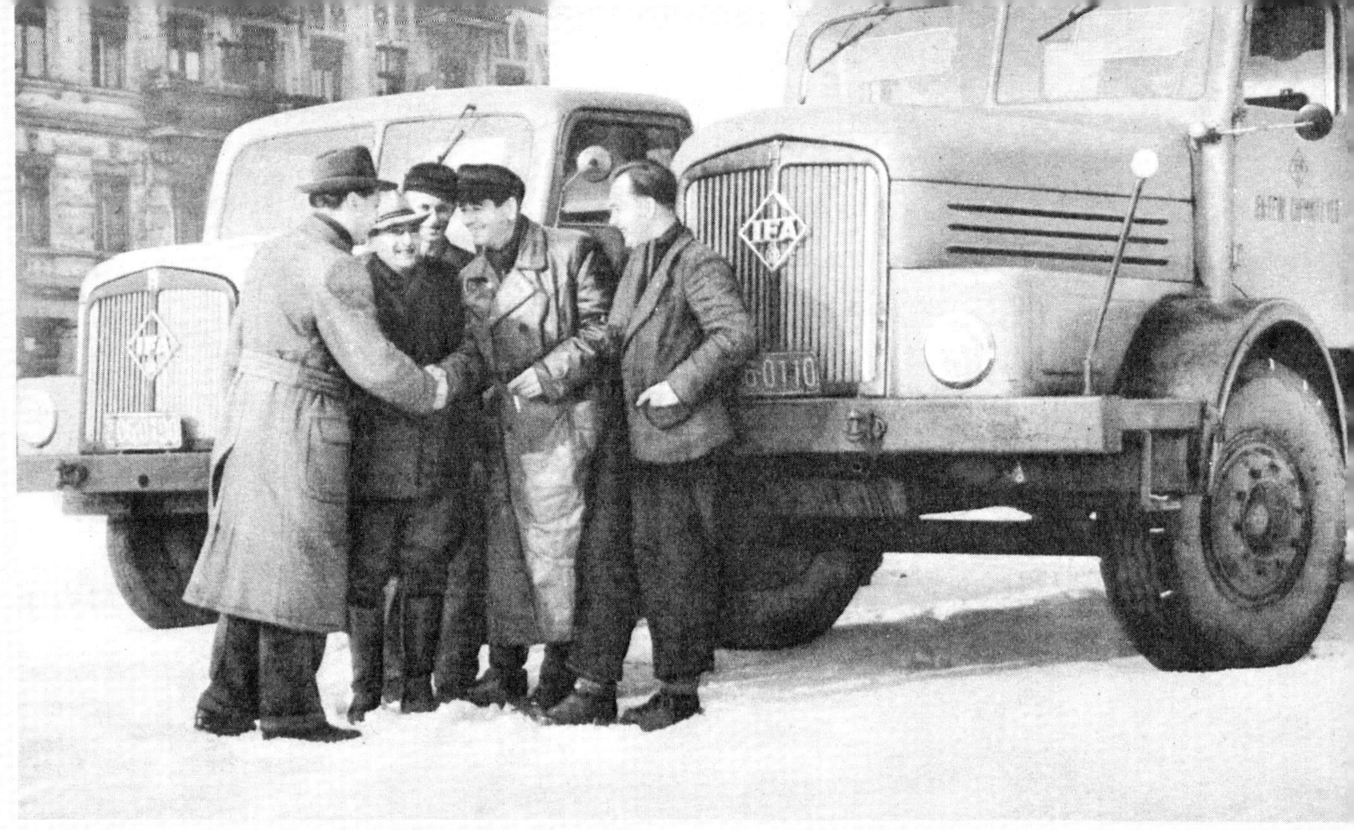

Die IFA-Werke Karl-Marx-Stadt schicken einen Dreitonner und einen Sechstonner als Spende für das Aufbauwerk Berlin

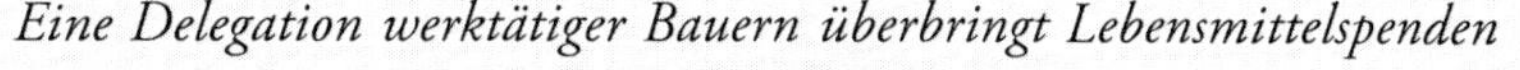

Eine Delegation werktätiger Bauern überbringt Lebensmittelspenden

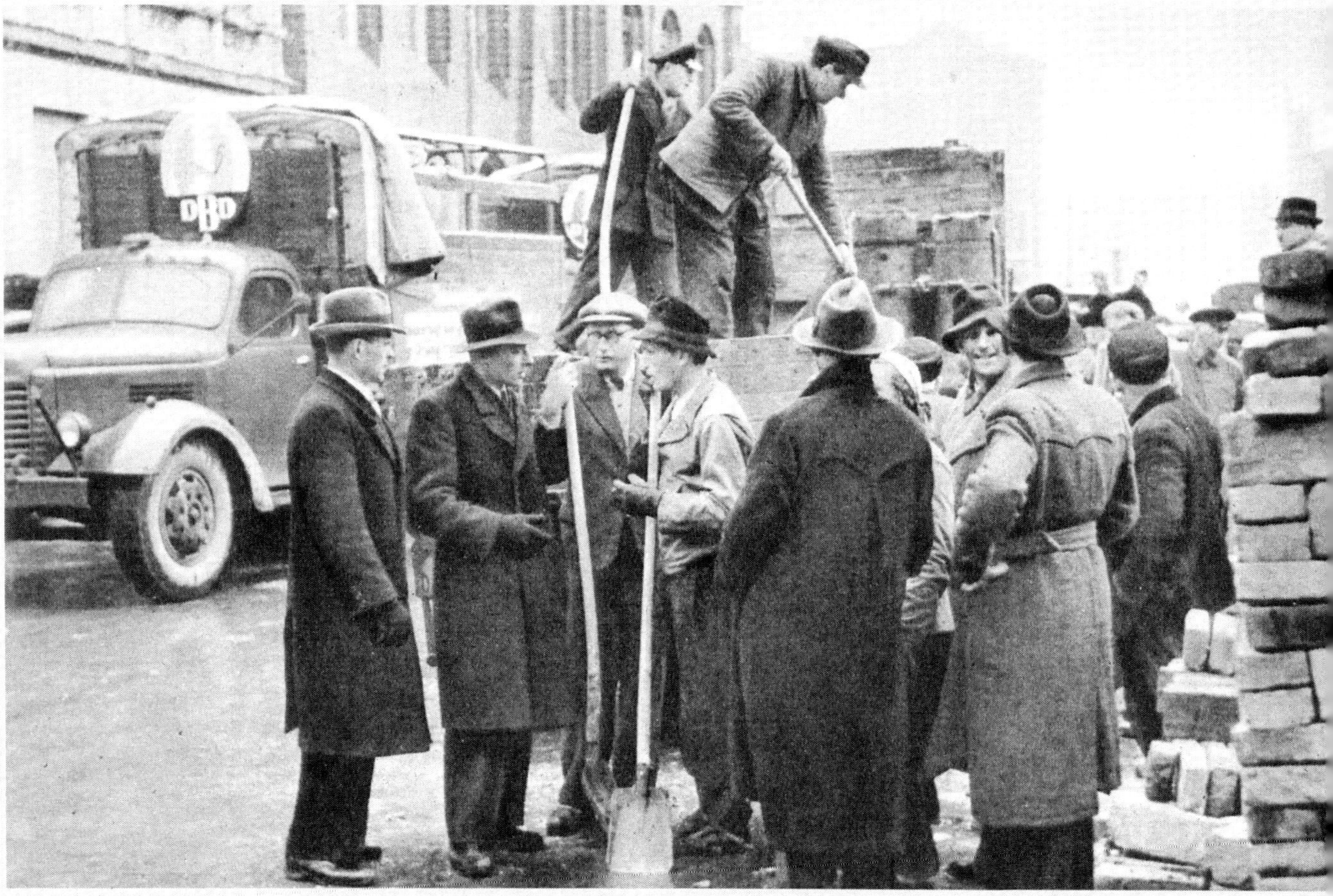

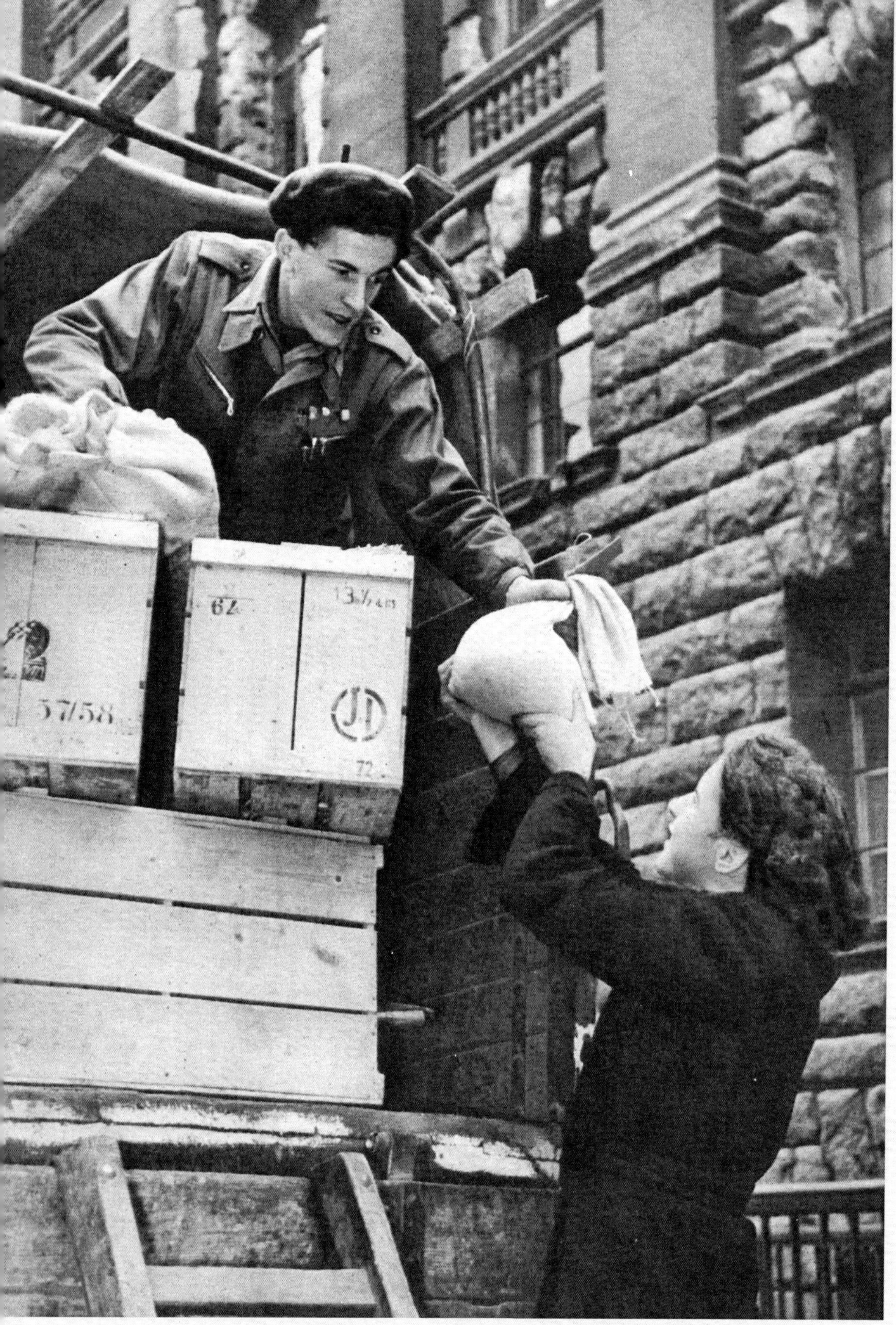

Die Mitglieder der Gesellschaft für Deutsch-Sowjetische Freundschaft aus dem Kreise Kyritz bringen als Spende eine Ladung Werkzeug und Lebensmittel

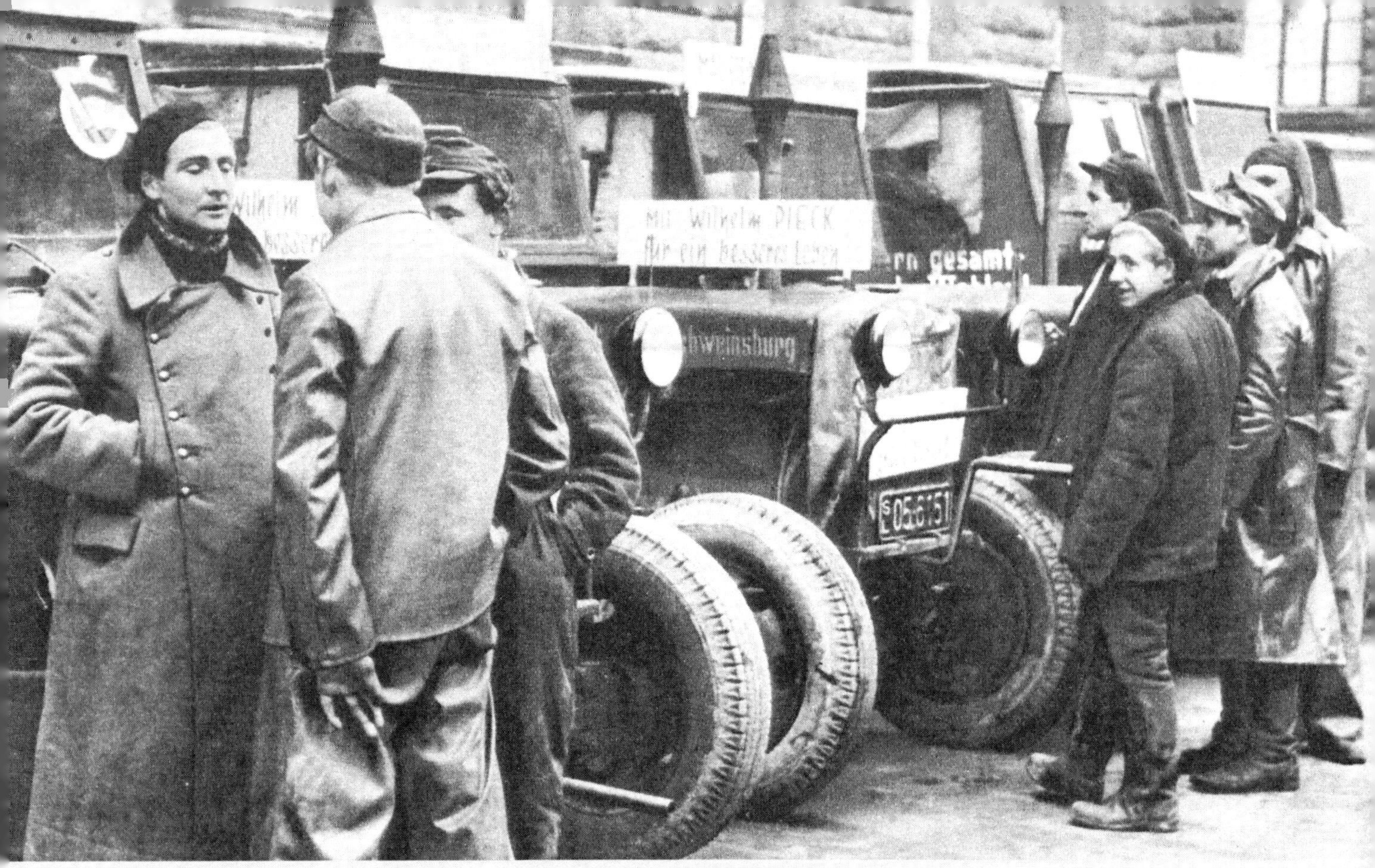

Die MTS des Kreises Zwickau stellt sieben Traktoren und Traktoristen für den Neuaufbau Berlins zur Verfügung

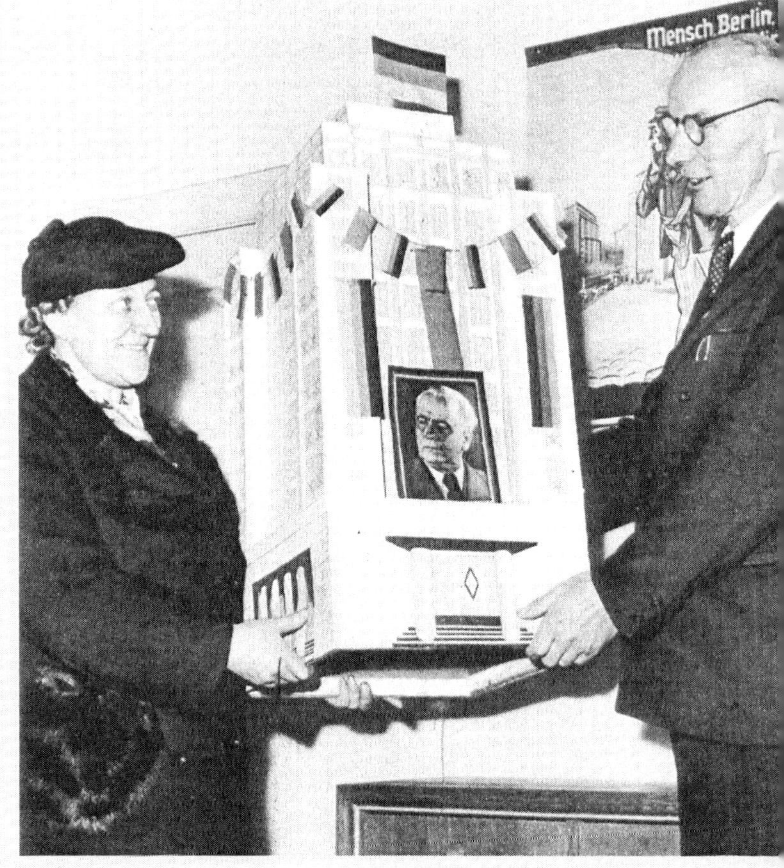

Frau Pankratz hatte eine Idee: Da es im Jahre 1953 keine Aufbaulotterie geben würde, machte sich die Hausfrau aus Weißenfels darüber Gedanken, auf welche andere Art das Nationale Aufbauprogramm Berlin zu unterstüzen sei. Gemeinsam mit ihrem Sohn bastelte sie Hochhausmodelle aus Pappe, deren Fassaden zunächst leer blieben. Die Fenster zeichnete sie auf besondere Bogen. Die Rückseite wurde in „Bausteine" aufgeteilt.
Für je 20 Pf wird ein Feld durchgestrichen. Sind auf diese Weise alle Felder belegt, dann wird der Bogen als Fassade an das Modell geklebt. Jedes fertige Modell bringt dem Nationalen Aufbauprogramm 43 DM ein.
Frau Pankratz überreicht hier dem Sekretär des Nationalen Aufbaukomitees ihr erstes „Hochhaus". Es hat die Anregung zur Gestaltung der später herausgebrachten Sammeltafeln mit dem Bilde einer Hochhausfassade gegeben

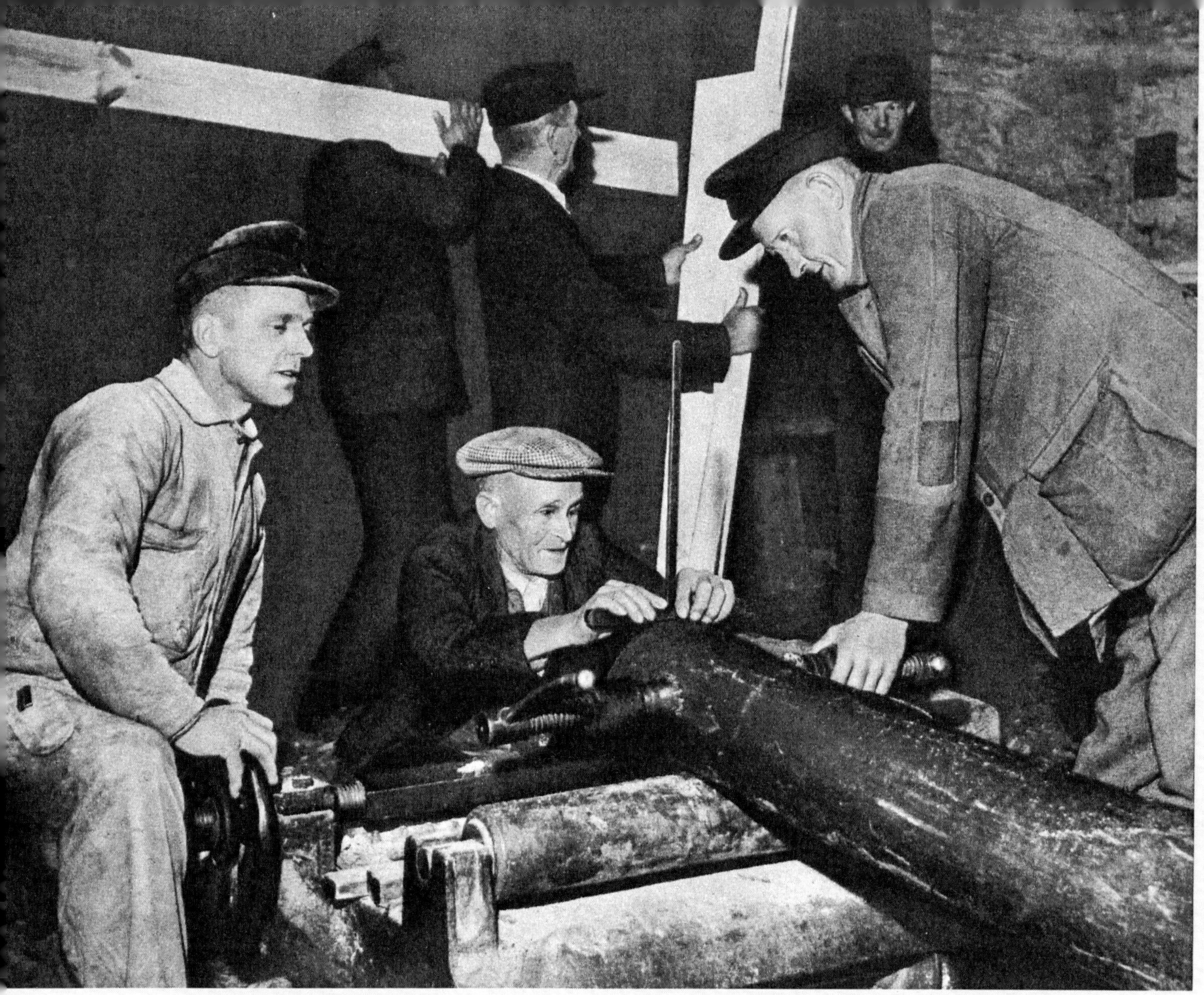

Frauendorf bei Cottbus denkt an Berlin. Während die Bauern der Produktionsgenossenschaft im Sägewerk Spendenholz schneiden …

Die Landwirtschaftlichen Produktionsgenossenschaften beteiligen sich besonders rege durch Spenden aller Art. Sie beweisen damit ihre Verbundenheit mit der Arbeiterklasse und ihre Treue zur Deutschen Demokratischen Republik, dem Staat der Arbeiter und Bauern.

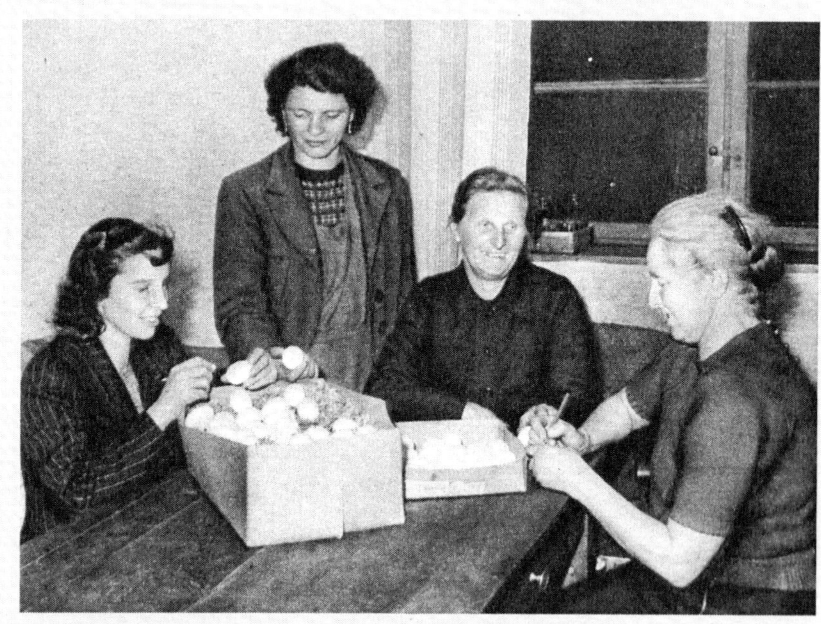

… sind die Frauen – unter ihnen die Meisterbäuerin Luise Hausig (rechts) – damit beschäftigt, Eier und Lebensmittel für Berlin zu sammeln

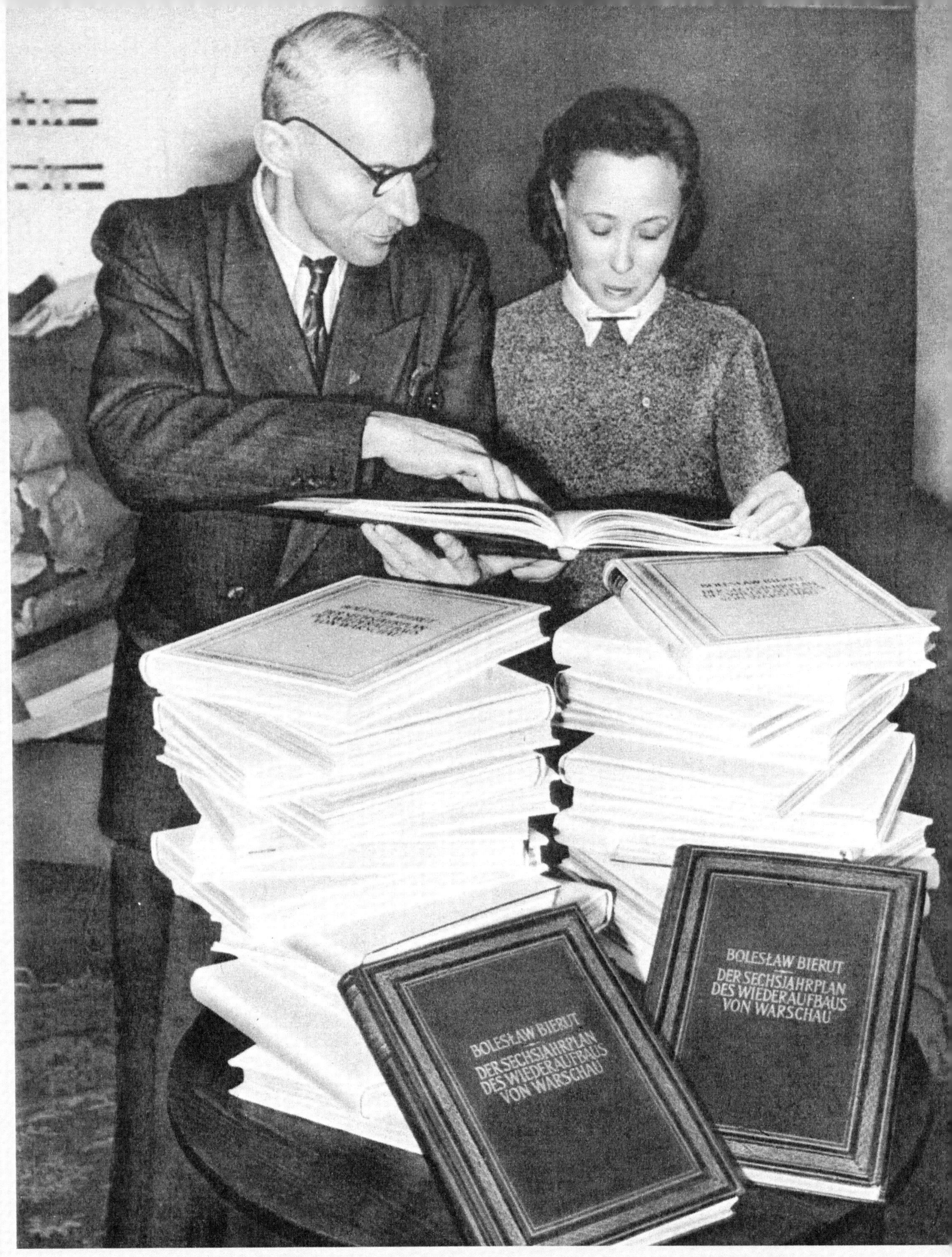

Mit Interesse studieren Mitarbeiter des Sonderbaustabes die von der Diplomatischen Mission der Volksrepublik Polen überreichten Alben vom Aufbau Warschaus

Die polnischen Maurer zeigen die Anwendung des Dreier- und des Fünfersystems

Auch ihre Erfahrung bei der Enttrümmerung vermitteln sie unseren Aufbauhelfern

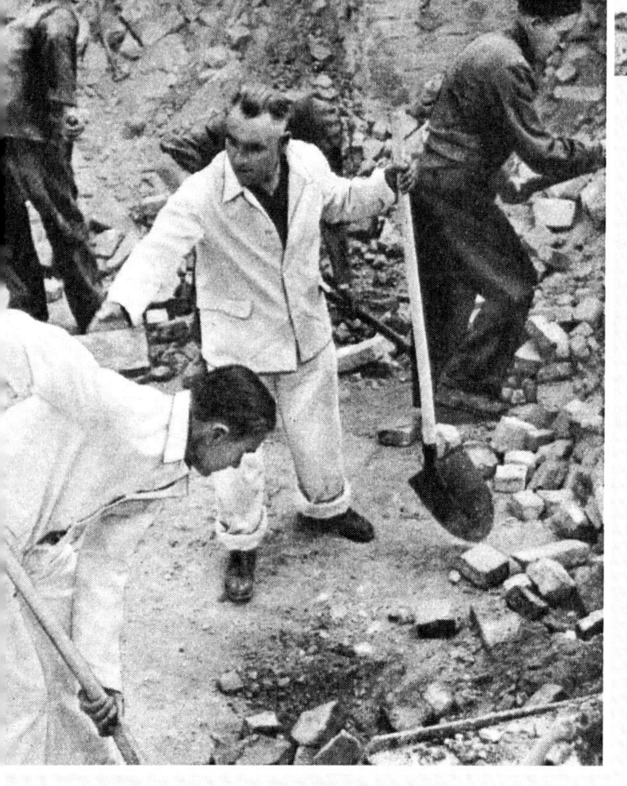

POLNISCHE MAURER IN BERLIN

Um ihre Sympathie für die Hauptstadt Deutschlands und die Deutsche Demokratische Republik zu beweisen, trafen fünf polnische Maurer in Berlin ein und zeigten – geschult durch das Warschauer Tempo – wie man im Zweier-, Dreier- und Fünfersystem zeitsparend arbeiten kann. In einer Schicht von dreieinhalb Stunden errichteten diese fünf Aktivisten 12,4 Kubikmeter Mauerwerk; dabei wurden 4960 Steine vermauert.

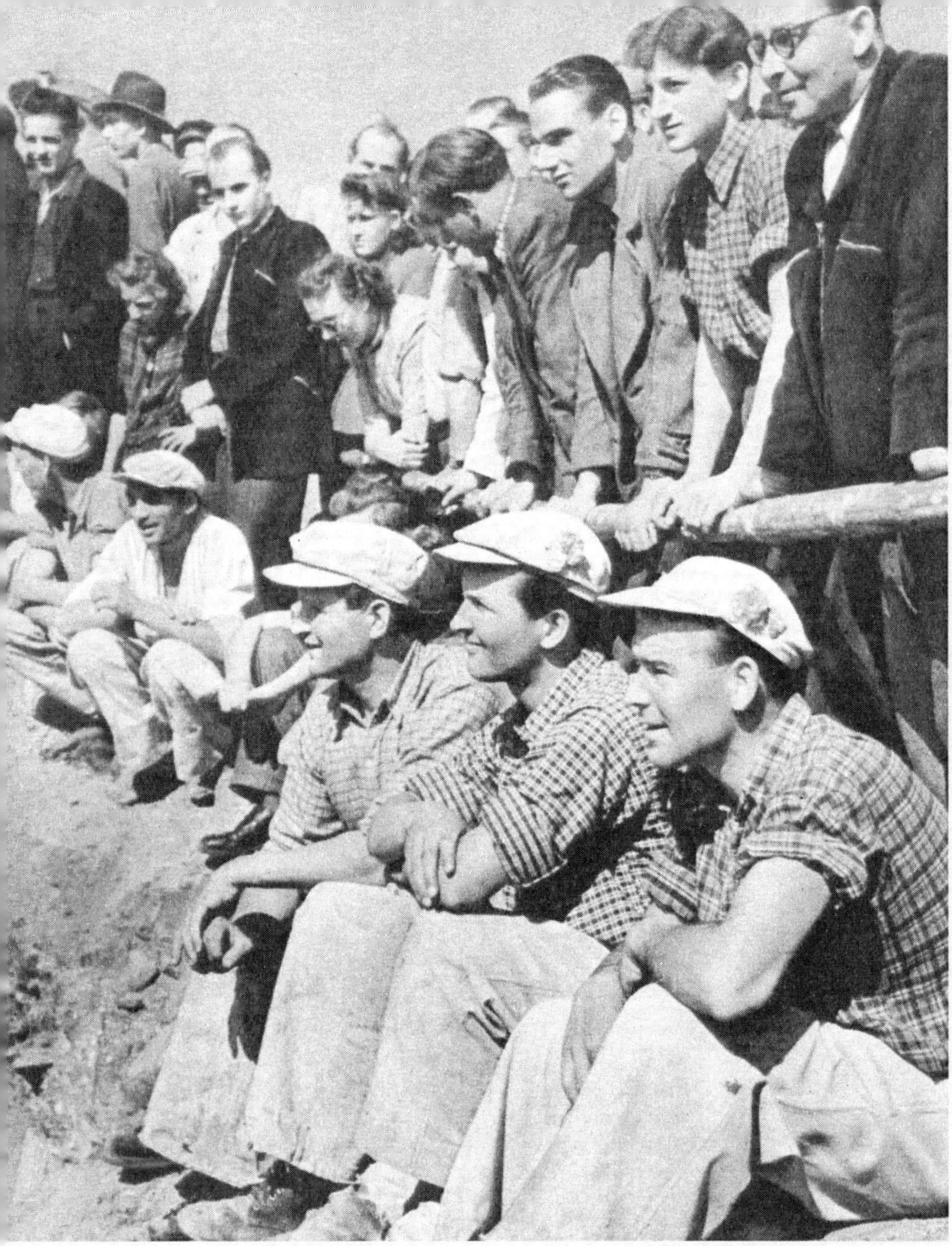

Aufmerksam verfolgen die Bauarbeiter der Stalinallee die Arbeit ihrer polnischen Kollegen

Nach Schluß der gemeinsamen Arbeit ziehen alle Arm in Arm durch die Straße, die sie bauen halfen

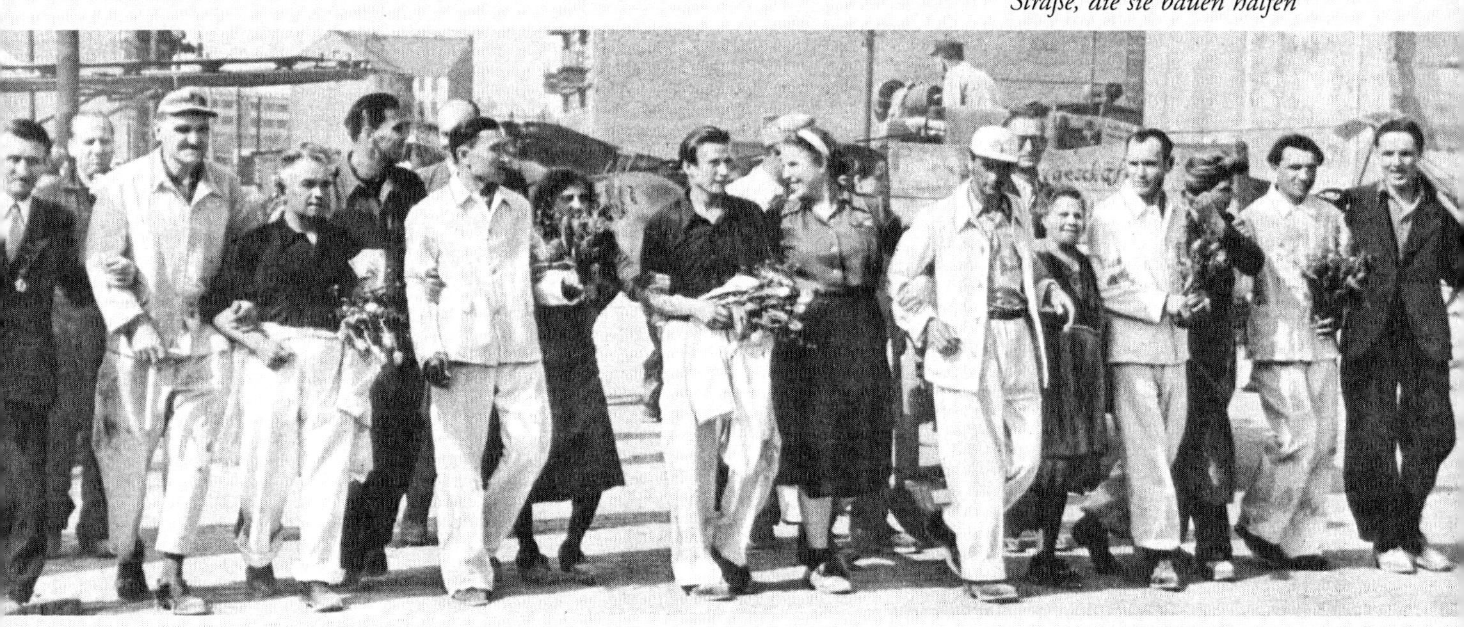

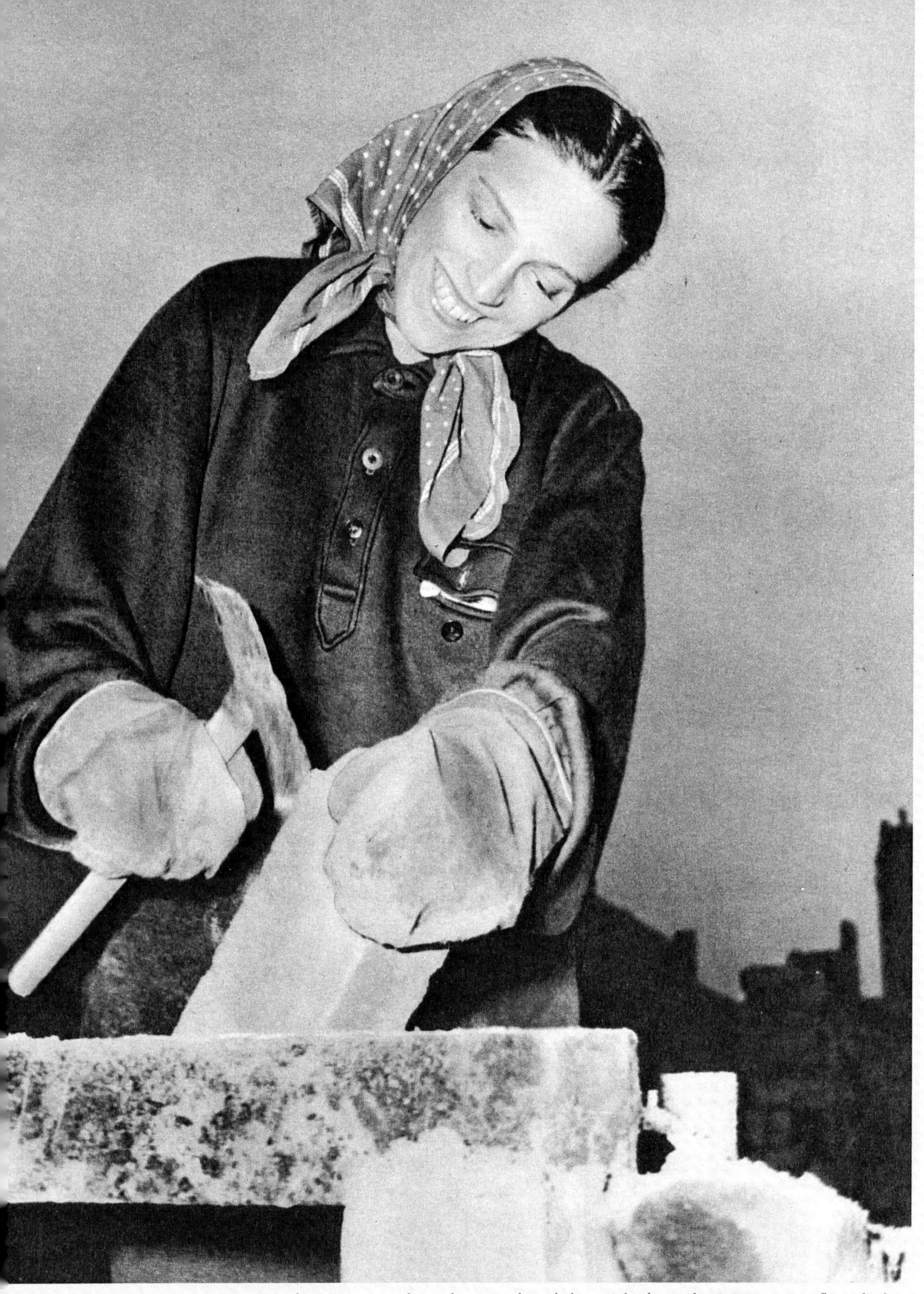

Die Prager Opernsängerin Helena Tattermuschowa leistet während ihres Urlaubs in der DDR eine Aufbauschicht

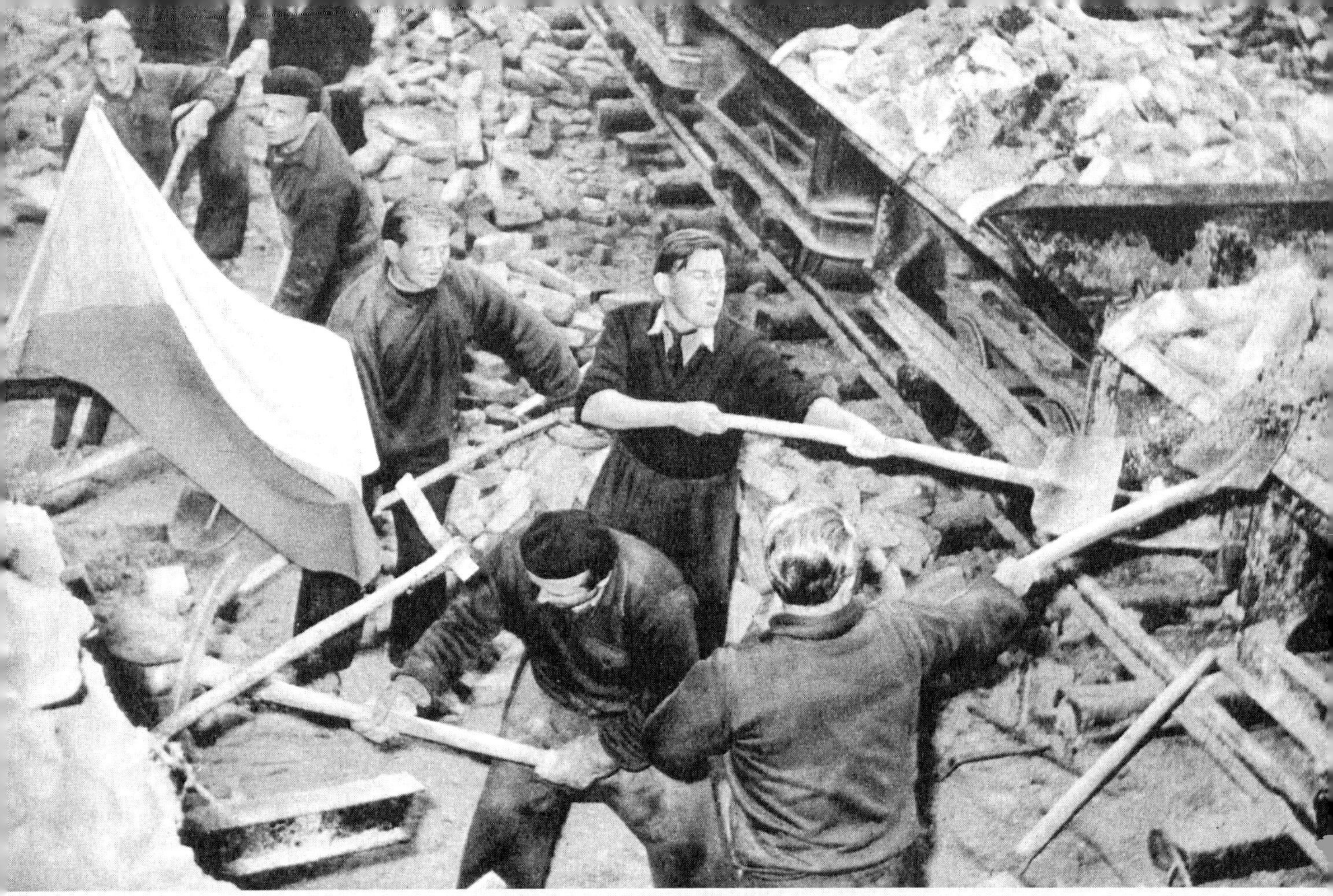

Gäste aus der CSR, die zu einem Besuch in der DDR weilen, greifen im Aufbauschwerpunkt II zu Spitzhacke und Schaufel

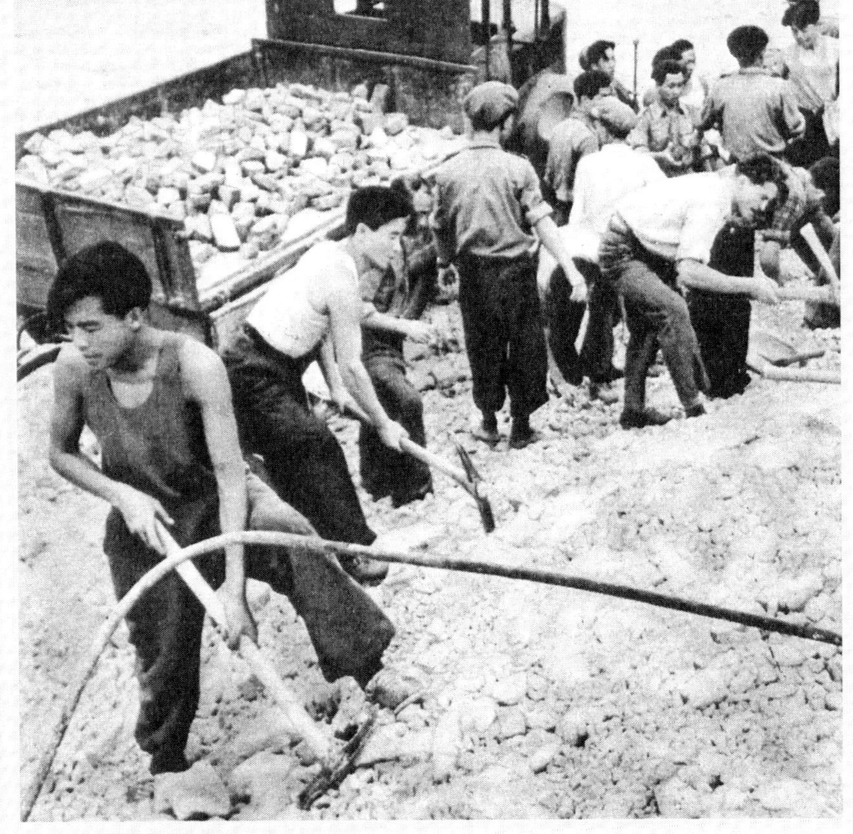

Auch unsere chinesischen und koreanischen Freunde, die sich zu Studienzwecken in der DDR aufhalten, statten Berlin einen Besuch ab und beteiligen sich an der Enttrümmerung

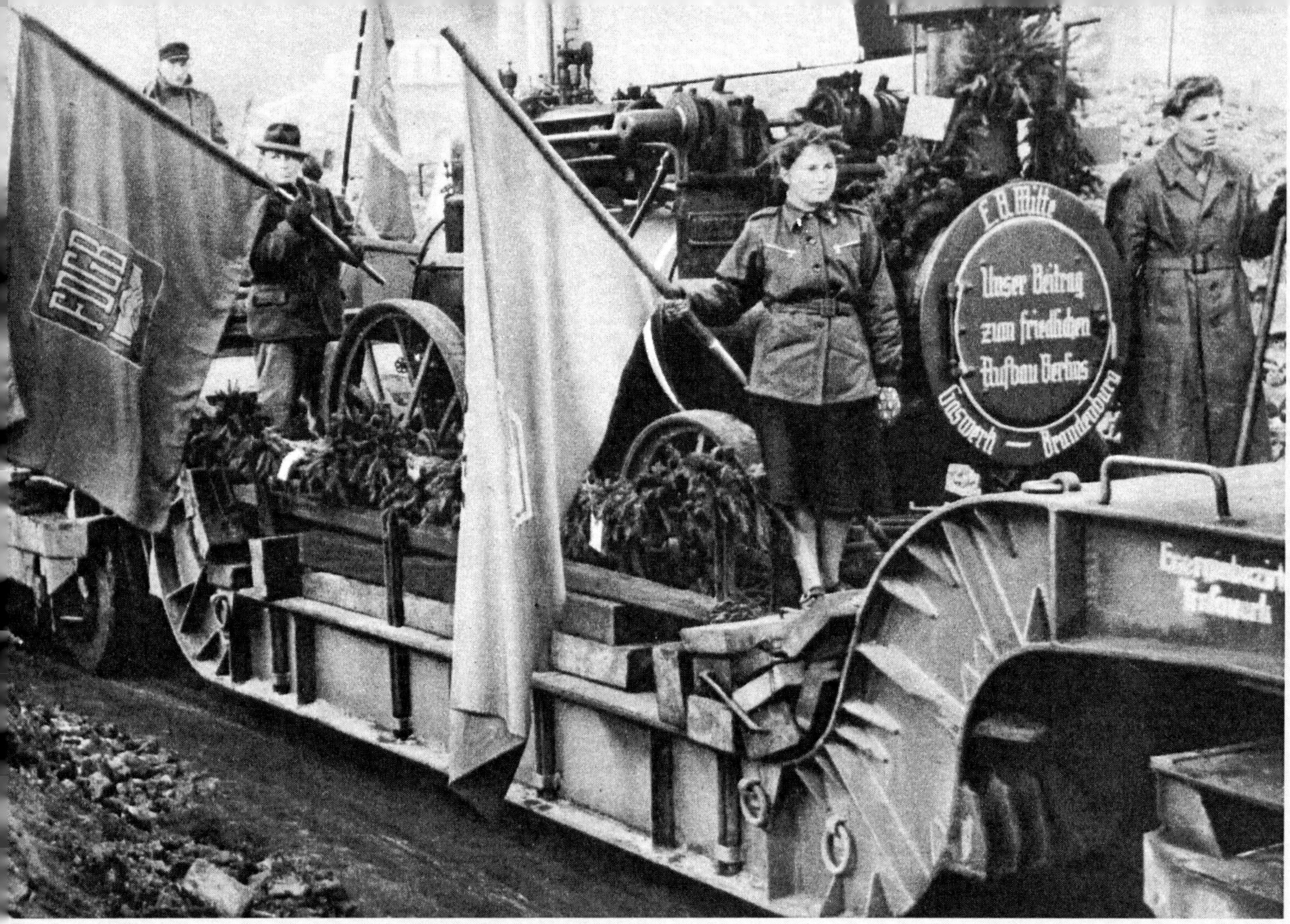

Das Gaswerk Brandenburg schickt eine Lokomobile …

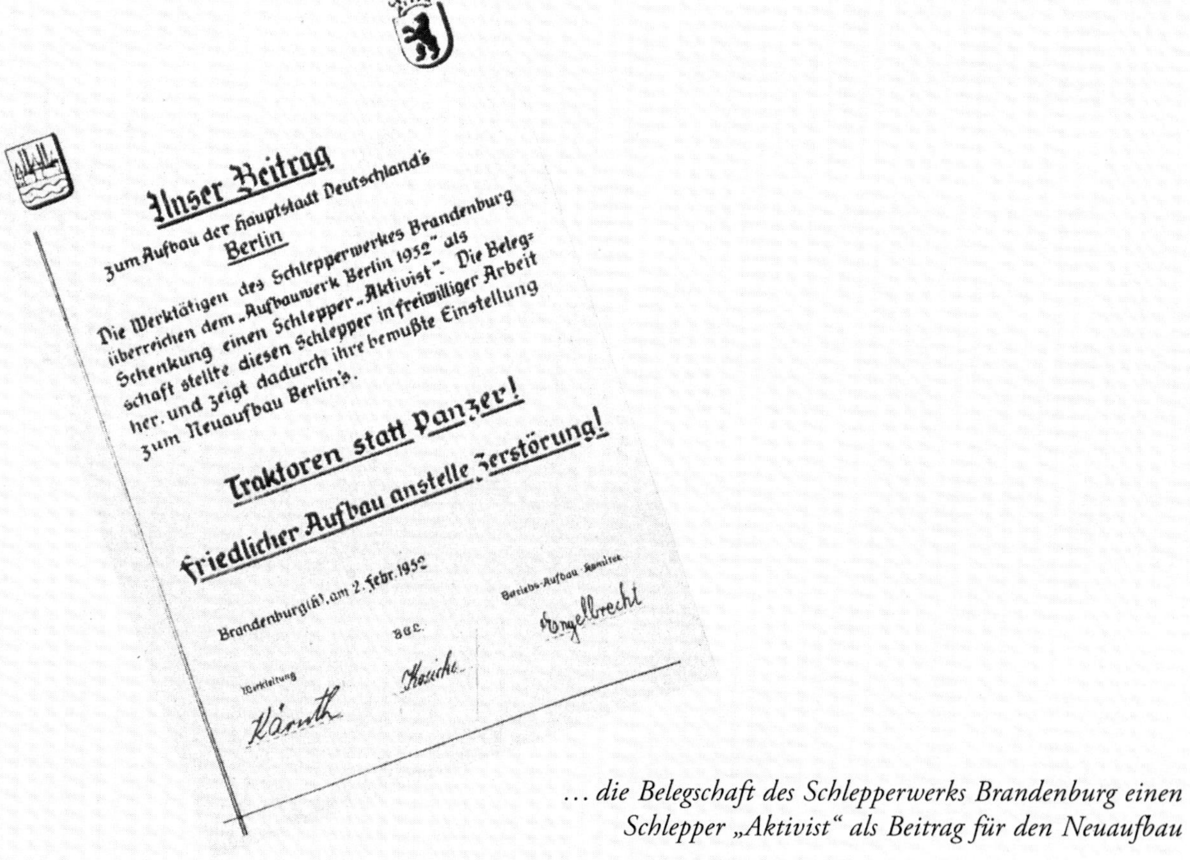

Unser Beitrag
zum Aufbau der Hauptstadt Deutschland's
Berlin

Die Werktätigen des Schlepperwerkes Brandenburg überreichen dem „Aufbauwerk Berlin 1952" als Schenkung einen Schlepper „Aktivist". Die Belegschaft stellte diesen Schlepper in freiwilliger Arbeit her, und zeigt dadurch ihre bewußte Einstellung zum Neuaufbau Berlin's.

Traktoren statt Panzer!

Friedlicher Aufbau anstelle Zerstörung!

Brandenburg(H), am 2. Febr. 1952

Betriebs-Aufbau-Komitee
Engelbrecht

BGL

Werkleitung

… die Belegschaft des Schlepperwerks Brandenburg einen Schlepper „Aktivist" als Beitrag für den Neuaufbau

Kollegen aus der DDR, die das Nationale Aufbauprogramm tatkräftig unterstützen, werden – wie hier die Mitarbeiter des VEB Bleichert, Leipzig – in einer Feierstunde mit der Medaille „Die DDR hilft Berlin“ ausgezeichnet

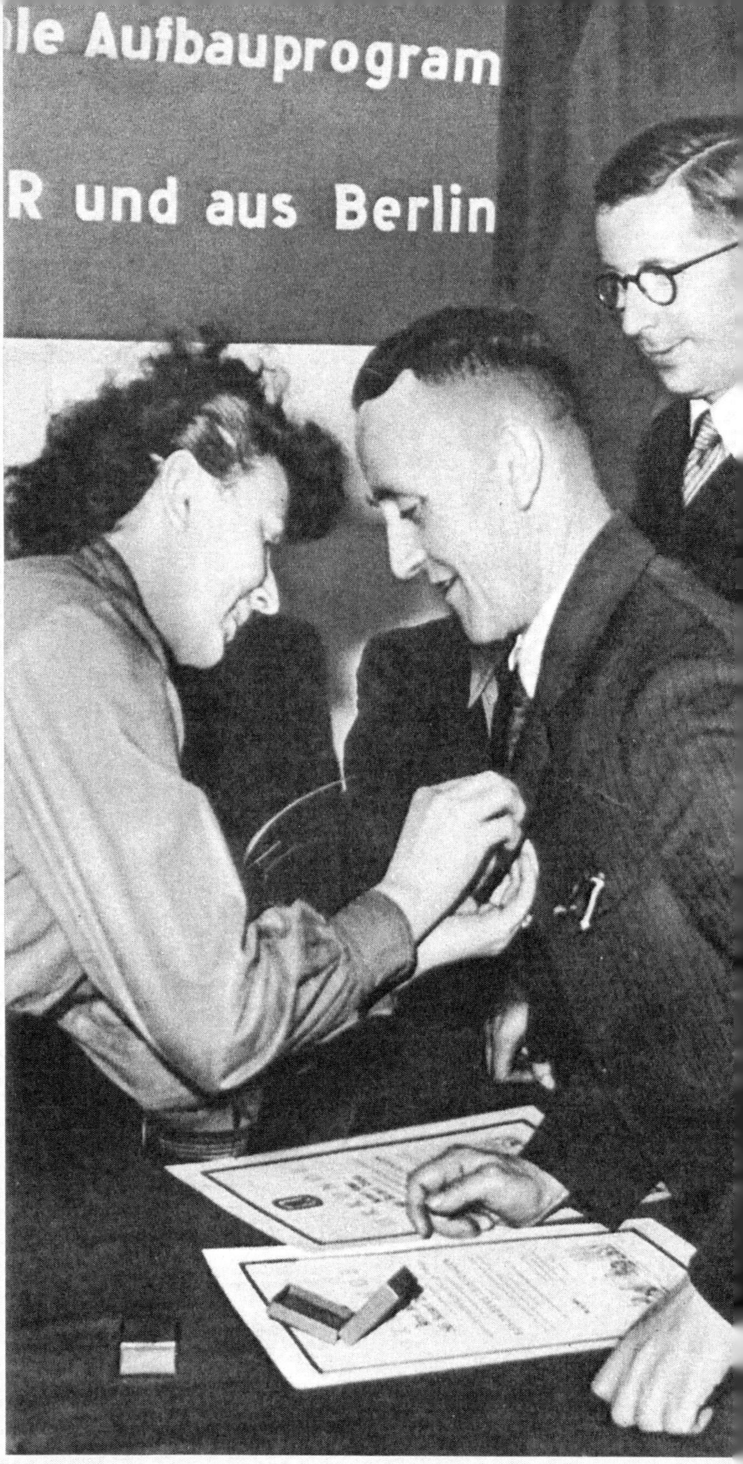

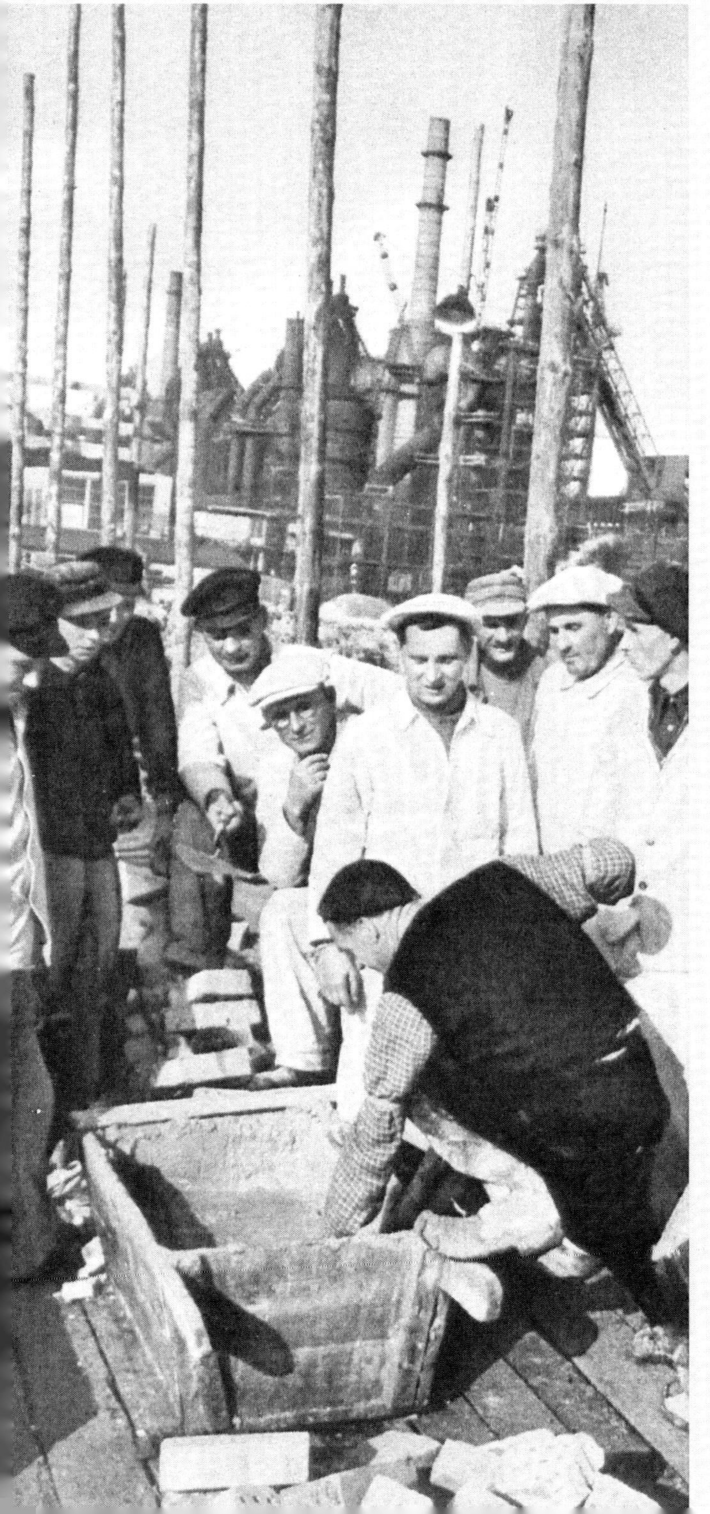

Eine Hand wäscht die andere: Nationalpreisträger Rudi Sandt geht mit seiner Brigade nach Stalinstadt (Oder), um dort seine Berliner Erfahrung zur Verfügung zu stellen

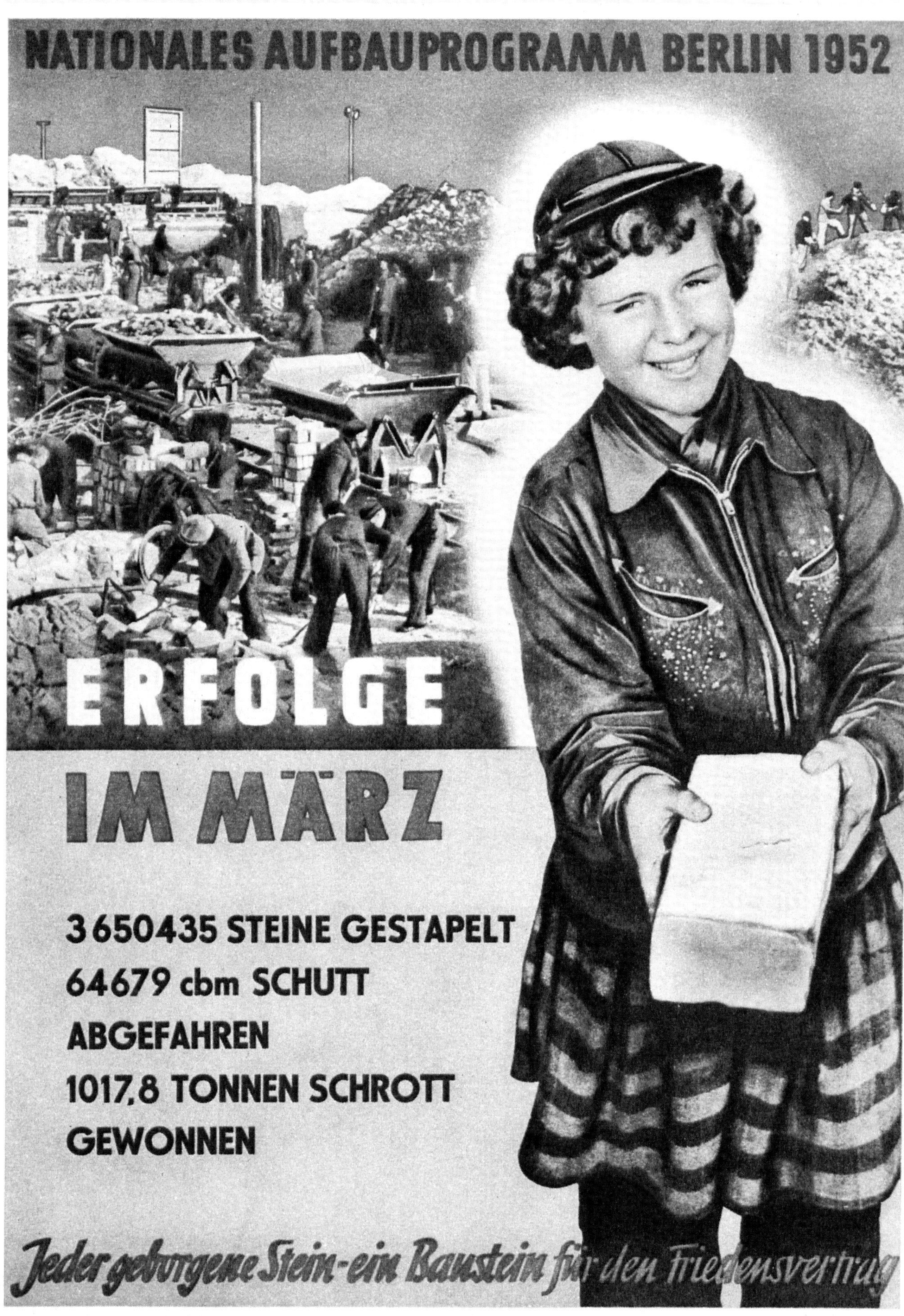
NATIONALES AUFBAUPROGRAMM BERLIN 1952
ERFOLGE
IM MÄRZ
3650435 STEINE GESTAPELT
64679 cbm SCHUTT
ABGEFAHREN
1017,8 TONNEN SCHROTT
GEWONNEN
Jeder geborgene Stein - ein Baustein für den Friedensvertrag

IM HOCHHAUS IST GUT WOHNEN

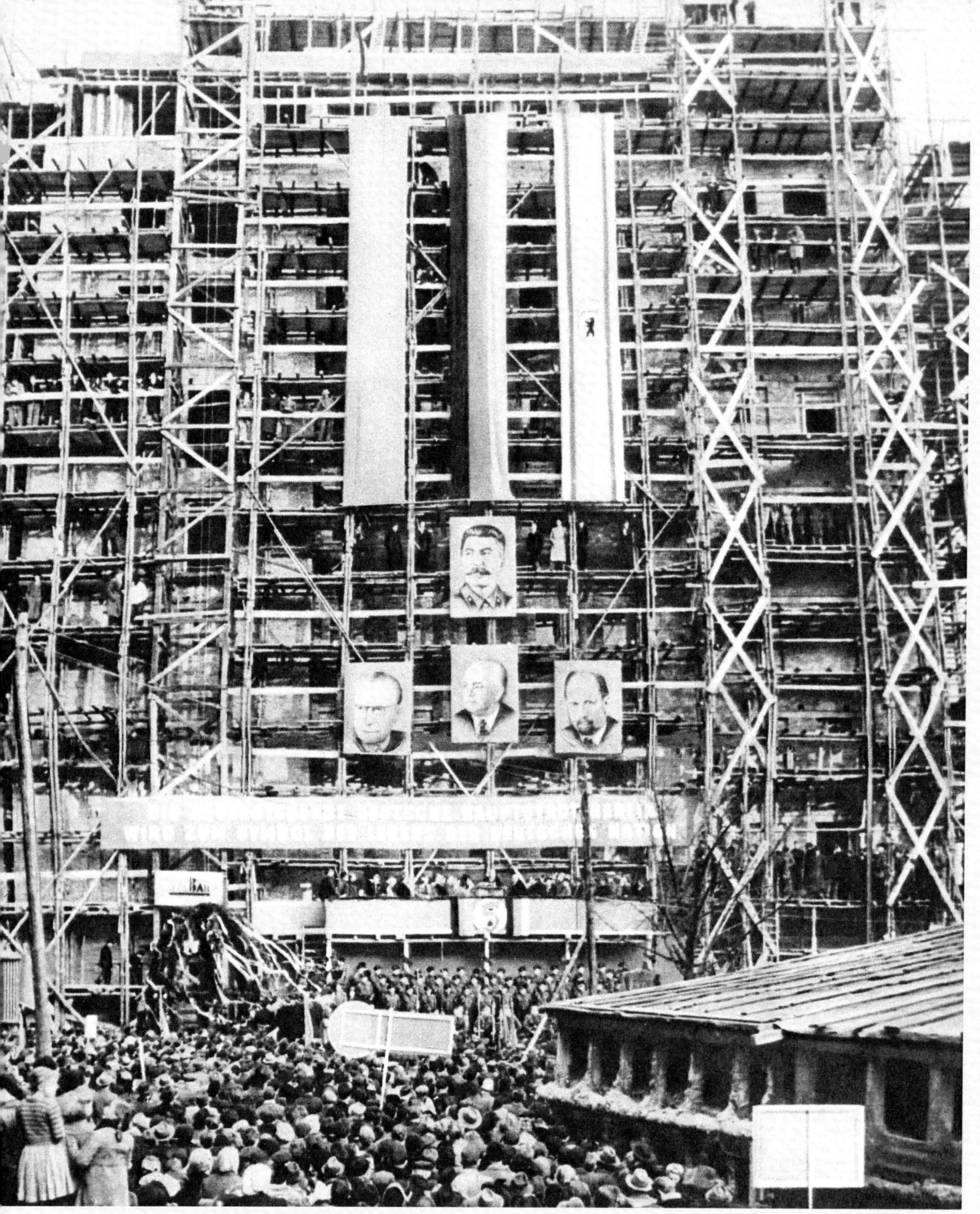

Eine begeisterte Menschenmenge feiert gemeinsam mit den Erbauern des Hochhauses an der Weberwiese Richtfest

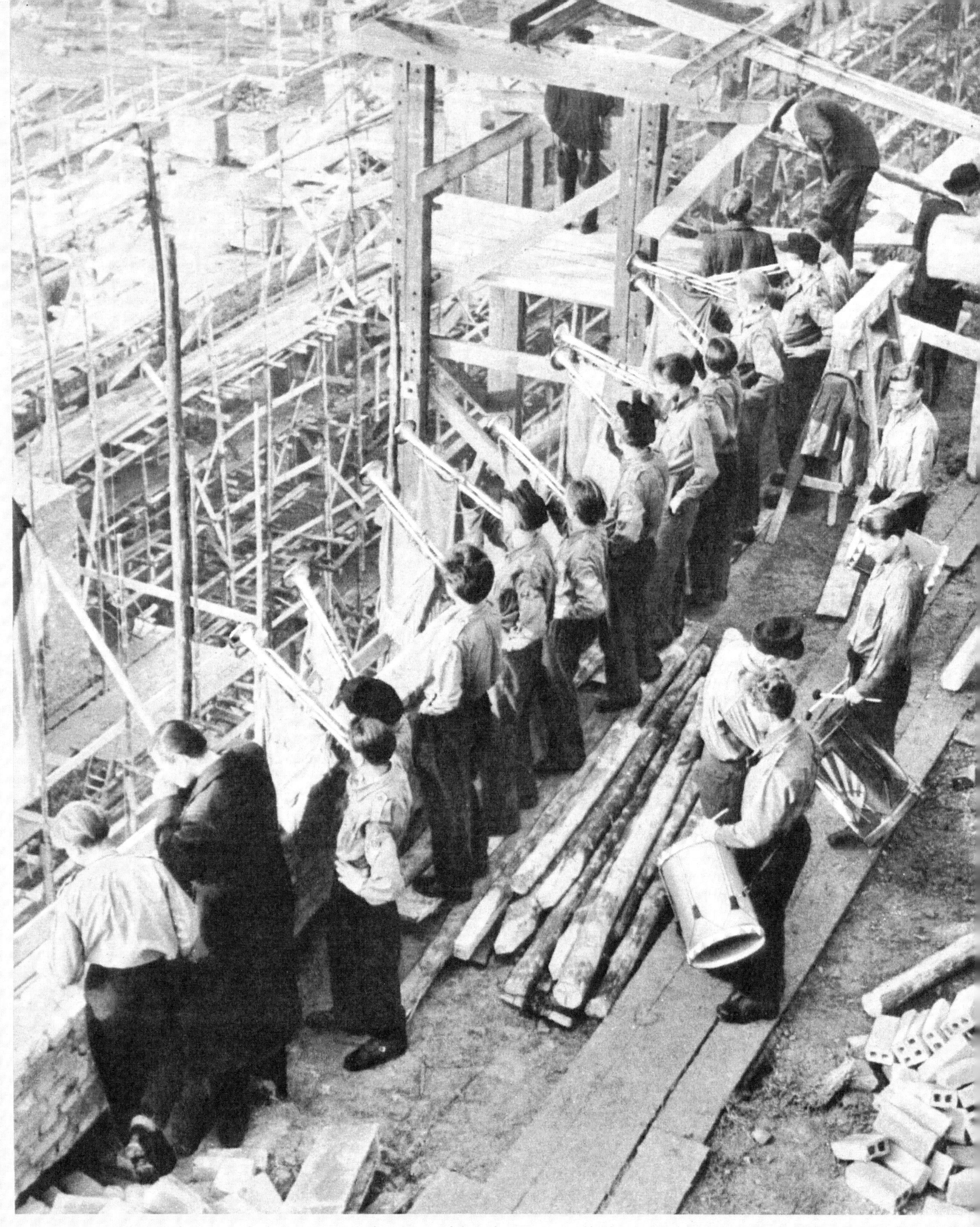

Ein Fanfarenzug der Freien Deutschen Jugend kündigt vom Dach des im Rohbau fertigen Hochhauses das Richtfest an

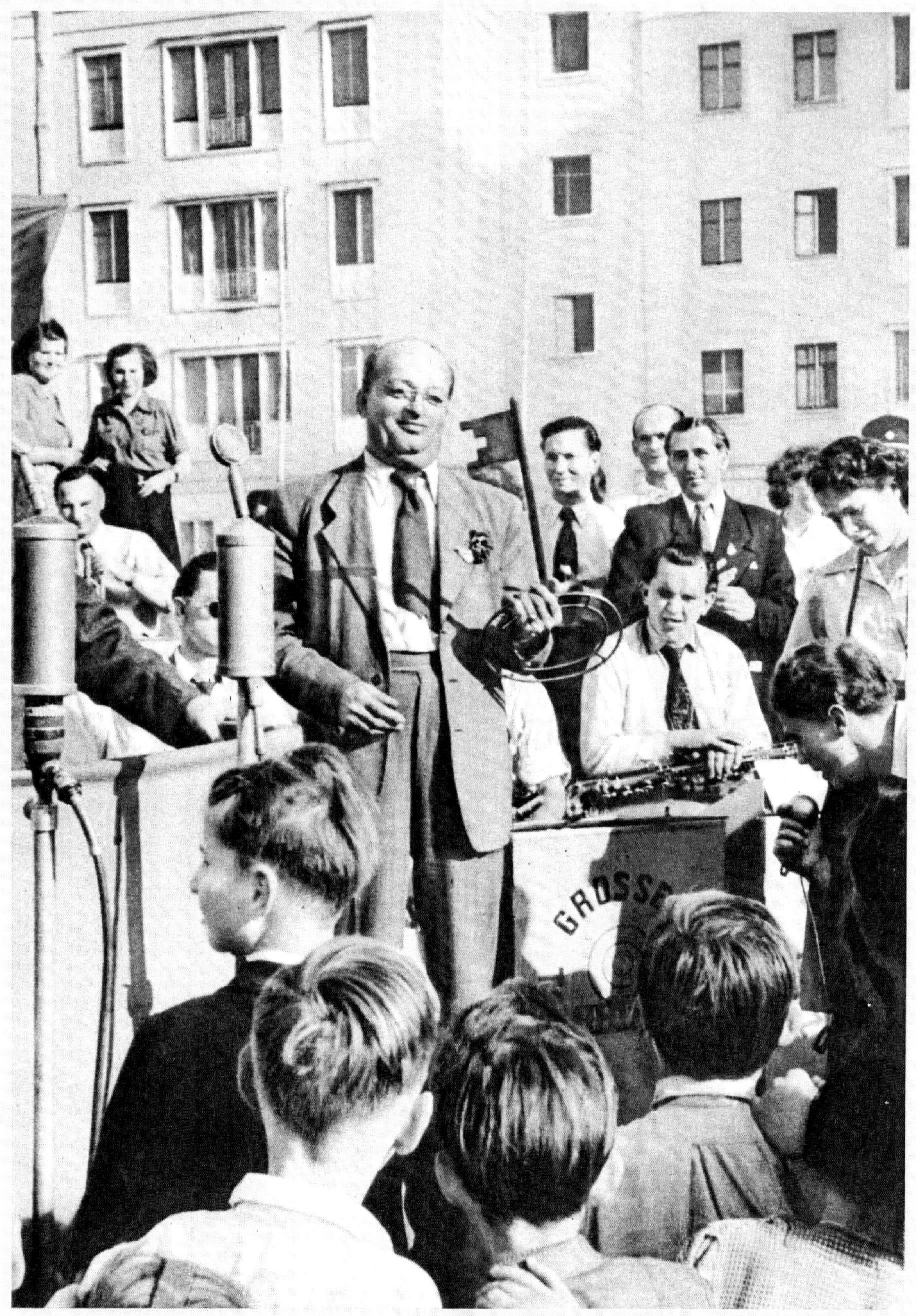

Freudestrahlend nimmt Oberbürgermeister Ebert am 1. Mai 1952 den symbolischen Schlüssel zum Hochhaus entgegen

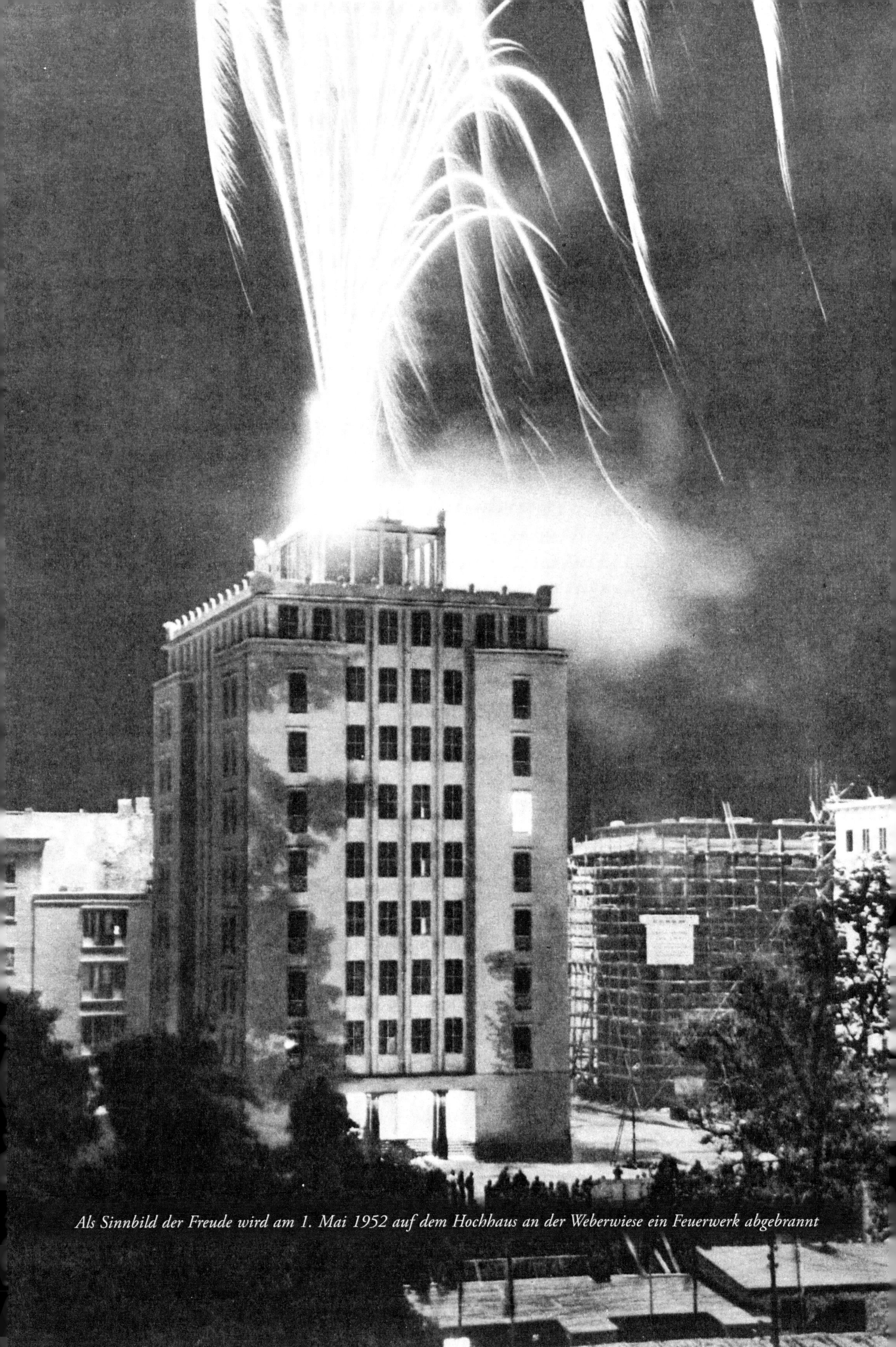

Als Sinnbild der Freude wird am 1. Mai 1952 auf dem Hochhaus an der Weberwiese ein Feuerwerk abgebrannt

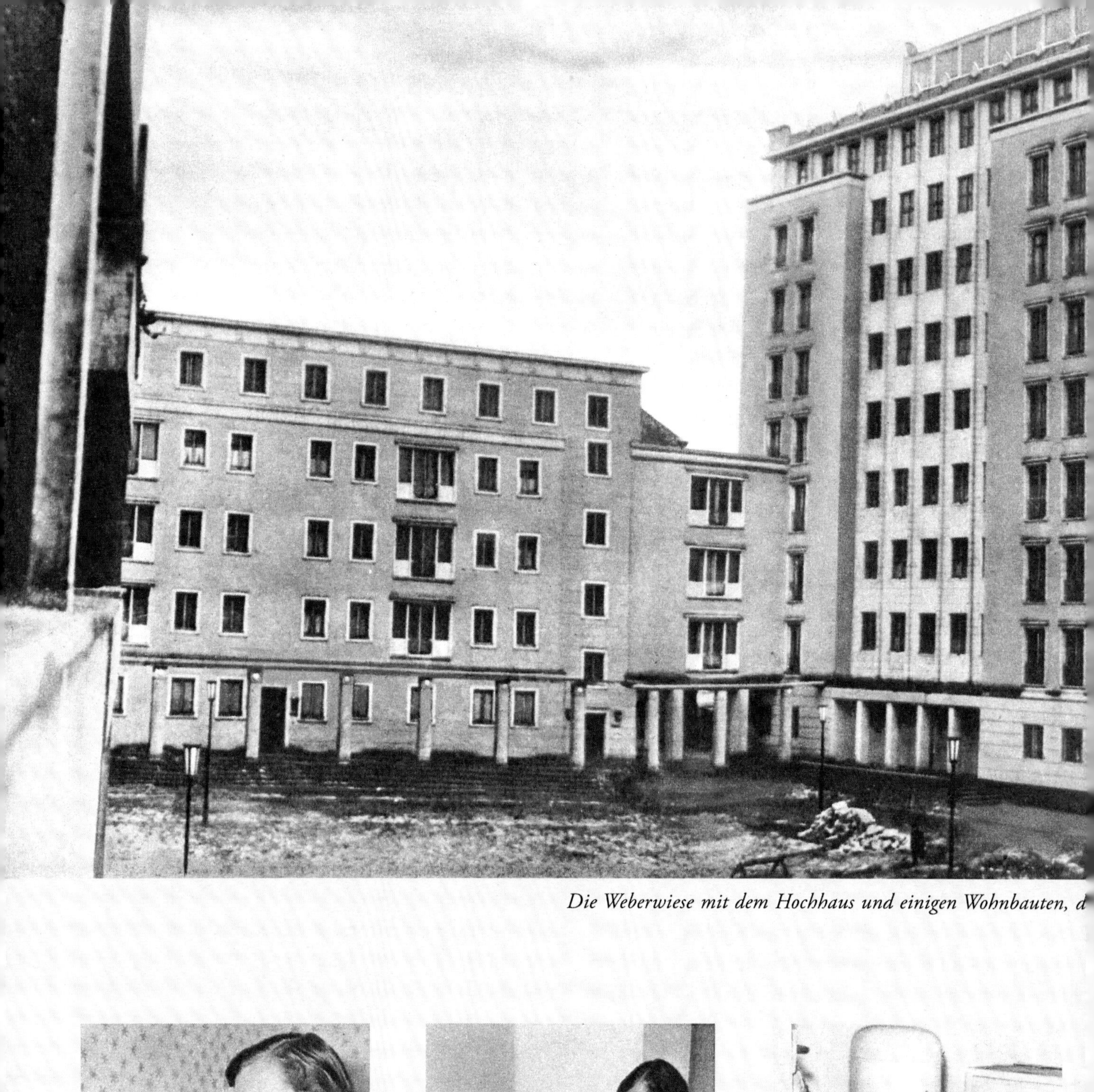

Die Weberwiese mit dem Hochhaus und einigen Wohnbauten, d

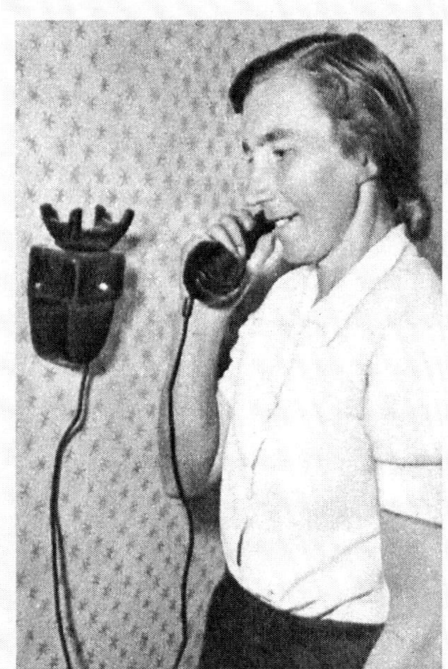

Am Haustelefon

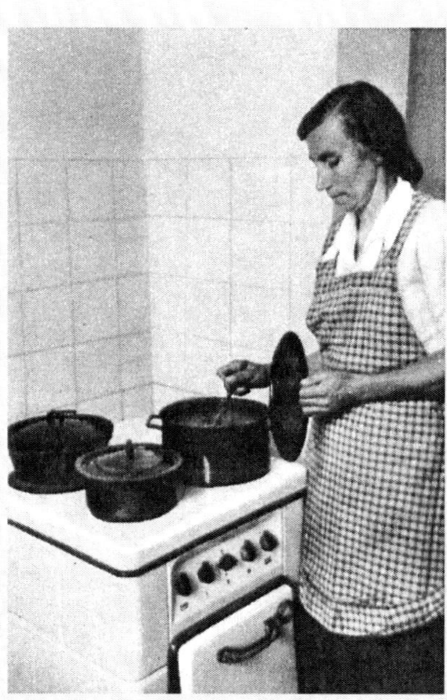

In jeder Küche ein elektrischer Herd

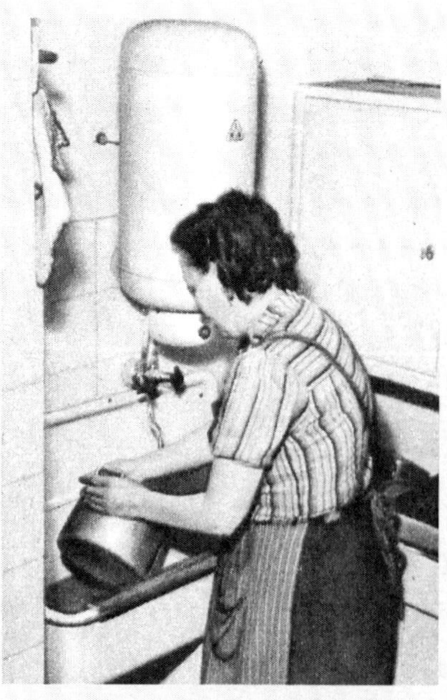

Ständig heißes Wasser im Boiler

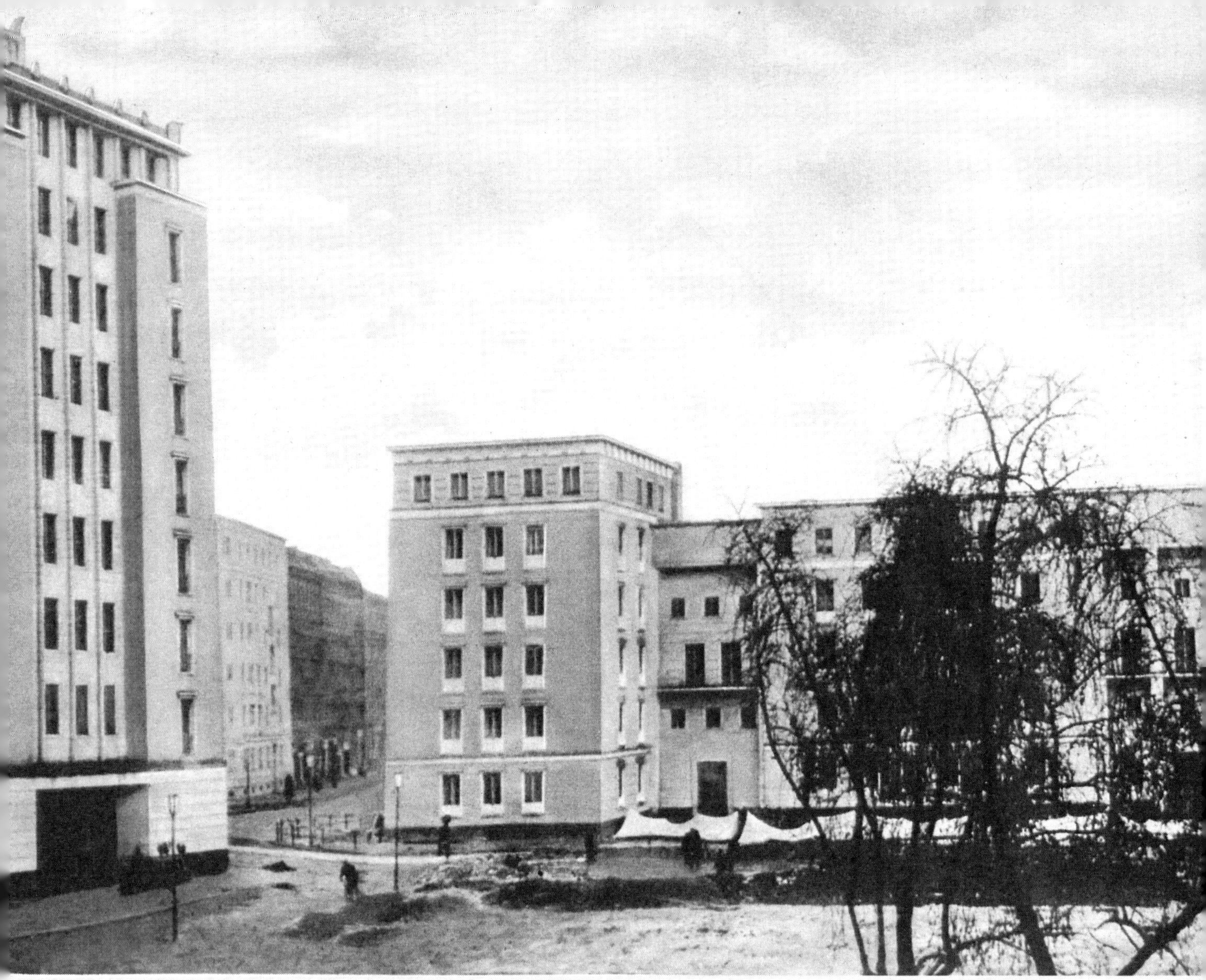

n Werktätigen alle Annehmlichkeiten moderner Wohnkultur bieten

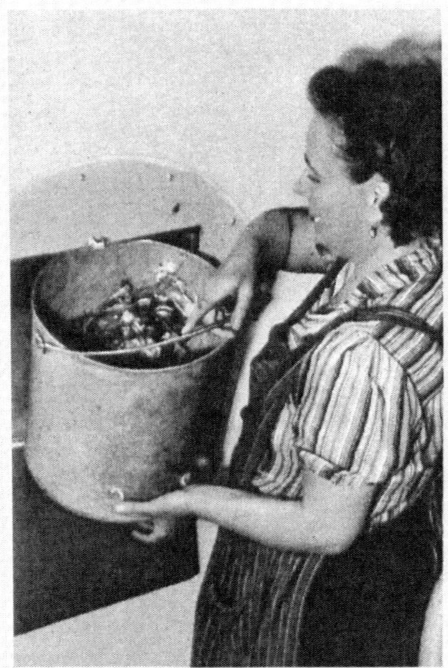

Müllschlucker für den Abfall

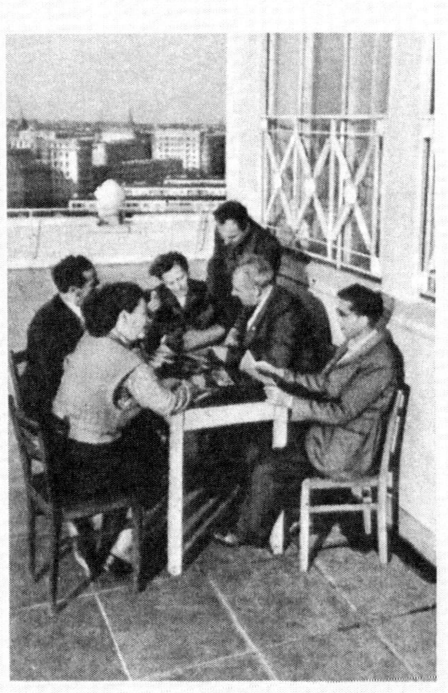

Das „höchste", Hauskomitee tagt

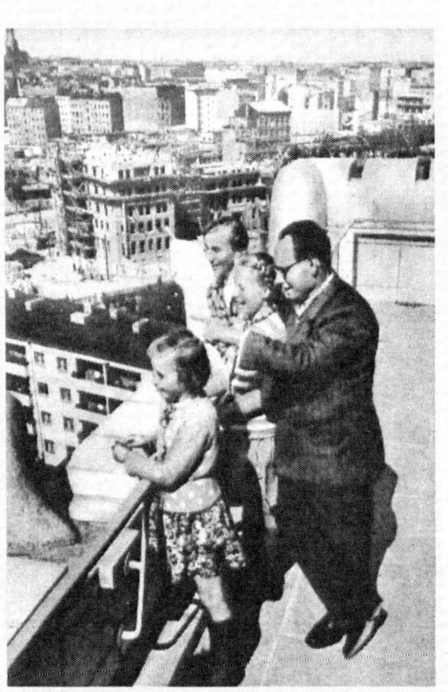

Der weite Blick vom Dachgarten

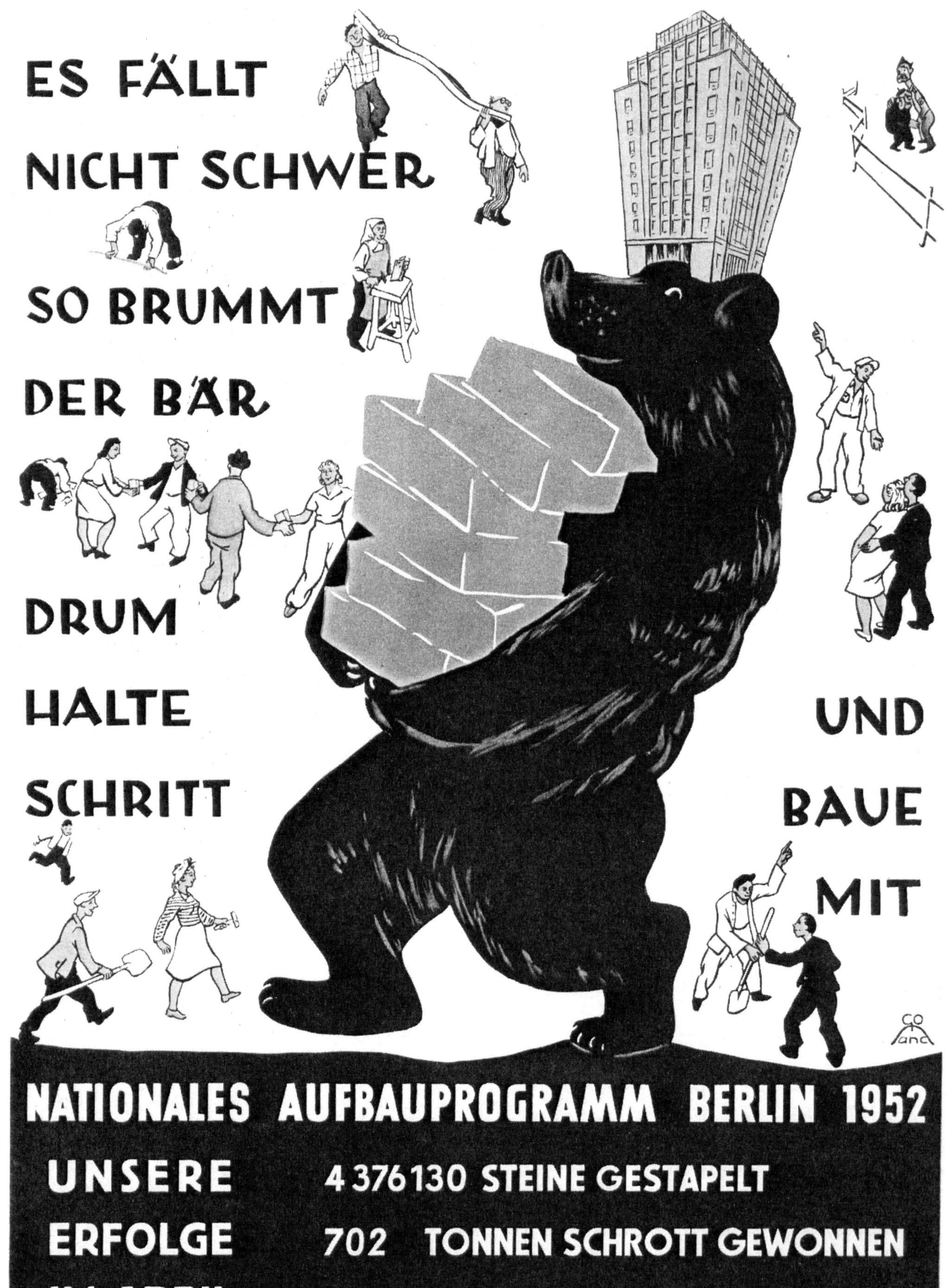
ES FÄLLT
NICHT SCHWER
SO BRUMMT
DER BÄR
DRUM
HALTE
SCHRITT
UND
BAUE
MIT
NATIONALES AUFBAUPROGRAMM BERLIN 1952
UNSERE
ERFOLGE
IM APRIL
4 376130 STEINE GESTAPELT
702 TONNEN SCHROTT GEWONNEN
65 557 cbm SCHUTT ABGEFAHREN

DIE BAUWEISE DER ZUKUNFT

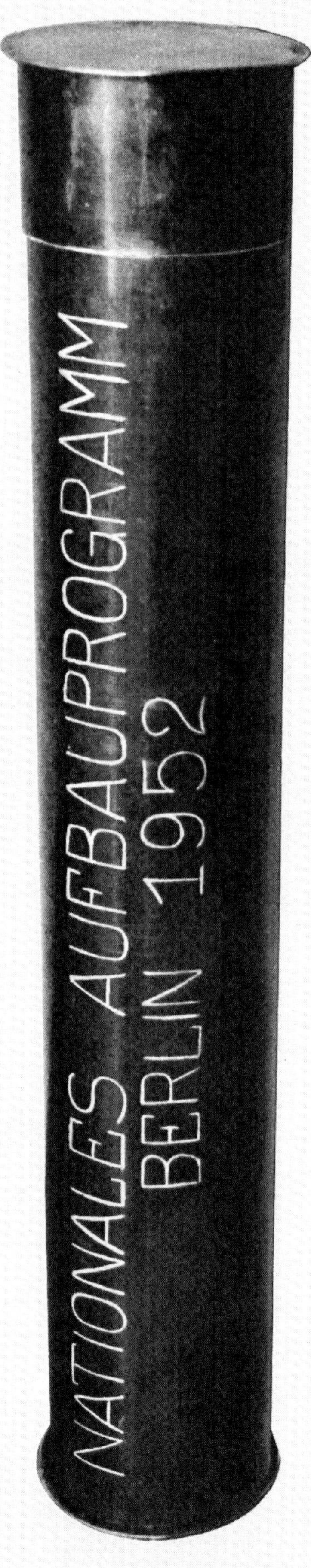

GRUNDSTEINLEGUNG IN DER STALINALLEE

Eine kupferne Kassette, von Lehrlingen der Berliner Metallhütten- und Halbzeugwerke in freiwilliger Arbeit hergestellt, wurde in die Grundmauer des Blocks E-Süd versenkt. Sie enthält Tageszeitungen vom Zeitpunkt des Beginns des Nationalen Aufbauprogramms, Urkunden, Pläne und Münzen

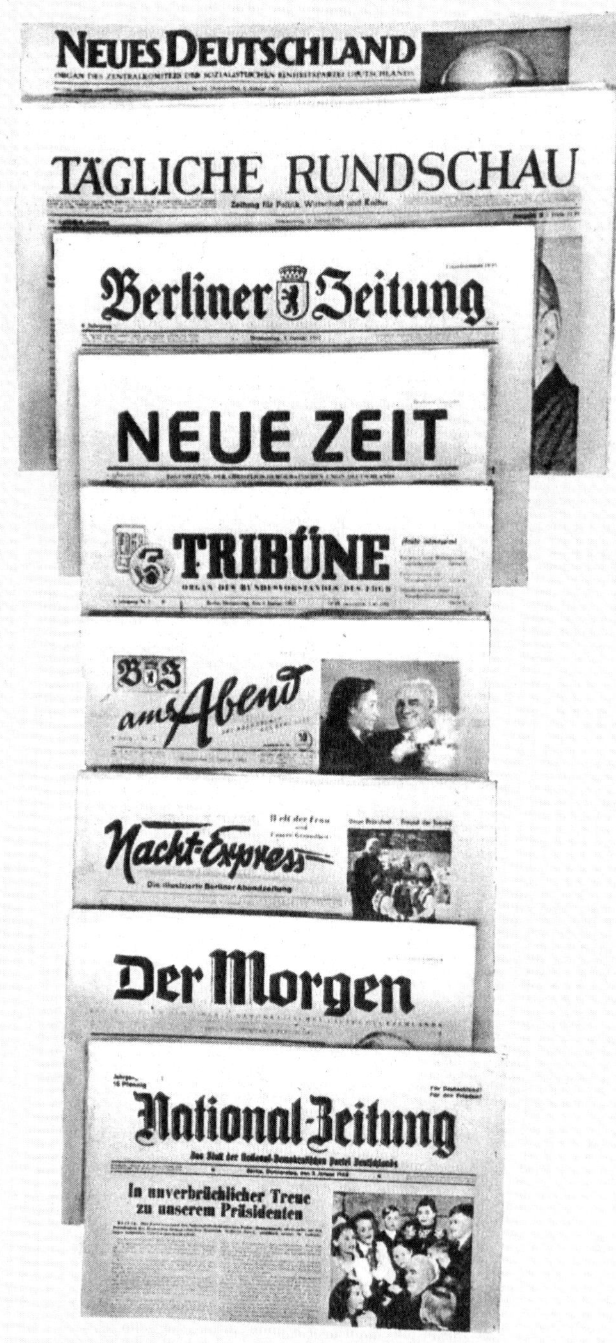

Urkunde

Zehntausende in Berlin, Millionen in ganz Deutschland hat eine patriotische Begeisterung erfaßt. Die Herzen schlagen in einem Takt. »Wir bauen die deutsche Hauptstadt Berlin schöner denn je zuvor als leuchtendes Beispiel für ein einheitliches, demokratisches, friedliebendes Deutschland.«

Ein Funke wurde zur lodernden Flamme. Der Vorschlag des Zentralkomitees der Sozialistischen Einheitspartei Deutschlands und der Aufruf des Nationalen Komitees drückten klar das aus, was das ganze deutsche Volk sehnlichst erwünscht und erhofft.

Der Stahlwerker von Riesa, der Bauer aus Parchim, der Ingenieur aus Dessau, der Architekt aus Zehlendorf, die Ärztin aus Erfurt, der Lehrling aus Wismar, der Maurer von der Weberwiese, der freiwillige Bauhelfer von Berlin, sie schaffen jene steinernen Tatsachen, die dem nationalen Befreiungskampf des deutschen Volkes einen ungeheuren Auftrieb geben werden.

In den ersten vier Wochen des Nationalen Aufbauprogramms 1952 vollbrachten die freiwilligen Aufbauhelfer großartige Leistungen. 159 179 Aufbauhelfer sind mit wachsender Begeisterung den Trümmern Berlins zu Leibe gegangen.

Sie bargen 5 243 575 Stück ganze Ziegel
3 058 m³ halbe Ziegel
55 753 kg Nutzstahl
37 240 m³ Schutt.

Ein ganzes Volk baut als sein eigener Bauherr seine Hauptstadt, neue Menschen, durchdrungen von grenzenloser Liebe zur Heimat, bereit zu bisher nie gekannten Kulturtaten, lernend von den Erbauern Stalingrads, Warschaus und Moskaus.

Das Vorhaben, das wir beginnen, trägt den Namen Stalins, des besten Freundes des deutschen Volkes. So wird dieser Bau unsere tiefe Freundschaft zu den Völkern der Sowjetunion ausdrücken. In ihm werden die Idee der Menschlichkeit, der Sorge um den Menschen, Lebensfreude und hohe Gefühle ihren Ausdruck finden.

Dieses Werk gelingt uns, weil die Kräfte des Friedens stärker sind als die Kräfte des Krieges, weil auch das deutsche Volk die Sache der Erhaltung des Friedens in seine Hände nimmt und ihn bis zum äußersten verteidigen wird.

Berlin, den 3. Februar 1952

Nationales Komitee
für den
Neuaufbau der deutschen Hauptstadt

Die Urkunde des Nationalen Komitees für den Neuaufbau der deutschen Hauptstadt mit den Angaben über die Bauleistungen der ersten vier Wochen

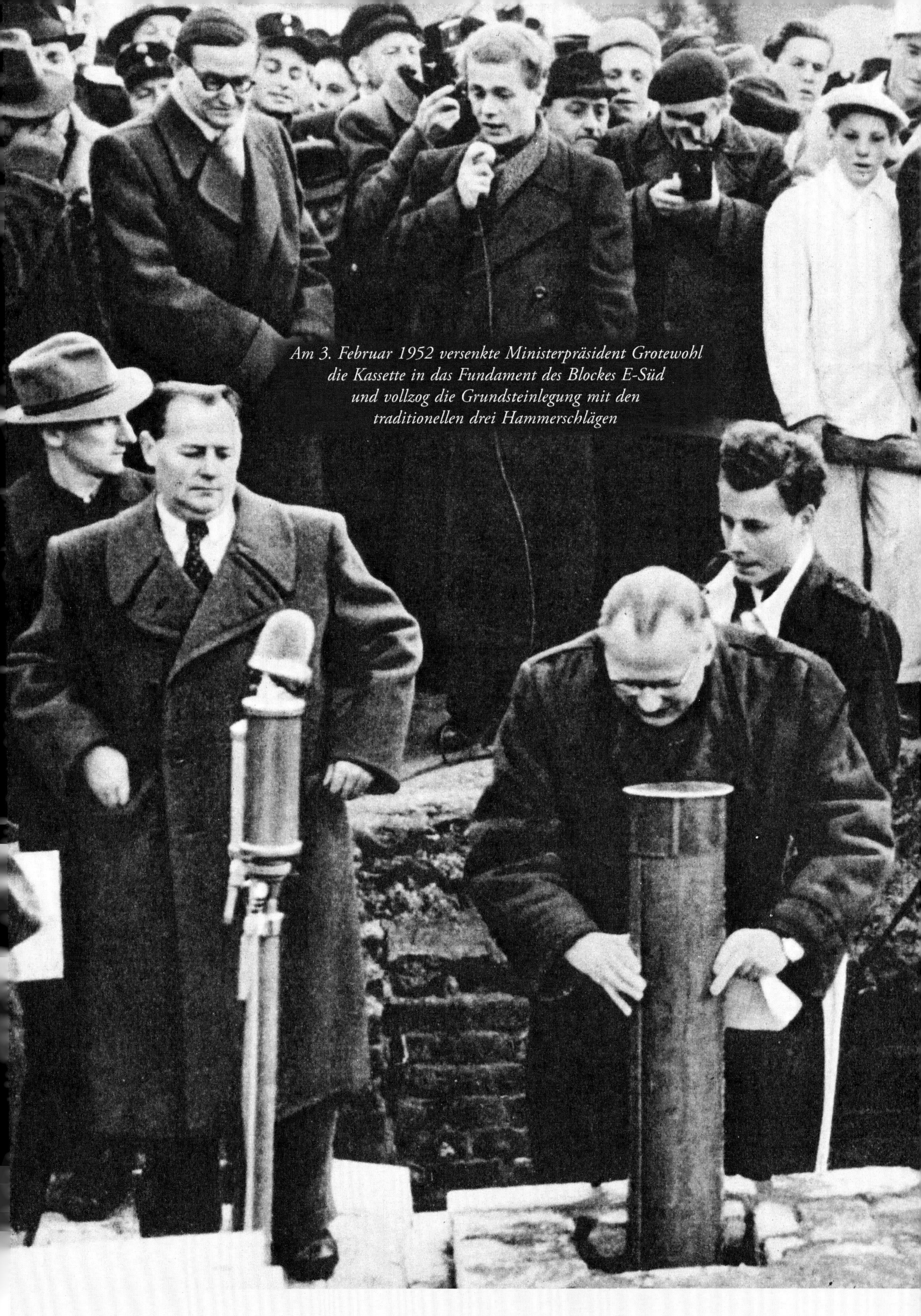

Am 3. Februar 1952 versenkte Ministerpräsident Grotewohl die Kassette in das Fundament des Blockes E-Süd und vollzog die Grundsteinlegung mit den traditionellen drei Hammerschlägen

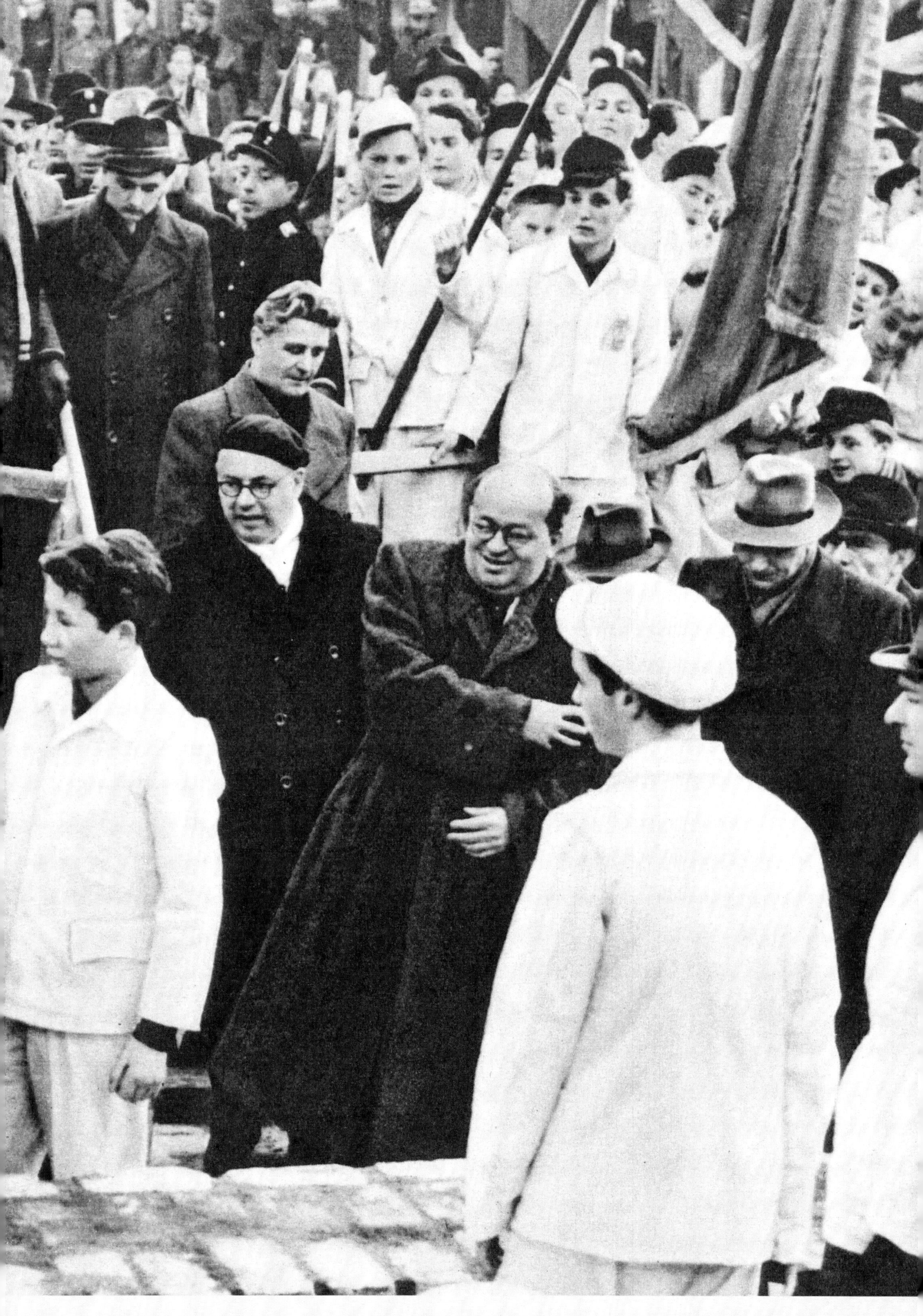

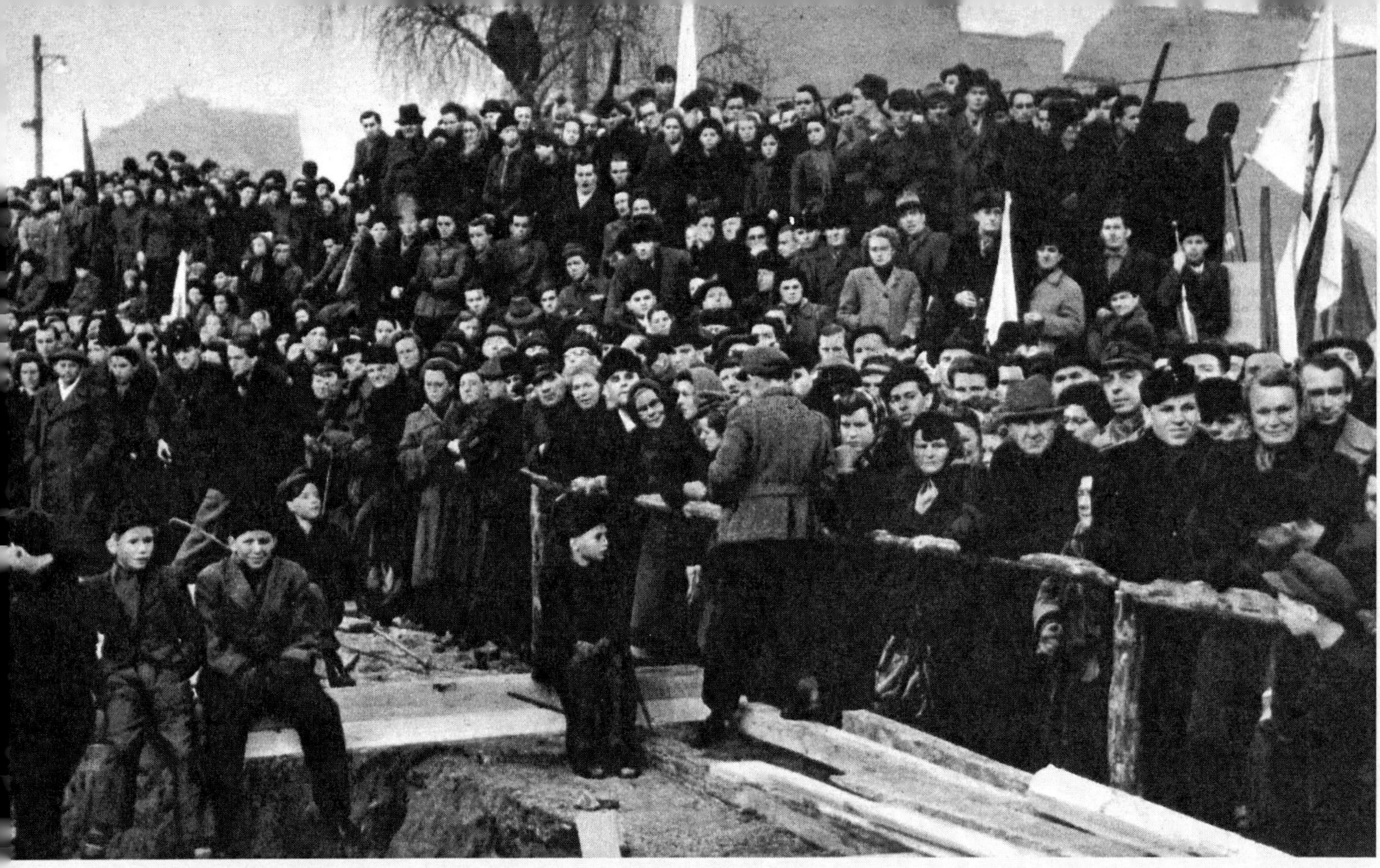

Jedes Plätzchen im Umkreis ist von Menschen besetzt, die der Grundsteinlegung beiwohnen wollen

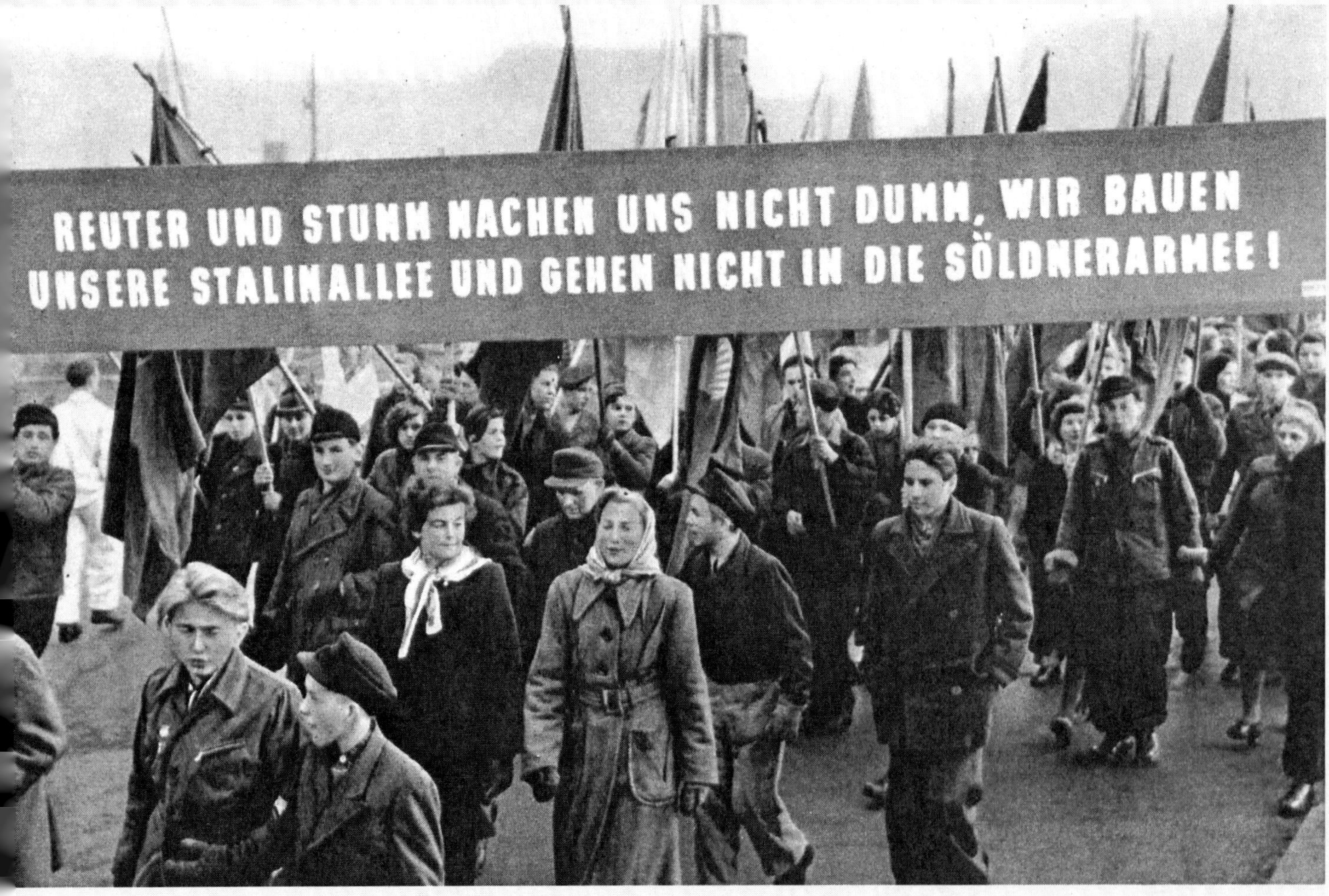

Nach dem Festakt geht es gemeinsam zu den Enttrümmerungsstellen

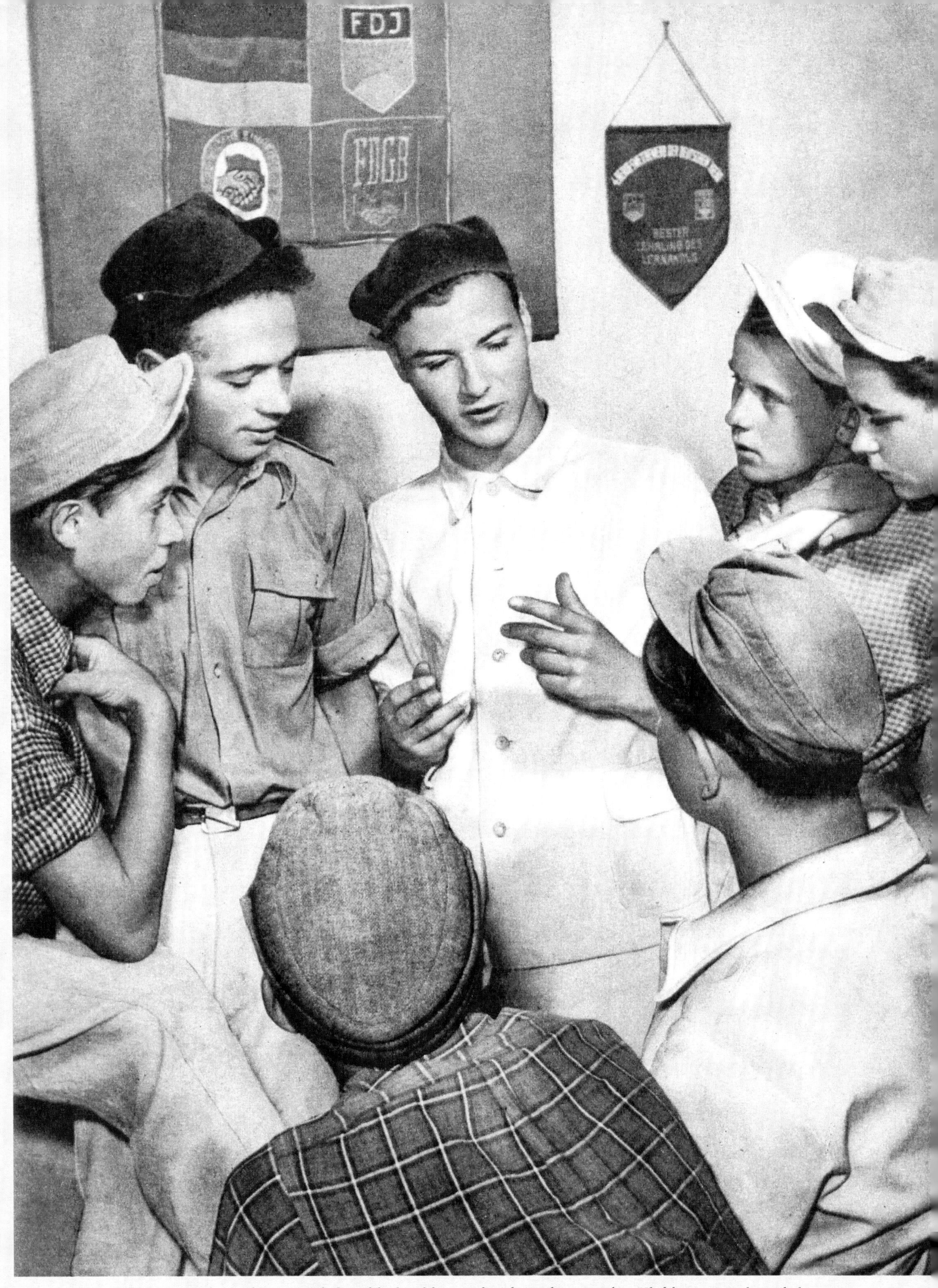

Der Block E-Süd wurde zum Lehrlingsblock erklärt – darüber gibt es in den Klubheimen viel zu diskutieren

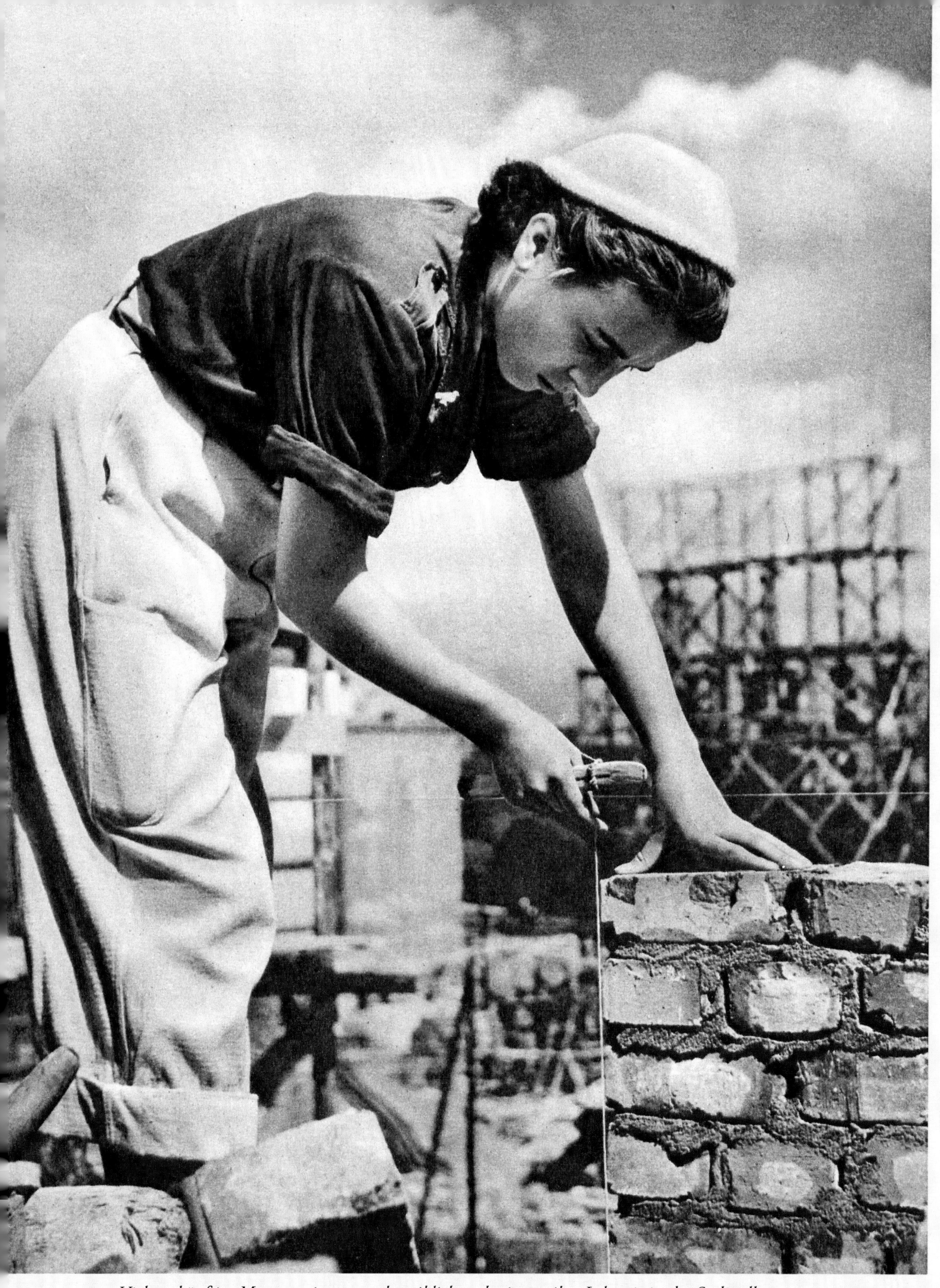

Viele zukünftige Maurermeister – auch weibliche – beginnen ihre Lehrzeit in der Stalinallee

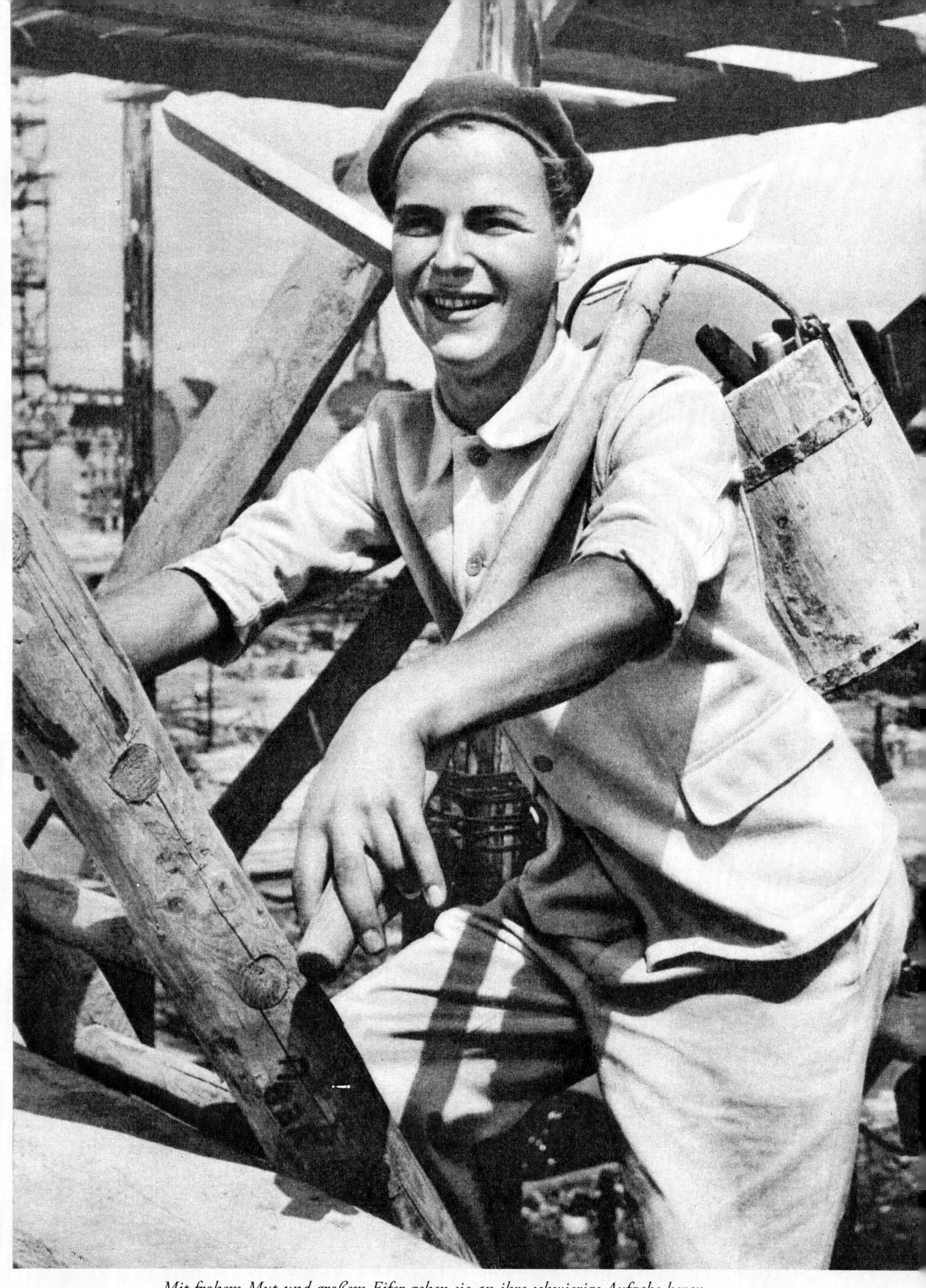

Mit frohem Mut und großem Eifer gehen sie an ihre schwierige Aufgabe heran

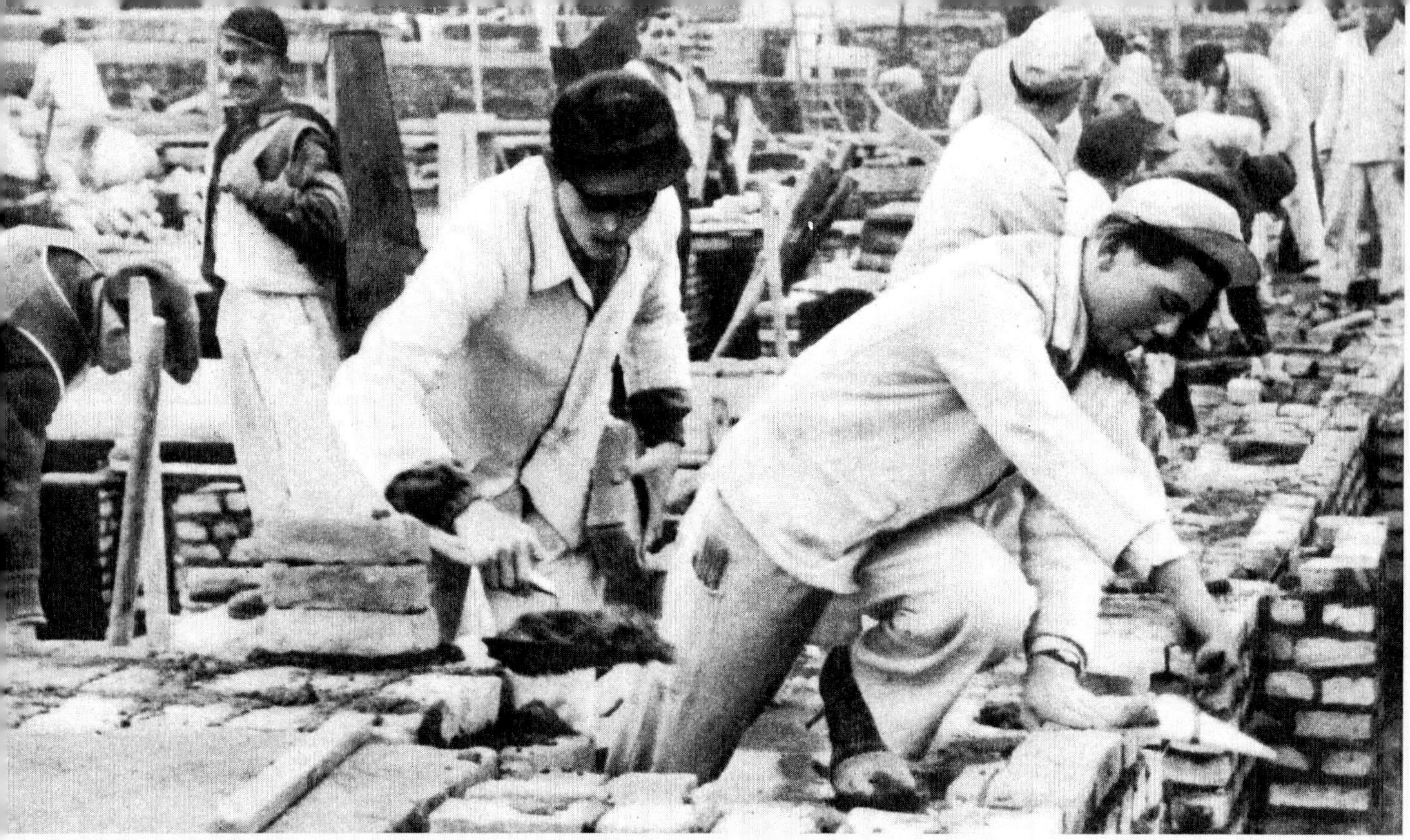

Die Lehrlinge am Werk

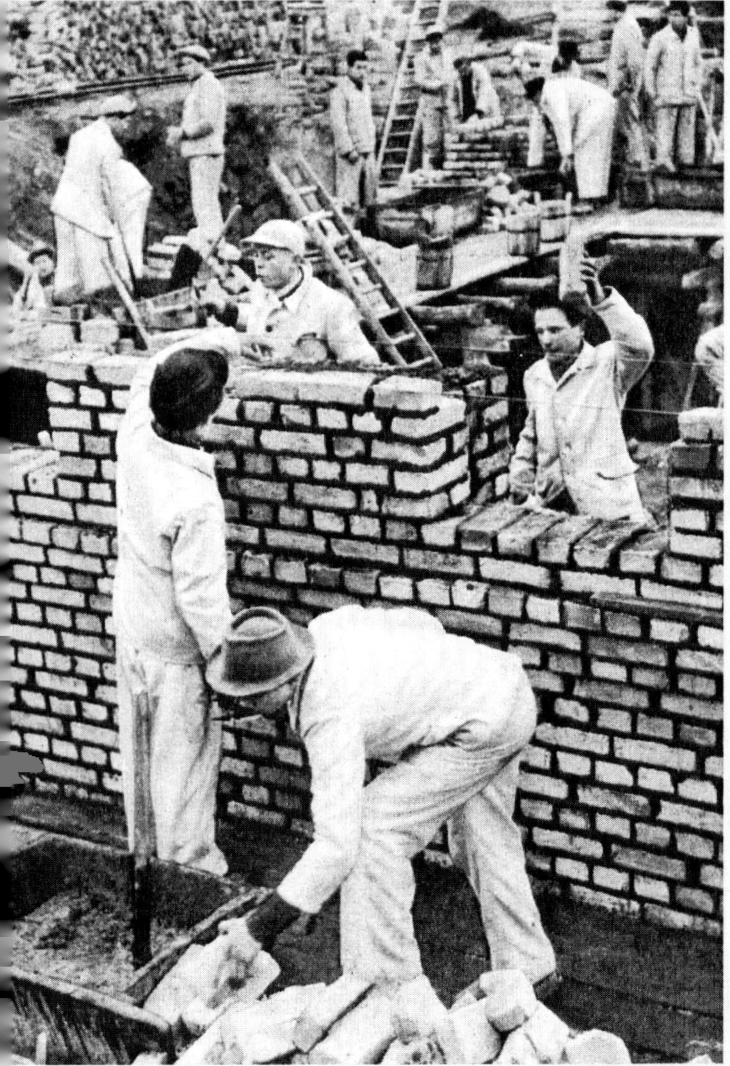

Bald sind die Kellermauern geschafft

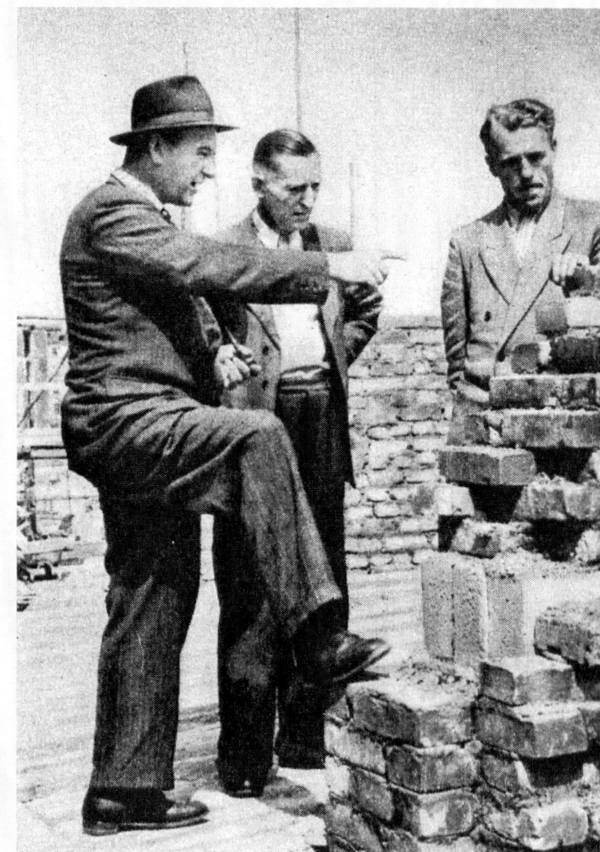

Fachmännisch wird das Mauerwerk begutachtet

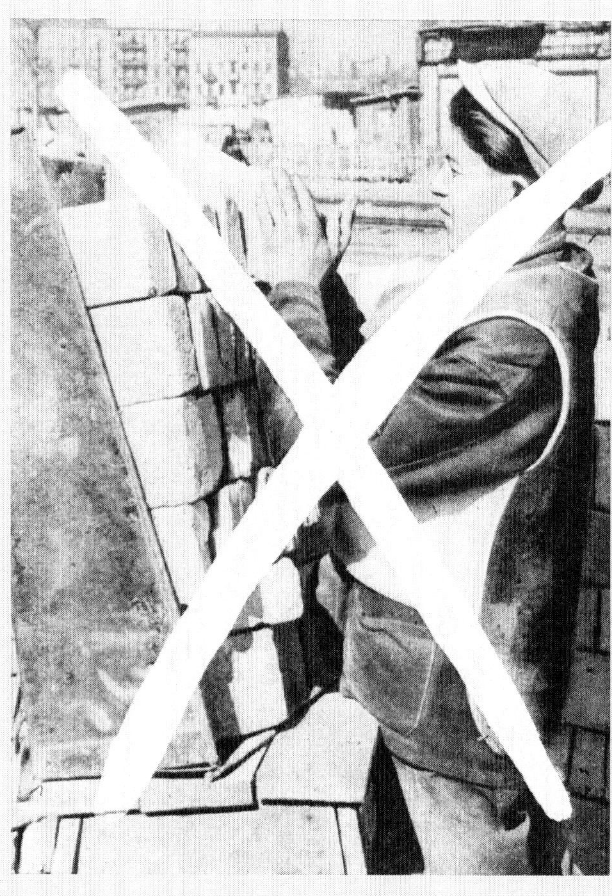

NICHT SO!

Denn das Packen und Hucken der Mauersteine braucht viel Zeit und Kraft

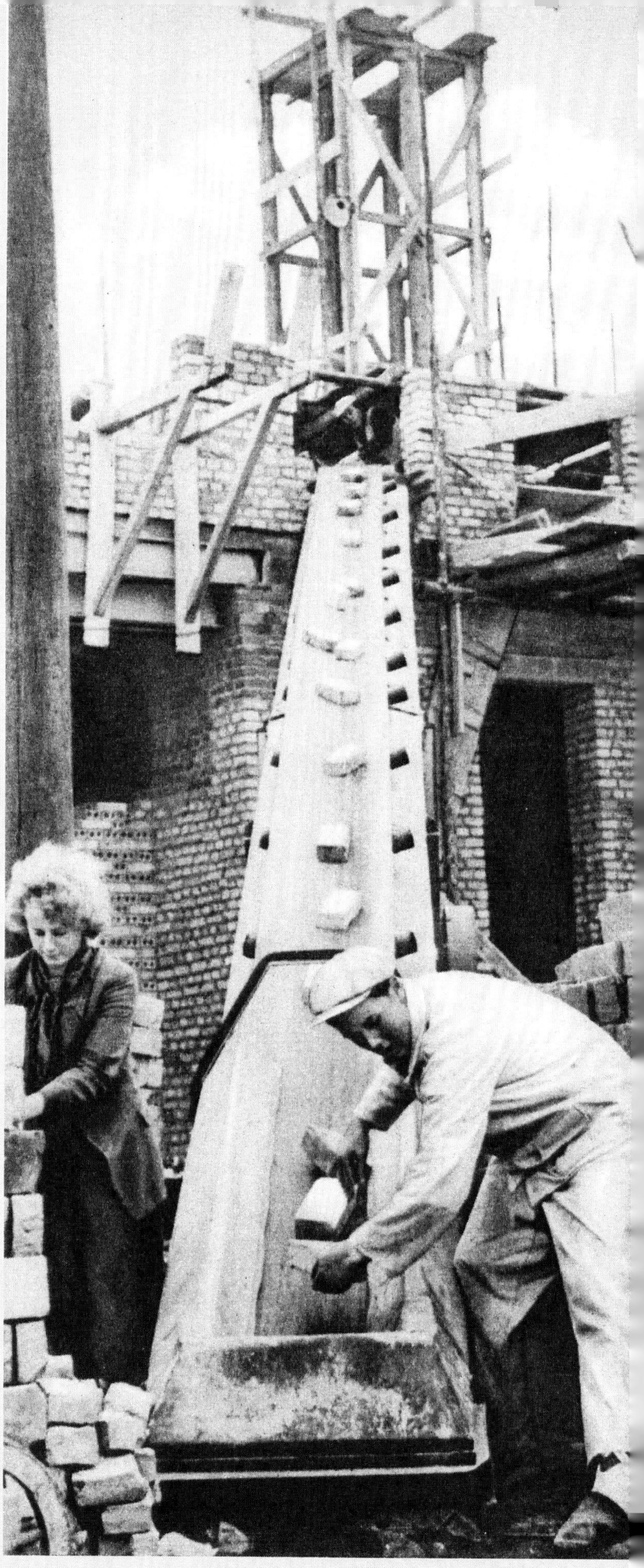

SONDERN SO!

Denn die Erfahrungen beim Aufbau Warschaus haben gelehrt, daß es zweckmäßiger ist, Mauersteine auf Transportbändern in die Stockwerke zu befördern

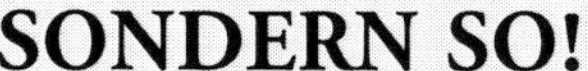

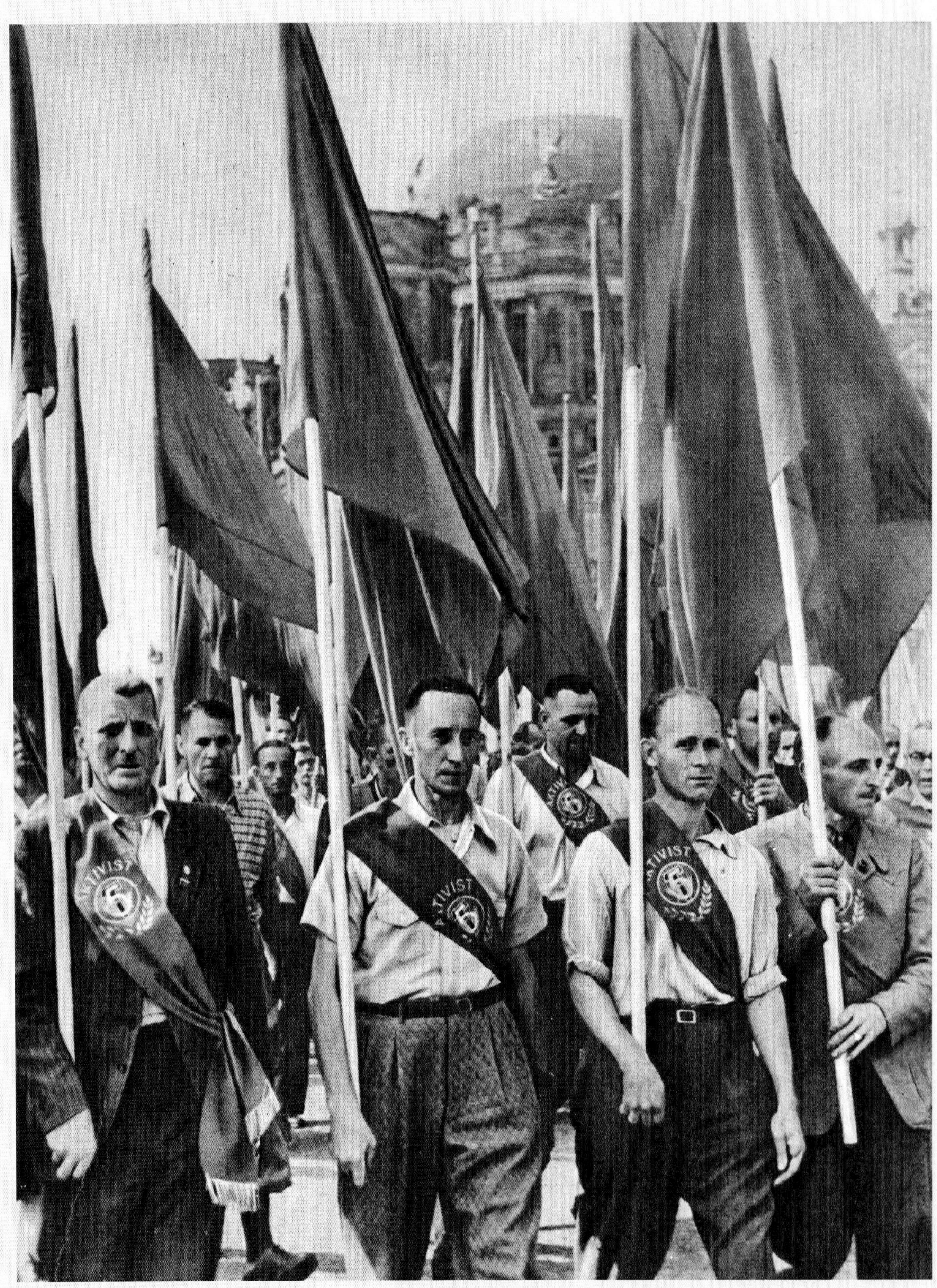

Auch die Aktivisten der Stalinallee marschieren im Maifestzug über den Marx-Engels-Platz

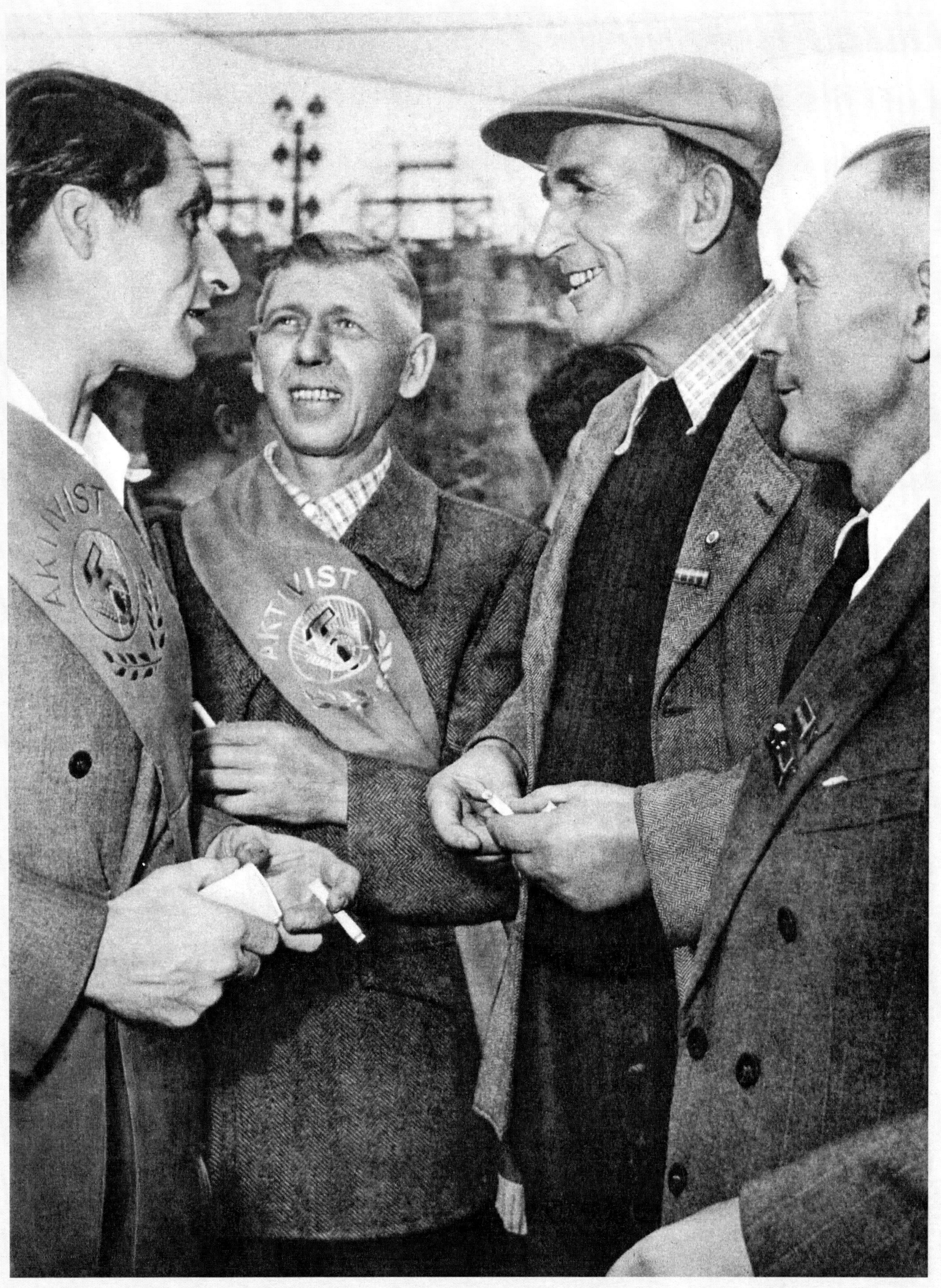

Der Verdiente Erfinder Johannes Blender im Gespräch mit Bauarbeitern der Stalinallee

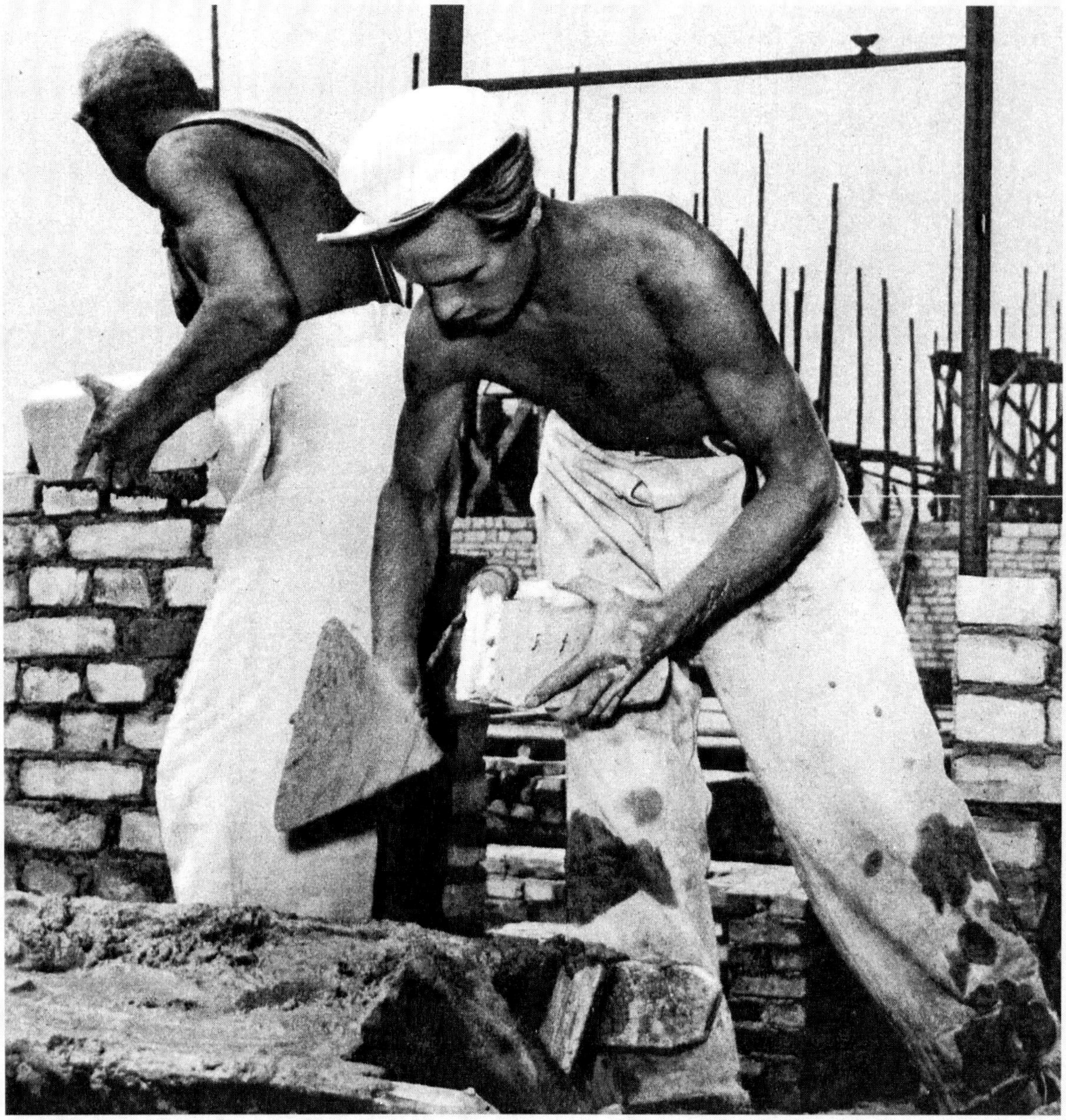

Vorbildlicher Einsatz: Die Gesellschaft für Deutsch-Sowjetische Freundschaft stellt fachlich qualifizierte Helfer für die Bauarbeiten im Abschnitt C-Süd zur Verfügung

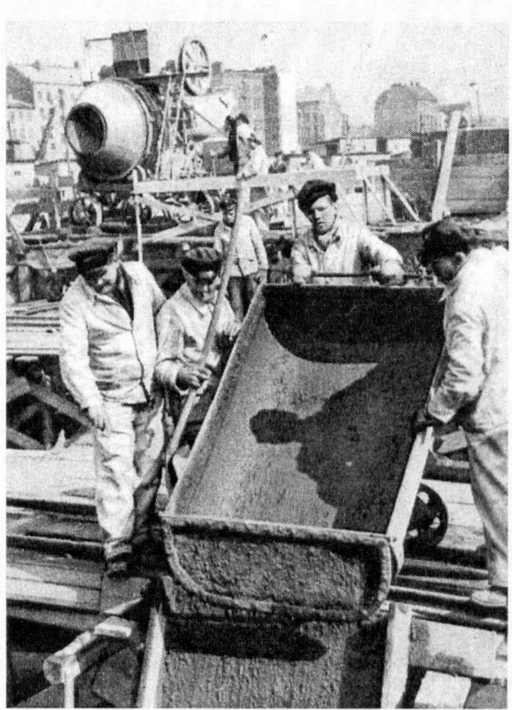

Die Maurerbrigade Heinze vom Block C-Süd hat sich zur Ableistung zweier Sonderschichten verpflichtet und spendet den Erlös dem Nationalen Aufbauprogramm

VIER VON DEN BESTEN

Auf Grund ihrer guten Leistungen wurden verschiedene Lehrlinge am 1. Mai als Bestarbeiter ausgezeichnet. Kann es für einen jungen Erbauer unserer Hauptstadt etwas Schöneres geben?

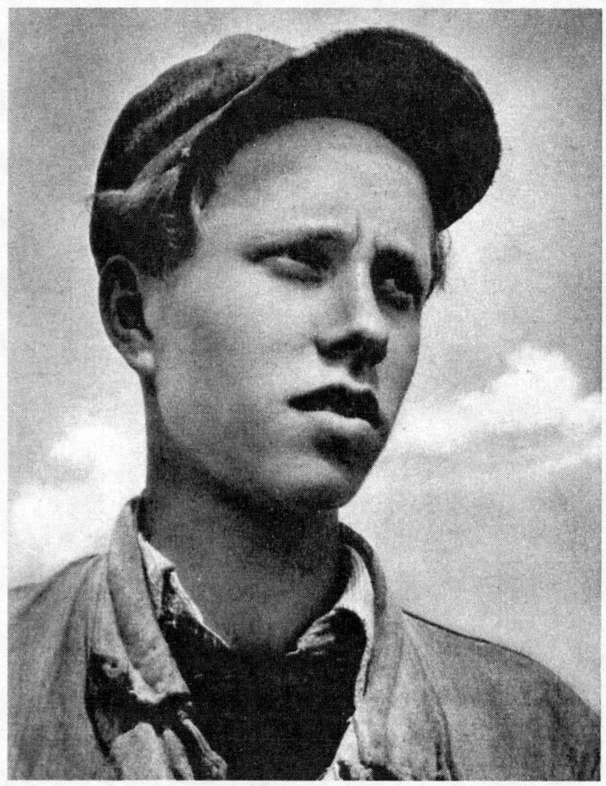

Maurerlehrling Peter Sommer

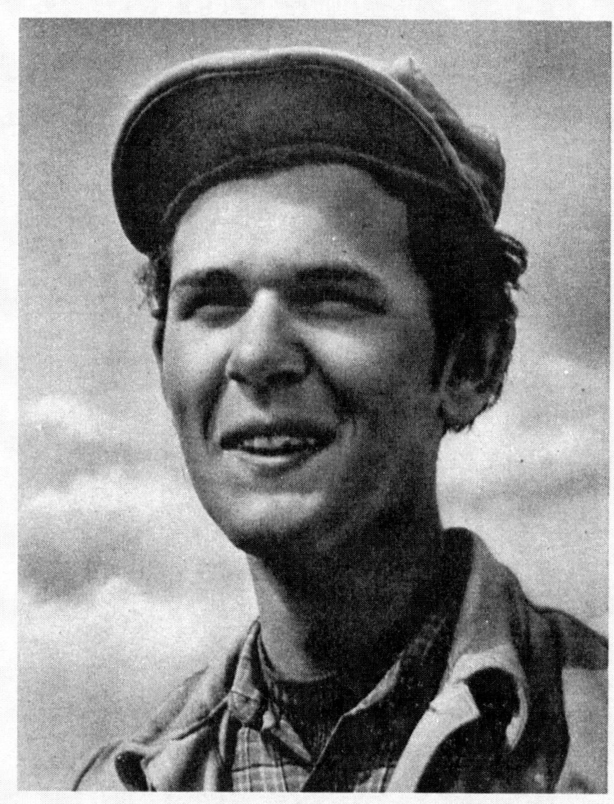

Maurerlehrling Georg Rauch

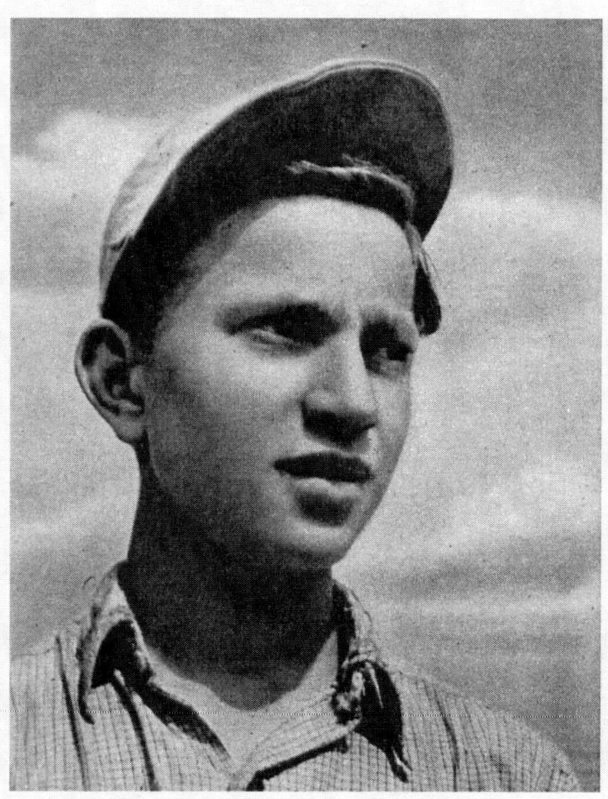

Maurerlehrling Reinhold Schulz

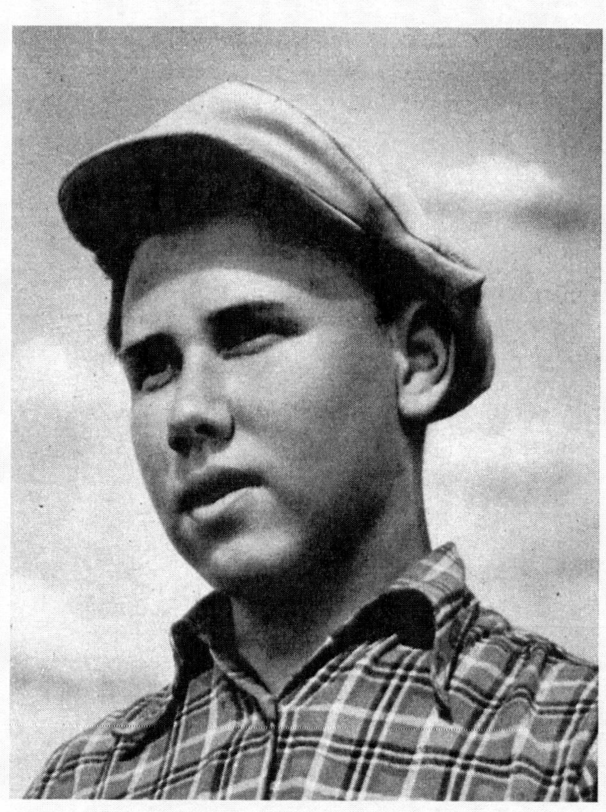

Maurerlehrling Fritz Brumm

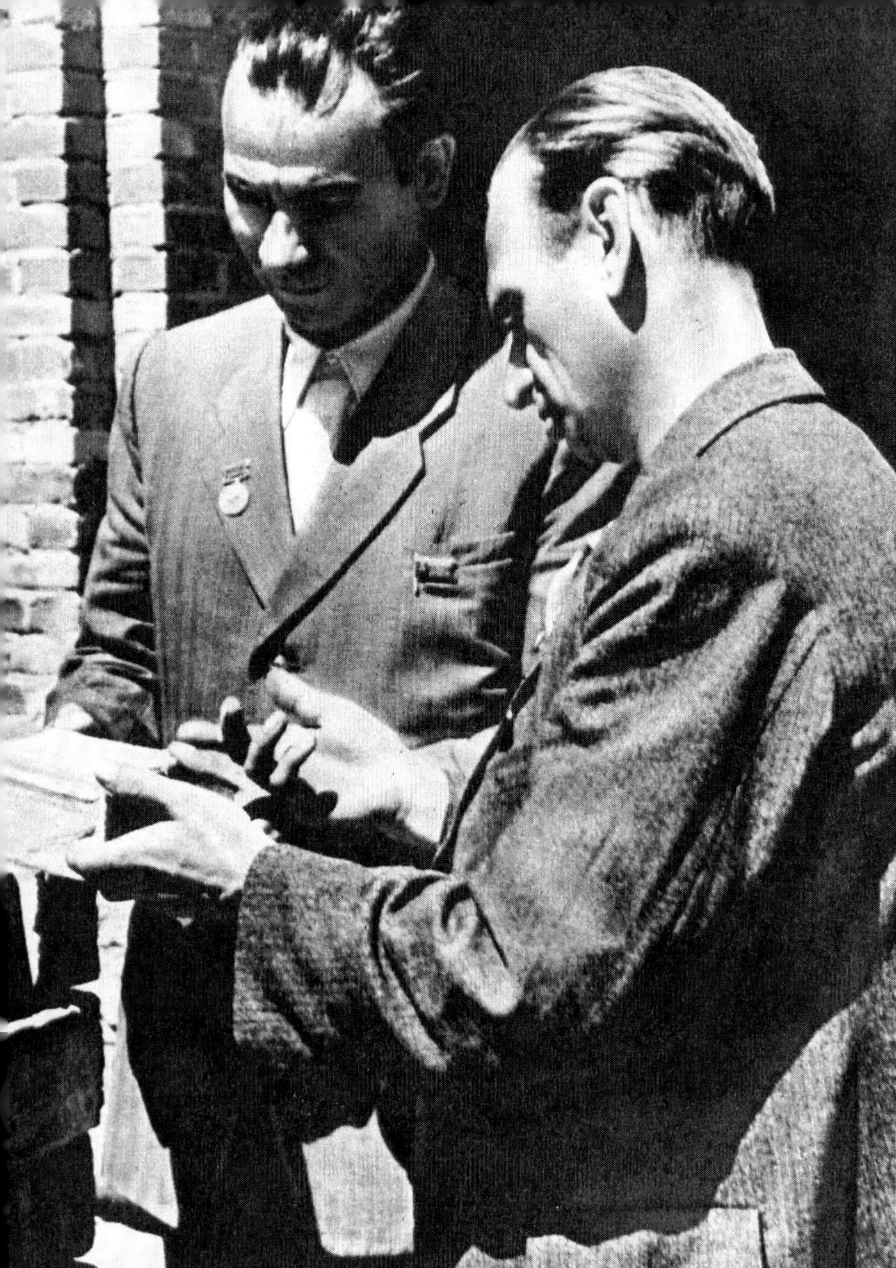

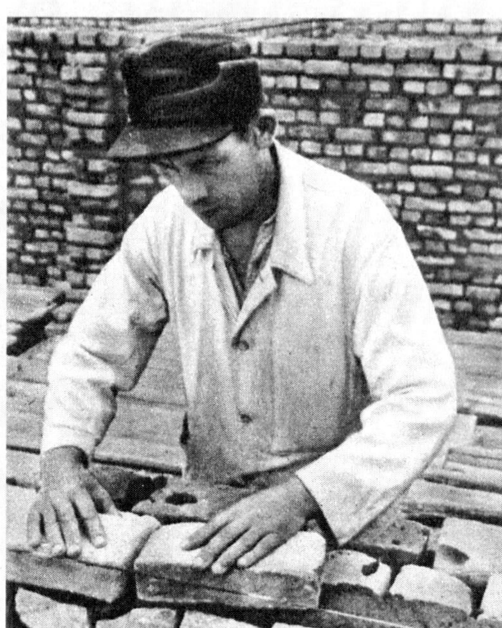

Von dem Verdienten Aktivisten Walter Schilf wir

Stalinpreisträger Koroljew besuchte die deutsche Hauptstadt und vermauerte in der Stalinallee auf Block C-Süd den letzten Stein. Anschließend erklärte er seinen deutschen Kollegen die Zweier-, Dreier- und Fünfersysteme nach der Kowaljow-Methode.
Vorher schon hatten der Verdiente Aktivist Walter Schilf und sein Kollege Heinz Wendland die Methode aufgegriffen. Sie vermauerten im Zweier-System in acht Stunden 14181 Steine. In Anerkennung ihrer Leistungen wurde die Kowaljow-Brigade Schilf am 1. Mai 1952 als beste Brigade ausgezeichnet.

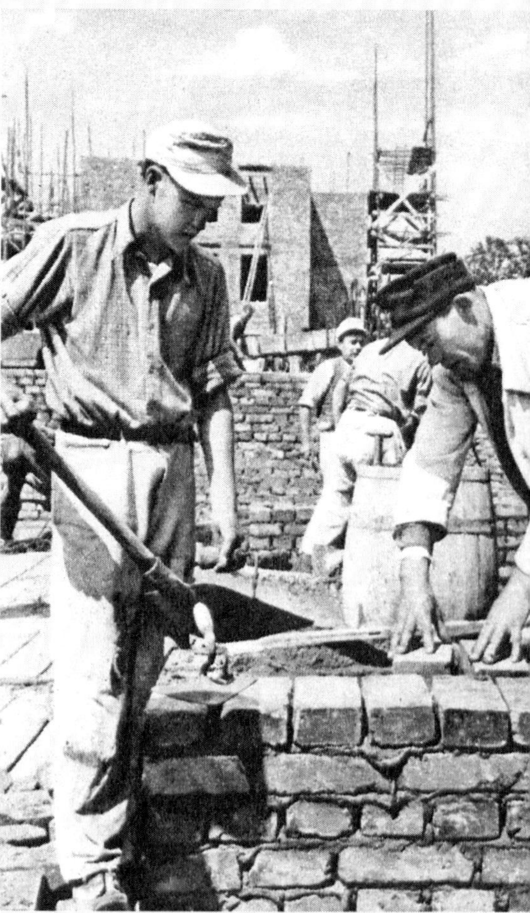

Walter Schilf und Heinz Wendland bei ihrer Hochleistungschicht nach der Kowaljow-Methode

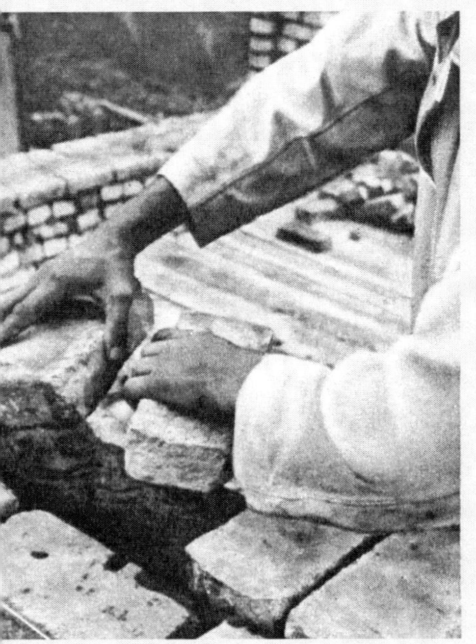

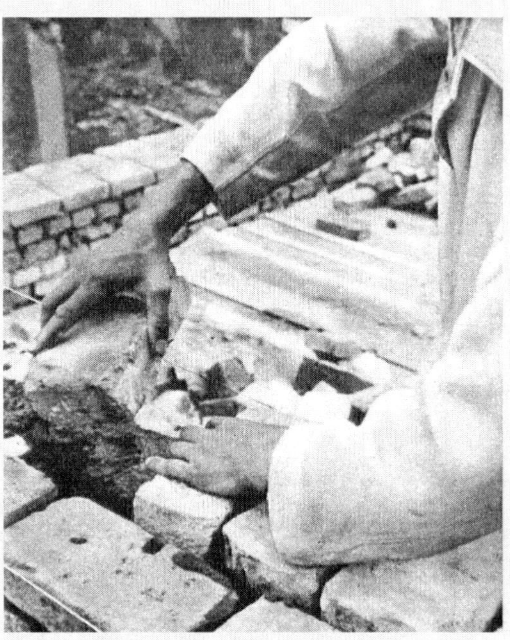

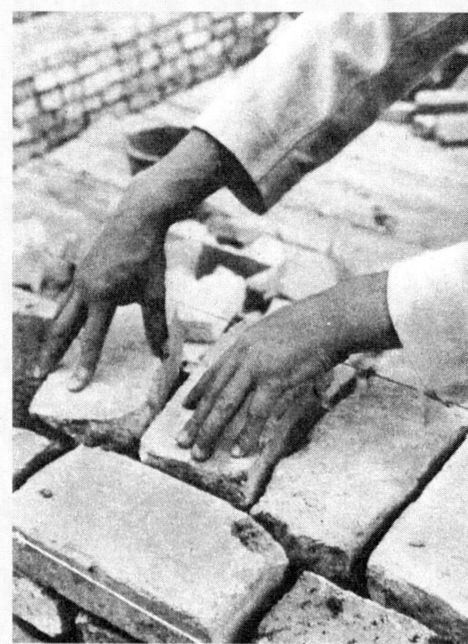

uf Block D-Nord das Verlegen der Mauersteine im Zweiersystem demonstriert

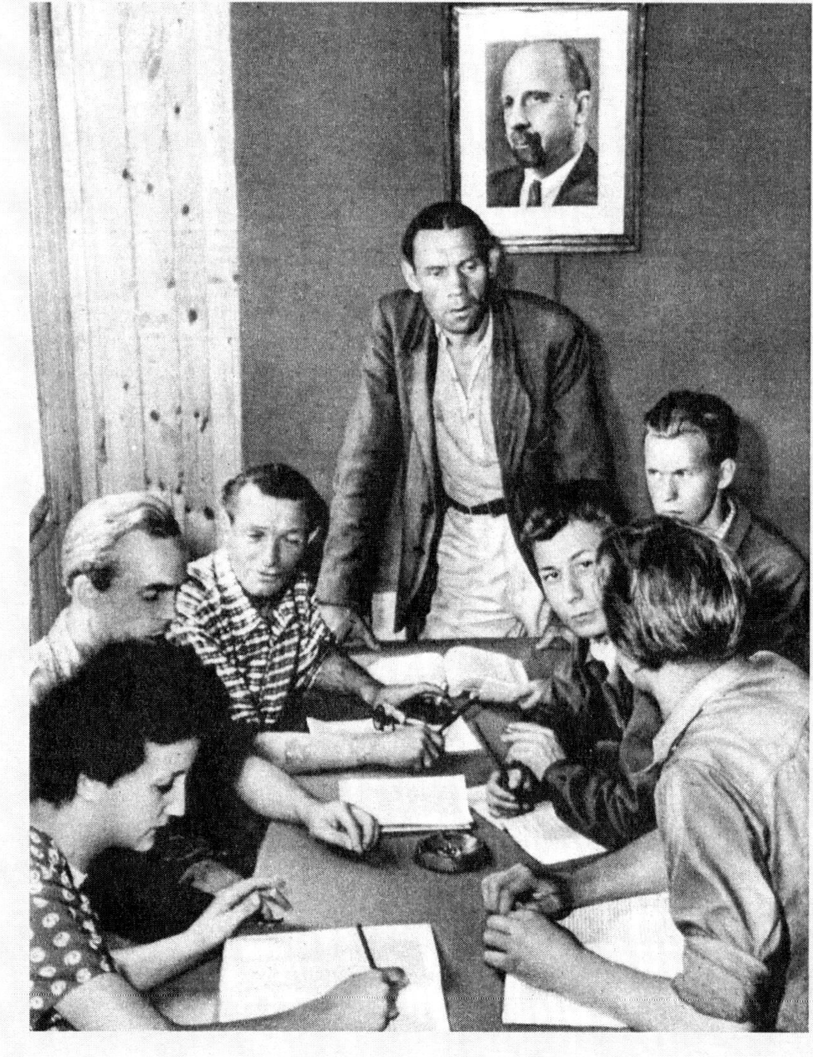

KOWALJOW-METHODE

In Zirkeln und Zusammenkünften entwickeln sich fruchtbare Diskussionen zwischen Walter Schilf und seinen Kollegen über die Kowaljow-Methode

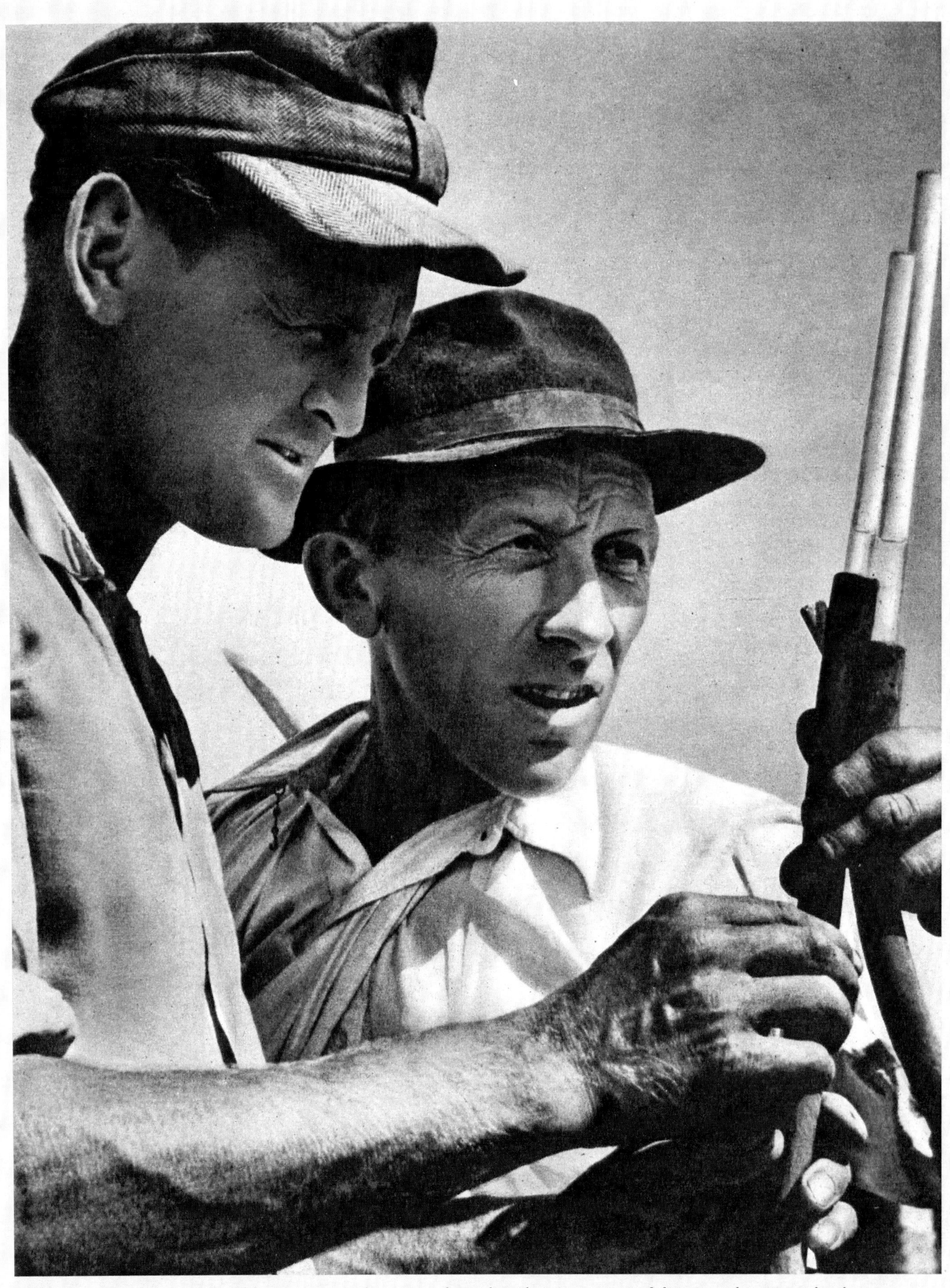

Fachmännisch prüft Polier Braun bei einem der technischen Vorgänge auf dem Bau den Wasserdruck

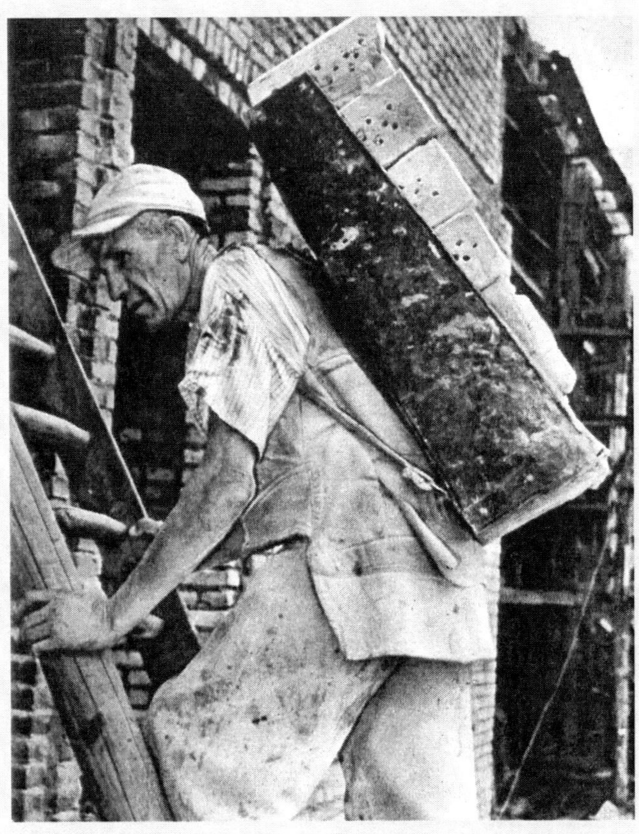

Jahrzentelang kletterte Hucker Scherpinksi mit seiner vollbeladenen Hucke die Leiter hinauf, um die Maurer mit Steinen zu versorgen …

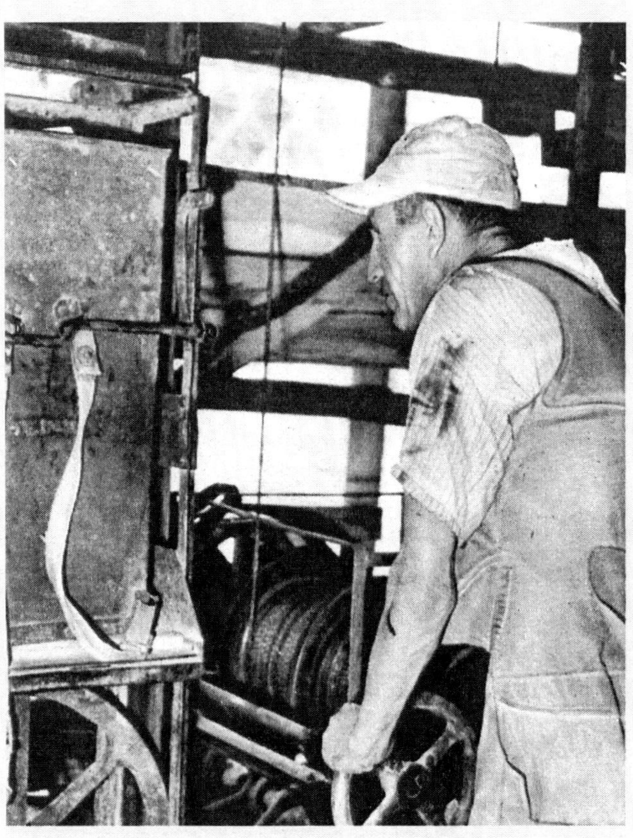

Nun hat Scherpinski eine sinnvolle Vorrichtung konstruiert, die es ermöglicht, die schwere Last auf mechanischem Wege zu befördern

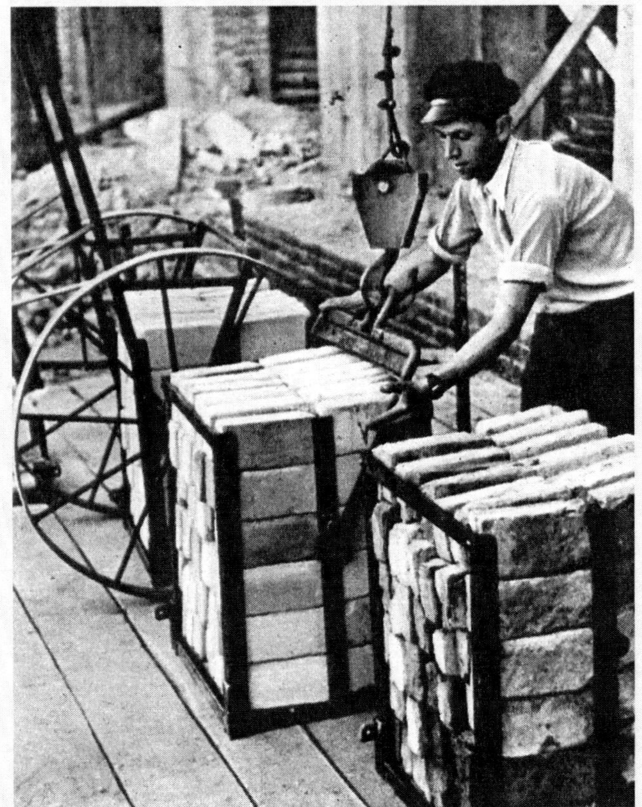

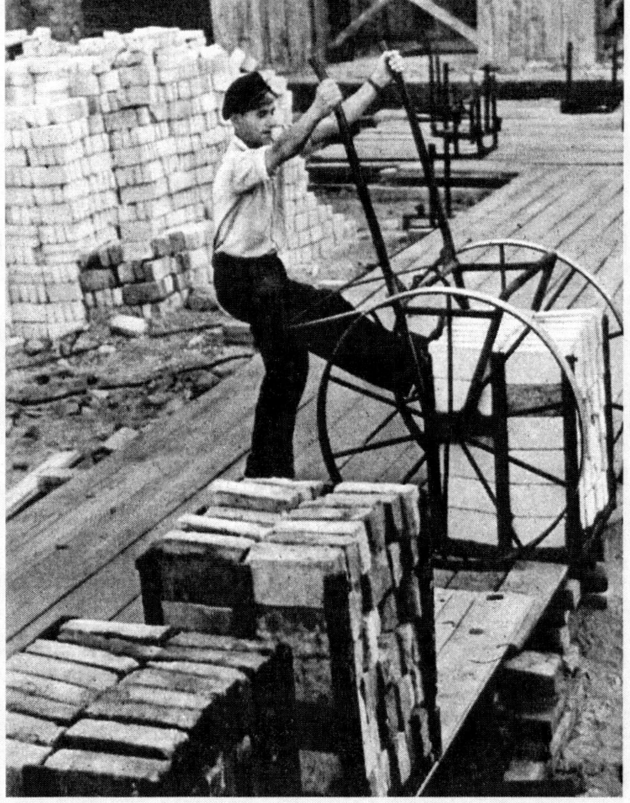

Die Ruck-Zuck-Karre, wie der Volksmund sie nennt, bringt einen Rahmen mit 96 Steinen zum Etagenkran

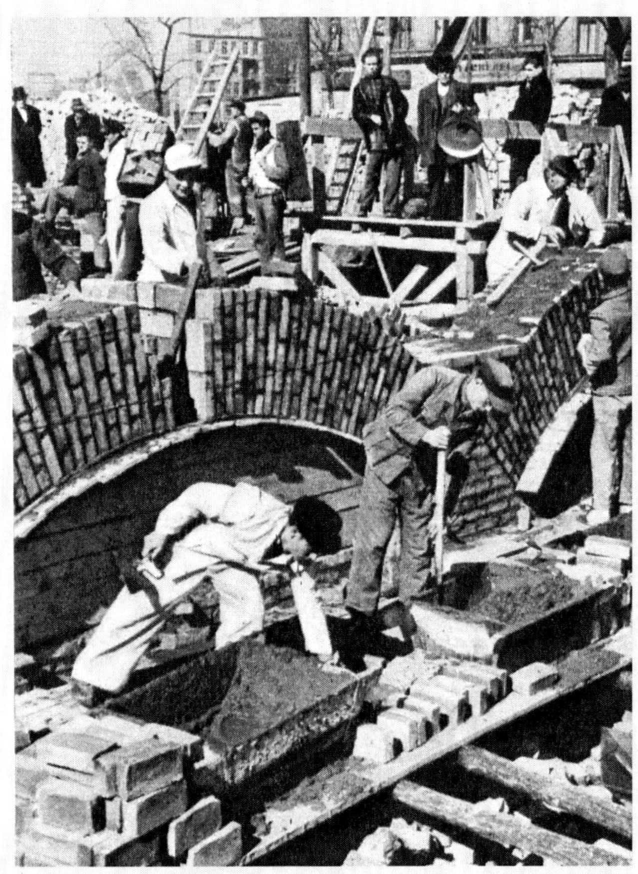

Mauern von Spannbögen

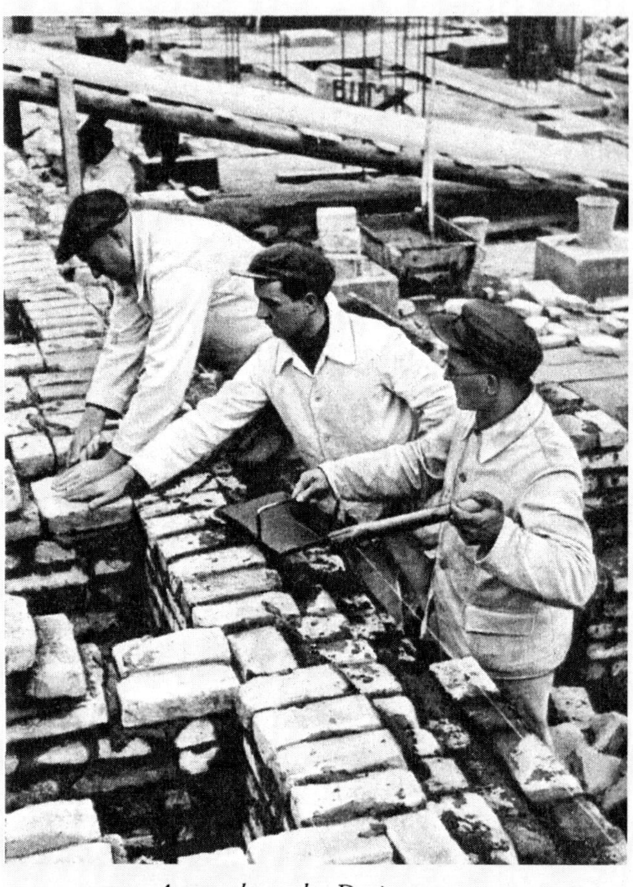

Anwendung des Dreiersystems

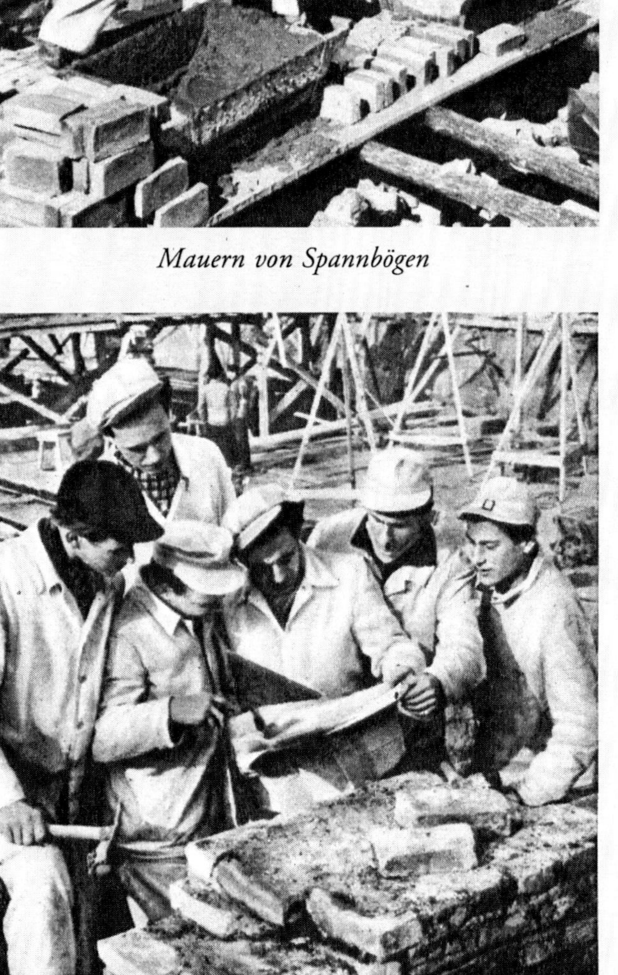

Diskussion in der Mittagspause

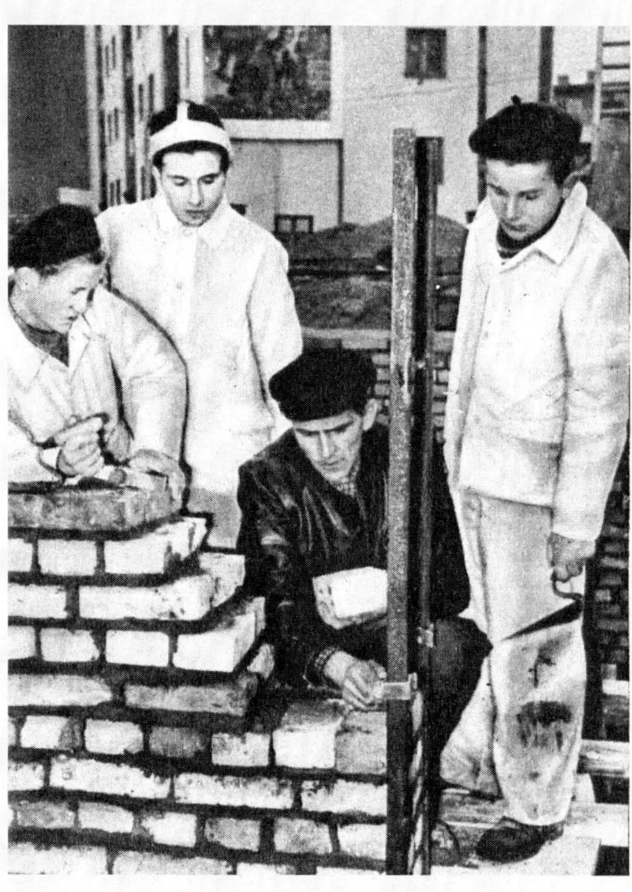

Ecklehre statt Wasserwaage

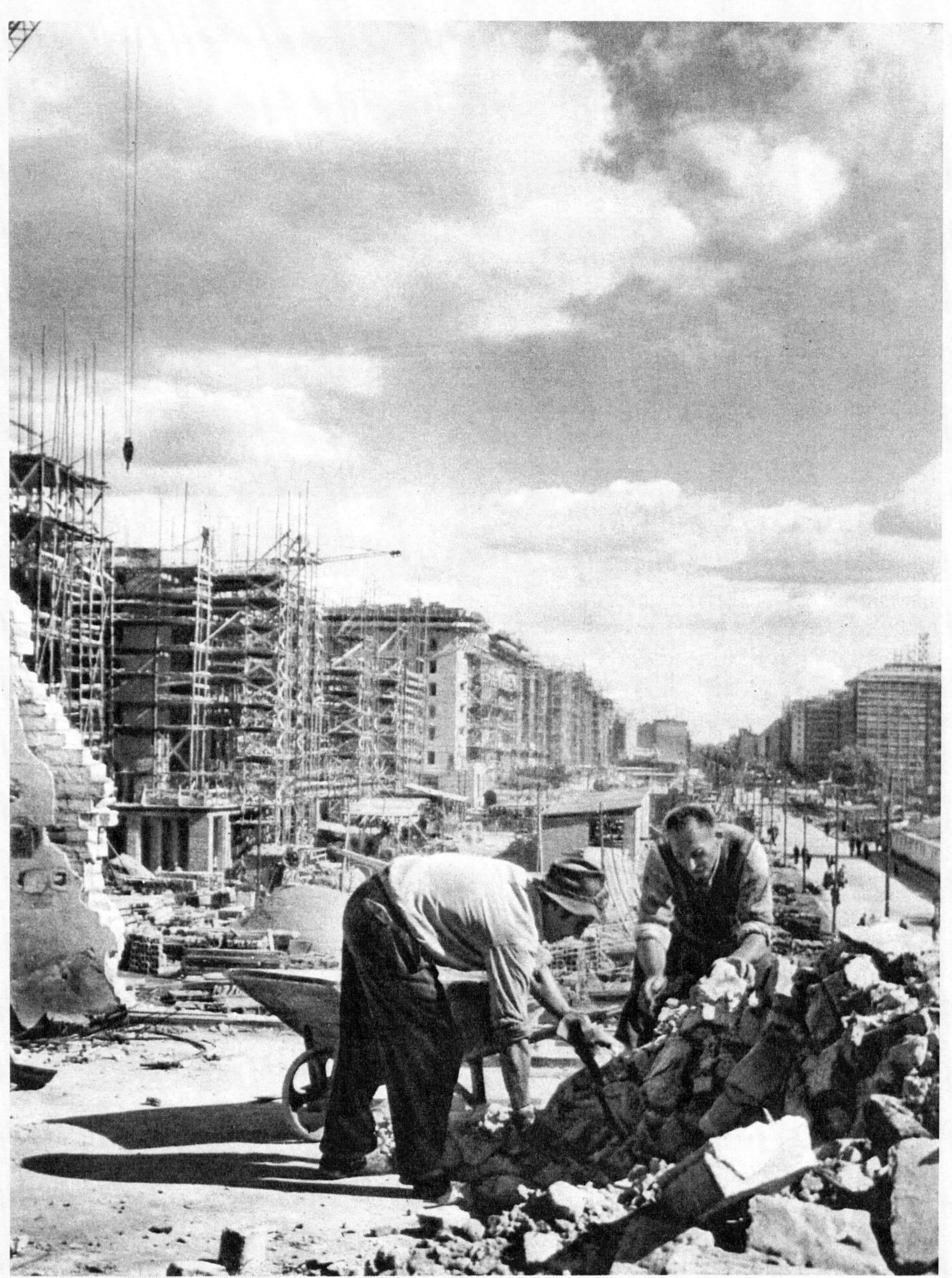

Die letzten Häuser, die aus der erweiterten Baufluchtlinie der Stalinallee vorspringen, werden abgebrochen

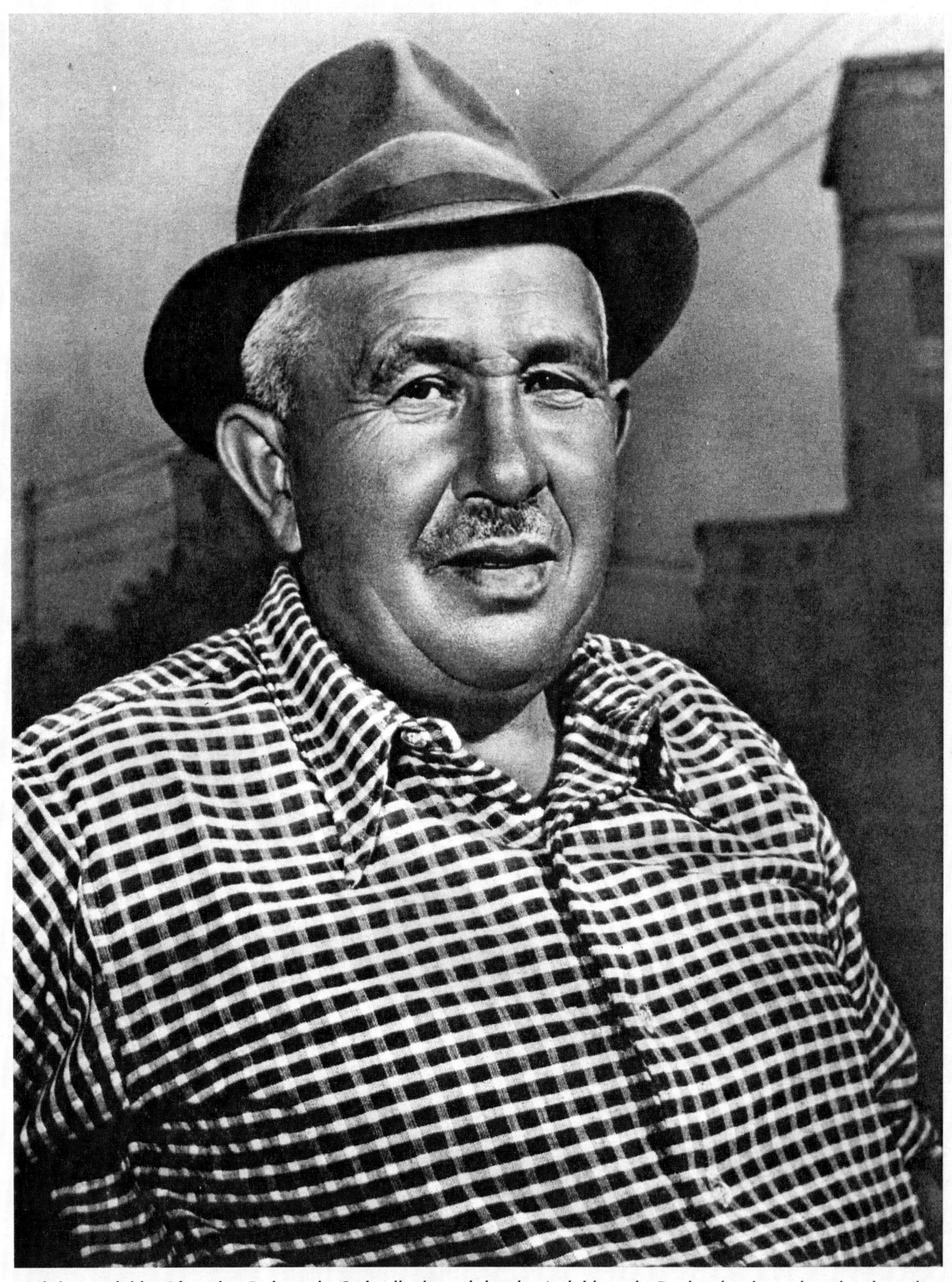

Lehrlingsausbilder Oberpolier Biel von der Stalinallee hat sich bei der Ausbildung des Bauhandwerkernachwuchses besonders verdient gemacht

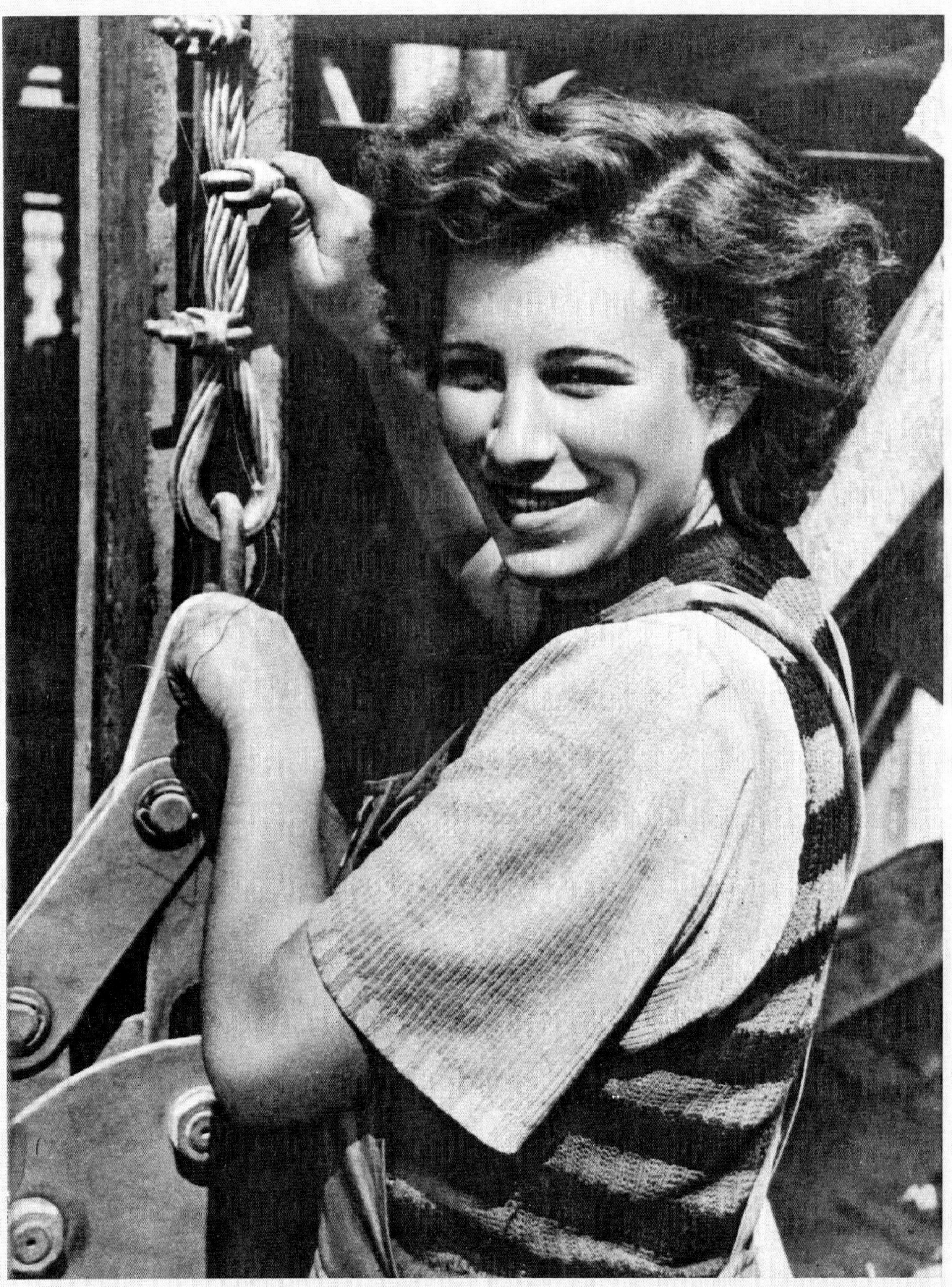

Bauarbeiterin Waltraud Gottschalk wurde wegen besonders guter Maschinenpflege mit der „Medaille für hervorragende Leistung im Fünfjahrplan" geehrt

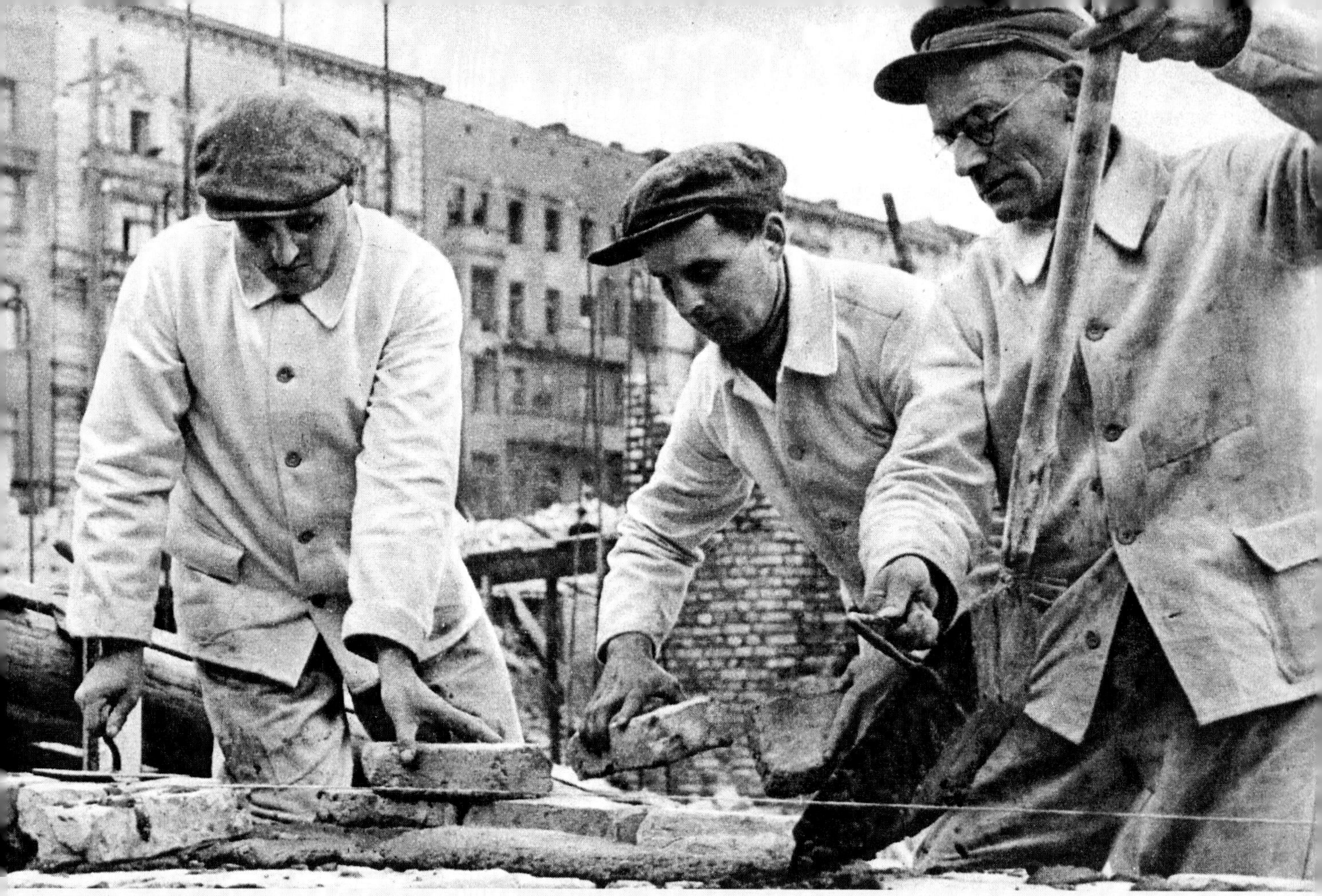

Die Brigade Rudi Sandt arbeitet im Dreiersystem. Sie erwarb als erste das „Rote Banner der Stalinallee"

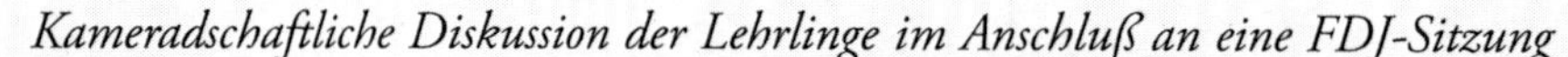

Kameradschaftliche Diskussion der Lehrlinge im Anschluß an eine FDJ-Sitzung

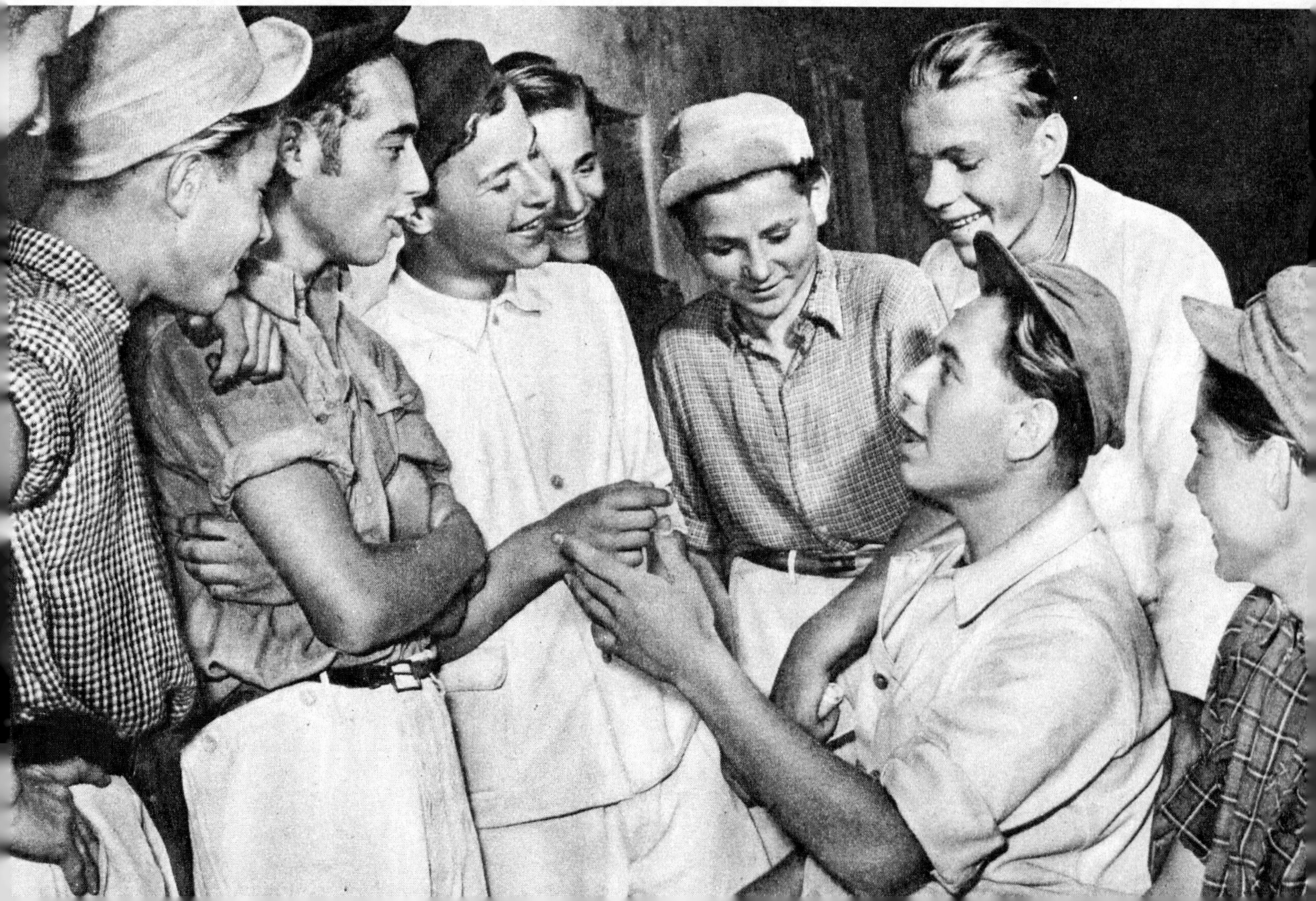

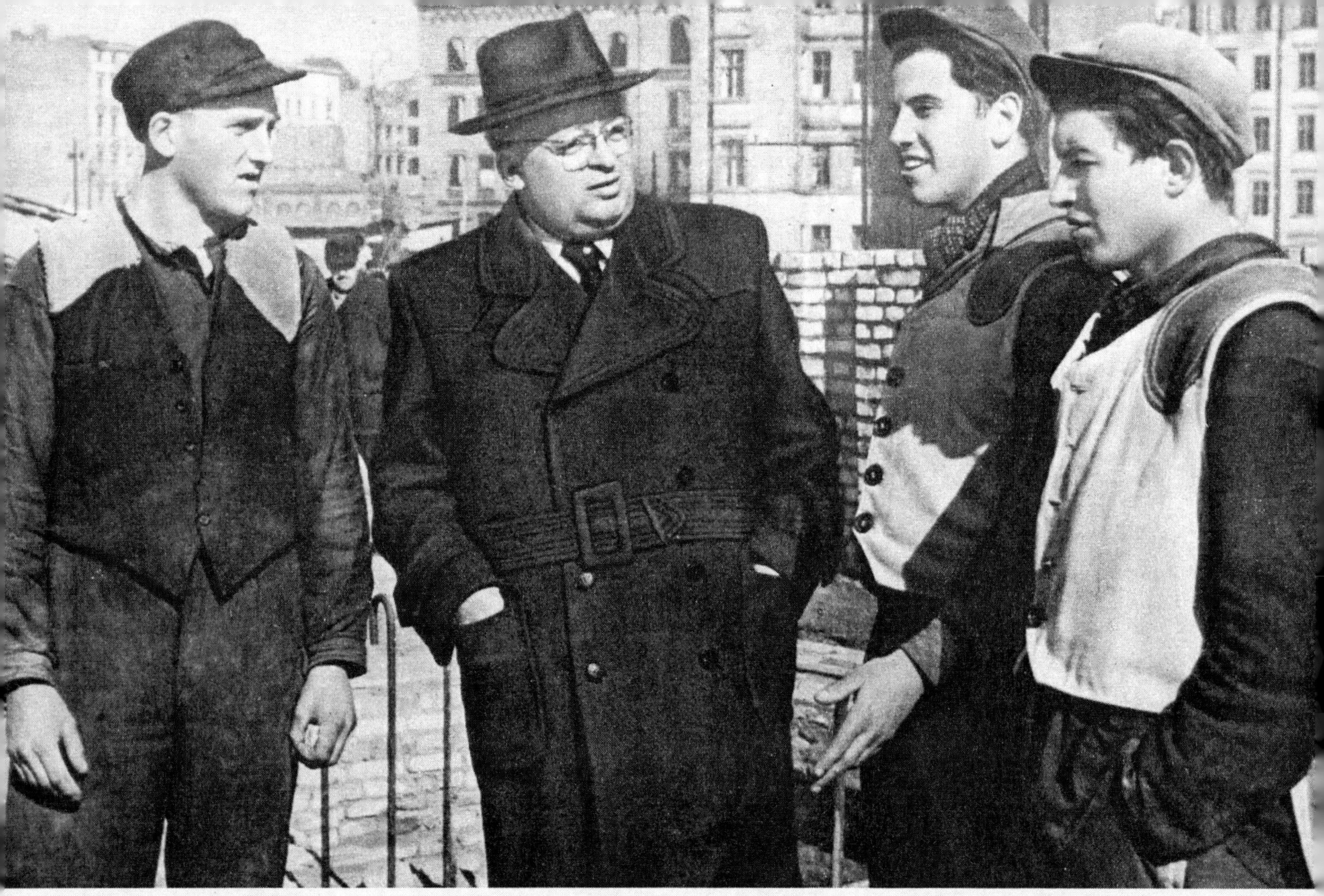

Bauarbeiter der Stalinallee tragen Oberbürgermeister Ebert ihre Wünsche und Anregungen vor

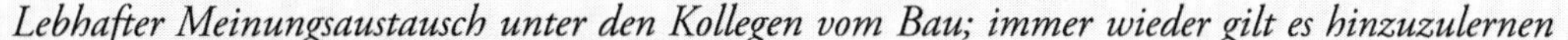

Lebhafter Meinungsaustausch unter den Kollegen vom Bau; immer wieder gilt es hinzuzulernen

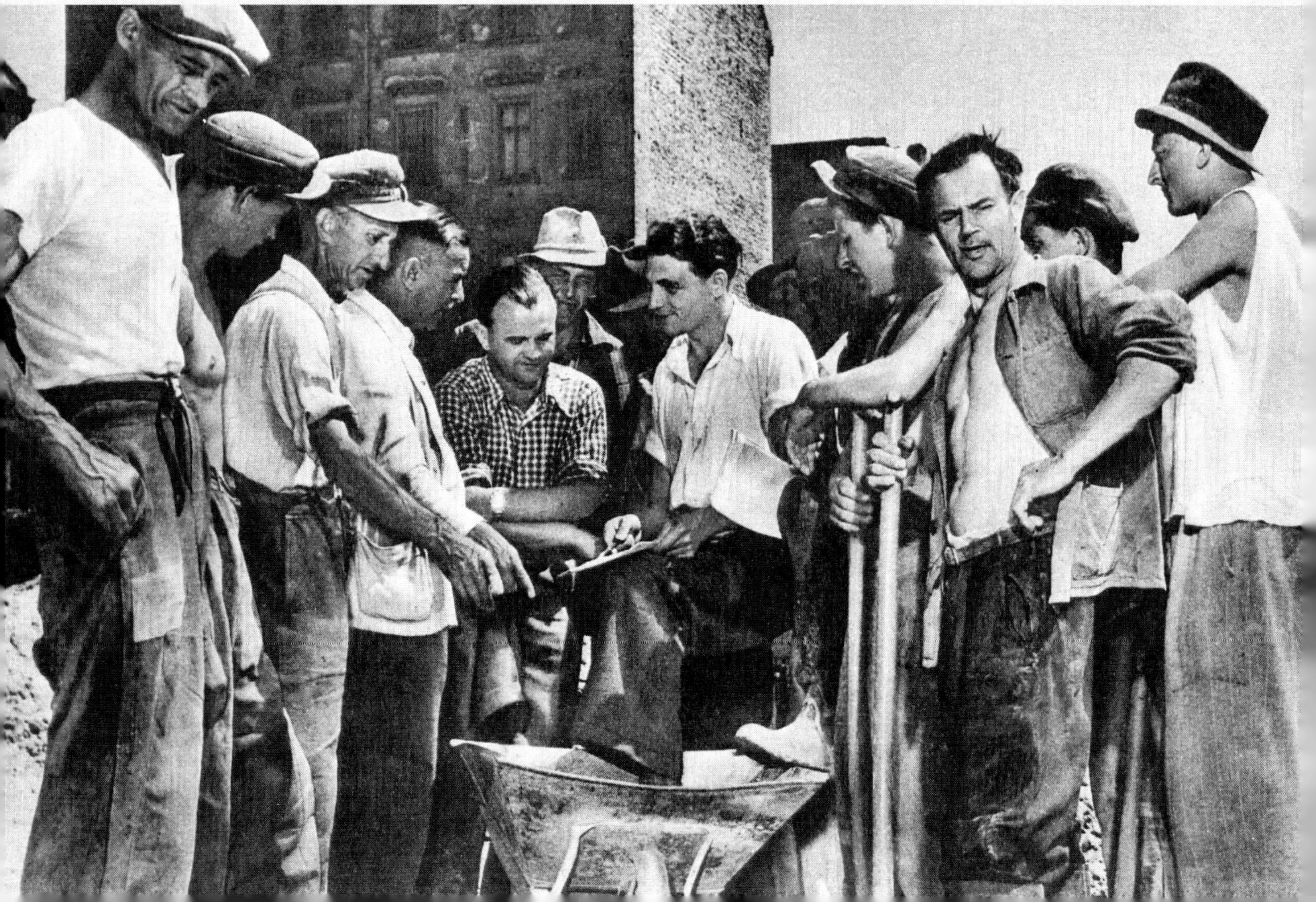

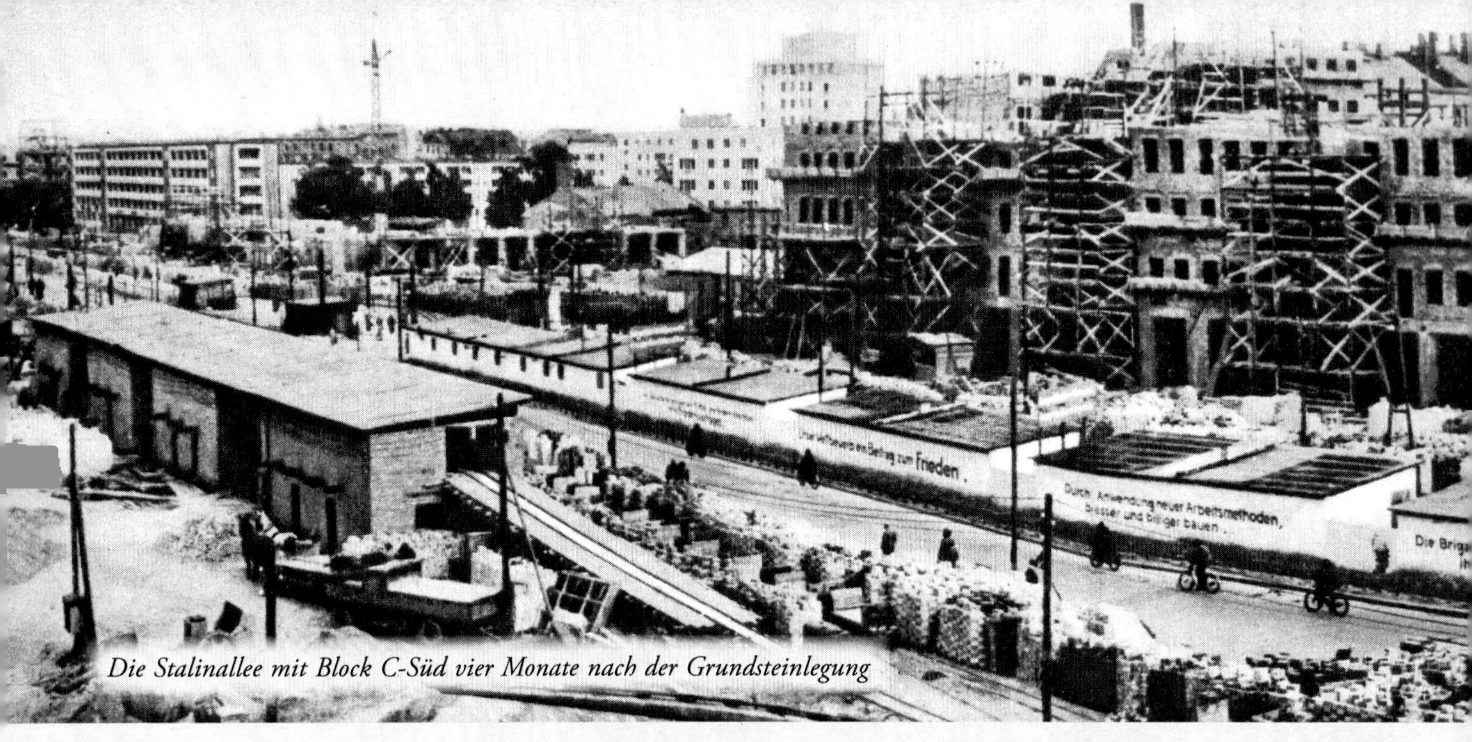

Die Stalinallee mit Block C-Süd vier Monate nach der Grundsteinlegung

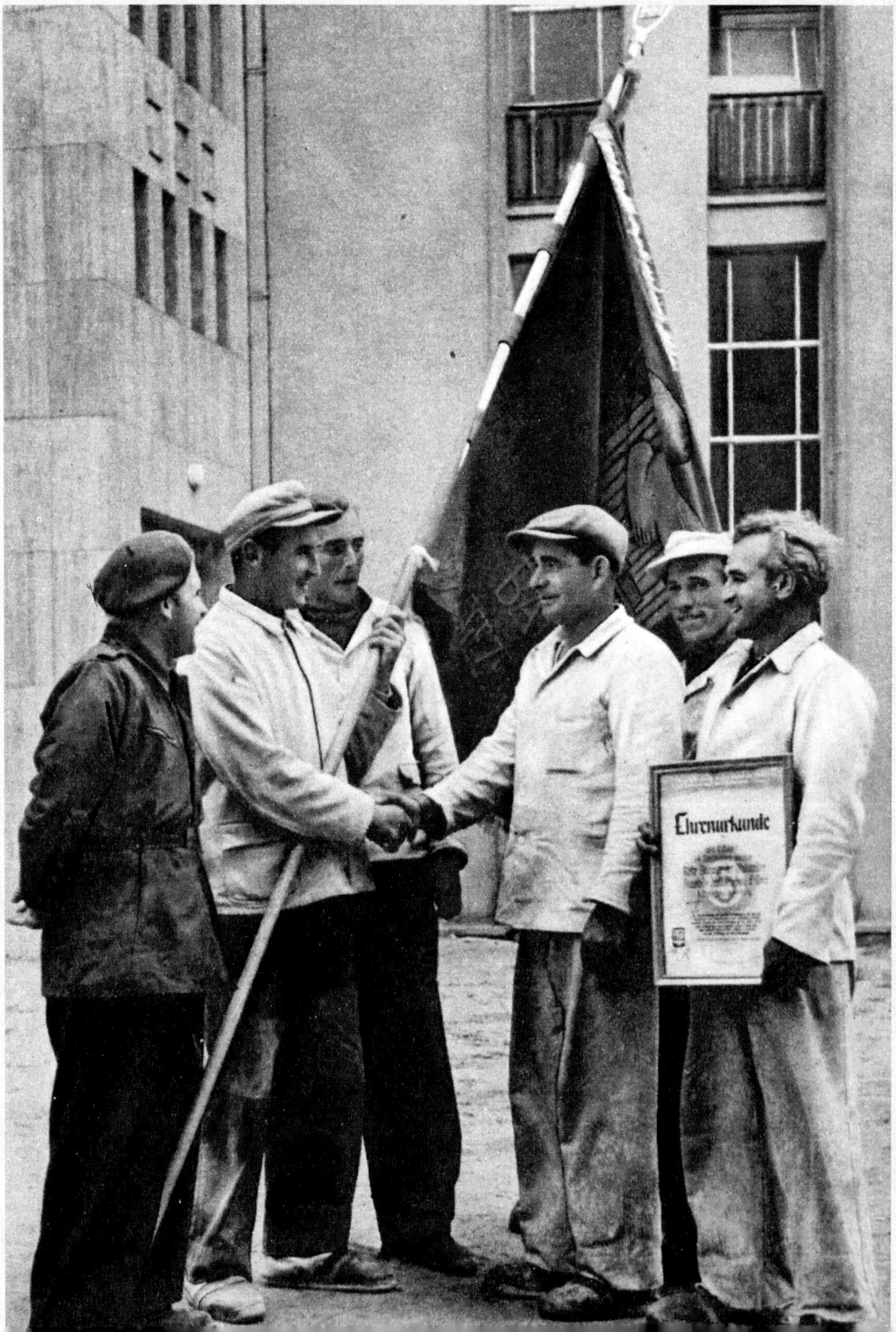

Brigadier Faust übernimmt nach der Zwischenbewertung im Wettbewerb aus den Händen seiner Kollegen vom Block C-Süd das „Rote Banner der Stalinallee"

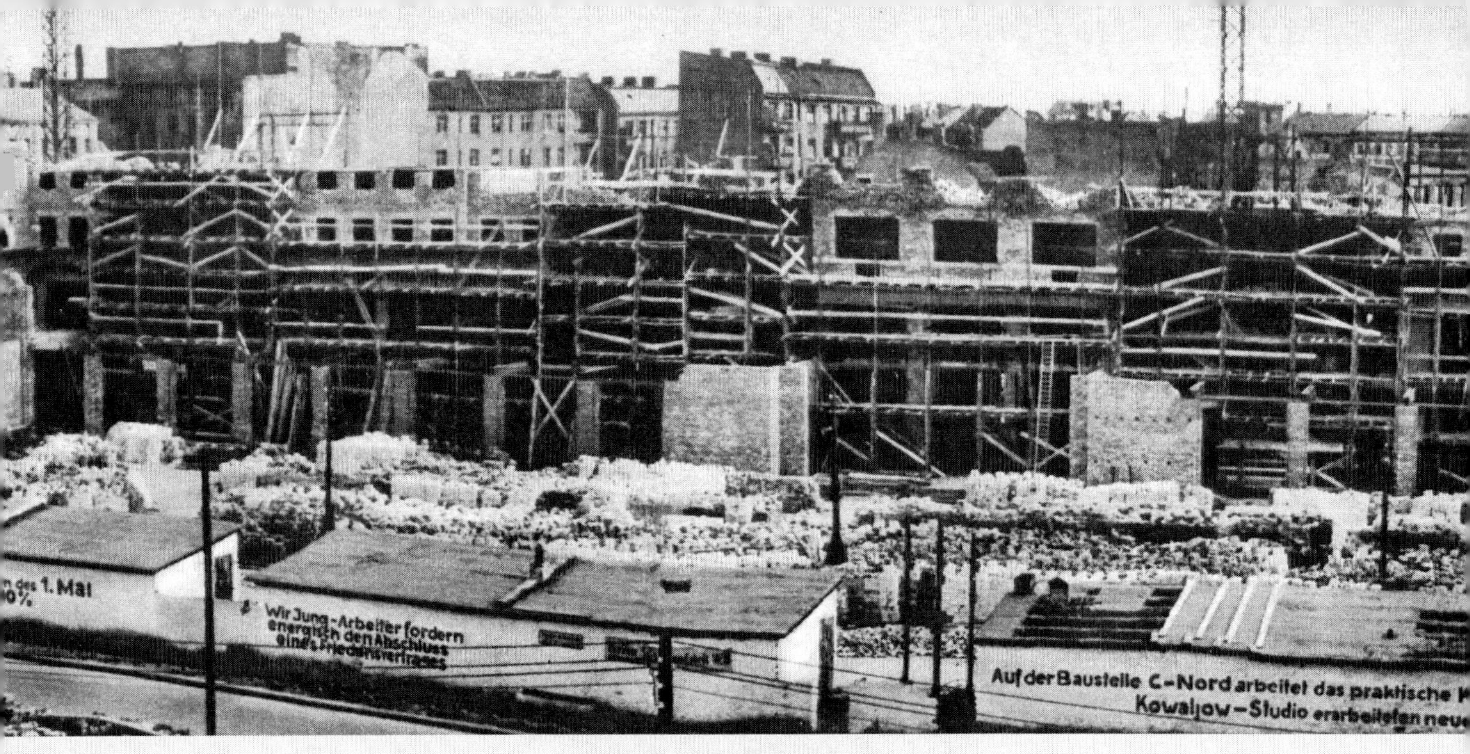

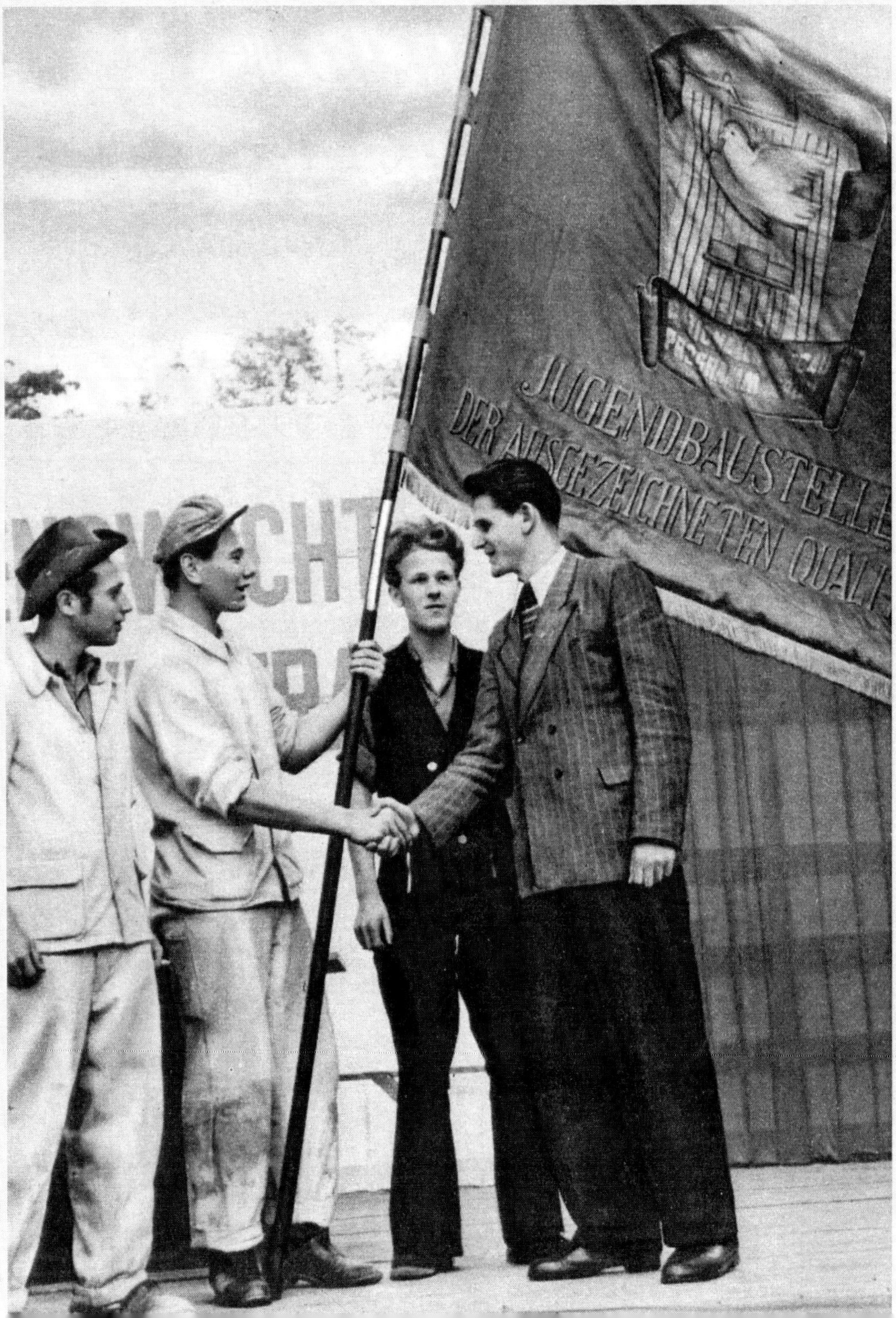

Am Vorabend des Vierten Parlaments der FDJ wurde in einer Feierstunde zum erstenmal das Stalin-Banner der Jugend für „Ausgezeichnete Qualität“ verliehen

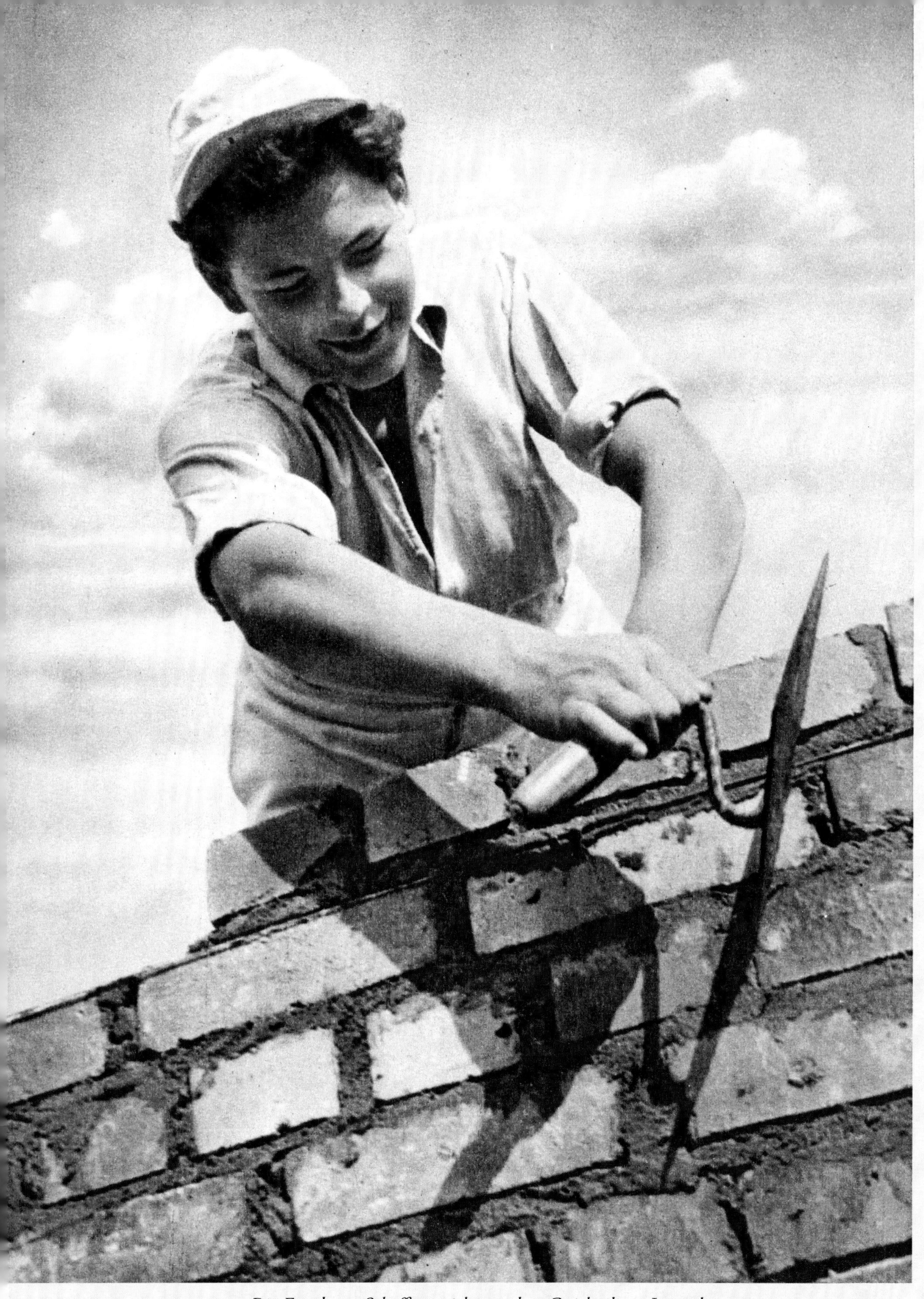

Die Freude am Schaffen spricht aus dem Gesicht dieses Jungarbeiters

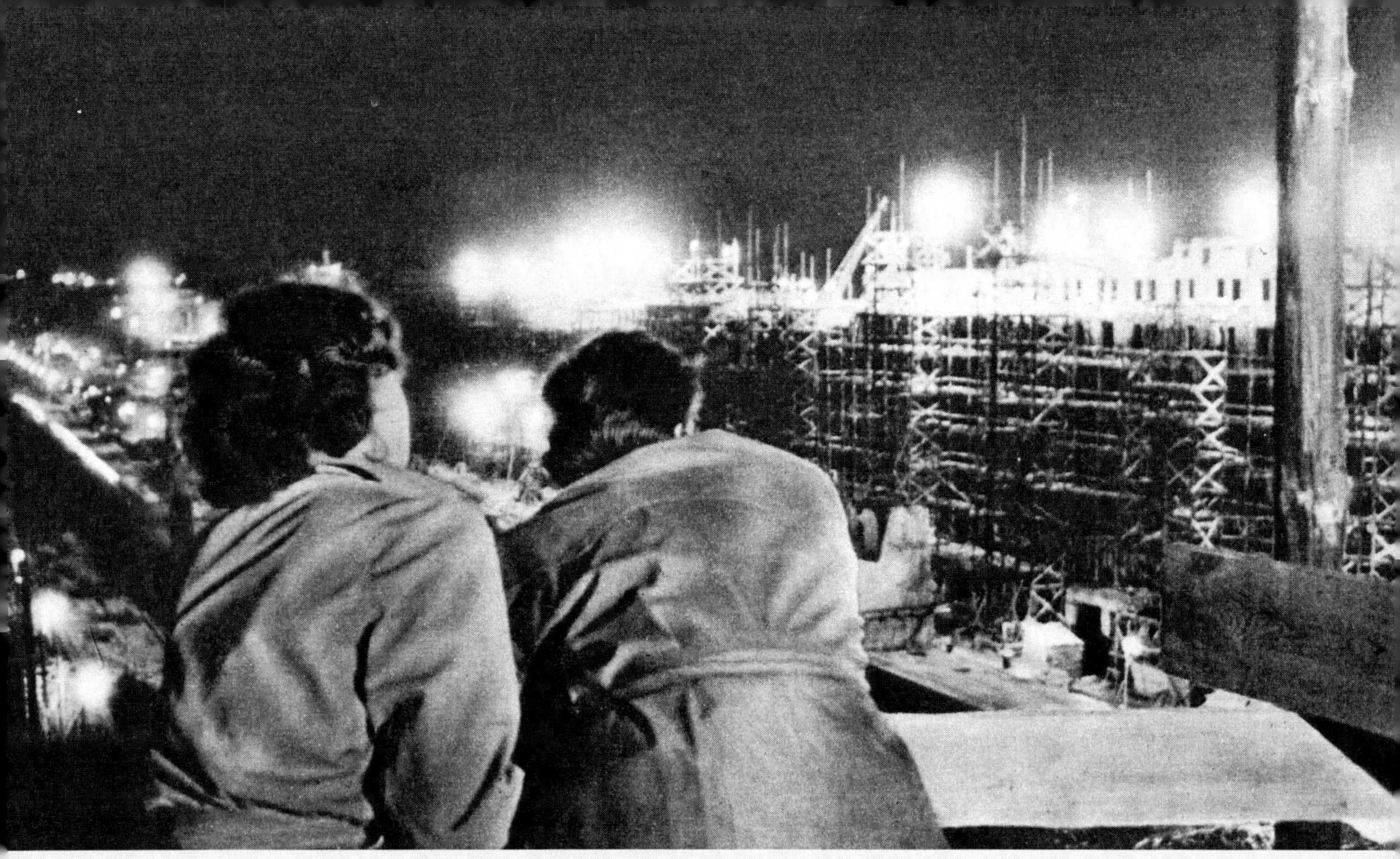

Ein Blick vom Block E-Süd auf die Stalinallee, in der auch nachts keine Arbeitsruhe herrscht

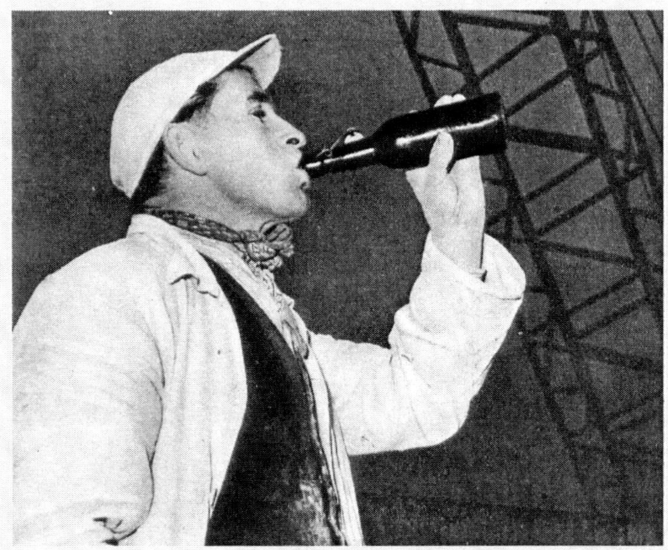

Nach der Schicht schmeckt's besonders gut

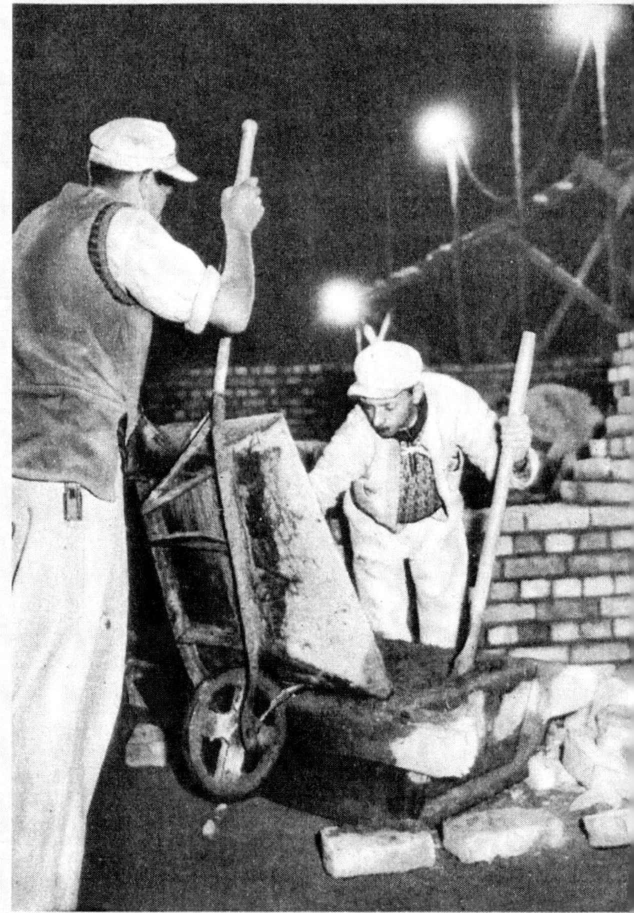

Nachts sind die Arbeitsplätze hell erleuchtet

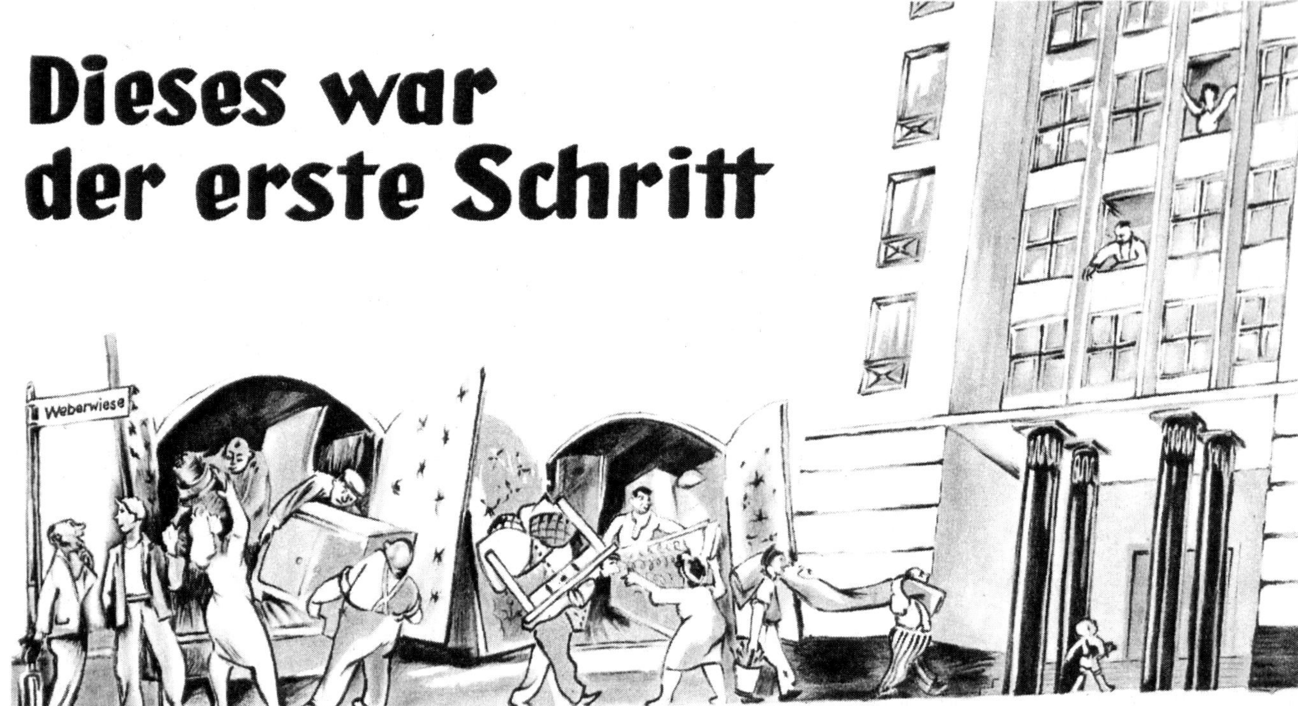

und den zweiten
machste mit

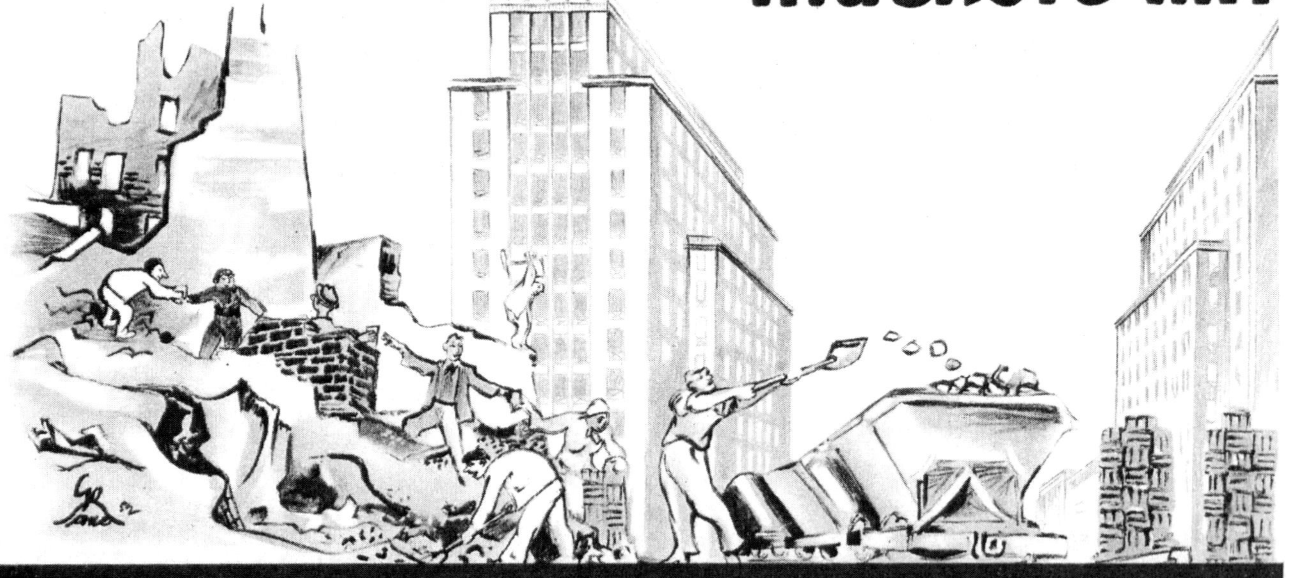

NATIONALES AUFBAUPROGRAMM BERLIN 1952

UNSERE	3 465 720 STEINE GESTAPELT
ERFOLGE	1181 TONNEN SCHROTT GEWONNEN
IM MAI	74 012 cbm SCHUTT ABGEFAHREN

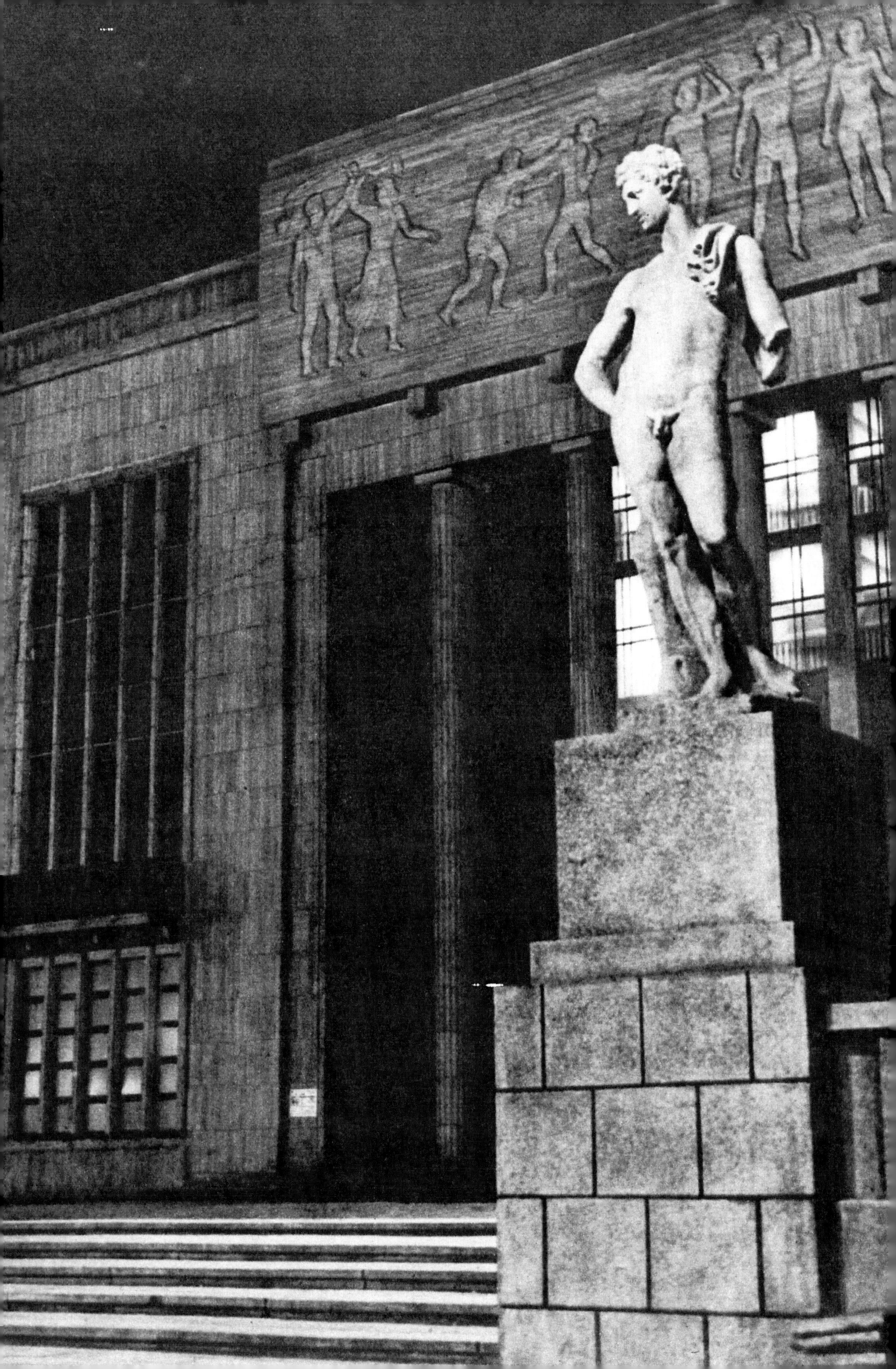

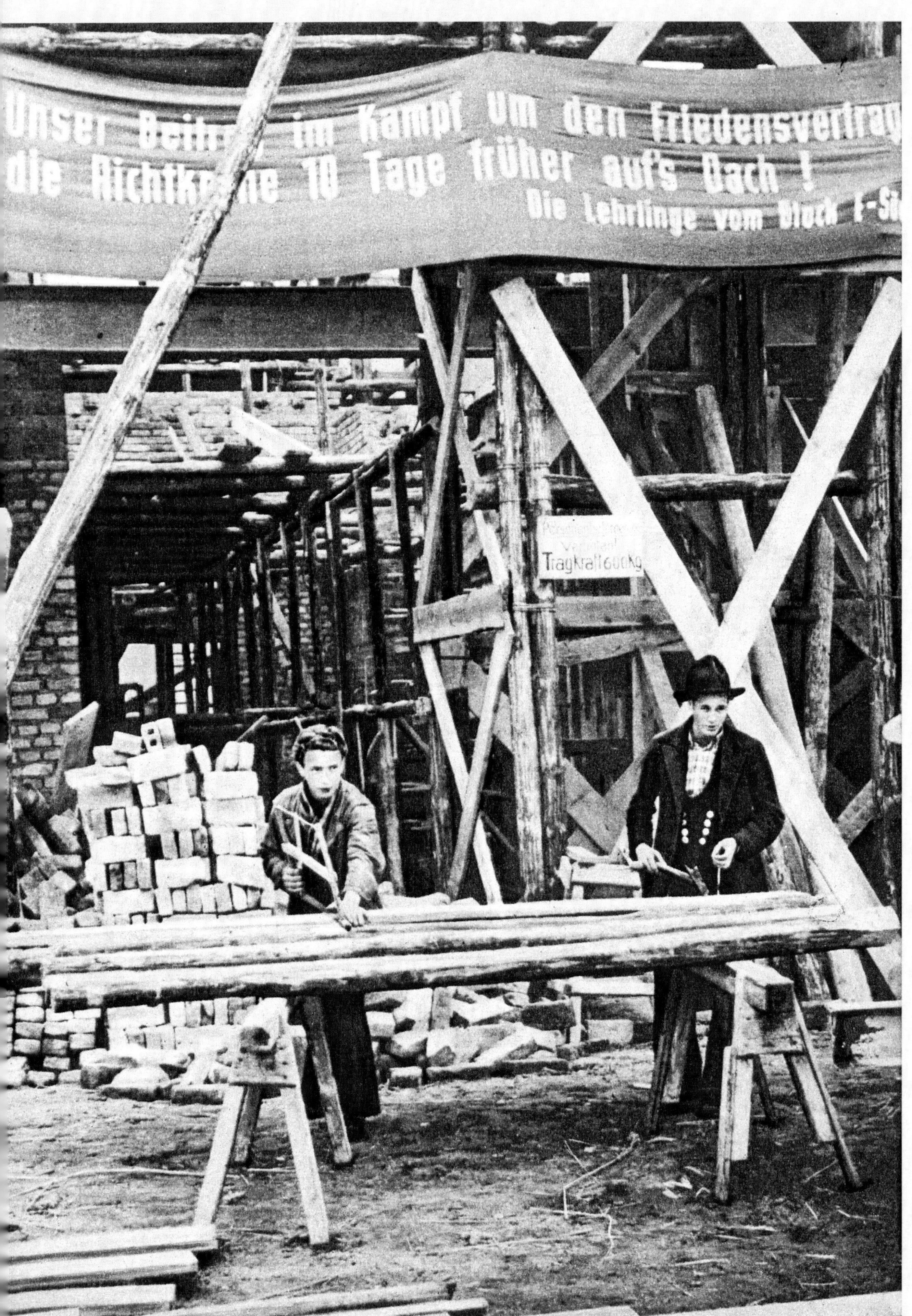
Unser Beitr im Kampf um den Friedensvertrag
die Richtkr ne 10 Tage früher auf's Dach !
Die Lehrlinge vom Block F-Sü
Tragkraft 600 Kg

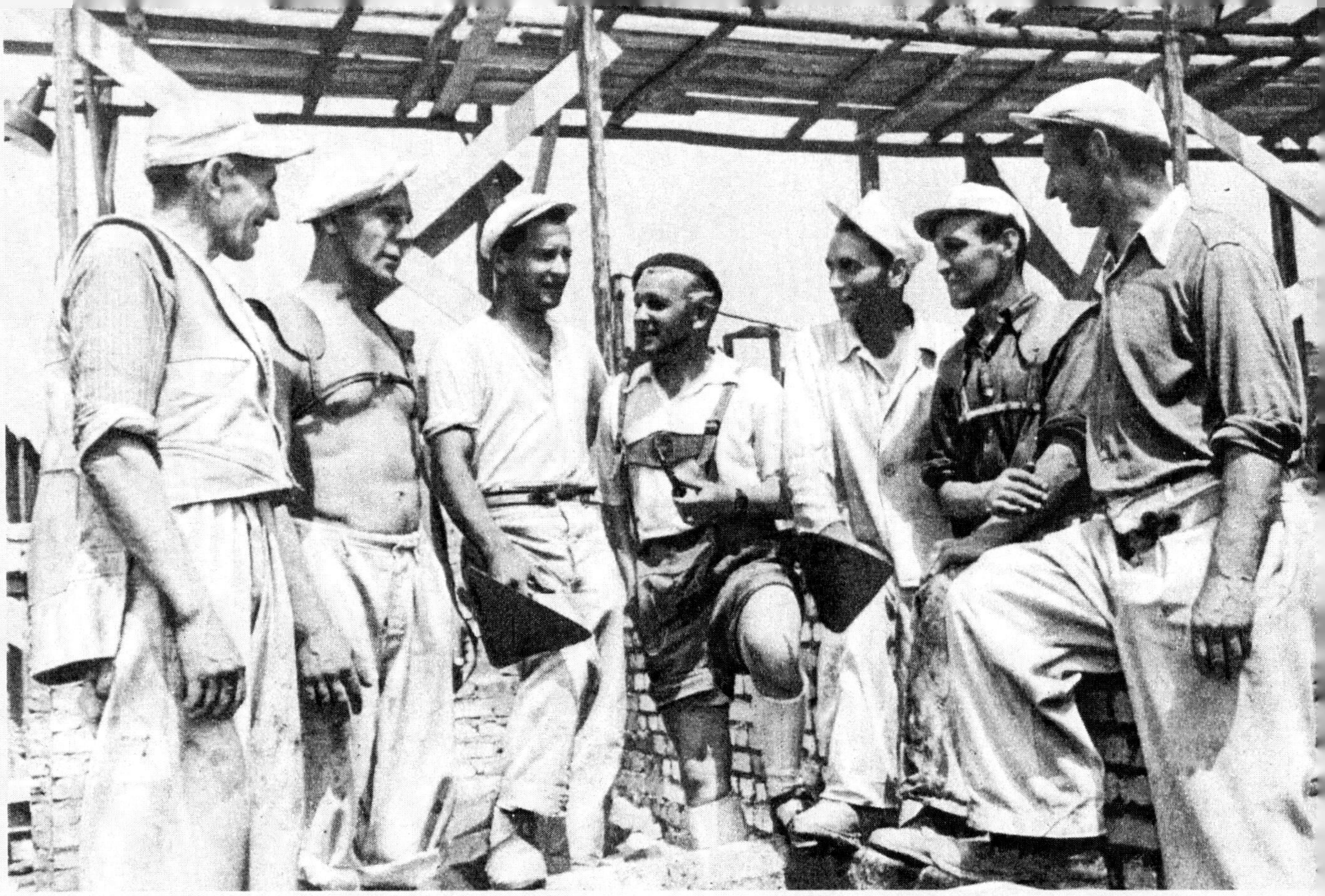

Anläßlich der Zweiten Parteikonferenz der SED beantragen sieben Kollegen ihre Aufnahme in die Partei

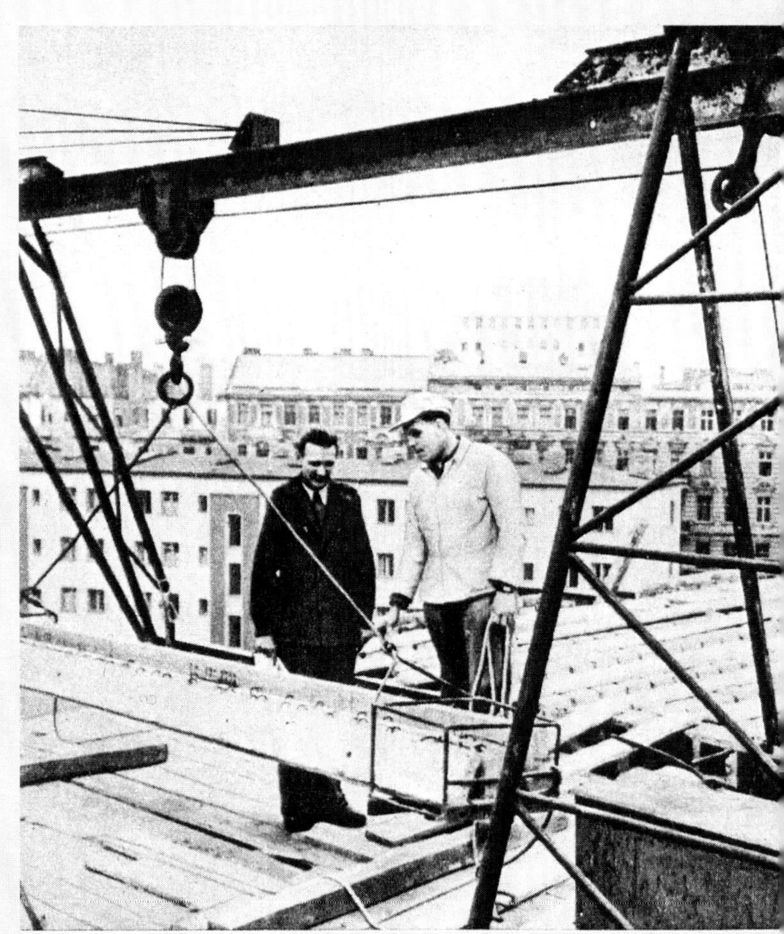

Der Konstrukteur des Etagenkrans auf Block E-Süd, Horst Wiedemann, bei der Überprüfung des Krans

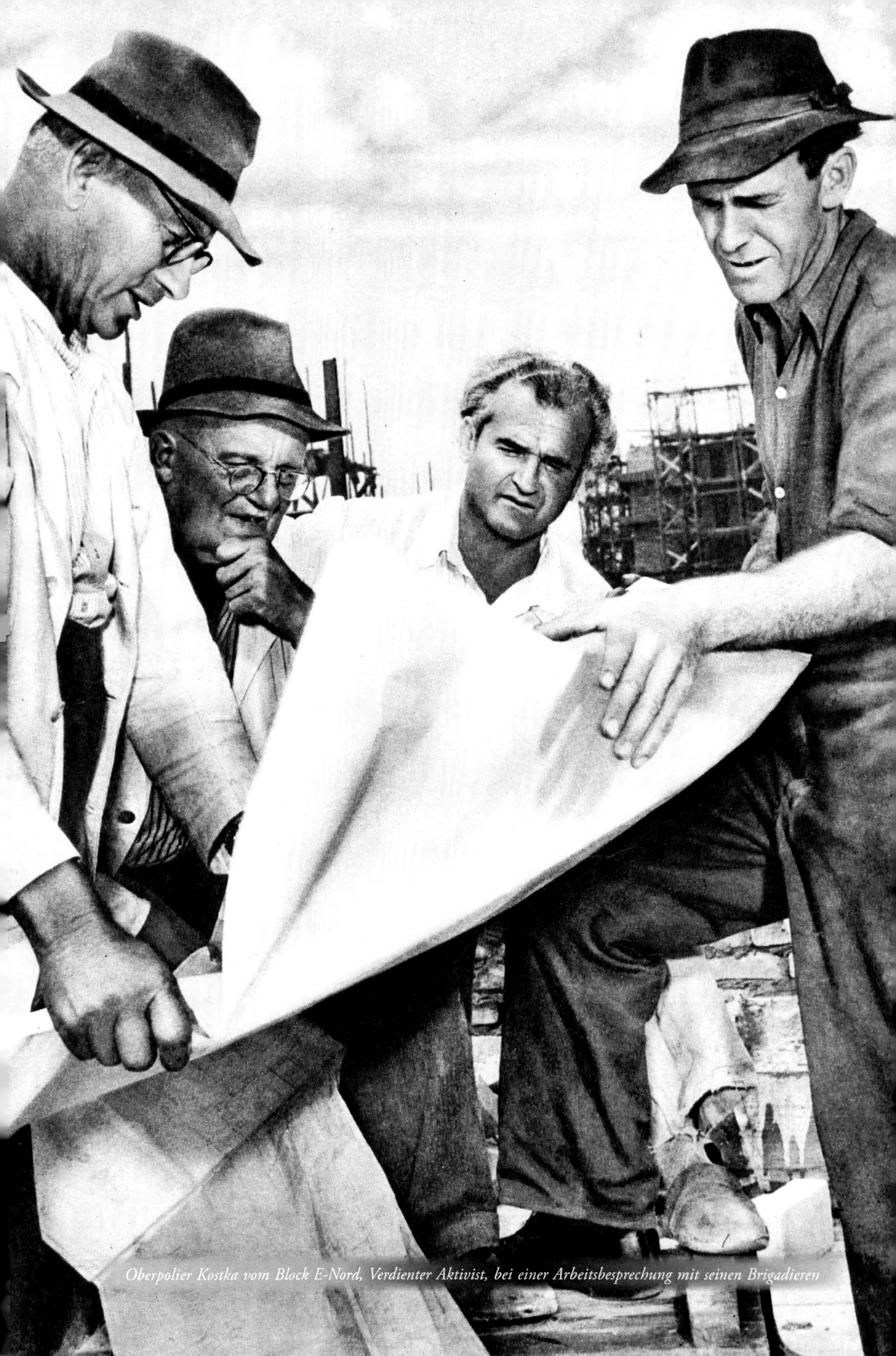

Oberpolier Kostka vom Block E-Nord, Verdienter Aktivist, bei einer Arbeitsbesprechung mit seinen Brigadieren

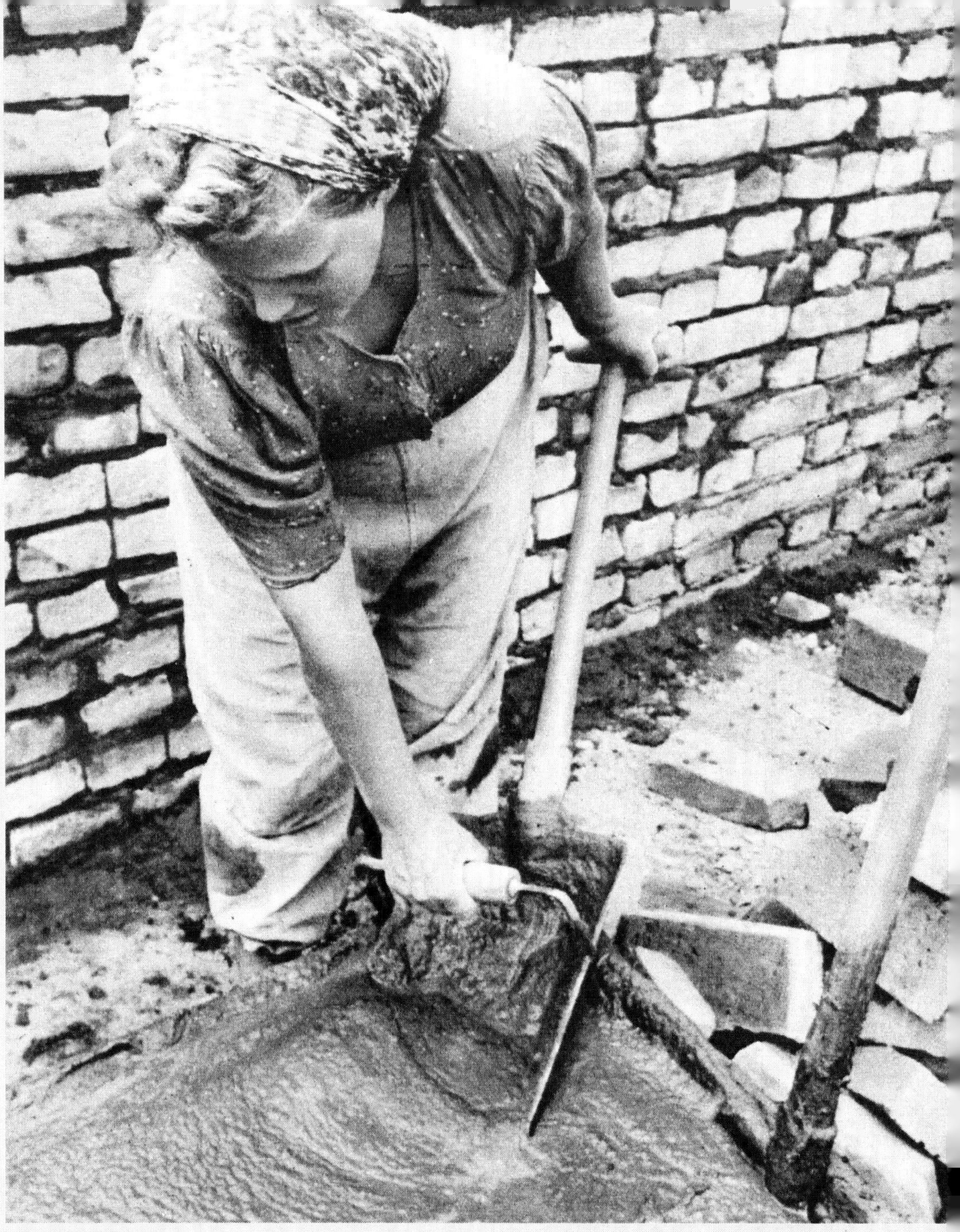

Die von dem Verdienten Aktivisten Walter Schilf konstruierte Mörtelschaufel erleichtert den Frauen die Arbeit auf dem Bau

Auch im Zweiersystem bewährt sich die Frau, wie das Beispiel der Brigade Höhne erweist, als gleichberechtigte Partnerin

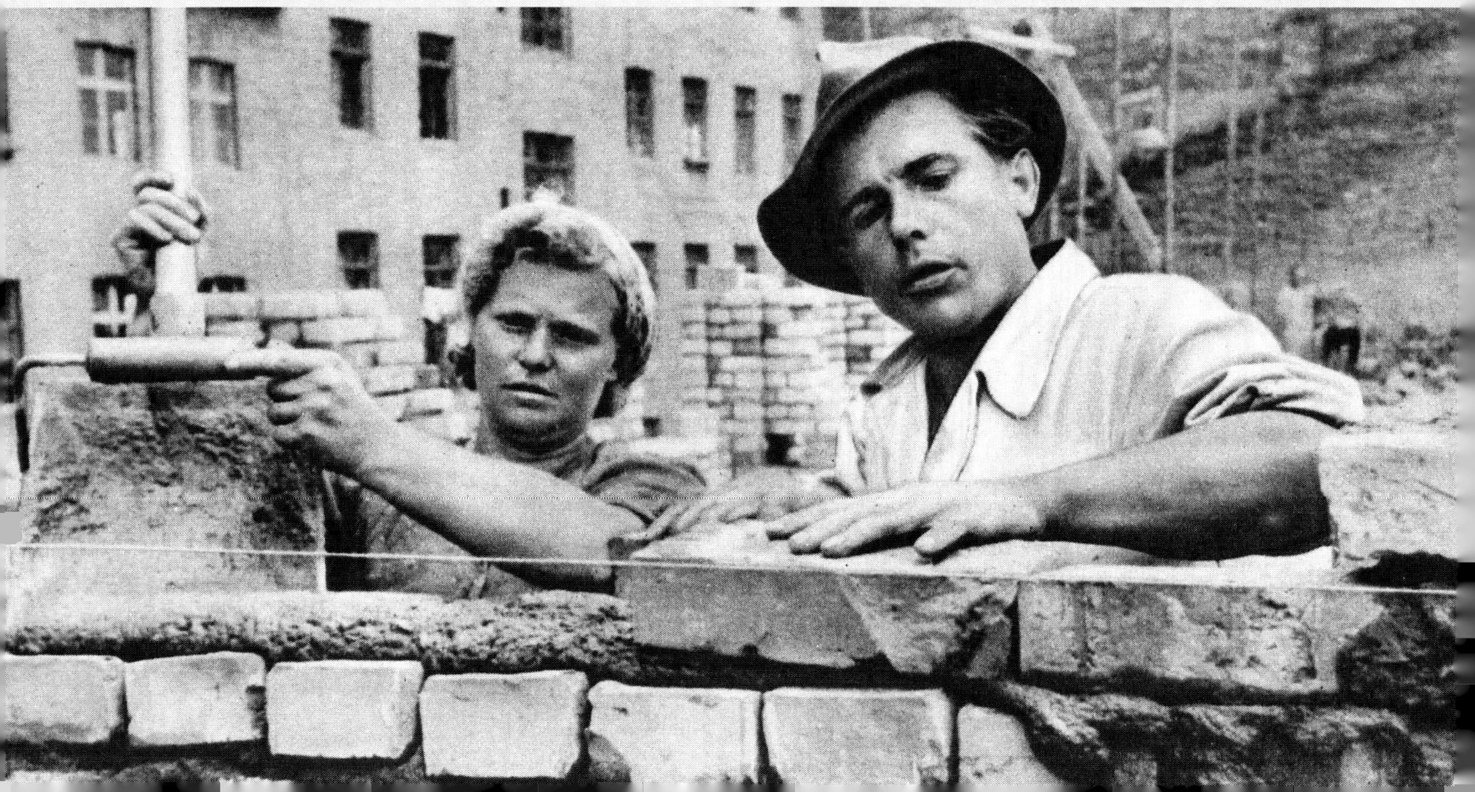

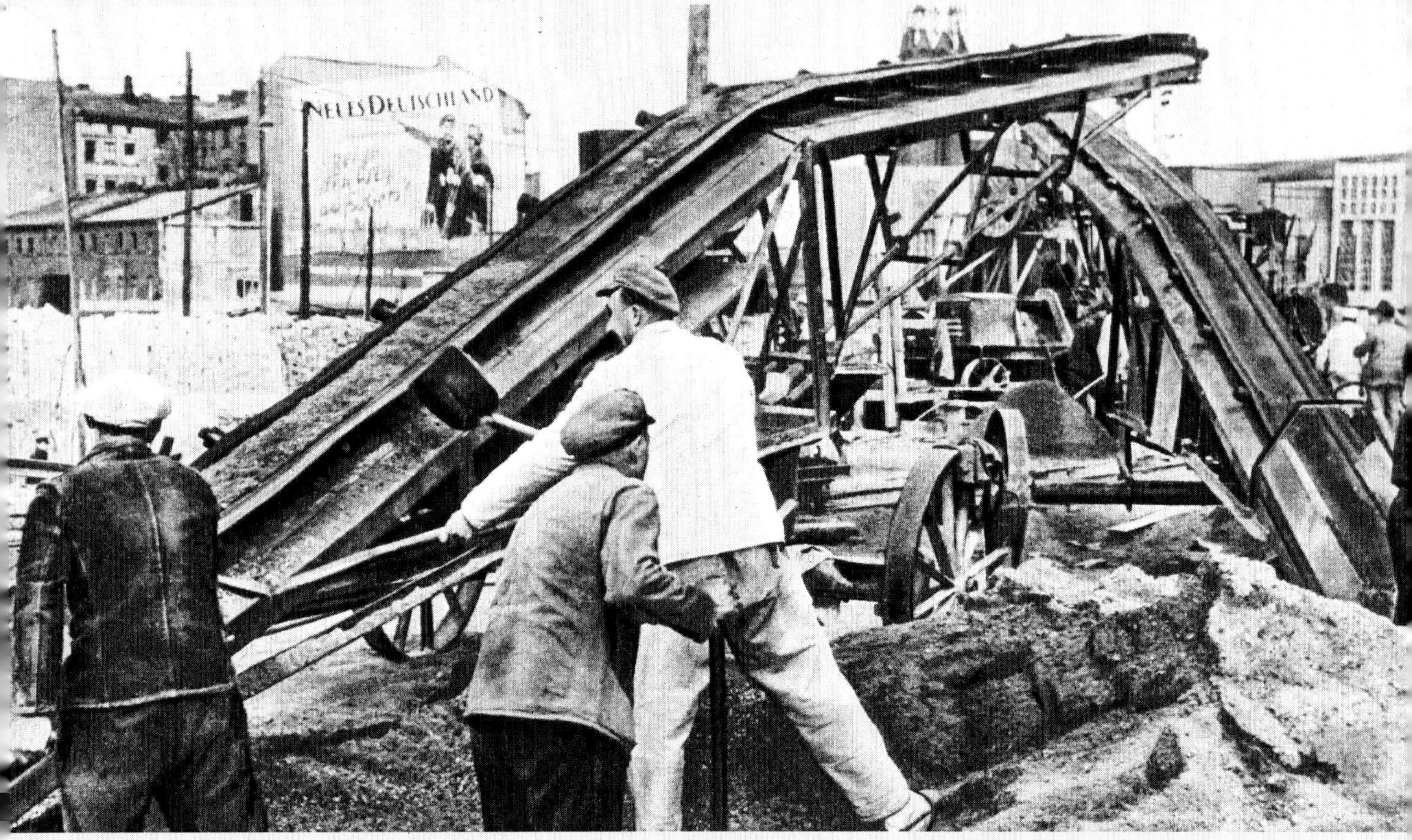

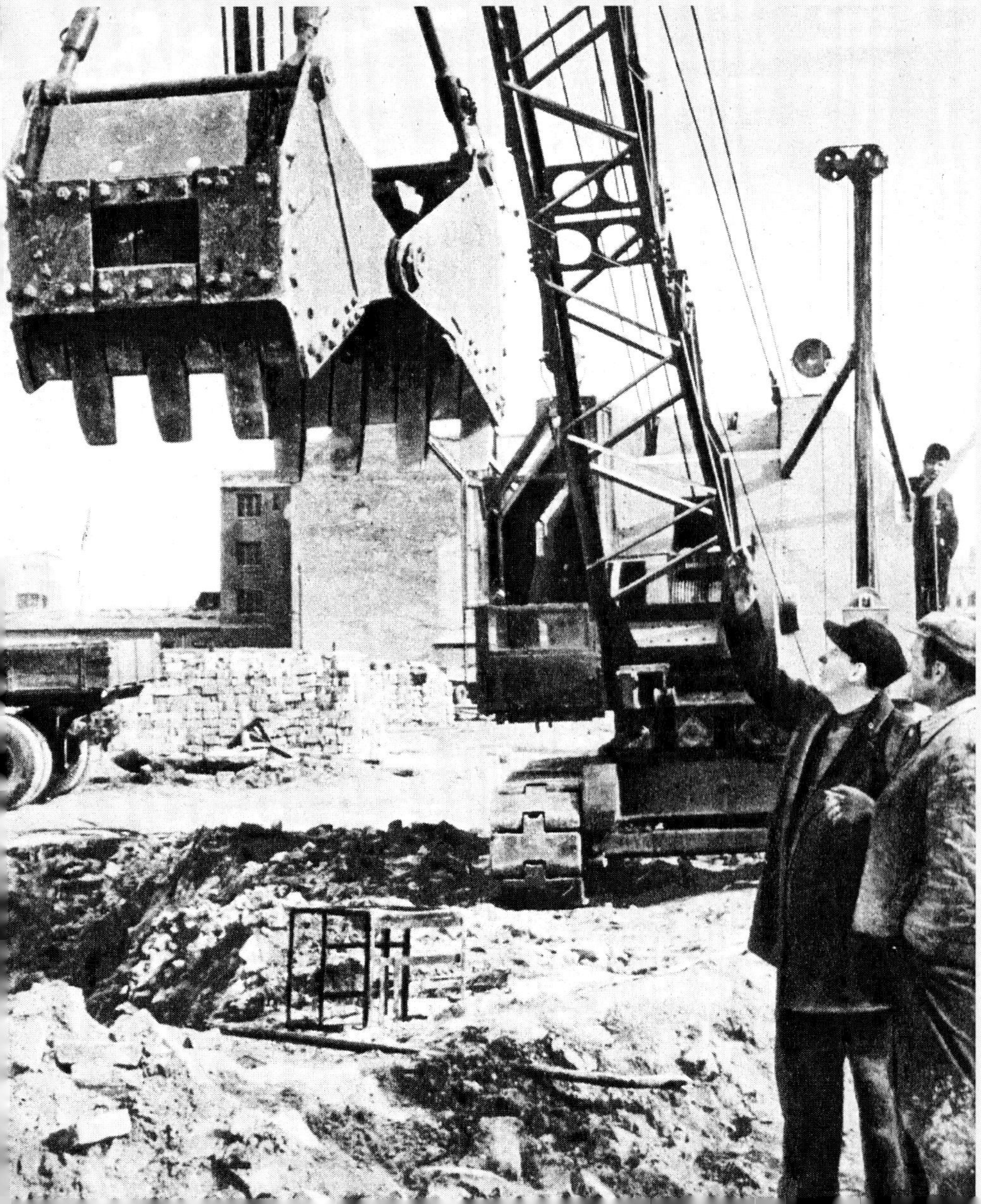

MECHANISIERUNG

Aufgaben, wie sie in Deutschland noch nie vor den Bauschaffenden gestanden haben, waren im ersten Bauabschnitt, der sich zu beiden Seiten der Stalinallee in einer Länge von 1,850 km erstreckt, zu bewältigen. Innerhalb eines Jahres wurde ein ganzer Straßenzug mit über 2200 Wohnungen und 105 Läden erbaut. Um dies zu erreichen, wurde die Arbeitsweise grundlegend ge-

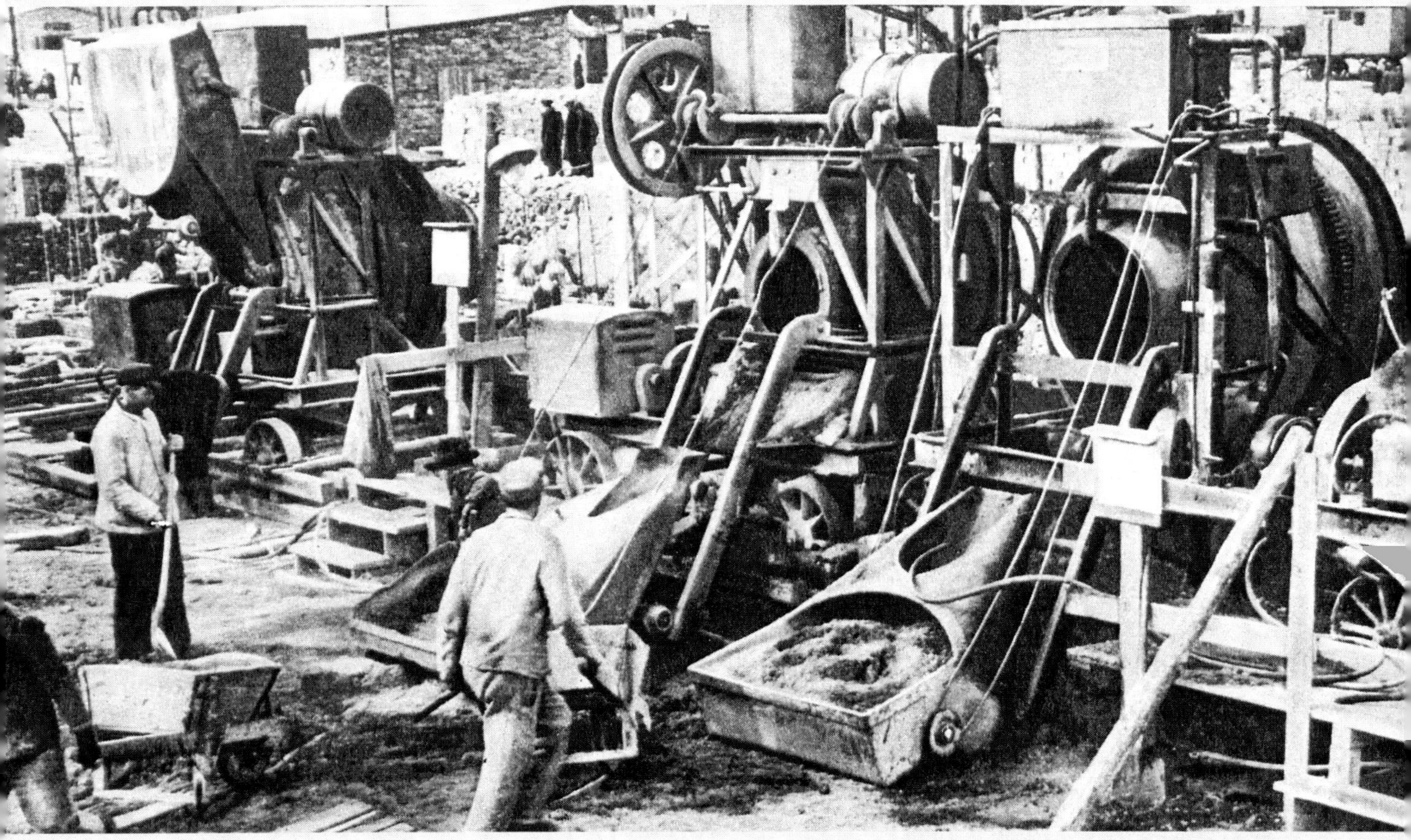

DES BAUWESENS

ändert. Turmdrehkräne, Betonmischerbatterien, Greif- und Löffelbagger sowie elektrische Aufzüge wurden eingesetzt und die neuesten technischen Errungenschaften angewendet.

Die Arbeit wurde dadurch erheblich erleichtert, und dieser Umstand regte die Schaffenden an, durch neue Erfindungen den Arbeitsprozeß weiter zu mechanisieren.

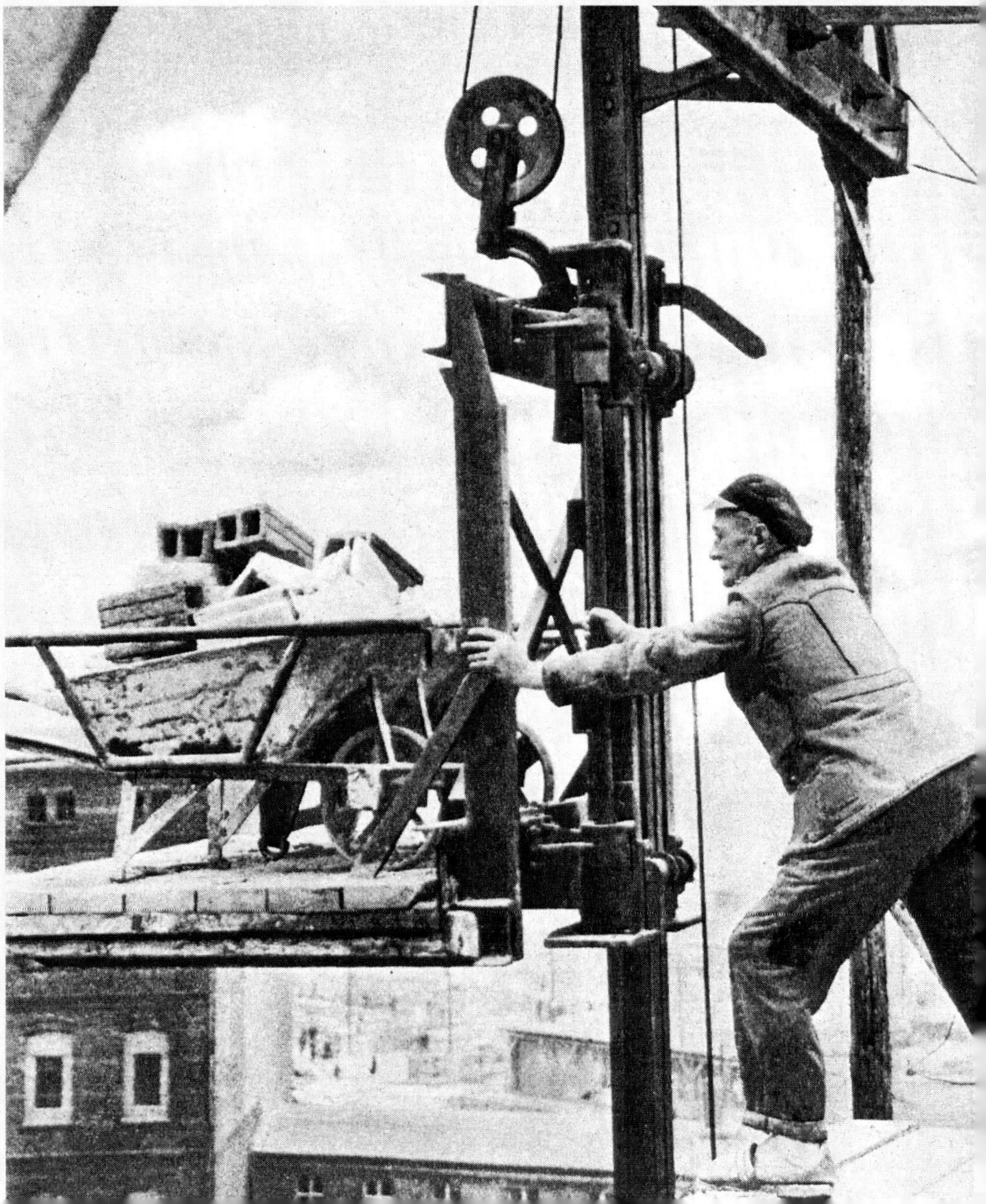

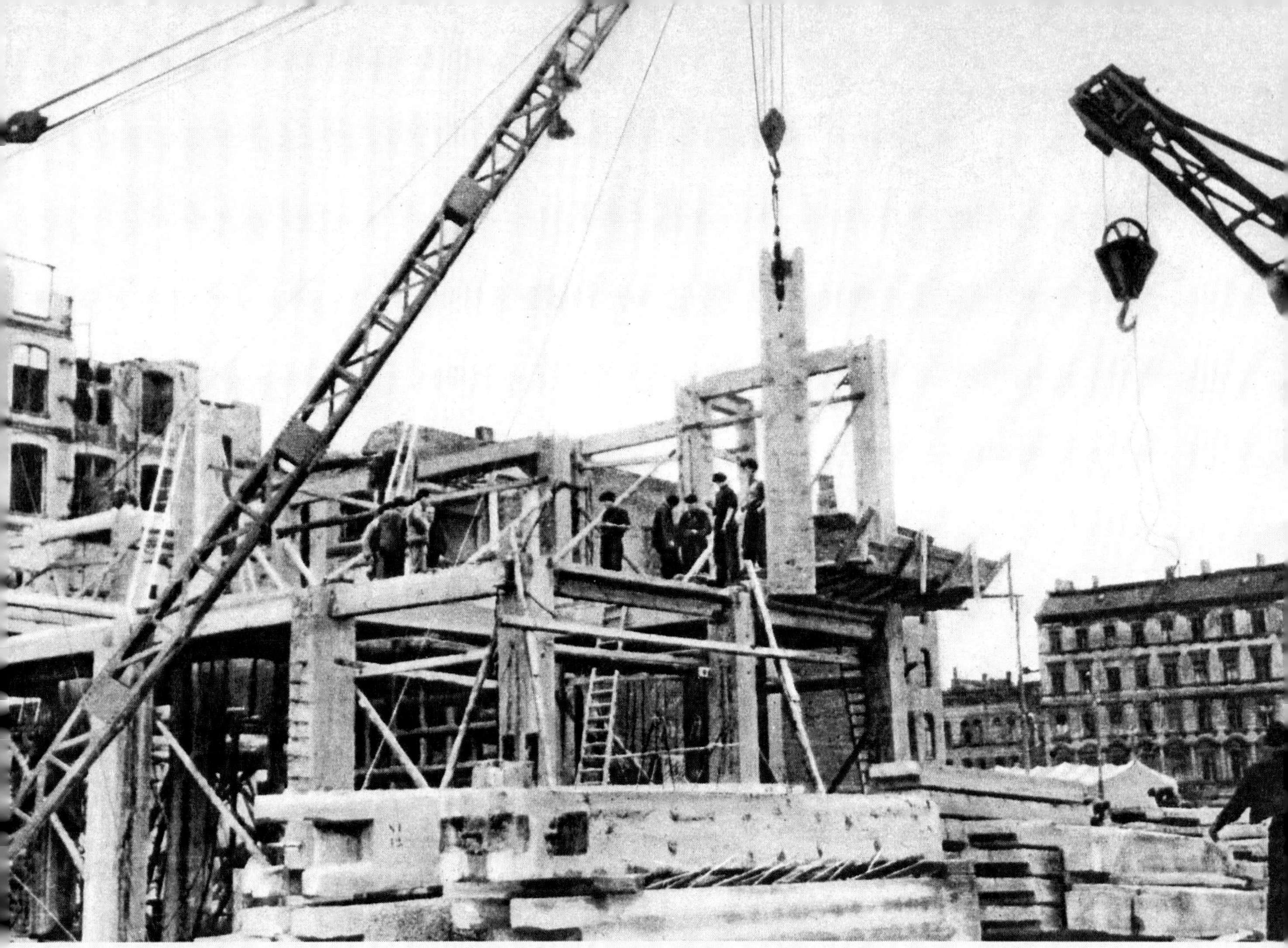

DER RIESIGE BAUPLATZ STALINALLEE

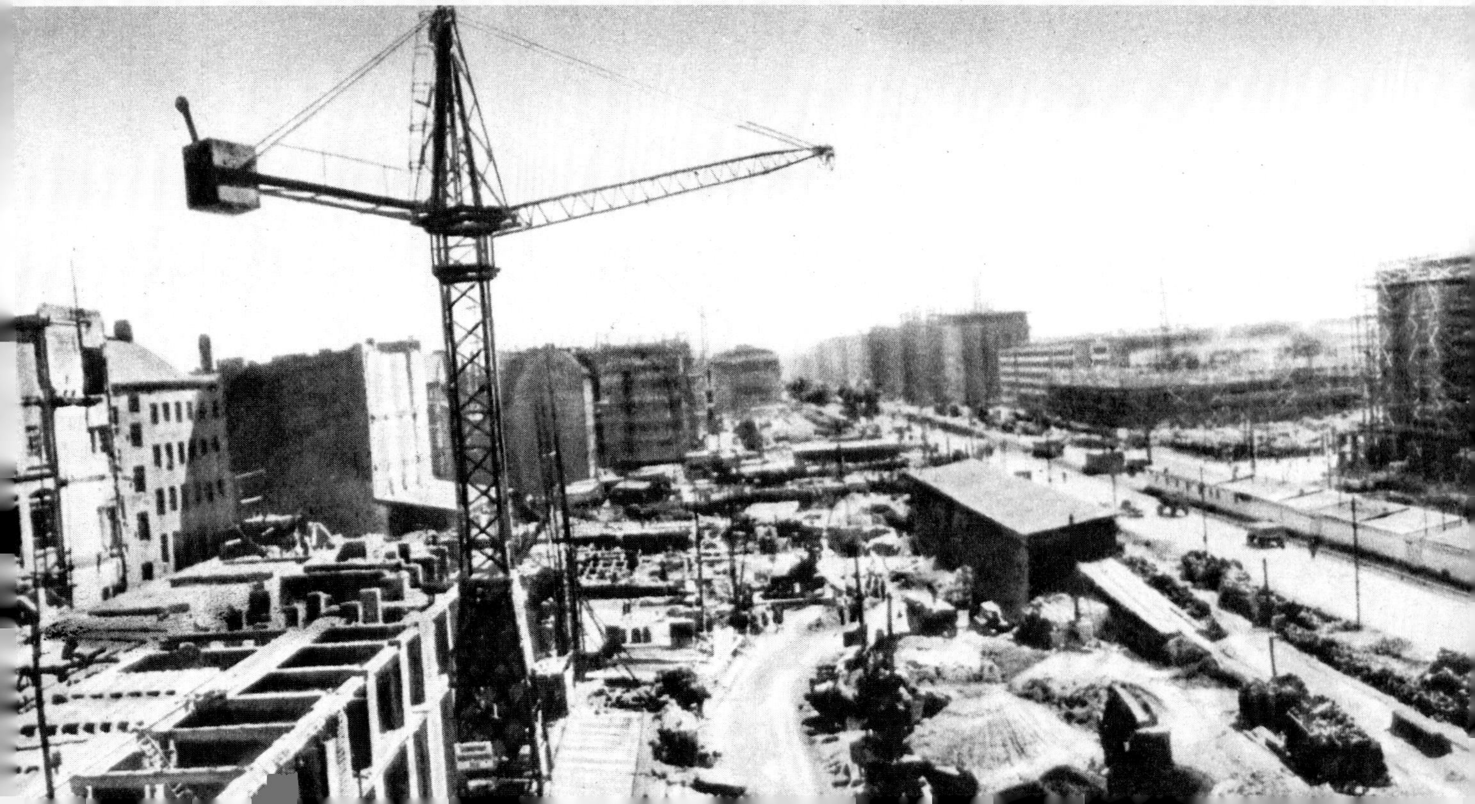

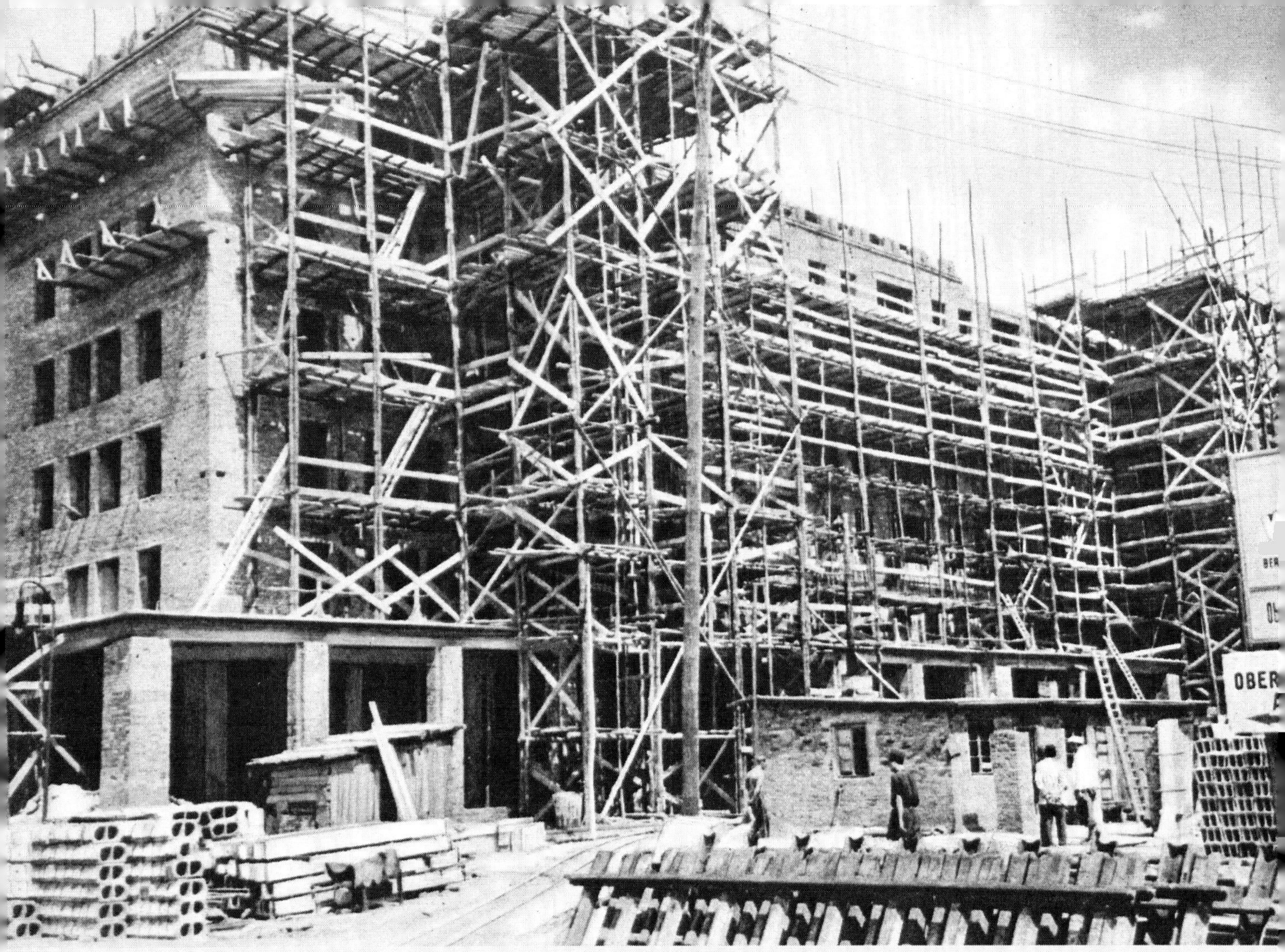

In eindrucksvollem Tempo wächst Block auf Block, so wie hier D-Nord

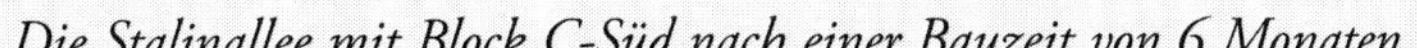

Die Stalinallee mit Block C-Süd nach einer Bauzeit von 6 Monaten

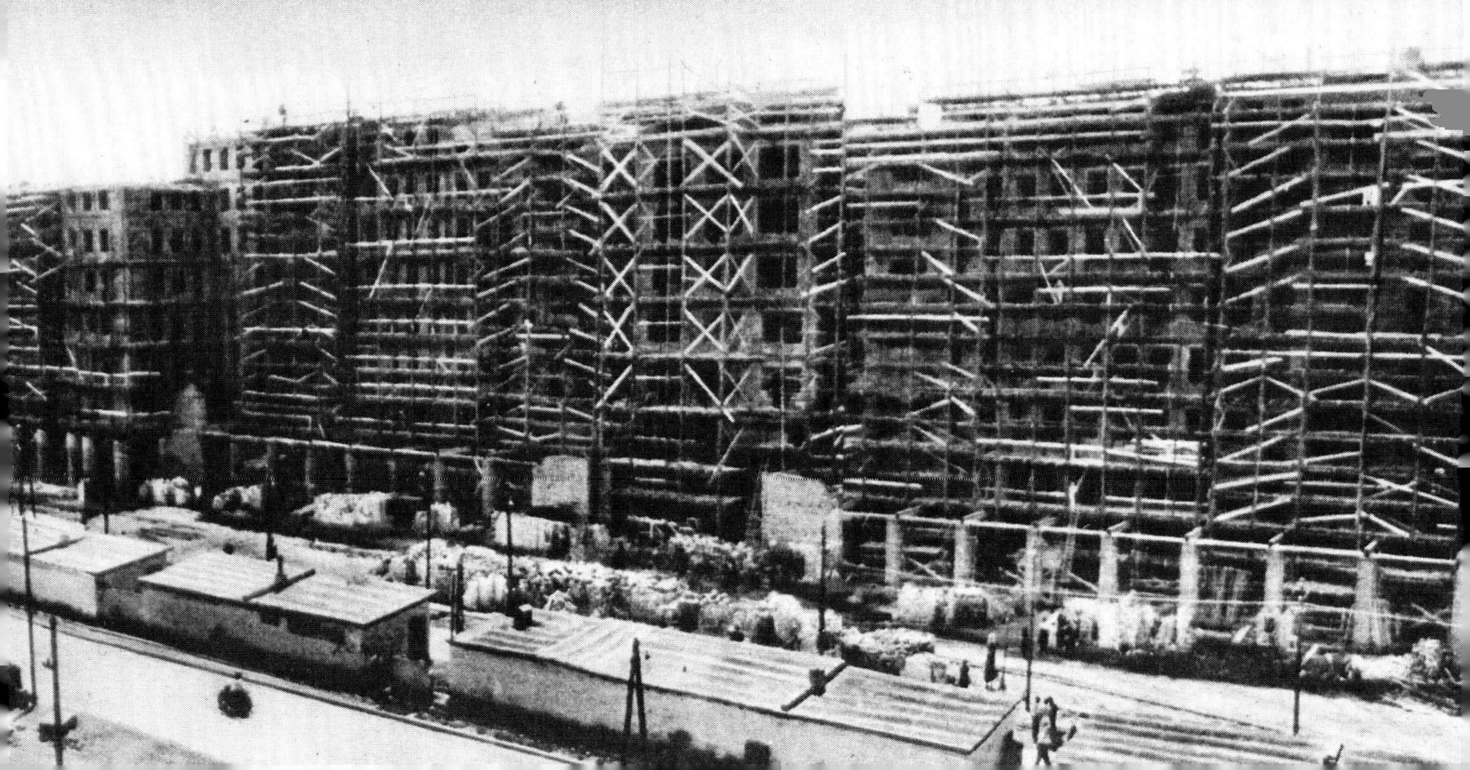

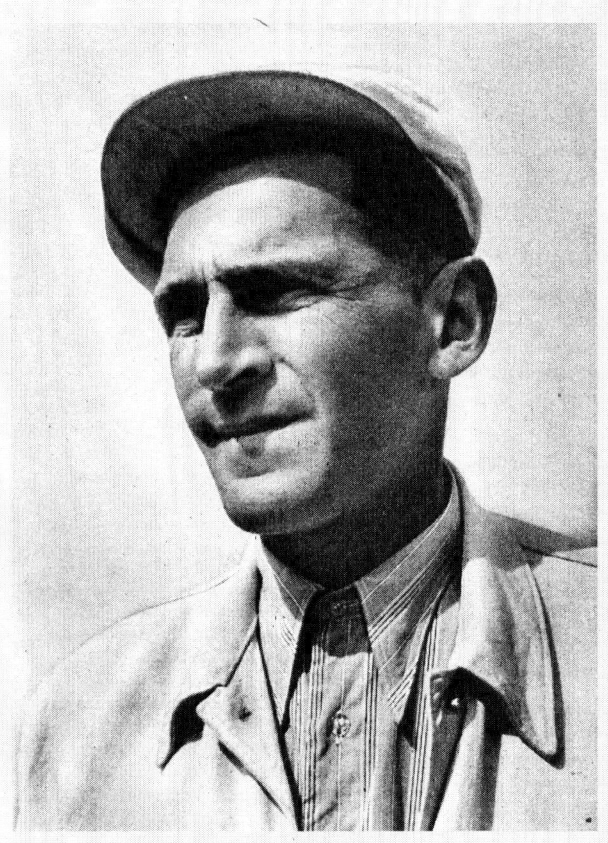
Nationalpreisträger Walter Tille

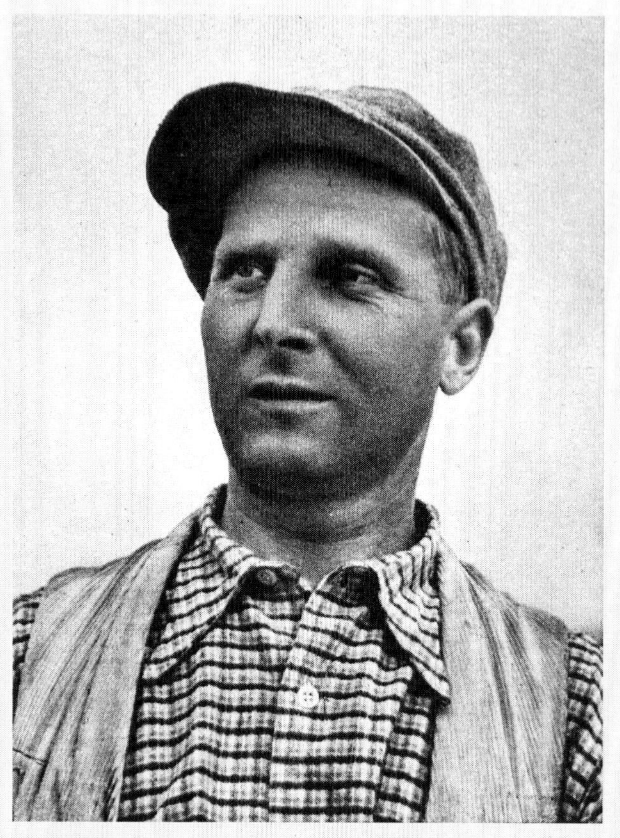
Nationalpreisträger Rudi Sandt

FÜNF VERDIENTE BAUSCHAFFENDE DER STALINALLEE

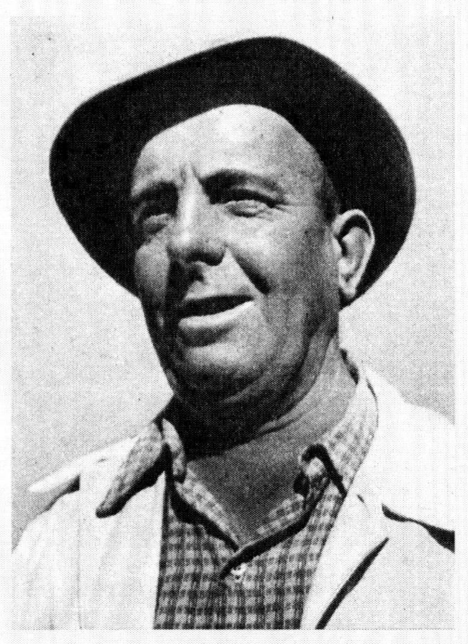
Aktivist Alwin Müller

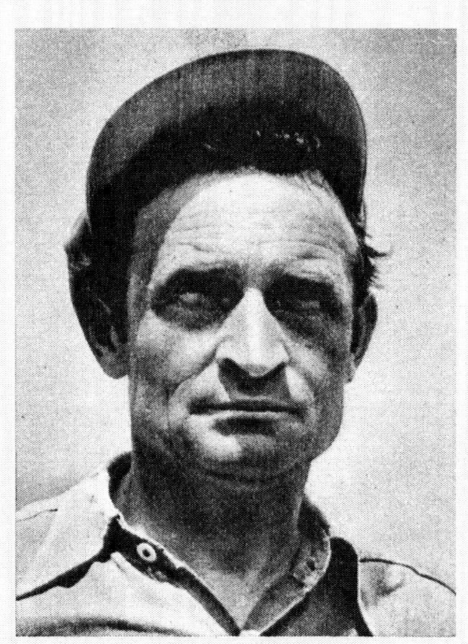
Verdienter Aktivist Otto Semm

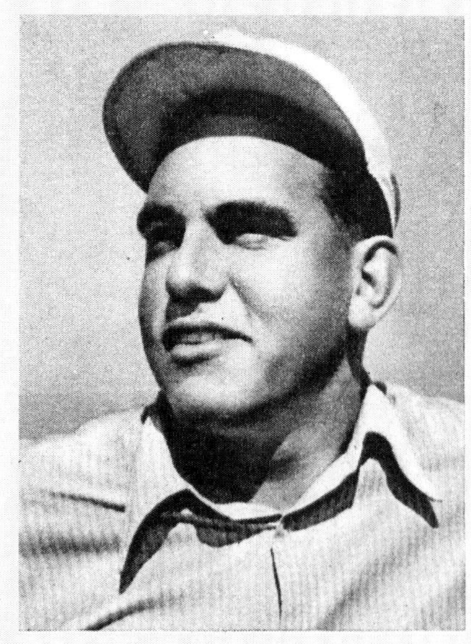
Aktivist Horst Wiedemann

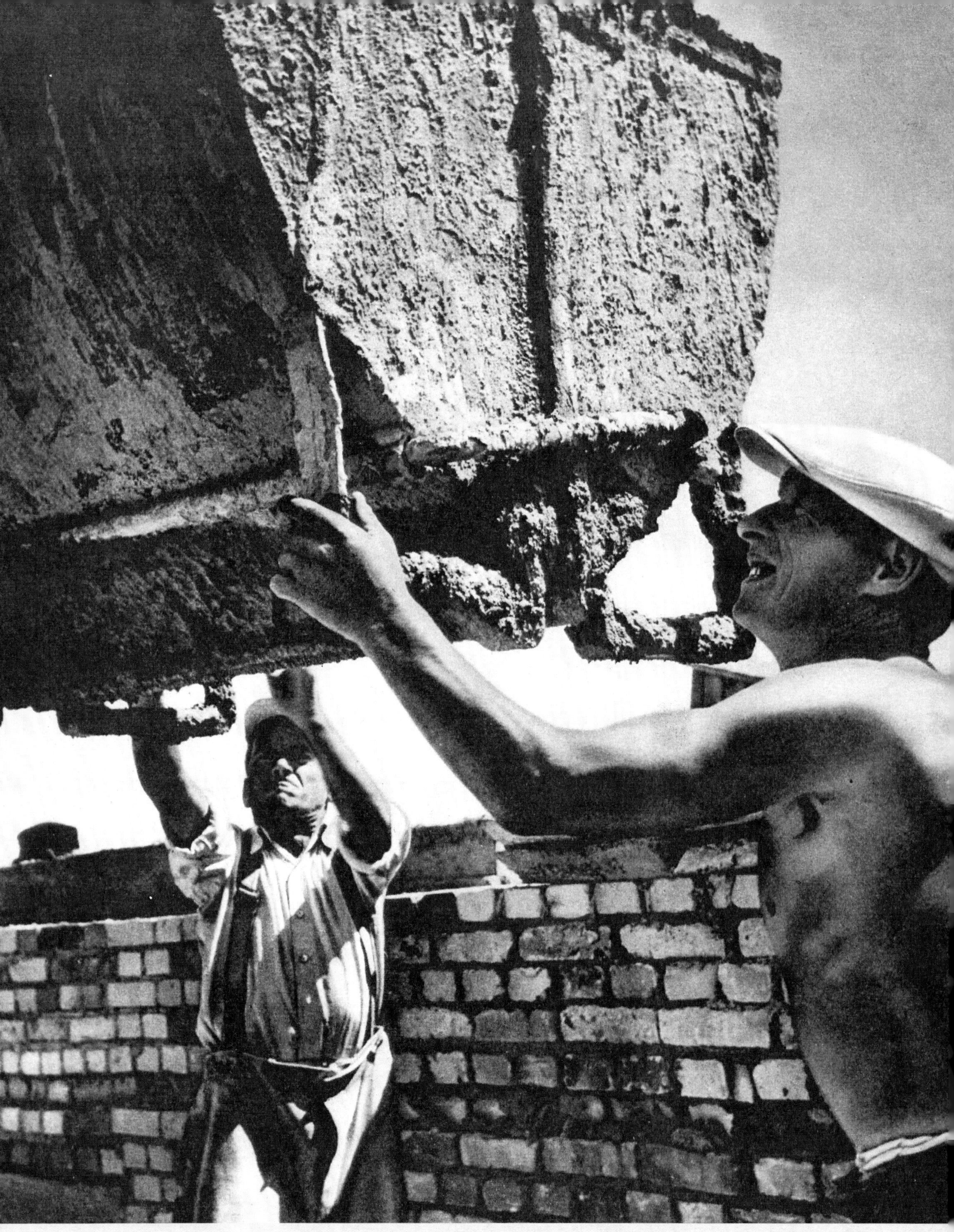

In riesigen Behältern bringt der Kran den fertigen Mörtel zum Arbeitsplatz im oberen Stockwerk

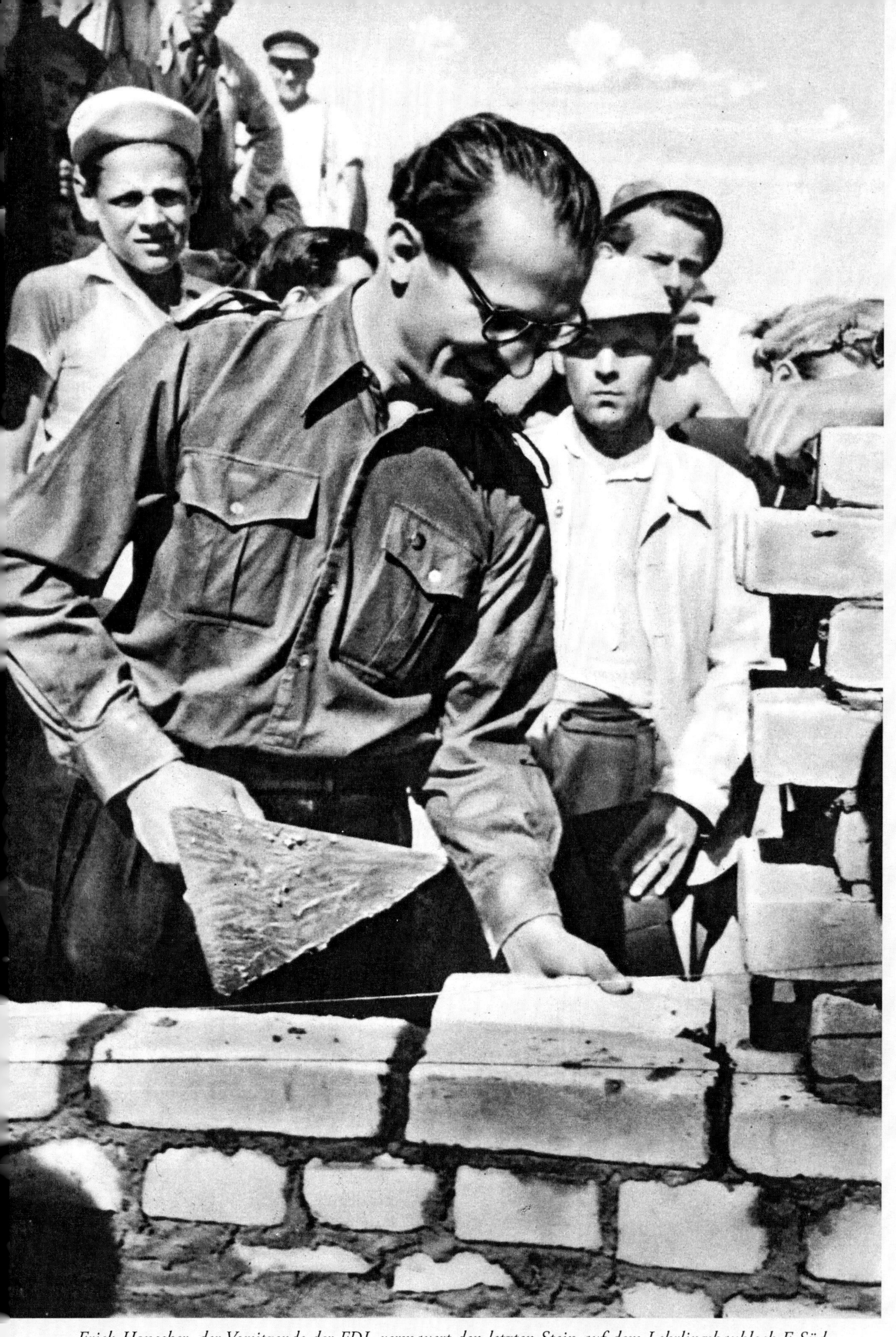

Erich Honecker, der Vorsitzende der FDJ, vermauert den letzten Stein auf dem Lehrlingsbaublock E-Süd

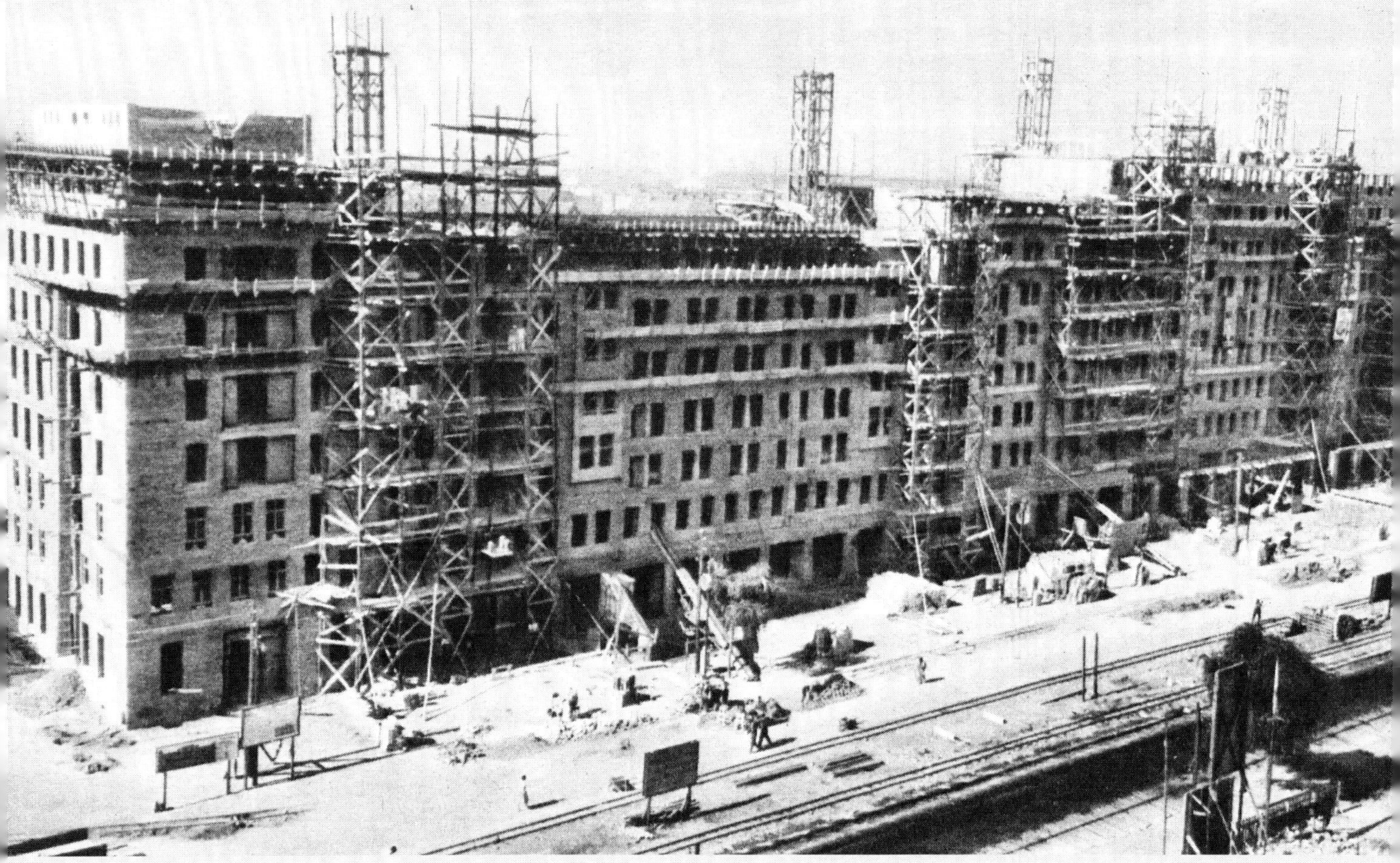

Block E-Süd am Vorabend des Richtfestes

Blick über den Strausberger Platz in der Stalinallee im September 1952

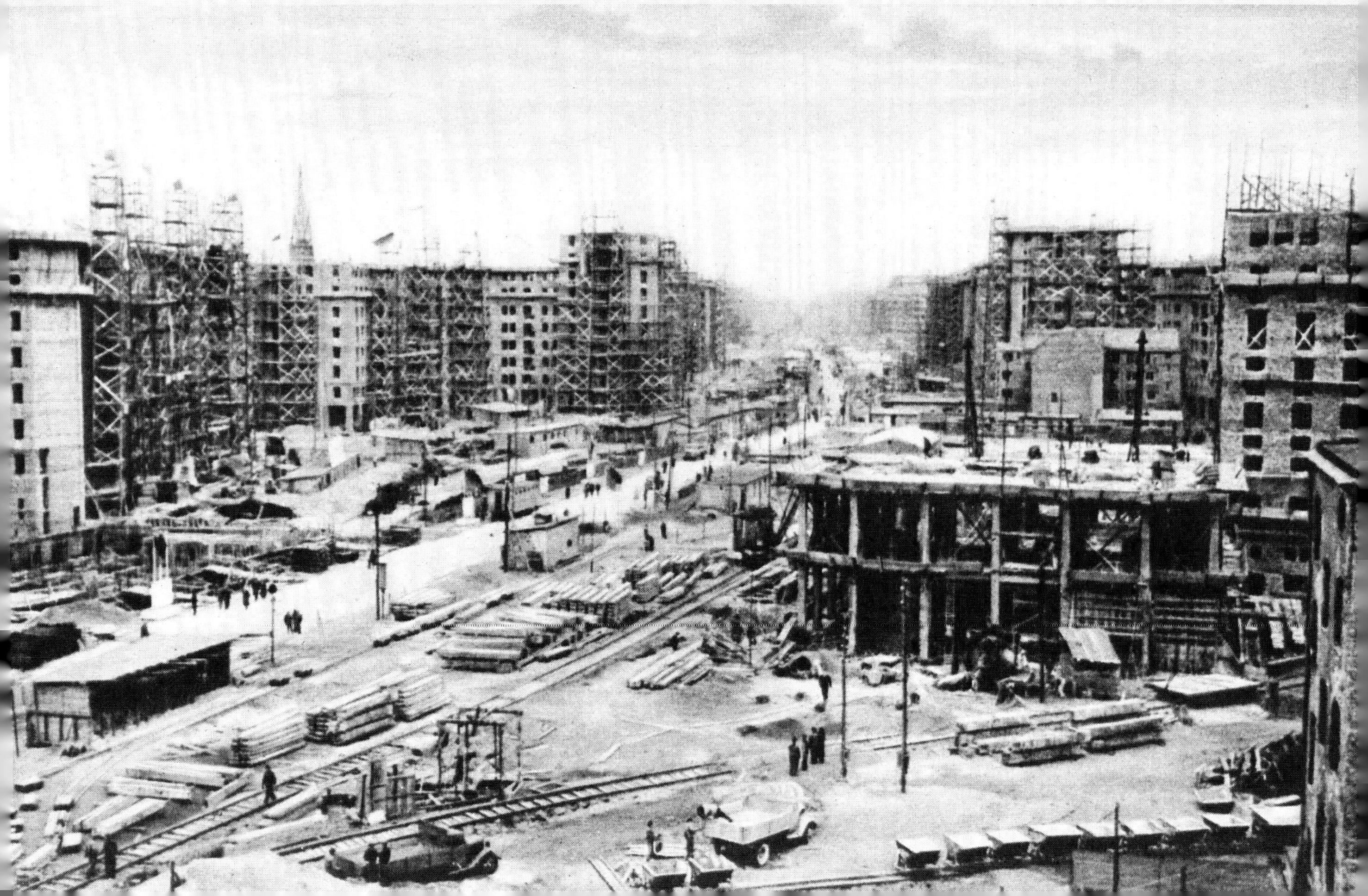

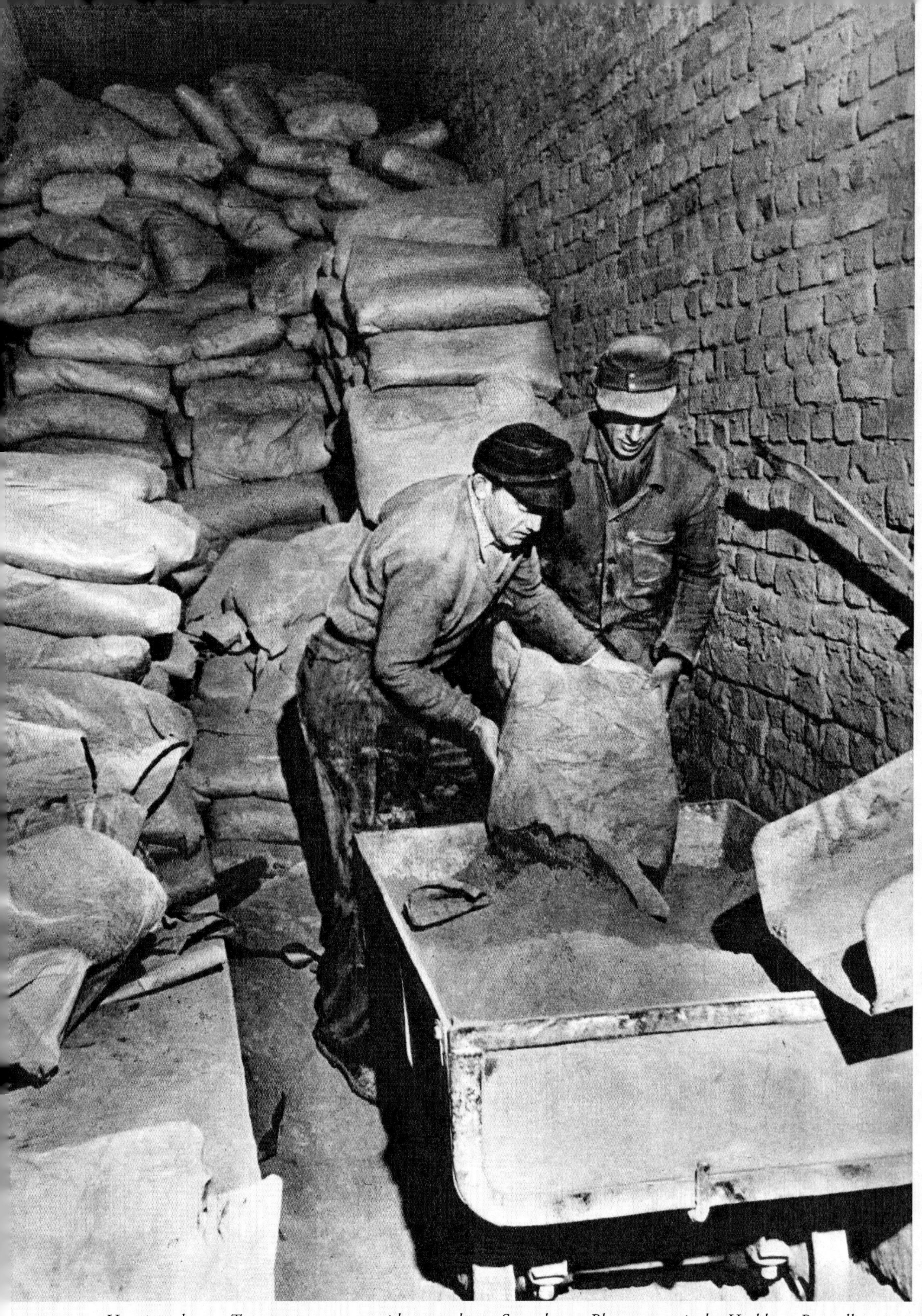

Um einen langen Transportweg zu vermeiden, wurde am Strausberger Platz – unweit der Hochhaus-Baustellen – ein Betonwerk errichtet, das die Stahlbetonfertigteile herstellt

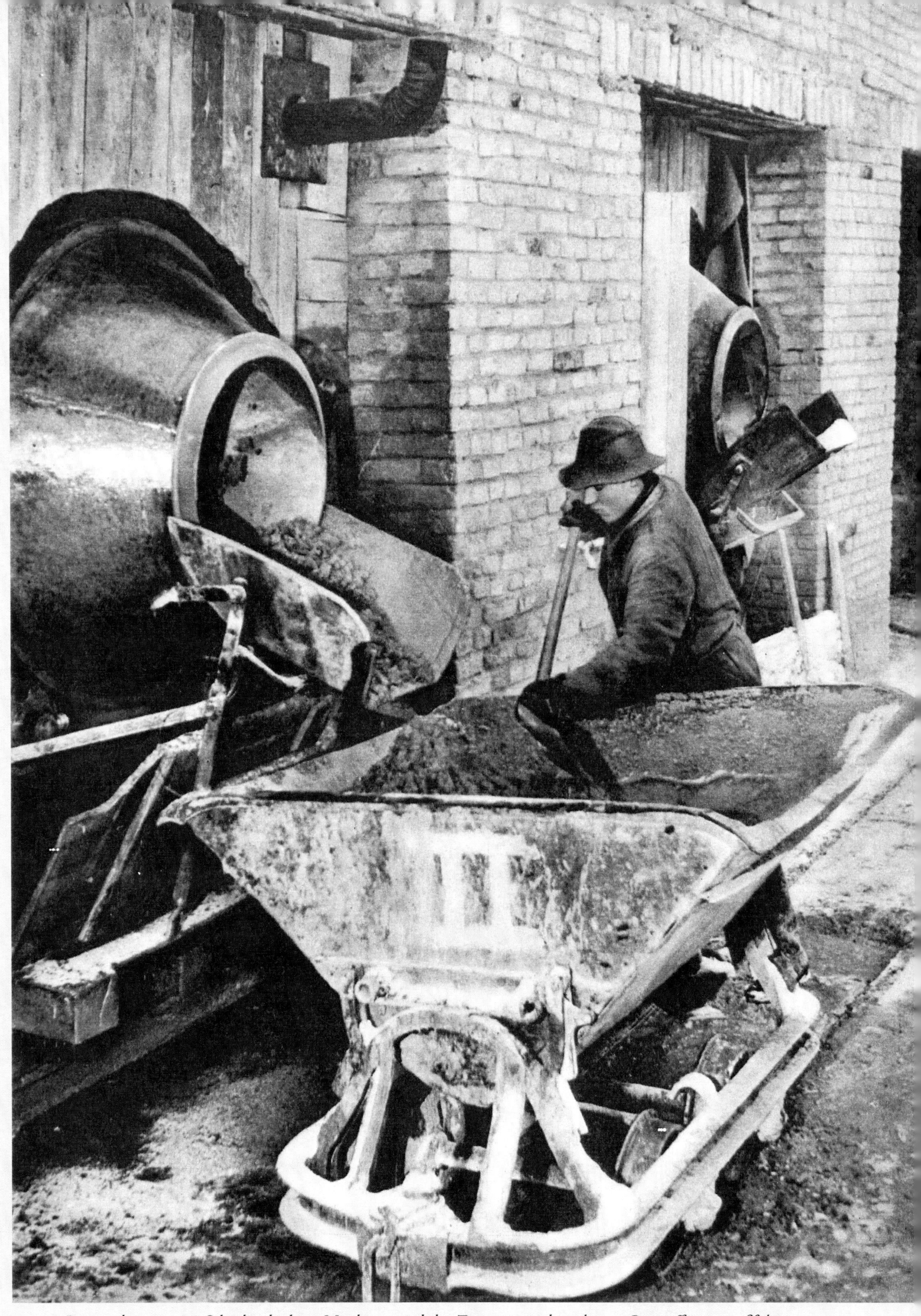

In eingebauten, aus Silos beschickten Mischern wird der Zement mit den übrigen Baustoffen zu gußfähiger Betonmasse vermengt; in Loren gelangt das fertige Gemisch zur Form

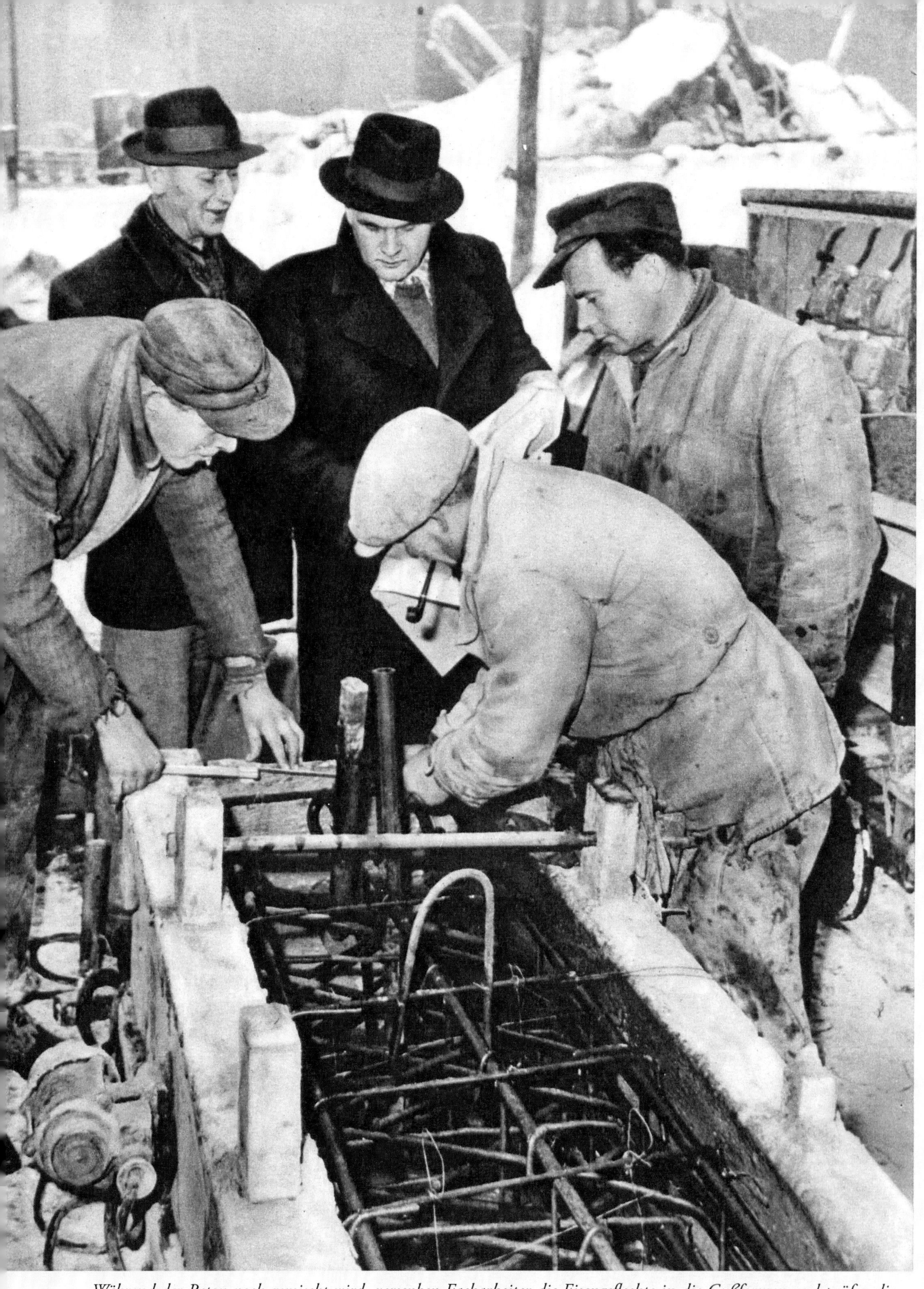

Während der Beton noch gemischt wird, versenken Facharbeiter die Eisengeflechte in die Gußformen und prüfen die Maße unter Aufsicht der Bauleiter auf den Millimeter genau nach

Ein fahrbarer Elektrokran, der bis zu 5000 Kilogramm tragen kann, befördert die fertigen Betonteile zum Hochhausbau

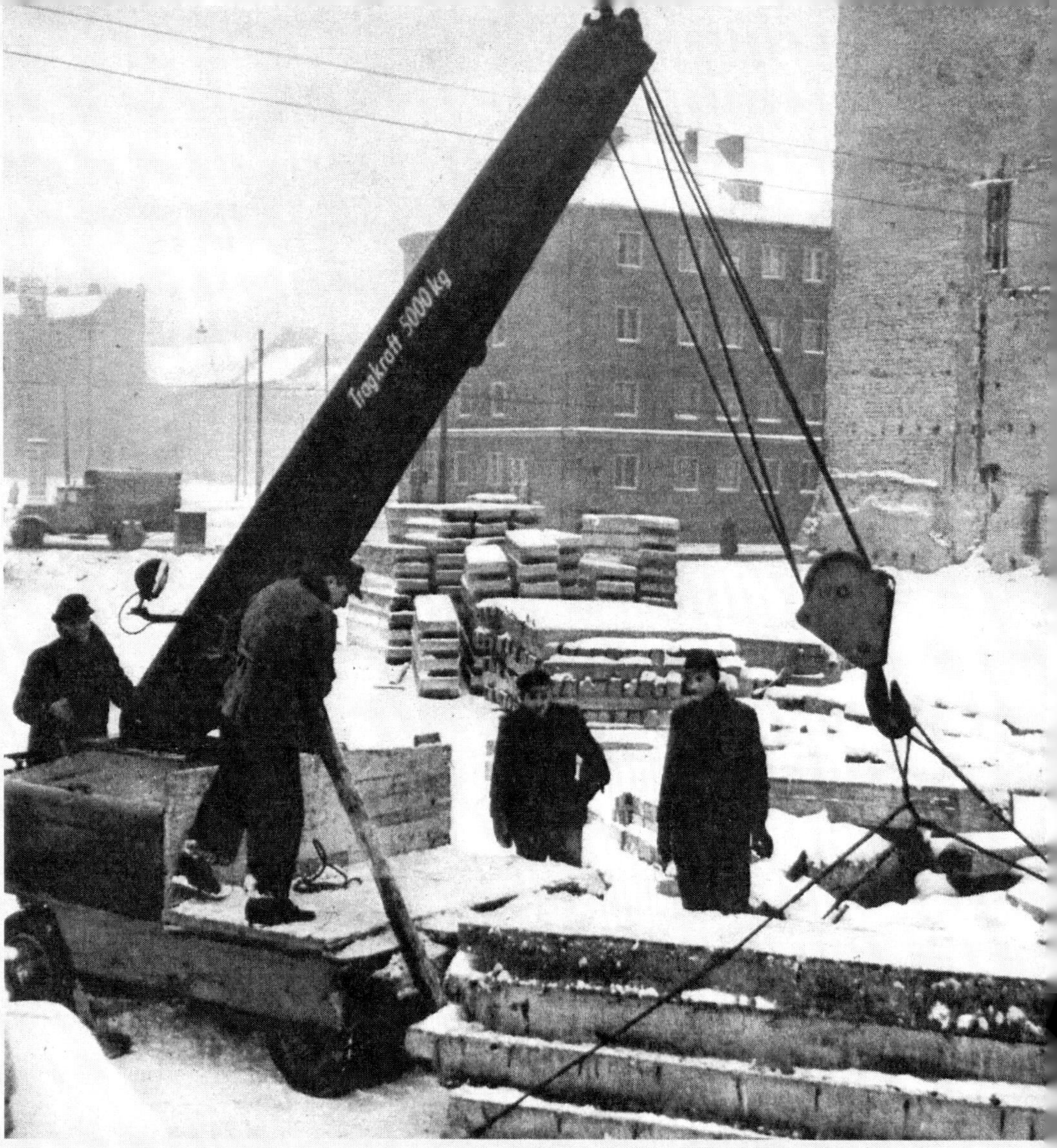

Unmittelbar neben dem Betonwerk befindet sich das Labor für Grundforschung

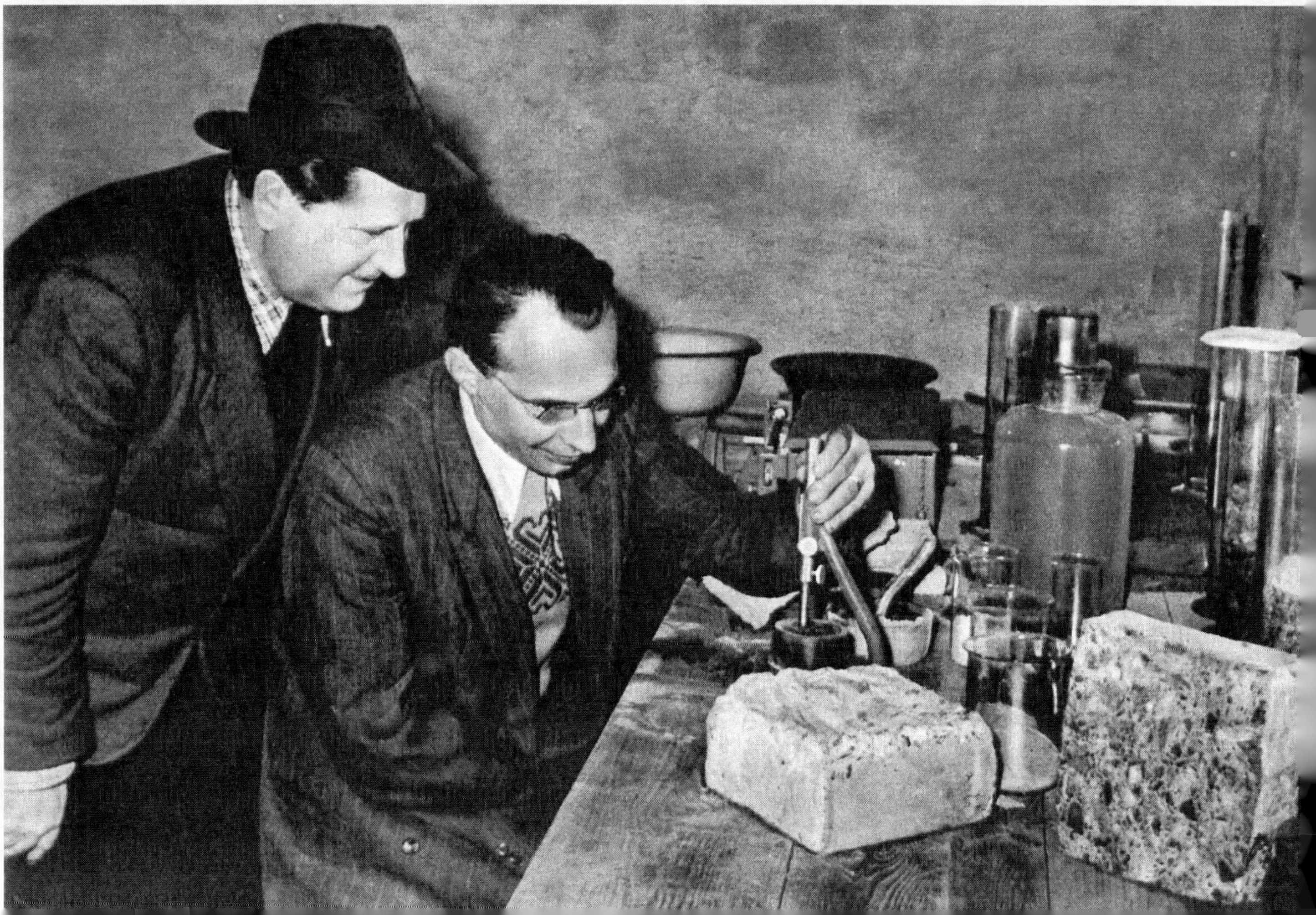

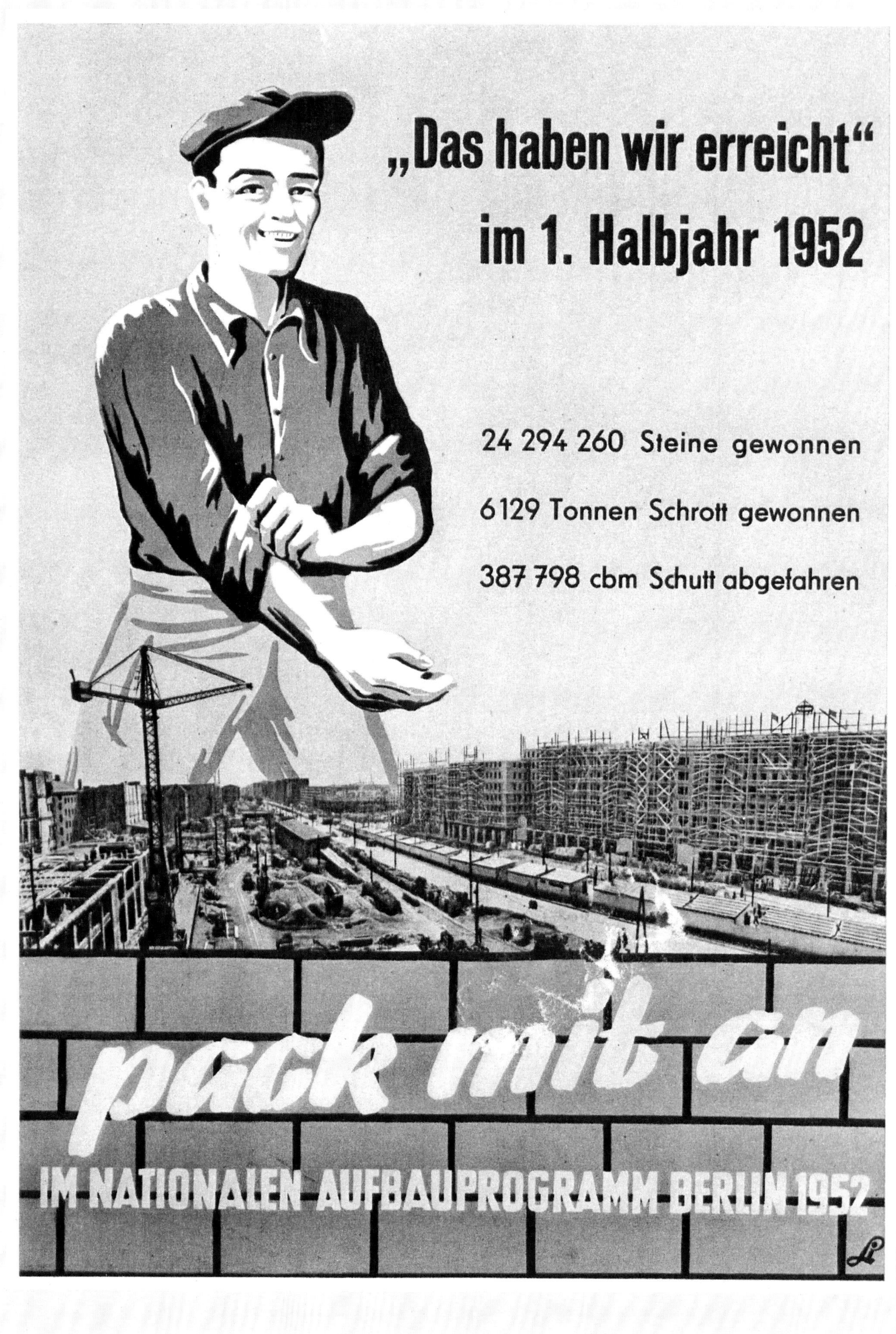
„Das haben wir erreicht“
im 1. Halbjahr 1952
24 294 260 Steine gewonnen
6129 Tonnen Schrott gewonnen
387 798 cbm Schutt abgefahren
pack mit an
IM NATIONALEN AUFBAUPROGRAMM BERLIN 1952

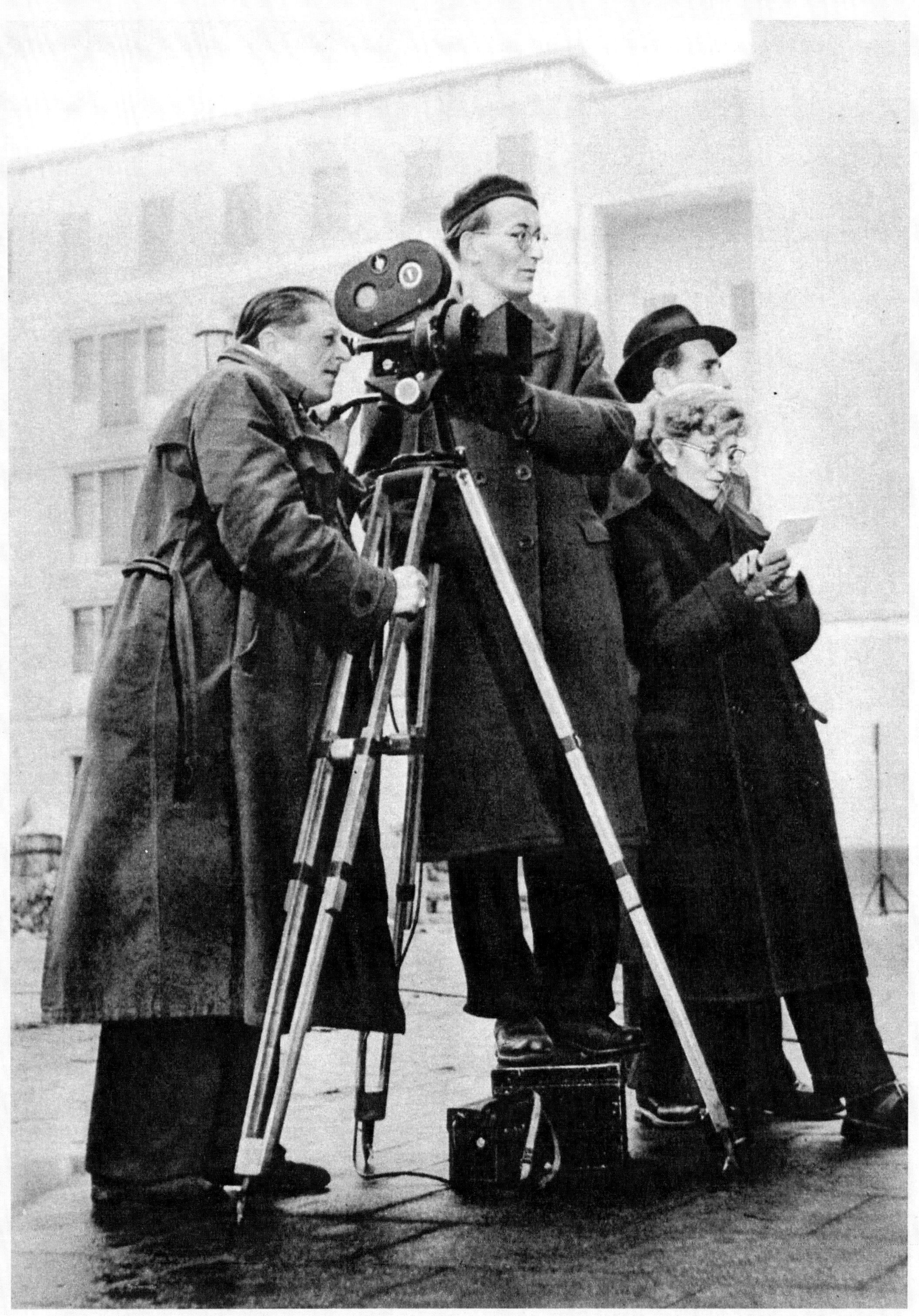

Der „Augenzeuge" bei der Aufnahme: In den Lichtspielhäusern wird Millionen von Zuschauern ein lebendiger Eindruck vom jeweiligen Stand der Bauarbeiten vermittelt

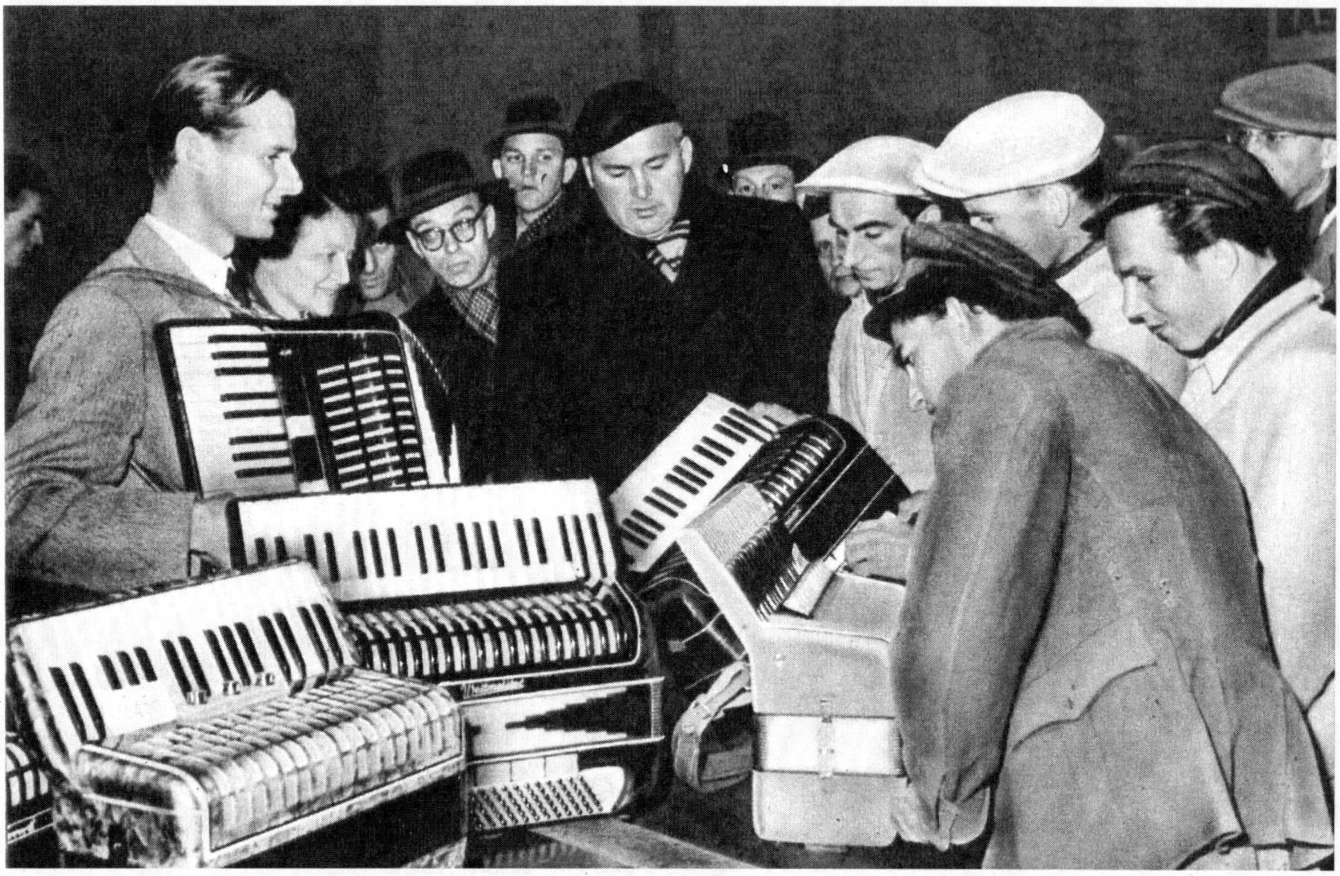

In der Deutschen Sporthalle hat die HO eine Verkaufsmesse für die Bauarbeiter eingerichtet, die von dem reichhaltigen Warenangebot regen Gebrauch machen

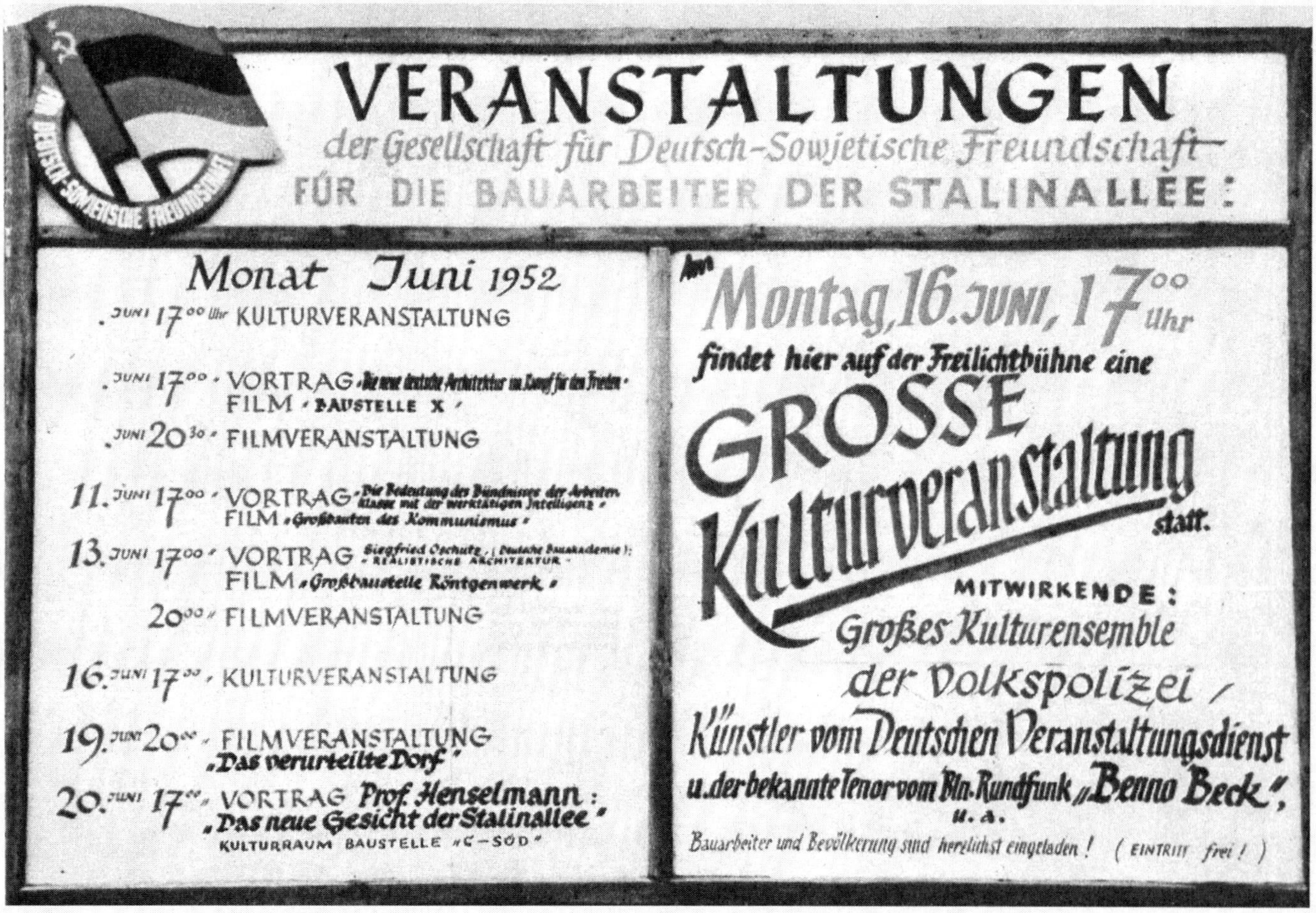

Zahlreiche Vorträge, Filmvorführungen und Konzerte bieten den Bauarbeitern der Stalinallee in ihren Mußestunden Anregung und Entspannung

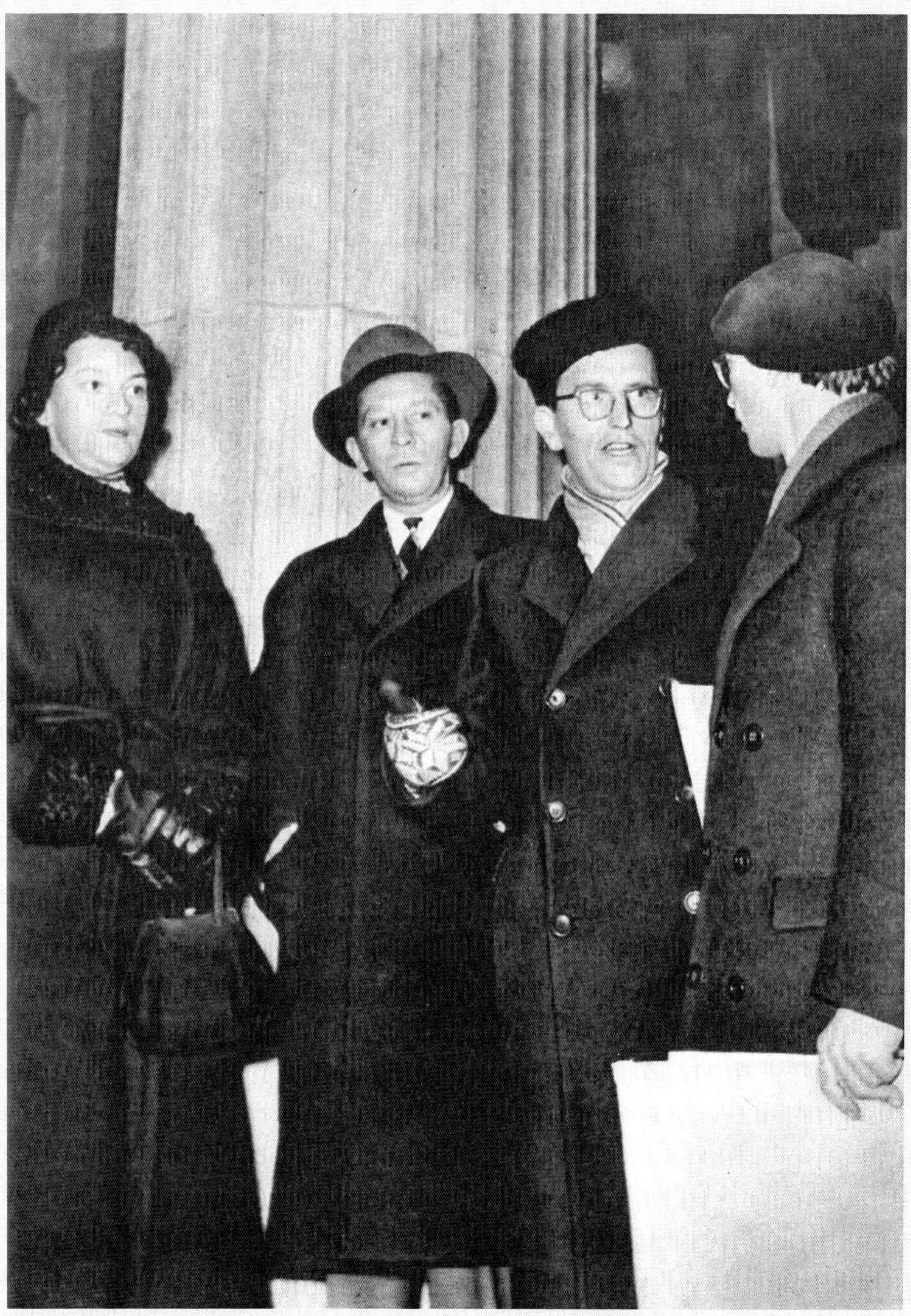

Lebhafte Anerkennung äußerte der schwedische Kaufmann Erik Rudberg aus Stockholm über die Wohn- und Geschäftsbauten in der Stalinallee, die er während einer Geschäftsreise besucht hat

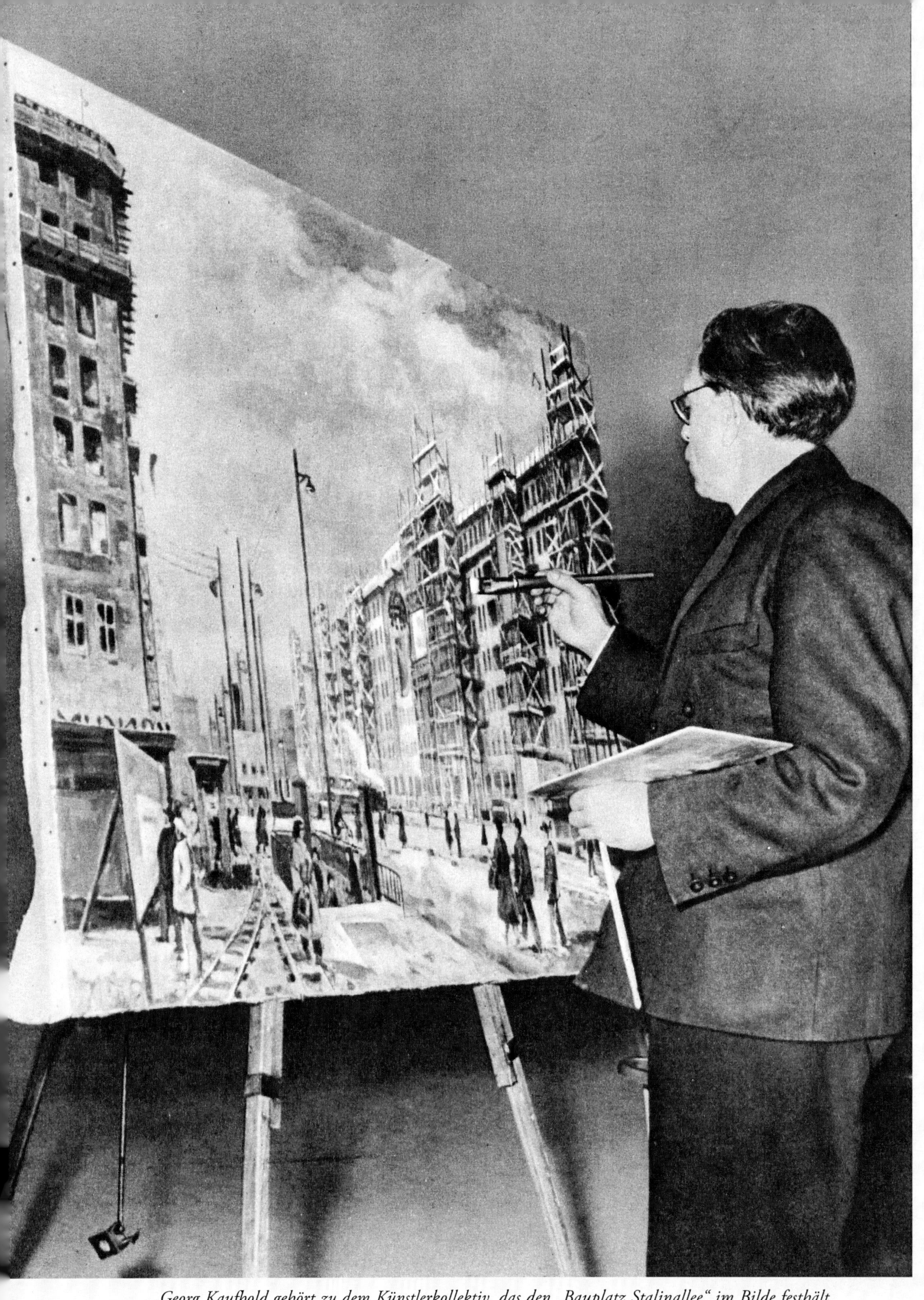

Georg Kaufhold gehört zu dem Künstlerkollektiv, das den „Bauplatz Stalinallee" im Bilde festhält

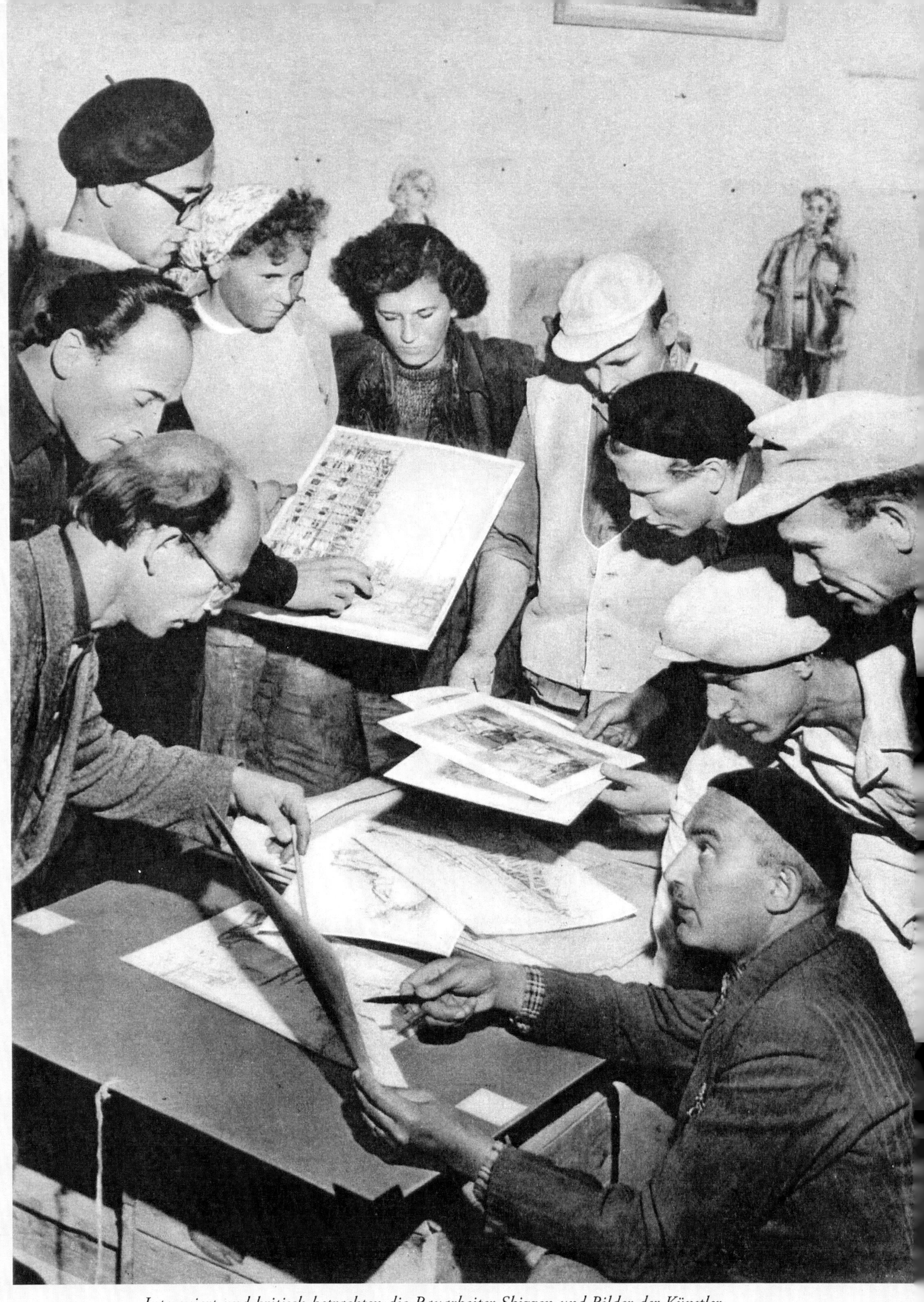

Interessiert und kritisch betrachten die Bauarbeiter Skizzen und Bilder der Künstler

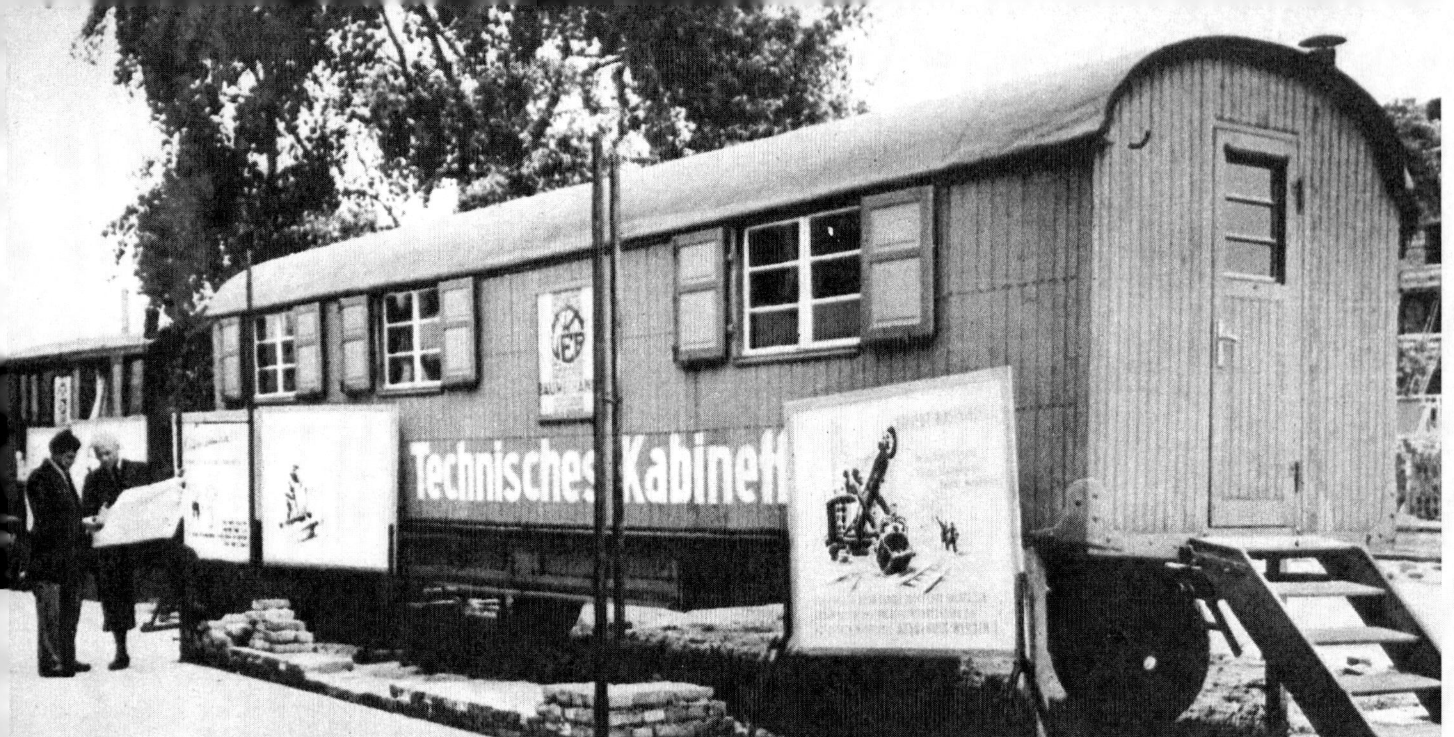

Eine Lehrschau unterrichtet über die technische Einrichtung der Baustellen auf der Stalinallee

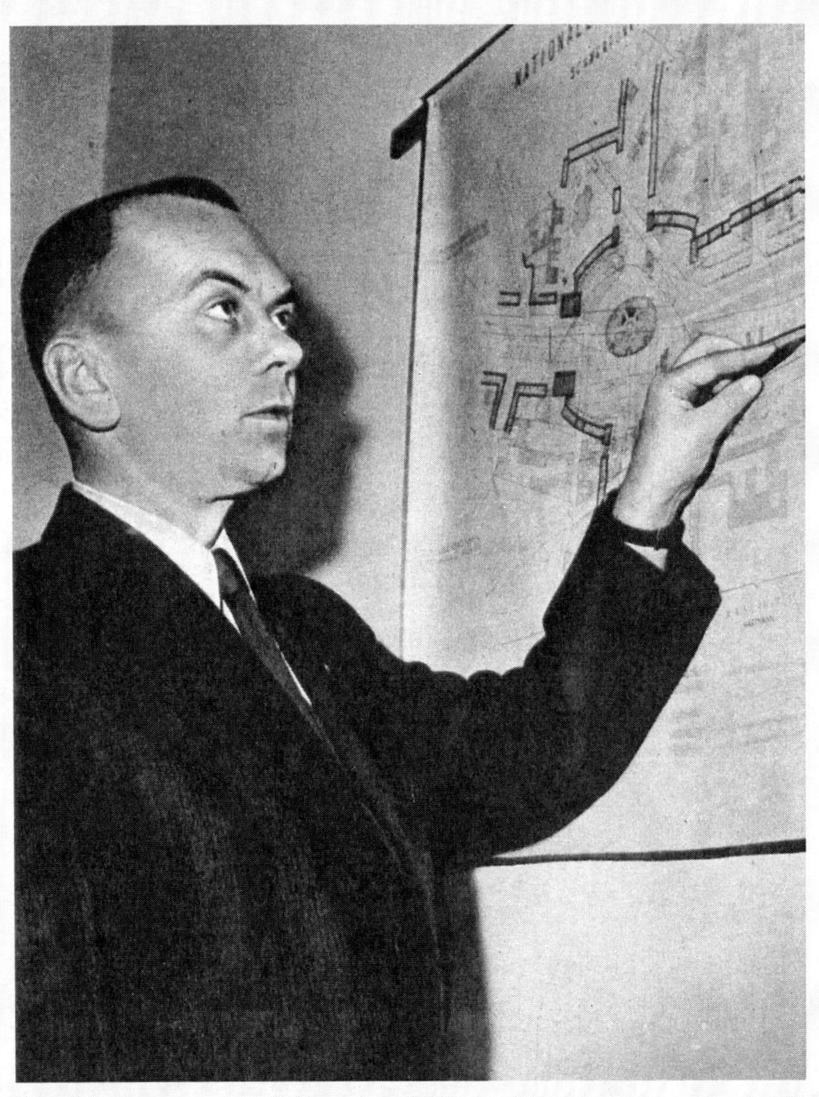

Alfred Lux, der Leiter des Sonderbaustabes, wurde für seine Verdienste um das Nationale Aufbauprogramm als „Held der Arbeit" ausgezeichnet

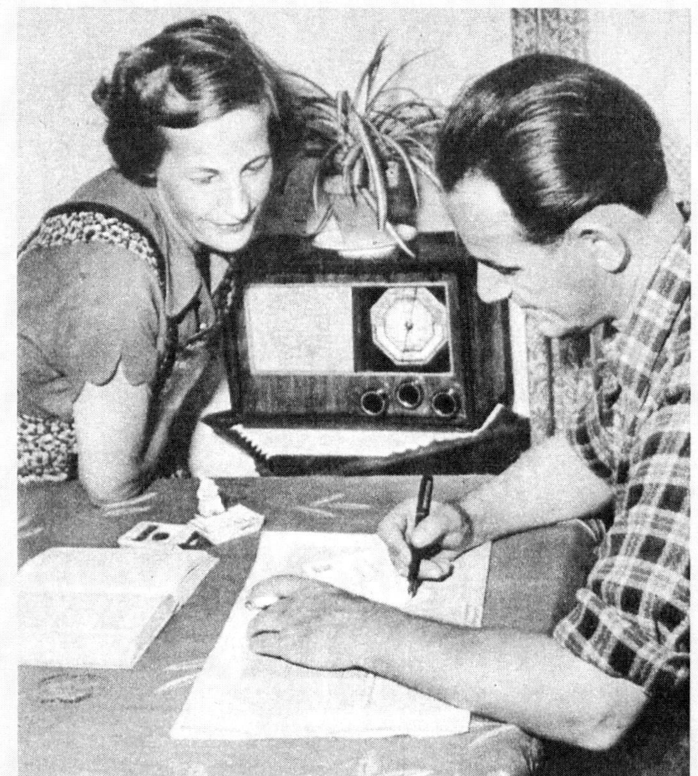

Um das Nationale Aufbauprogramm zu unterstützen, hat der demokratische Rundfunk eine Funklotterie veranstaltet

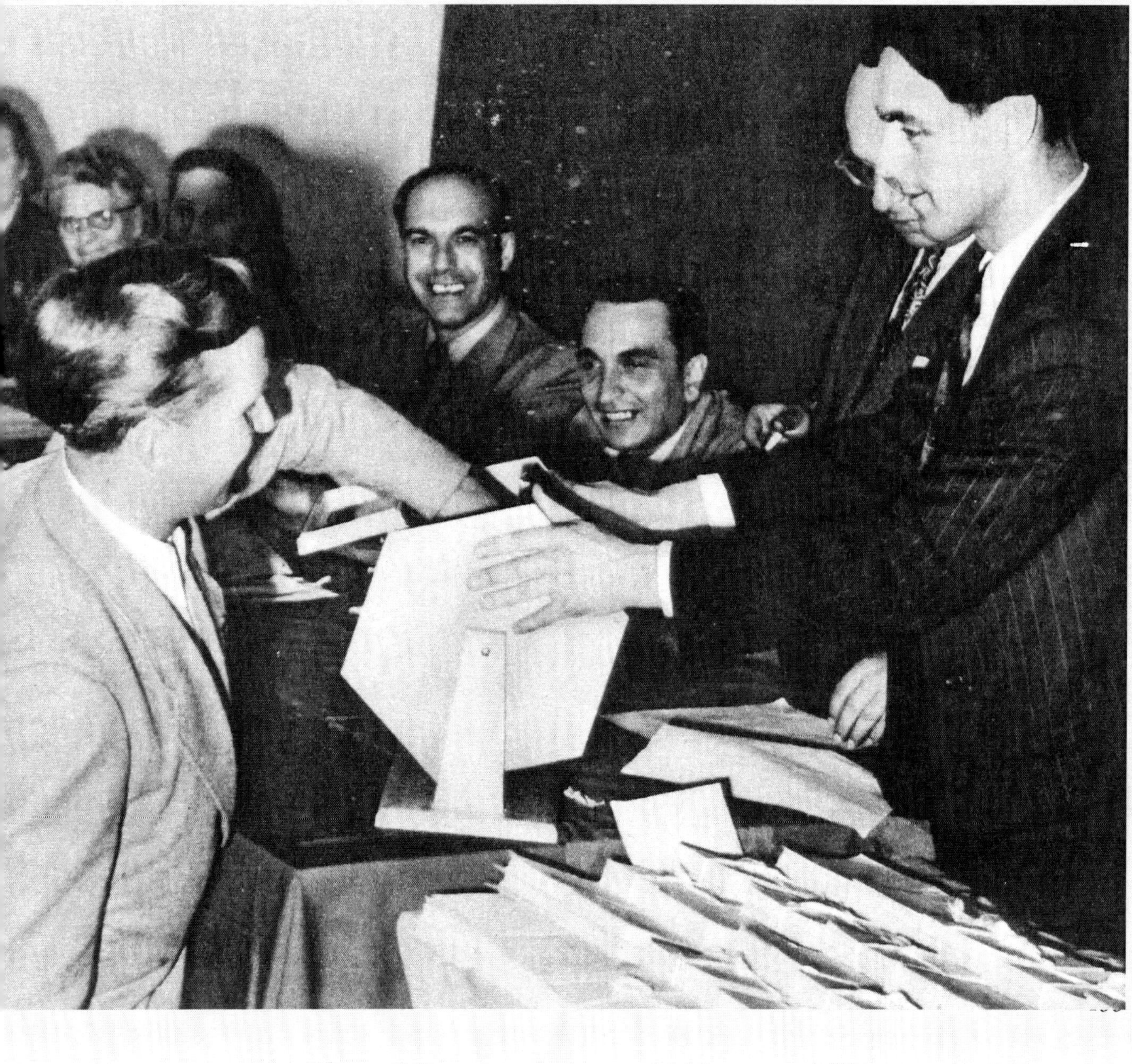

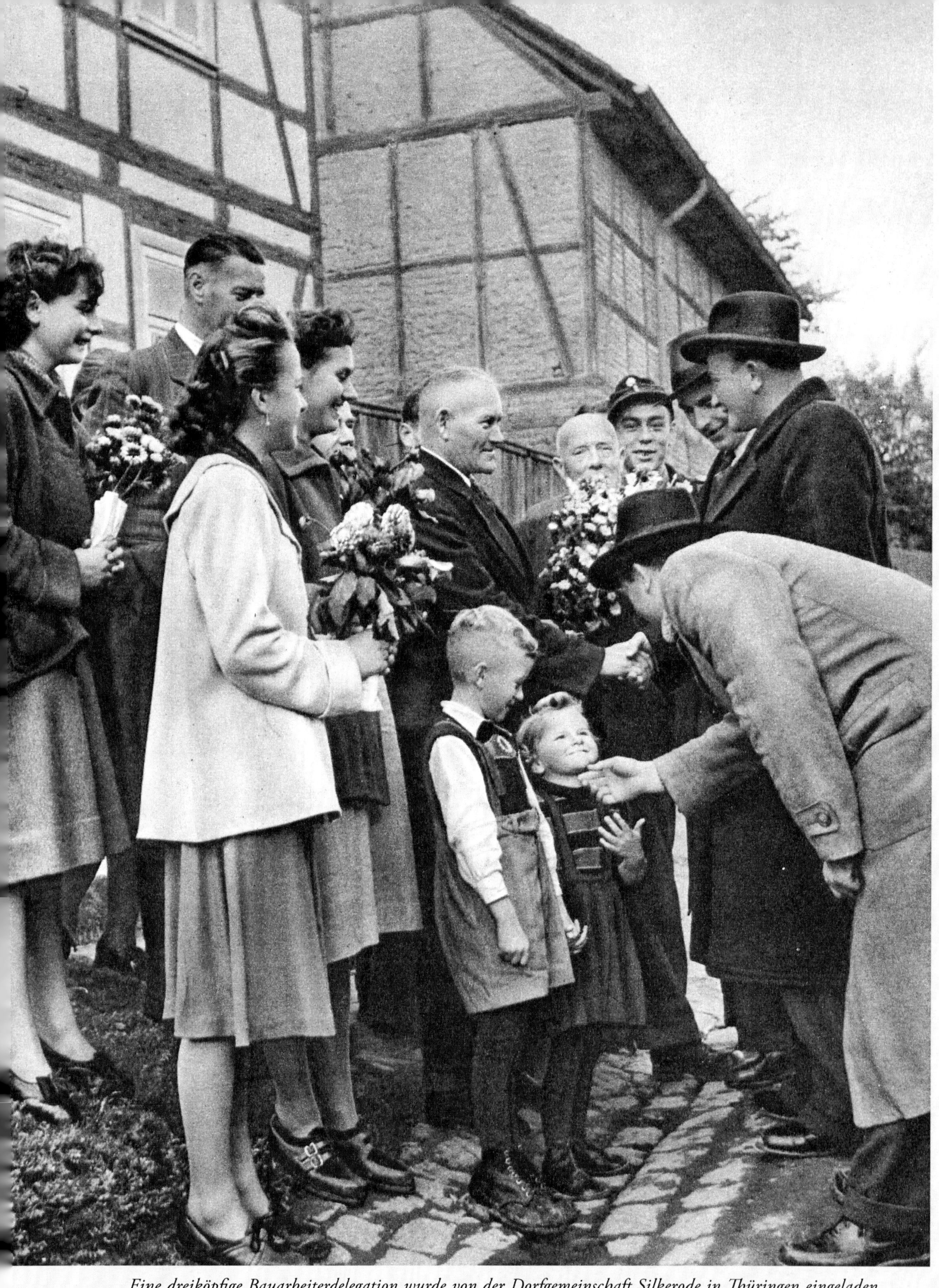

Eine dreiköpfige Bauarbeiterdelegation wurde von der Dorfgemeinschaft Silkerode in Thüringen eingeladen
Empfang der Gäste durch den Bürgermeister und die Dorfgemeinschaft

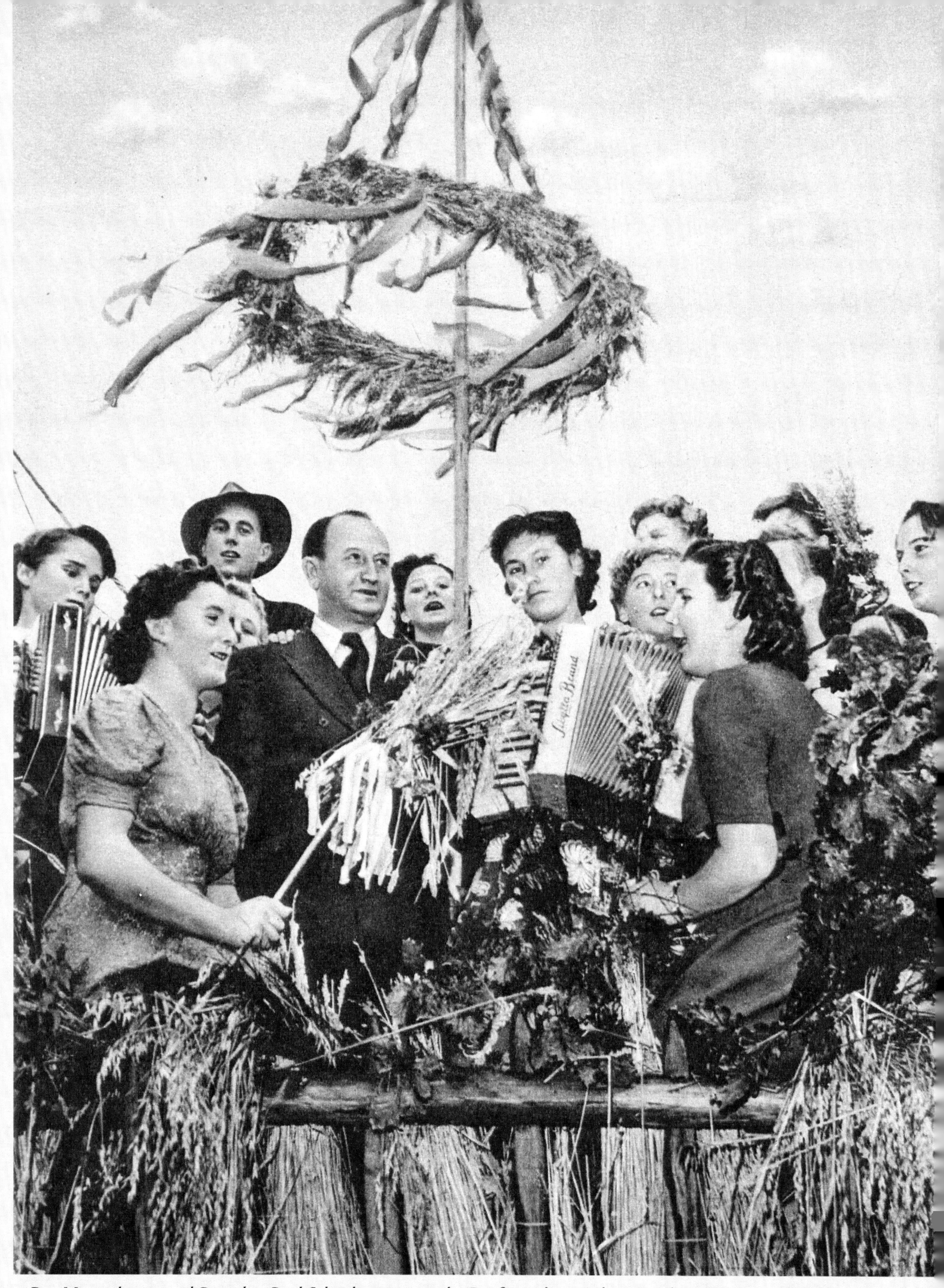

Der Maueraktivist und Brigadier Paul Schröder inmitten der Dorfjugend unter dem Erntekranz – ein Zeichen echter Verbundenheit von Stadt und Land

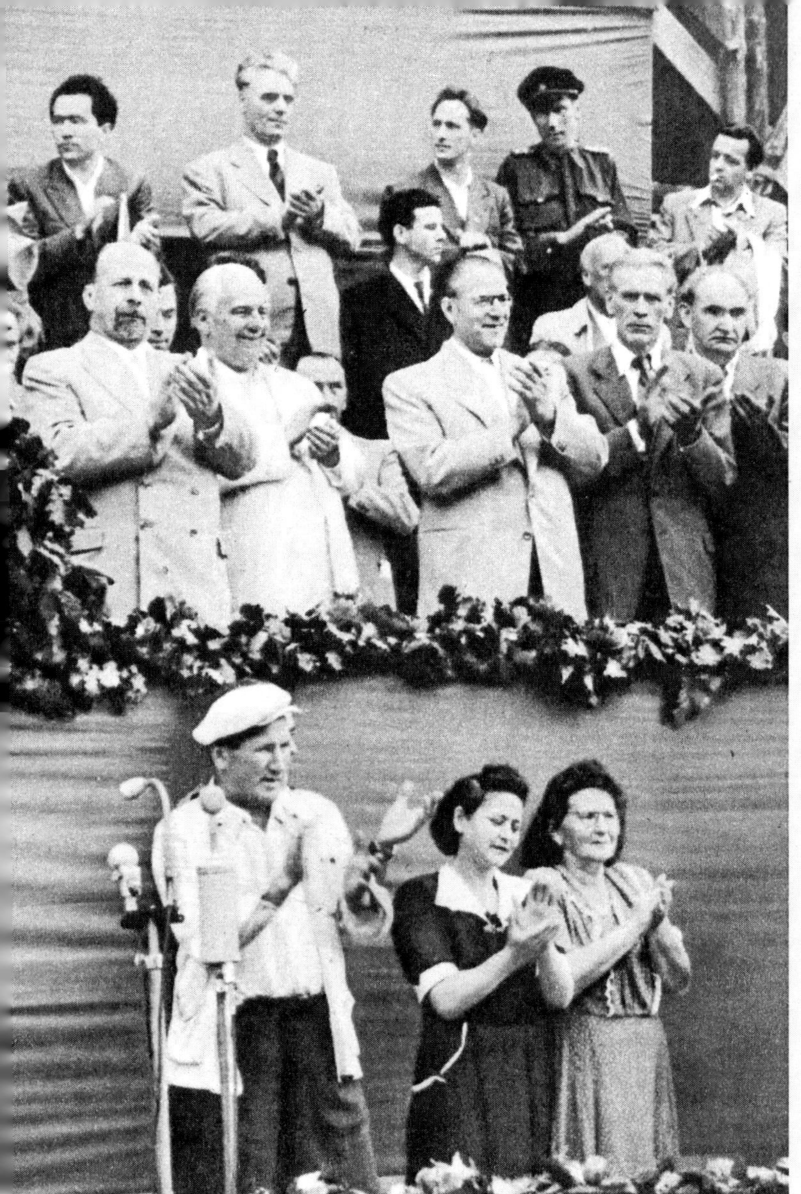

RICHTFEST

Am 12. Juli konnten die Richtkronen auf den vorfristig im Rohbau fertiggestellten Blocks C-Süd, E-Süd und F-Süd angebracht werden. An dem feierlichen Akt, der den Abschluss des ersten Bauabschnitts würdigt, nehmen Tausende von Berlinern teil

Präsident Wilhelm Pieck, Ministerpräsident Otto Grotewohl, der Stellvertreter des Ministerpräsidenten, Walter Ulbricht, und weitere führende Persönlichkeiten des öffentlichen Lebens beim ersten Richtfest in der Stalinallee

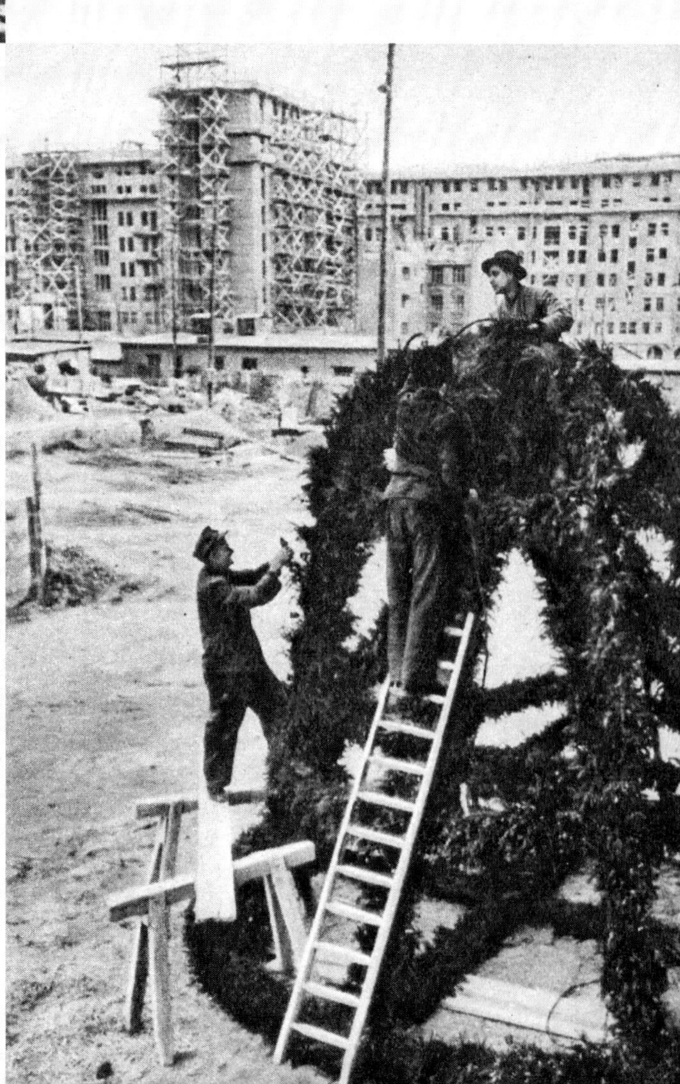

Eine der riesigen Richtkronen, die die Gebäude der Stalinallee schmücken

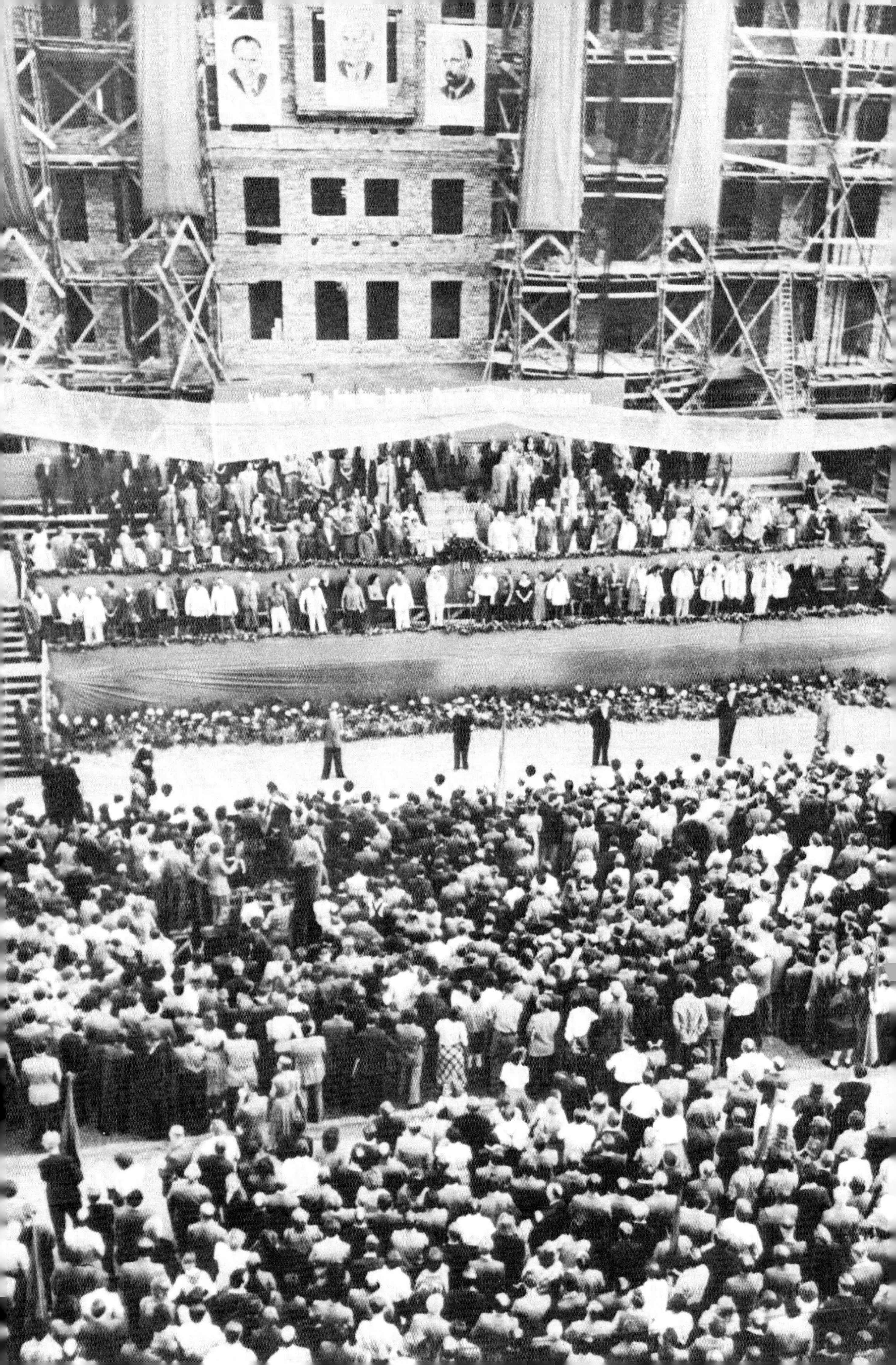

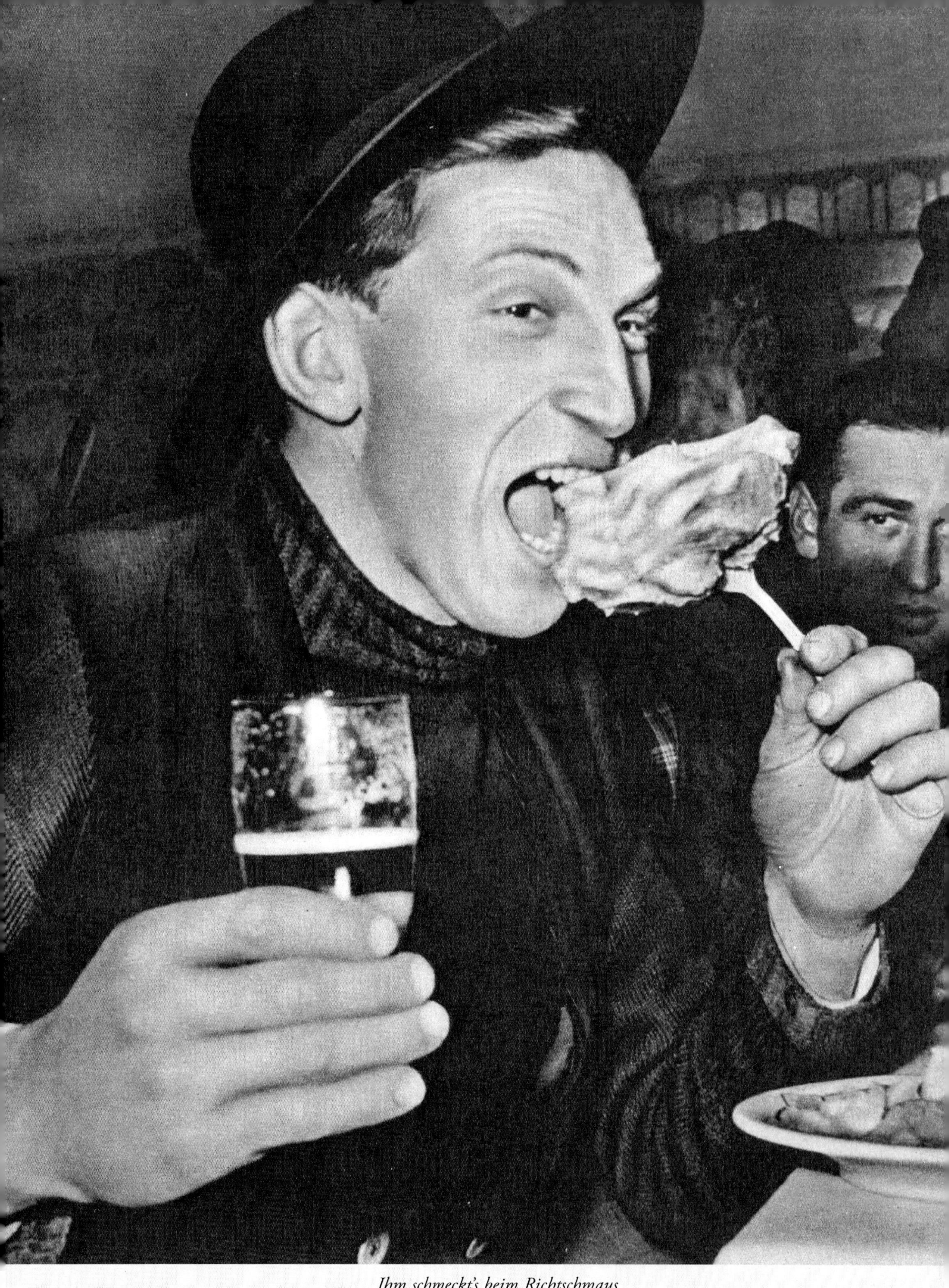

Ihm schmeckt's beim Richtschmaus

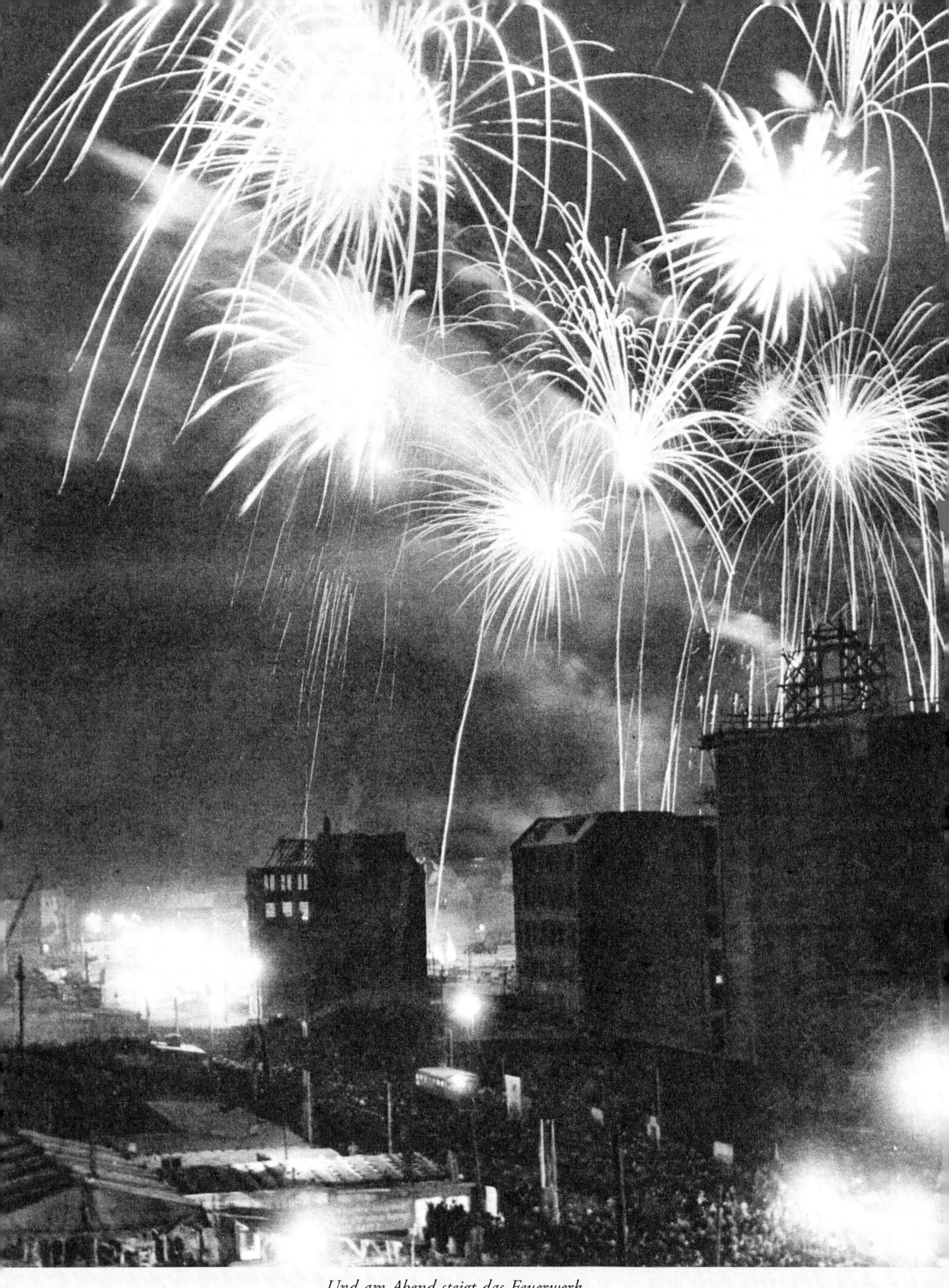

Und am Abend steigt das Feuerwerk

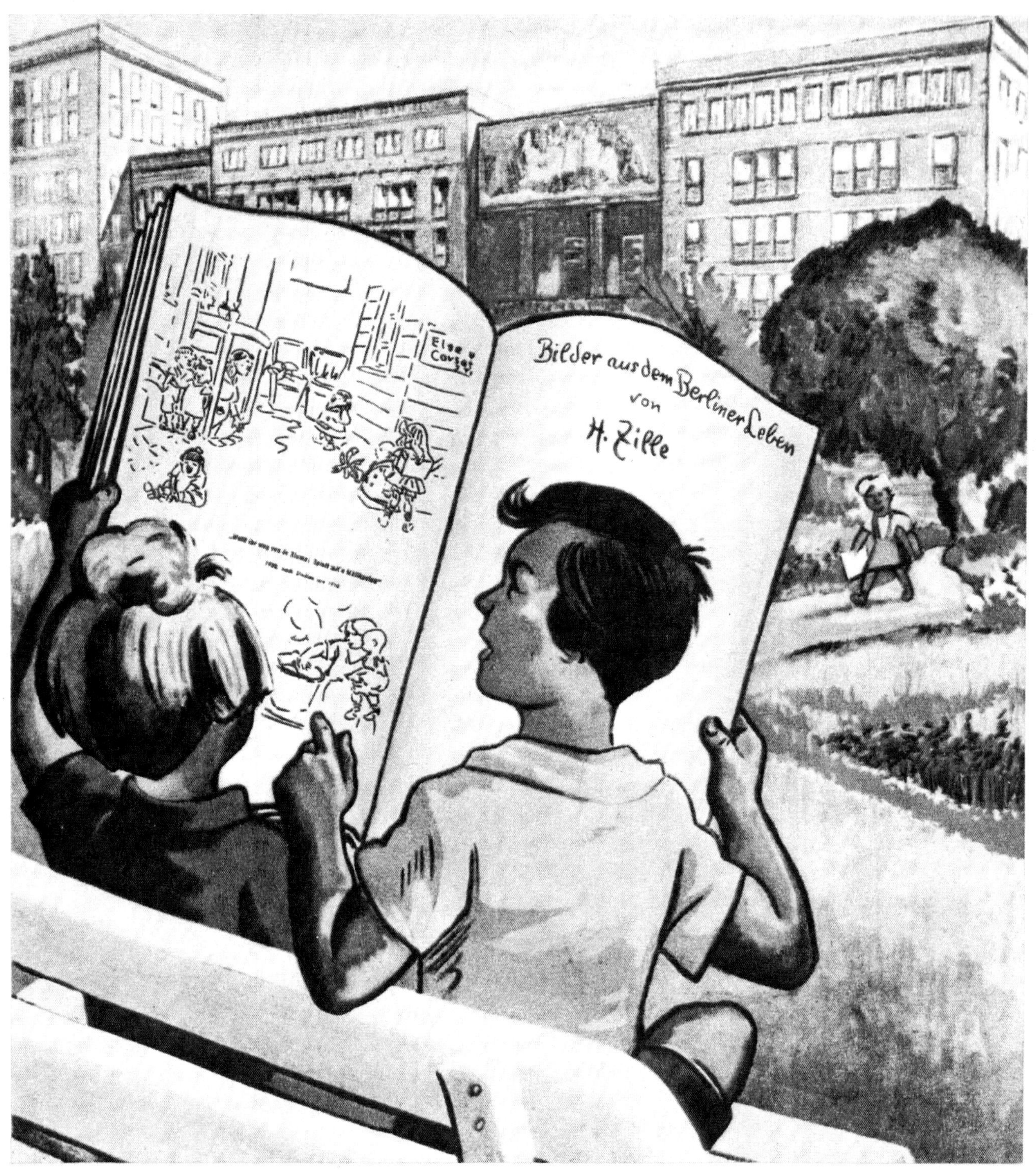

NATIONALES AUFBAUPROGRAMM BERLIN 1952

UNSERE ERFOLGE IM JULI

2 111 621 STEINE GESTAPELT

669 TONNEN SCHROTT GEWONNEN

59 849 cbm SCHUTT ABGEFAHREN

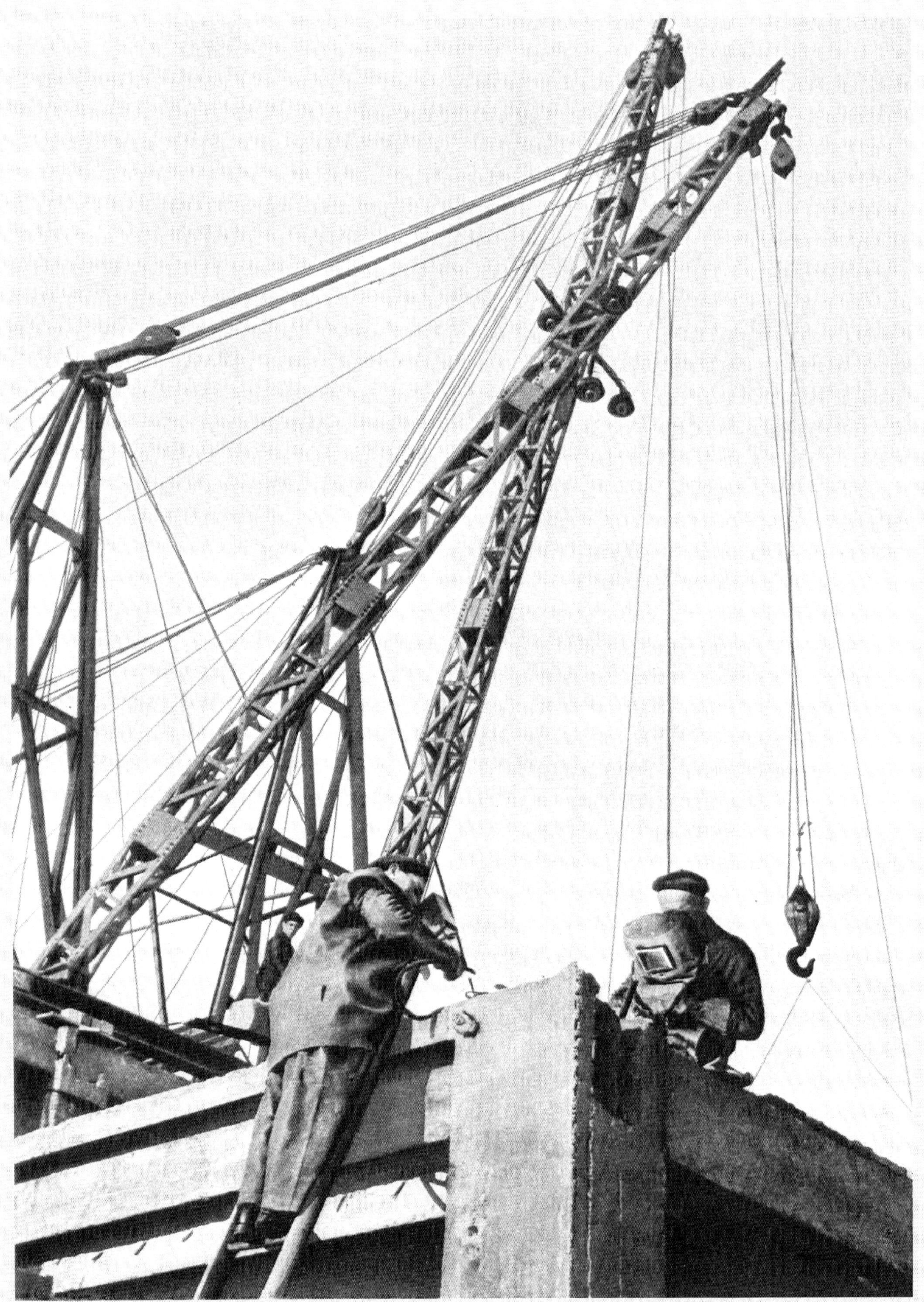

Ein Gewirr von Etagenkränen auf dem Hochhaus am Strausberger Platz

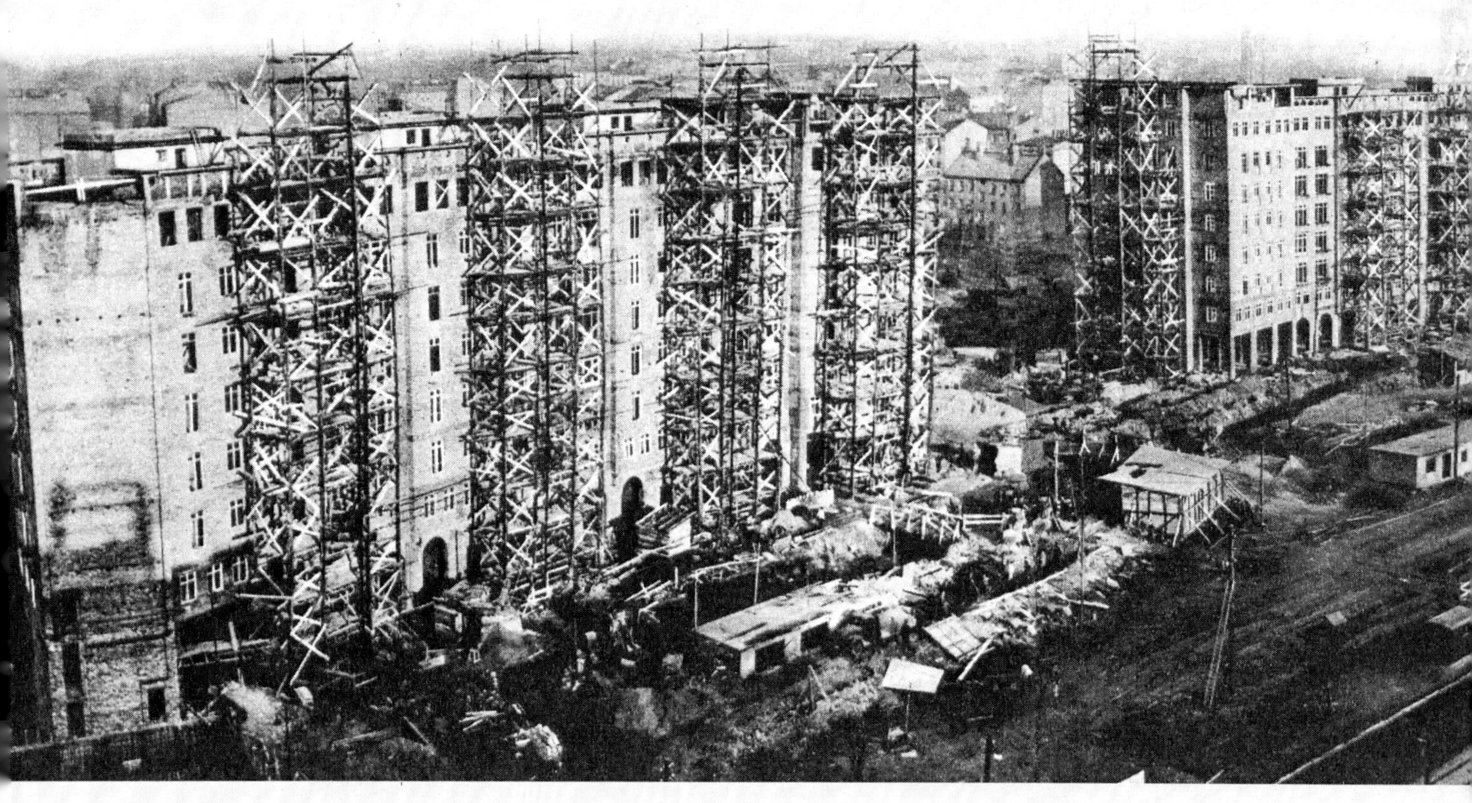

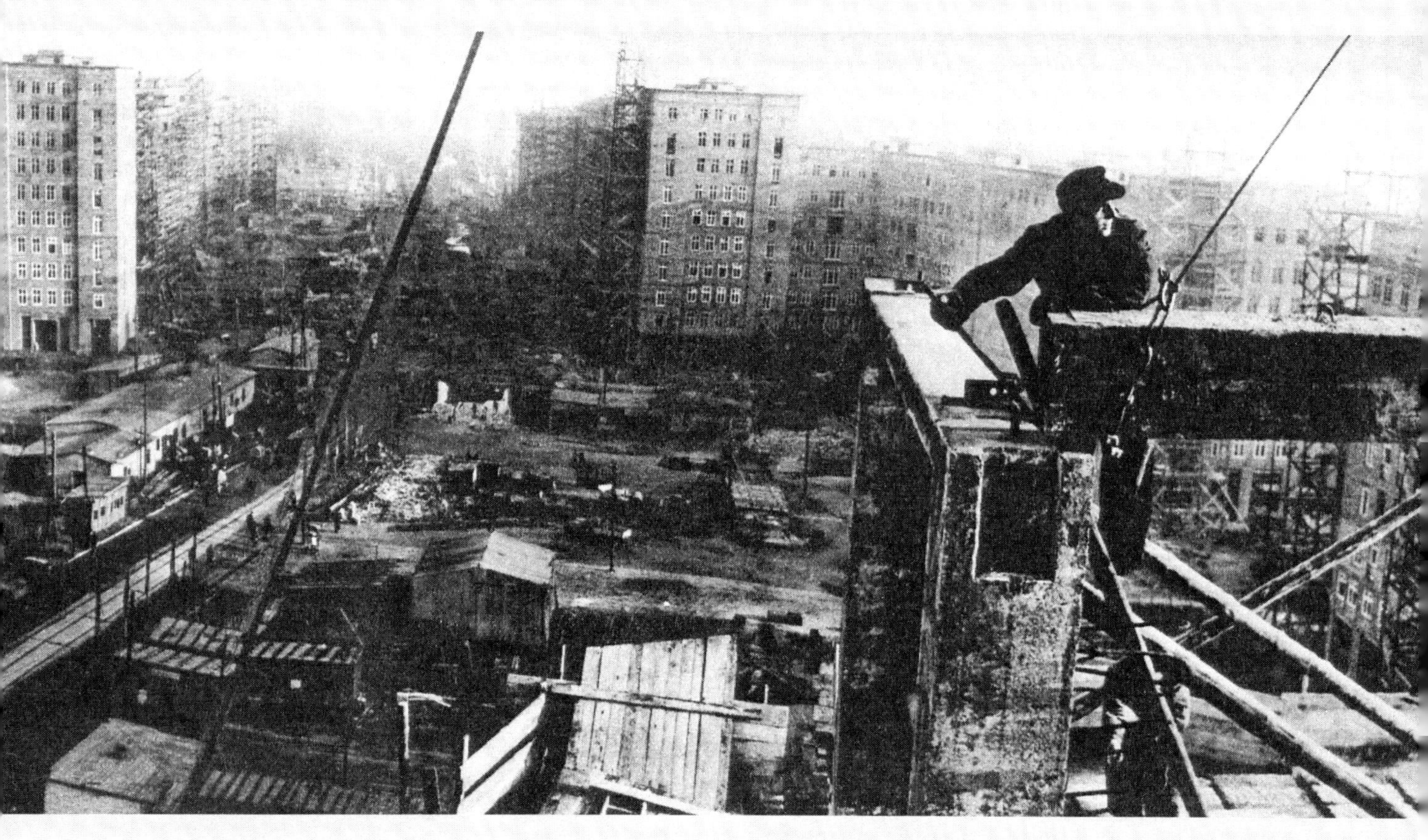

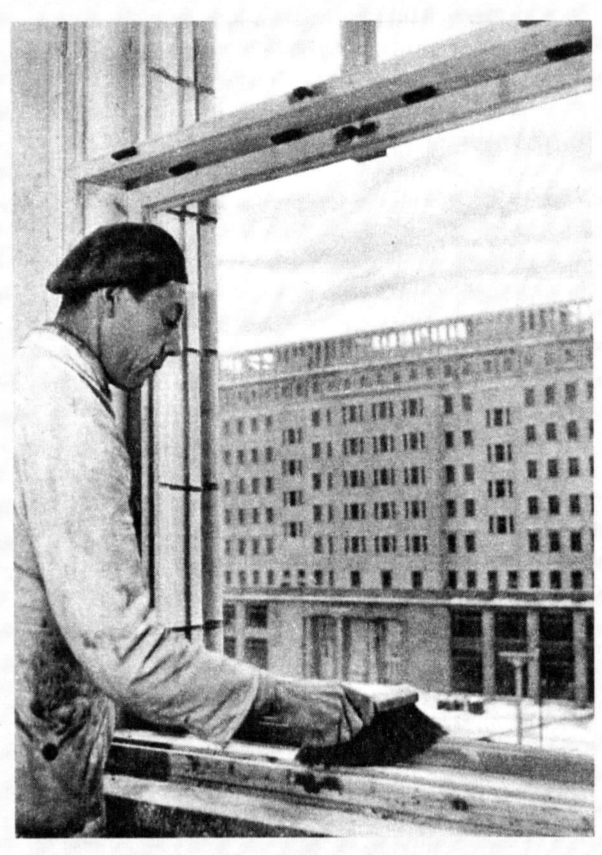
Die Fenster werden wetterdicht gemacht

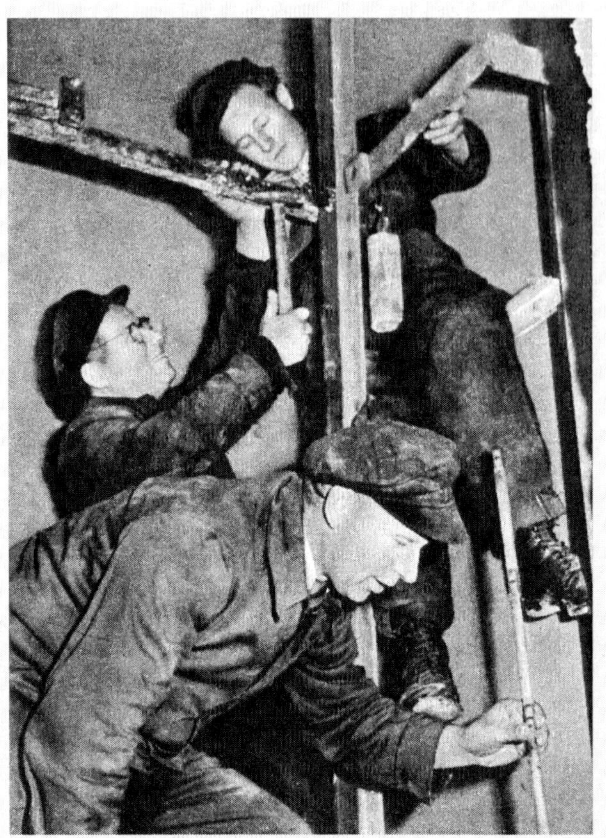
Montage der Fahrstühle

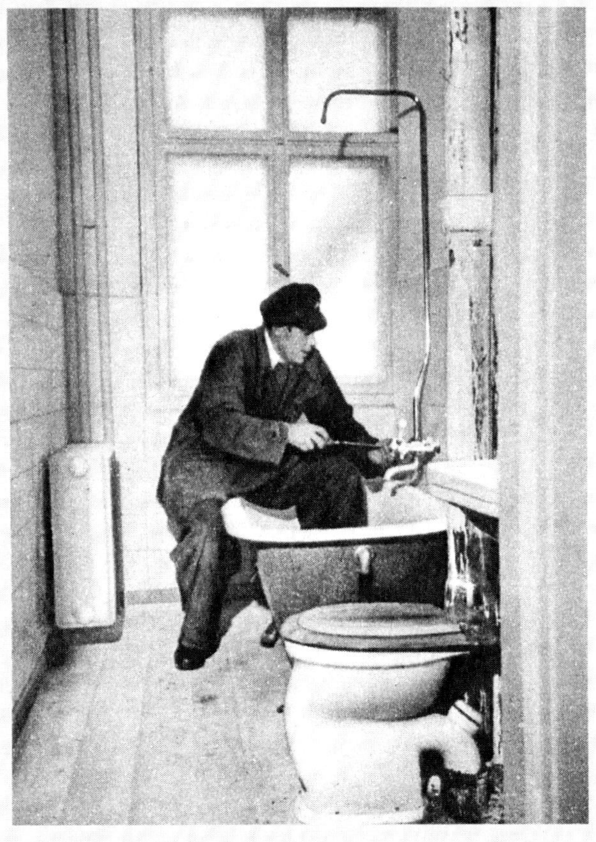
Einbau der Badeeinrichtung

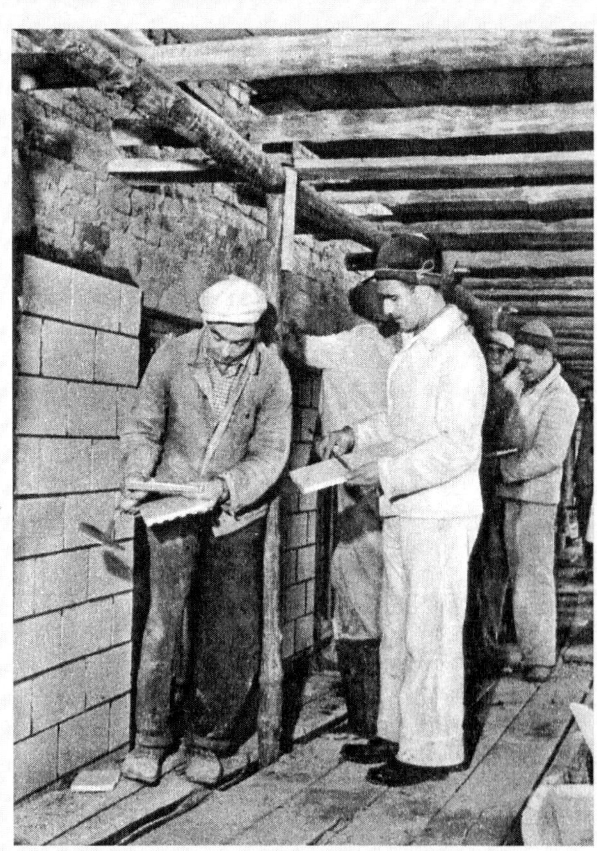
Fliesenleger bei der Arbeit

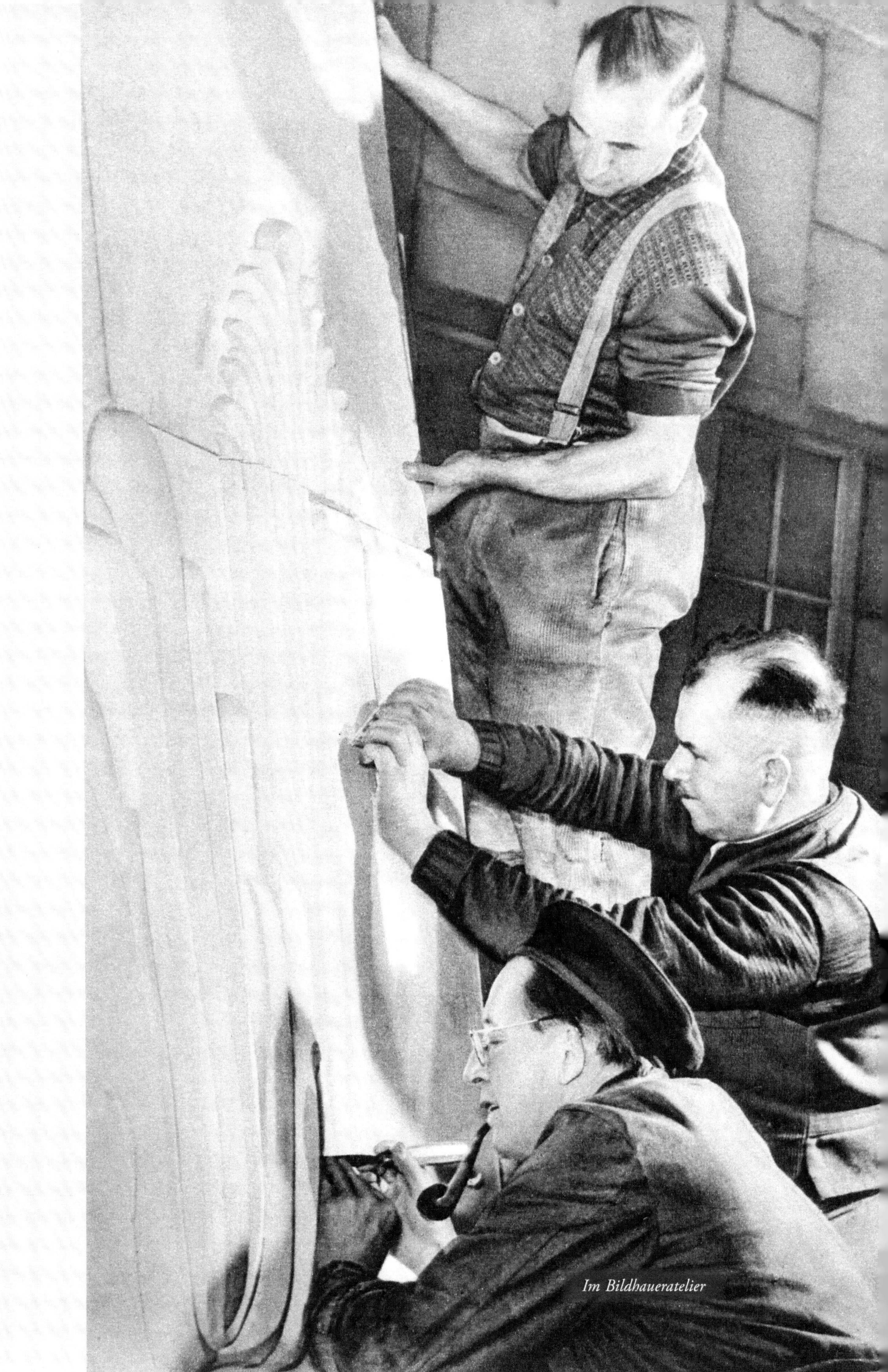

Im Bildhaueratelier

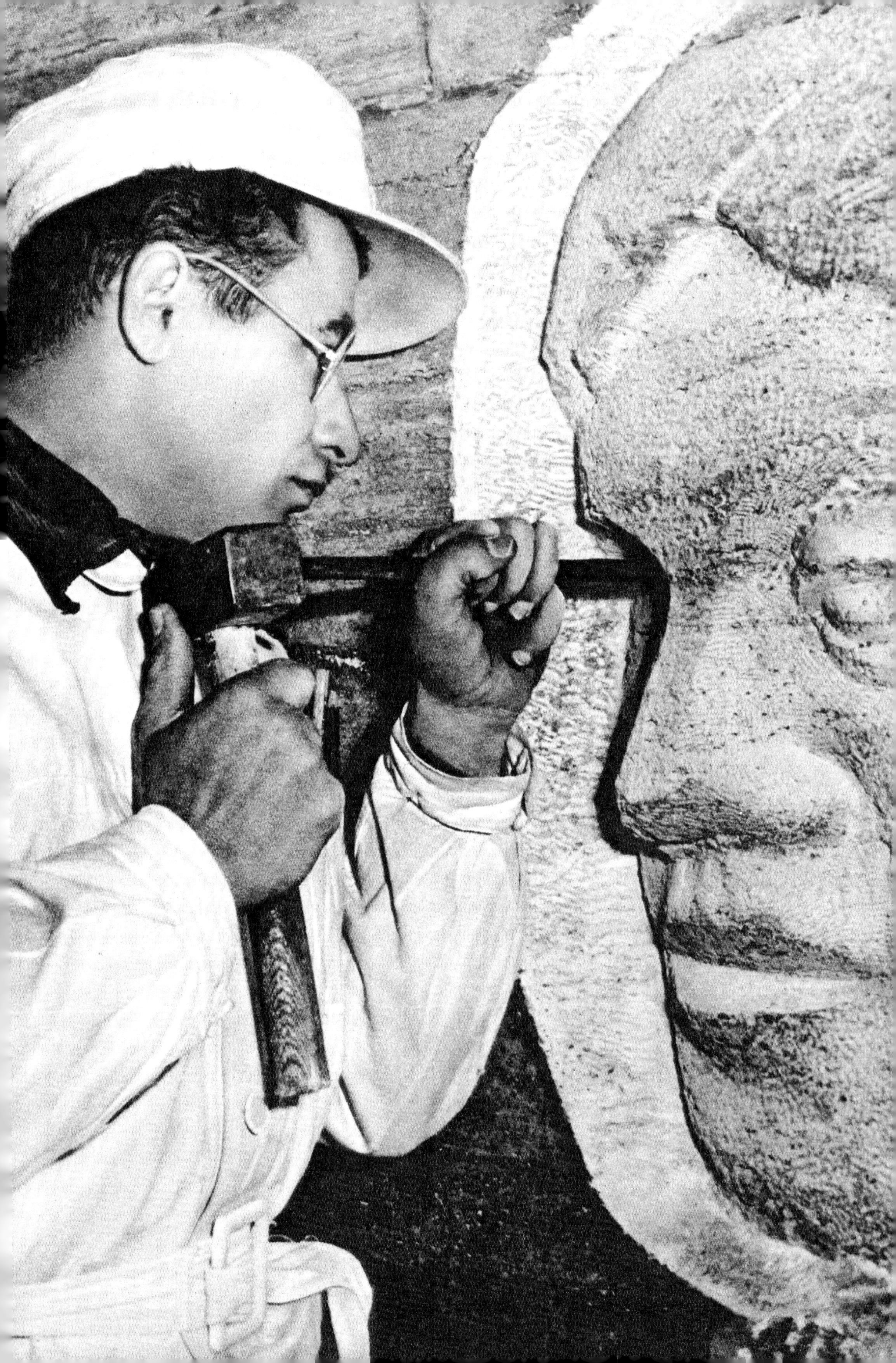

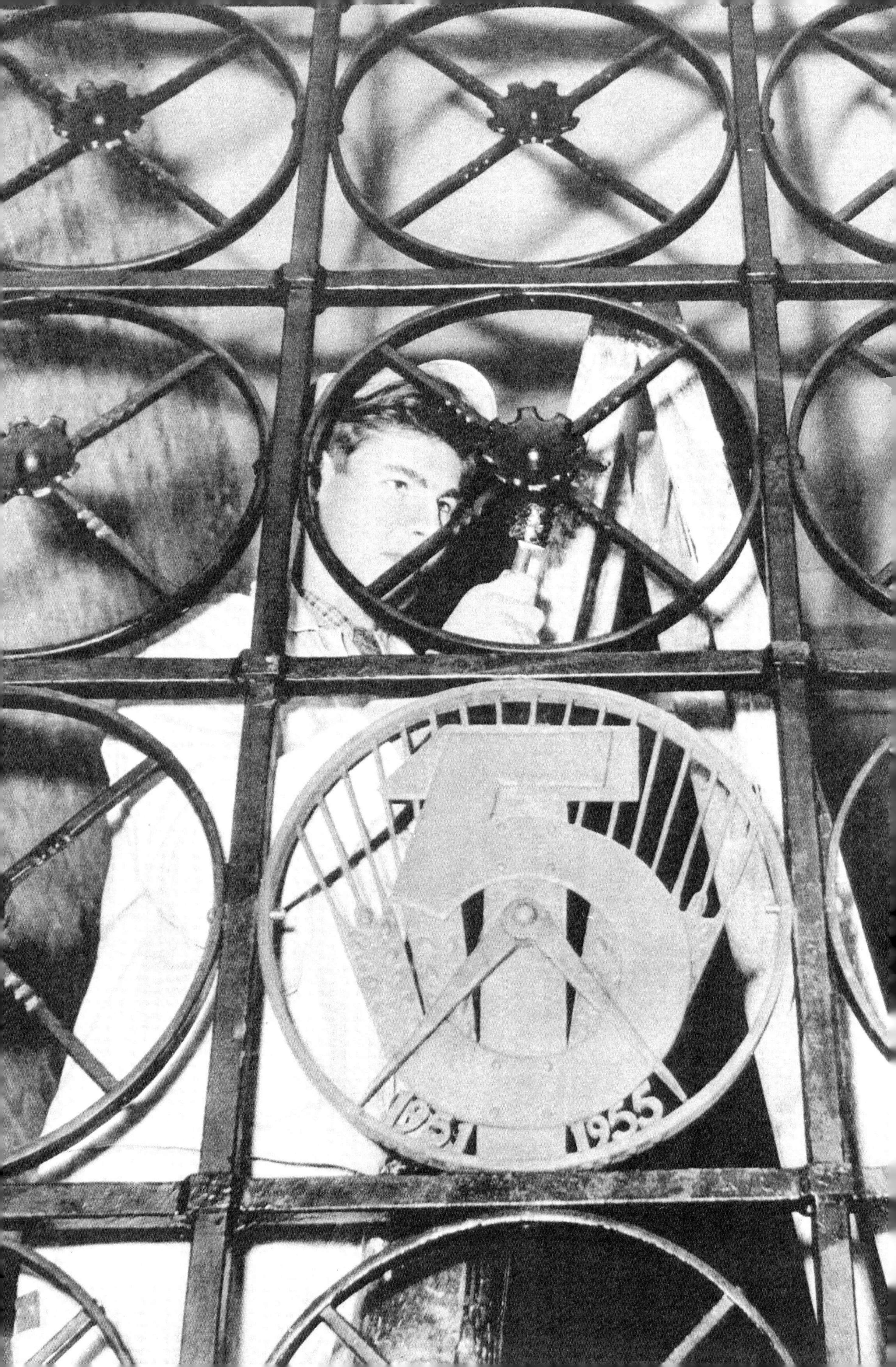
1955

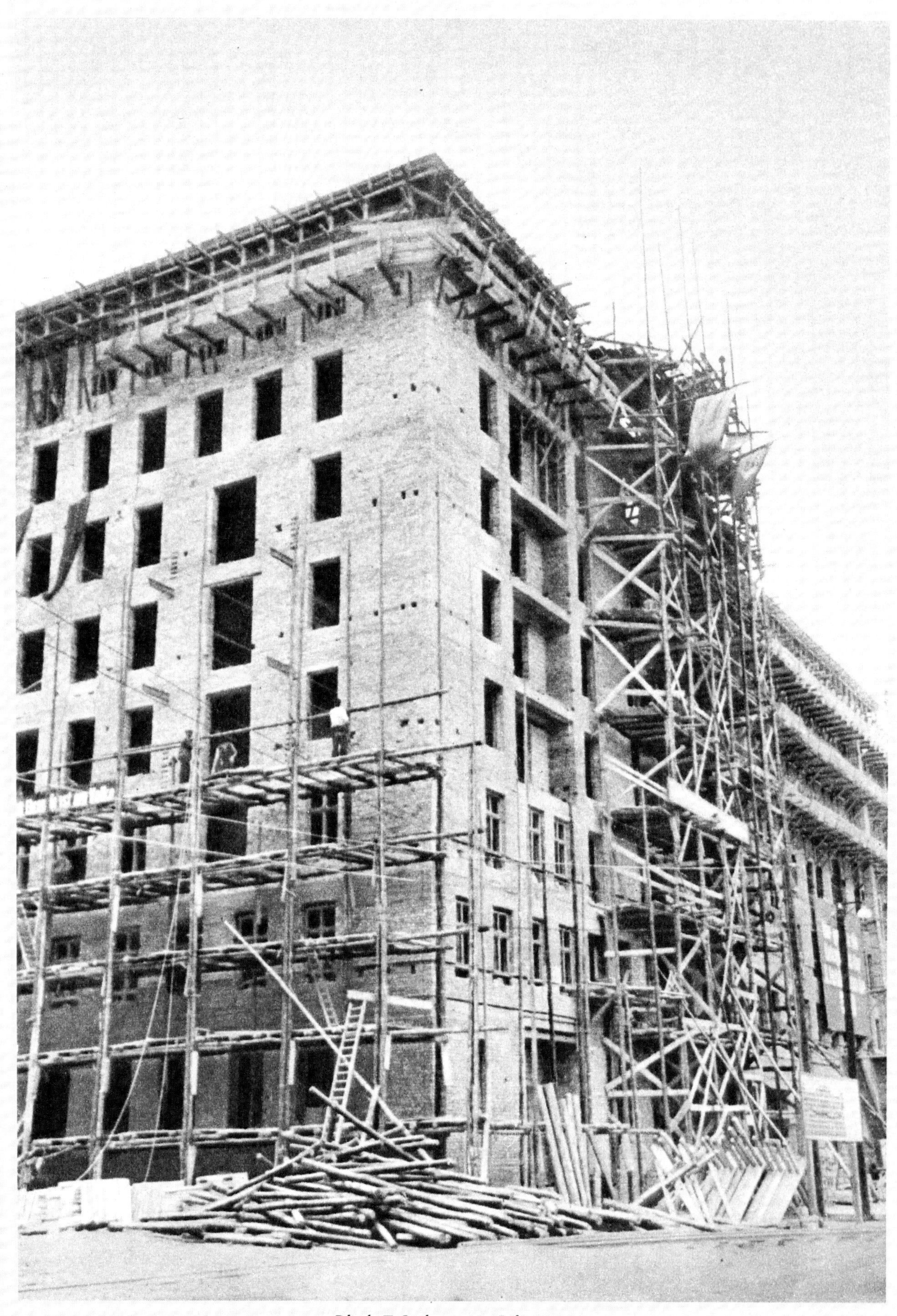

Block E-Süd am 12. Juli 1952

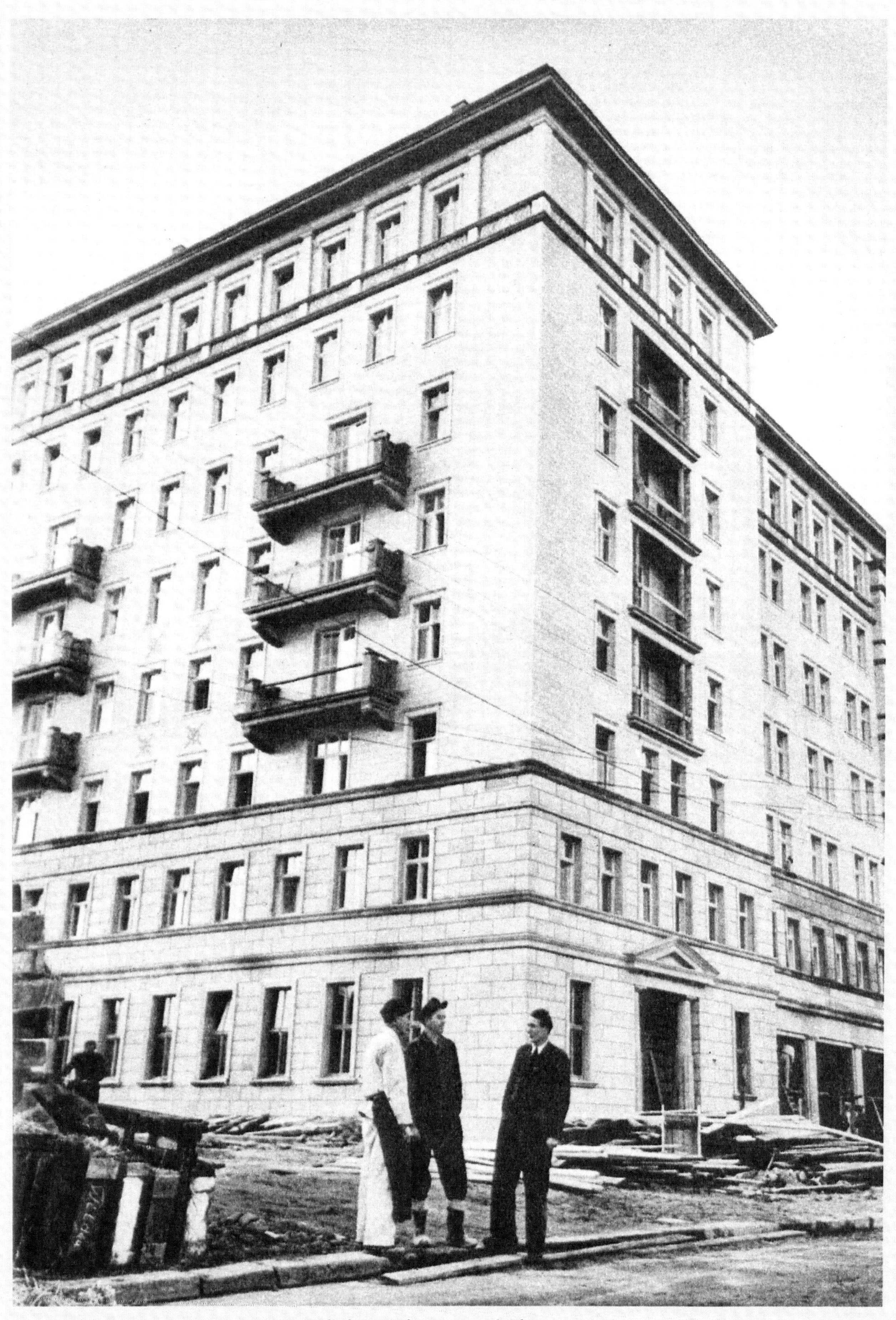

Block E-Süd am 12. Oktober 1952

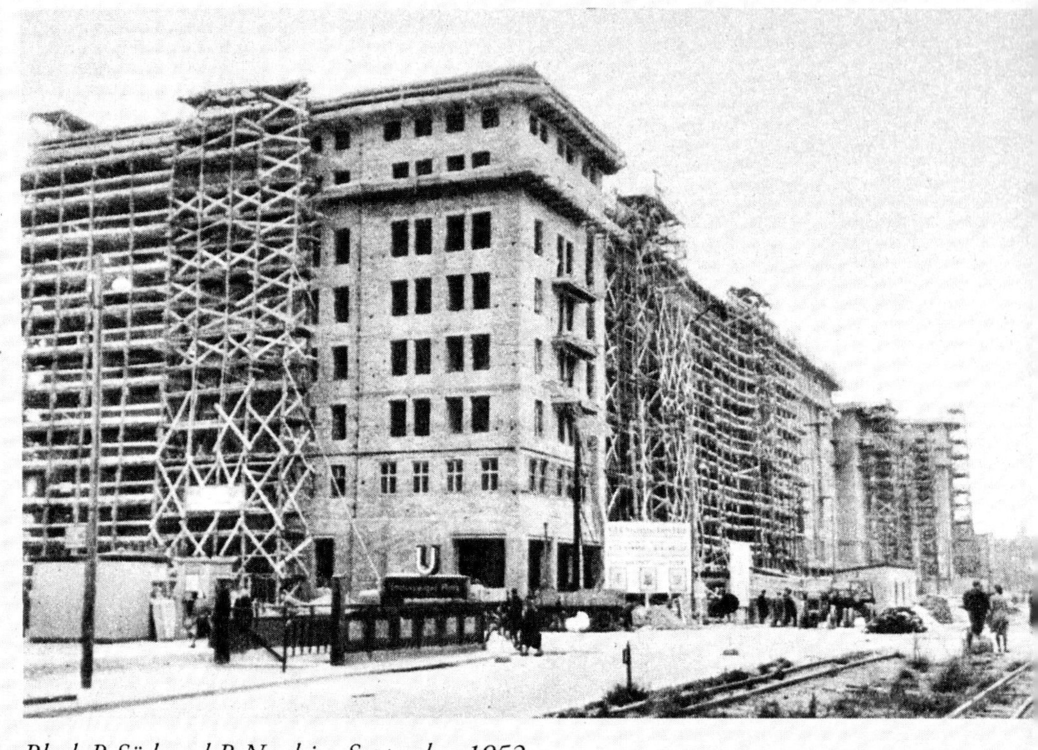

Block B-Süd und B-Nord im September 1952 …

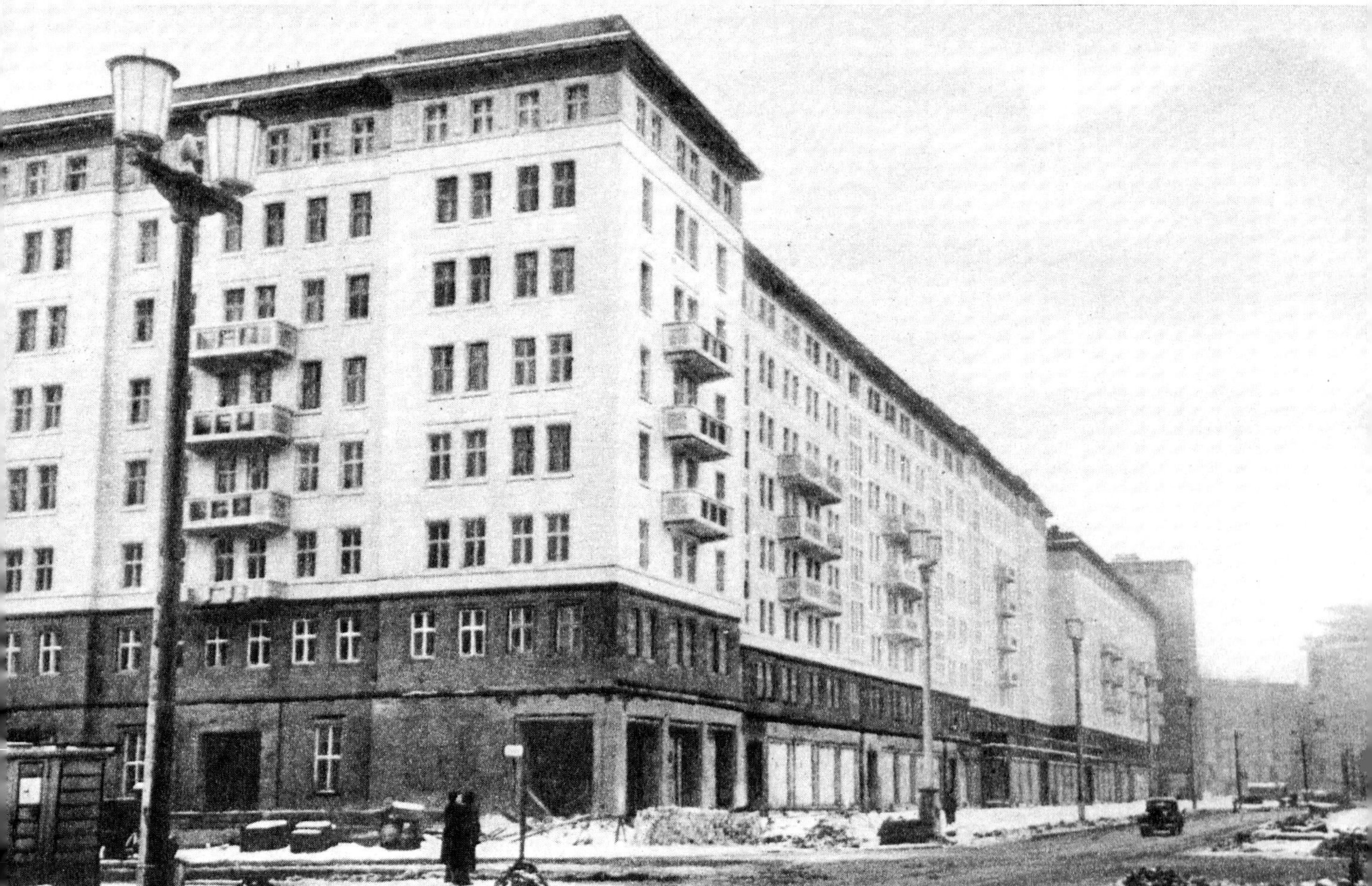

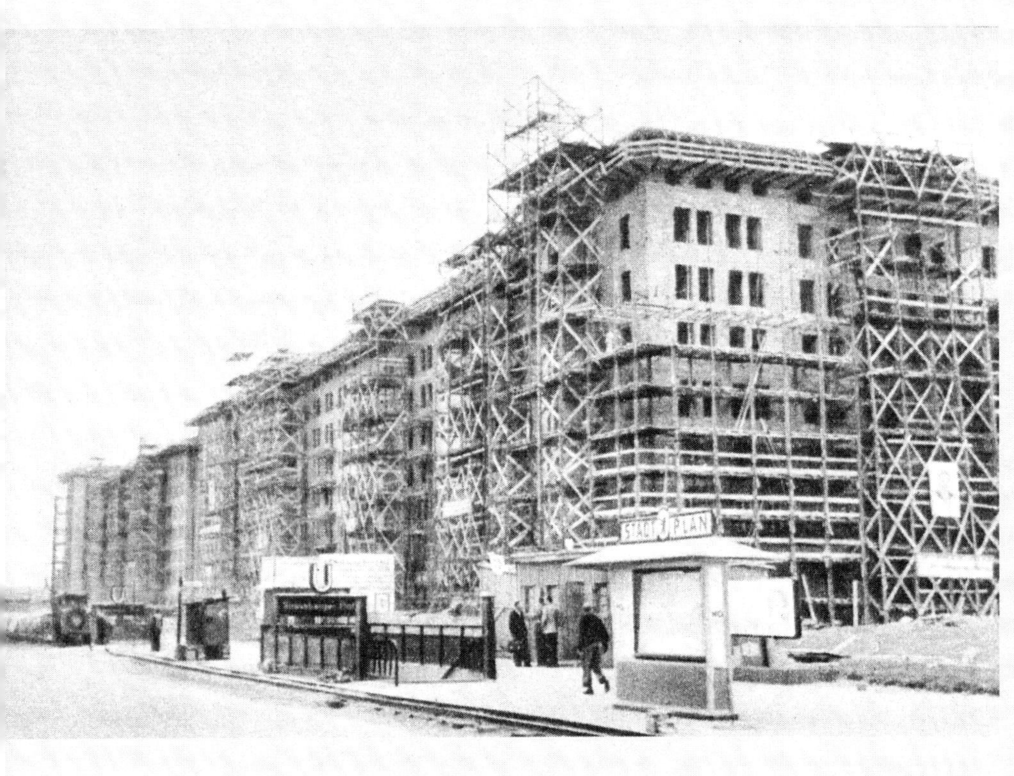

… und im fertigem Zustande im Dezember 1952

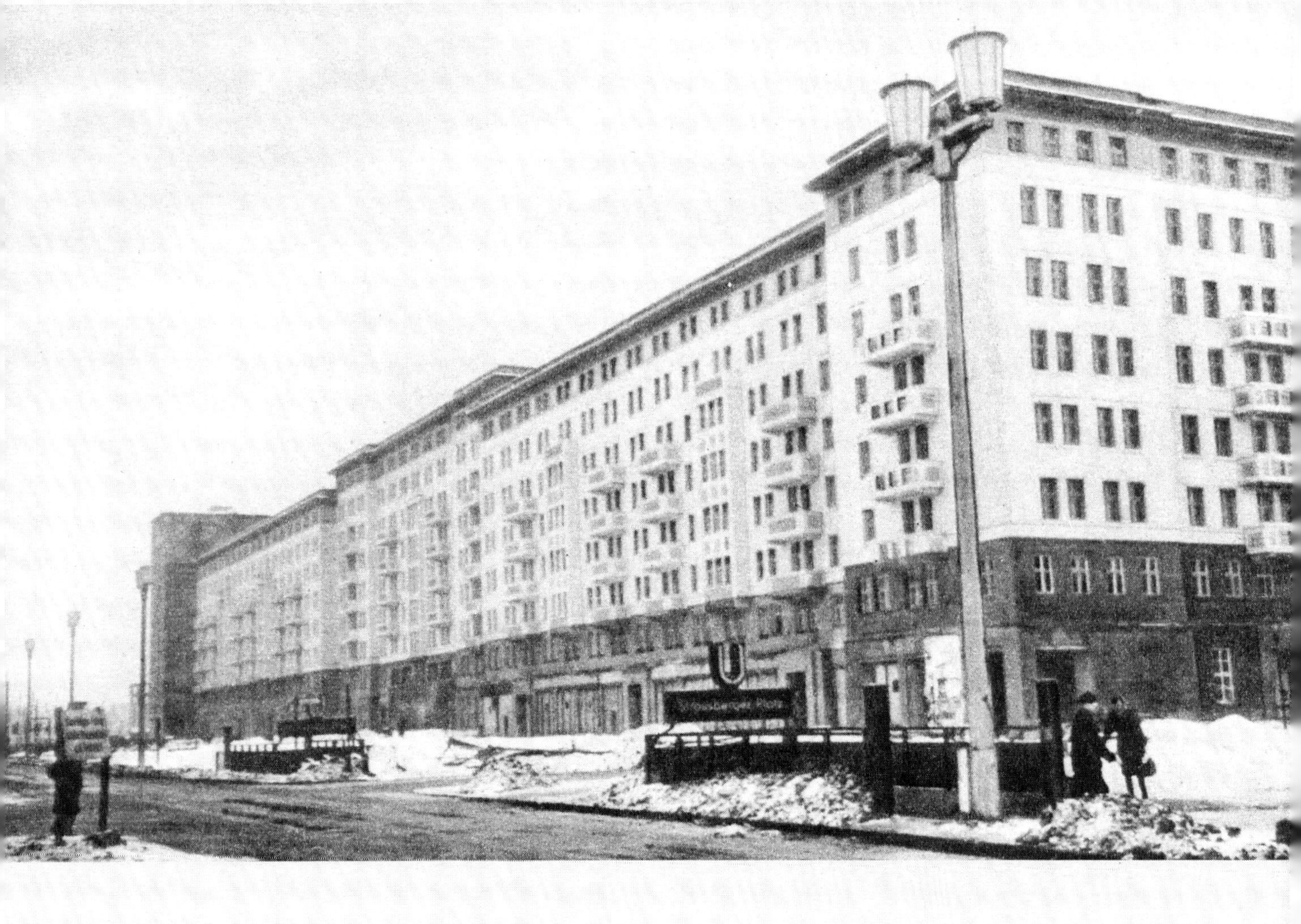

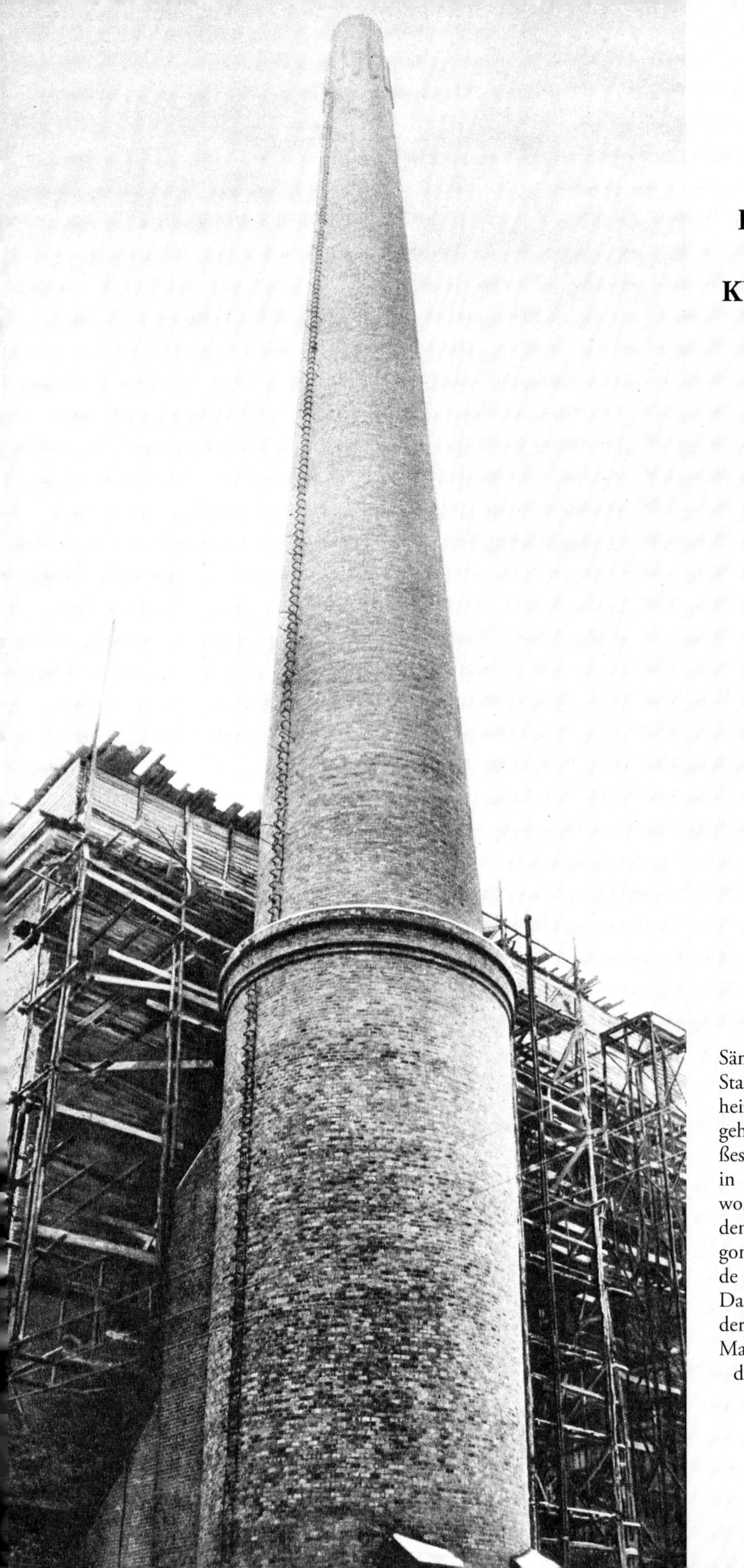

FERNHEIZWERK AM KÜSTRINER PLATZ

Sämtliche Neubauten in der Stalinallee werden vom Fernheizwerk am Küstriner Platz aus geheizt. Noch nie ist ein so großes und kompliziertes Heizwerk in ähnlichem Tempo errichtet worden. Im April wurde mit den Ausschachtungsarbeiten begonnen, und im Oktober wurde bereits das Richtfest gefeiert. Das Werk ist eines der modernsten seiner Art. Nur 16 Mann technisches Personal werden zur Bedienung benötigt.

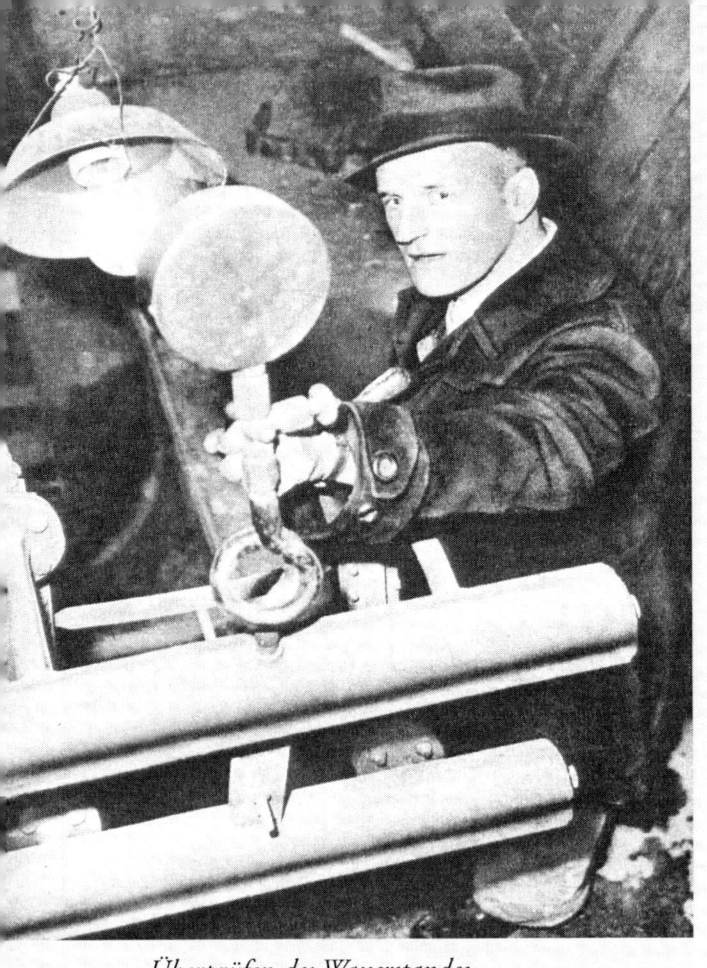

Überprüfen des Wasserstandes

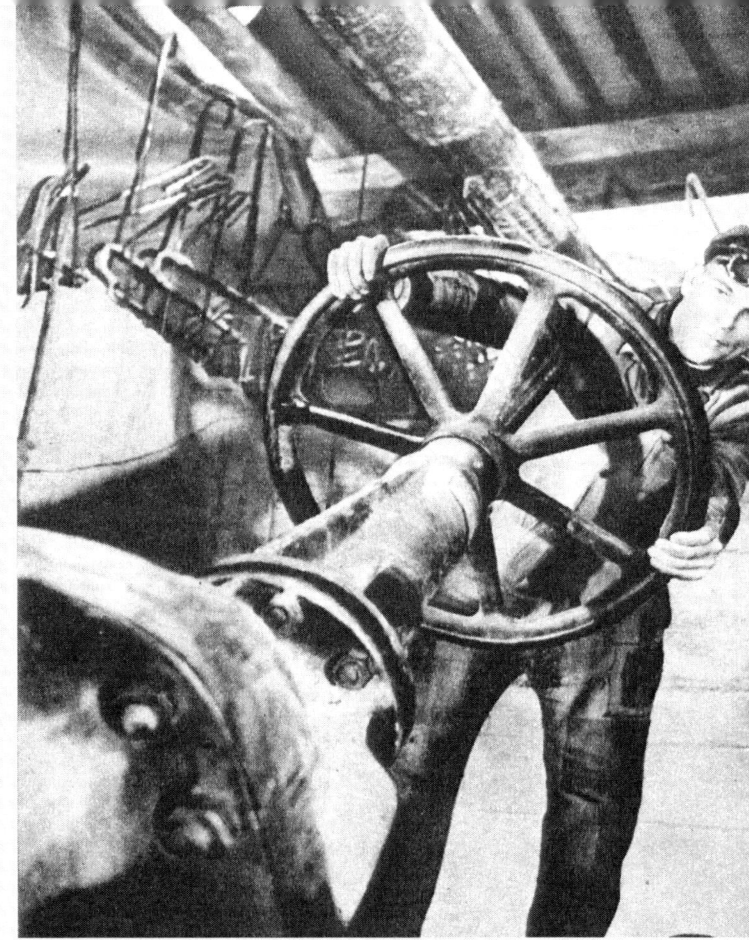

Das Hauptventil wird geöffnet

Regulierung der Feueranlage

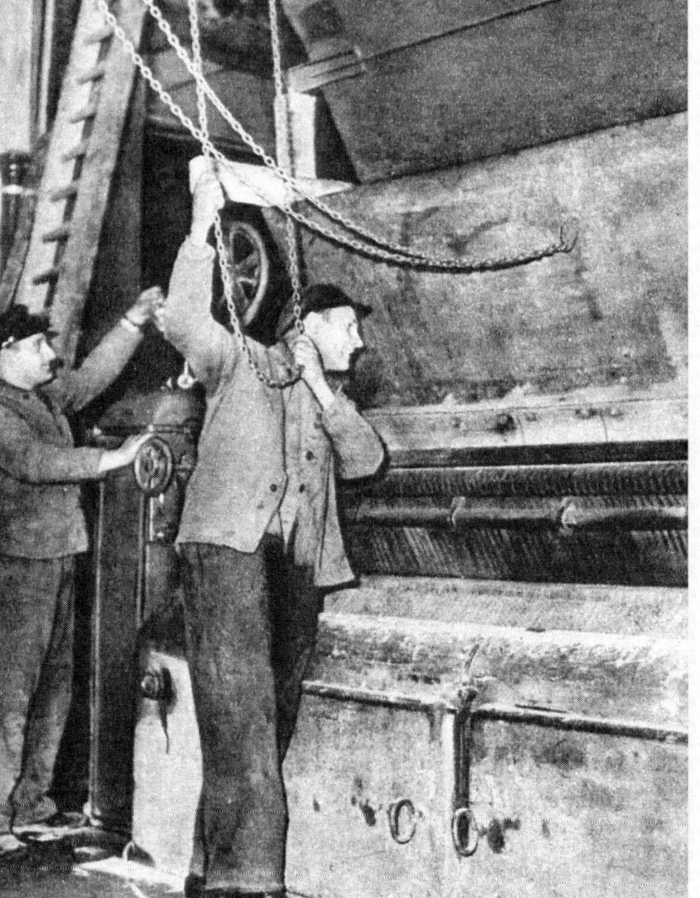

Der Niederdruck-Gegenstrom-Apparat

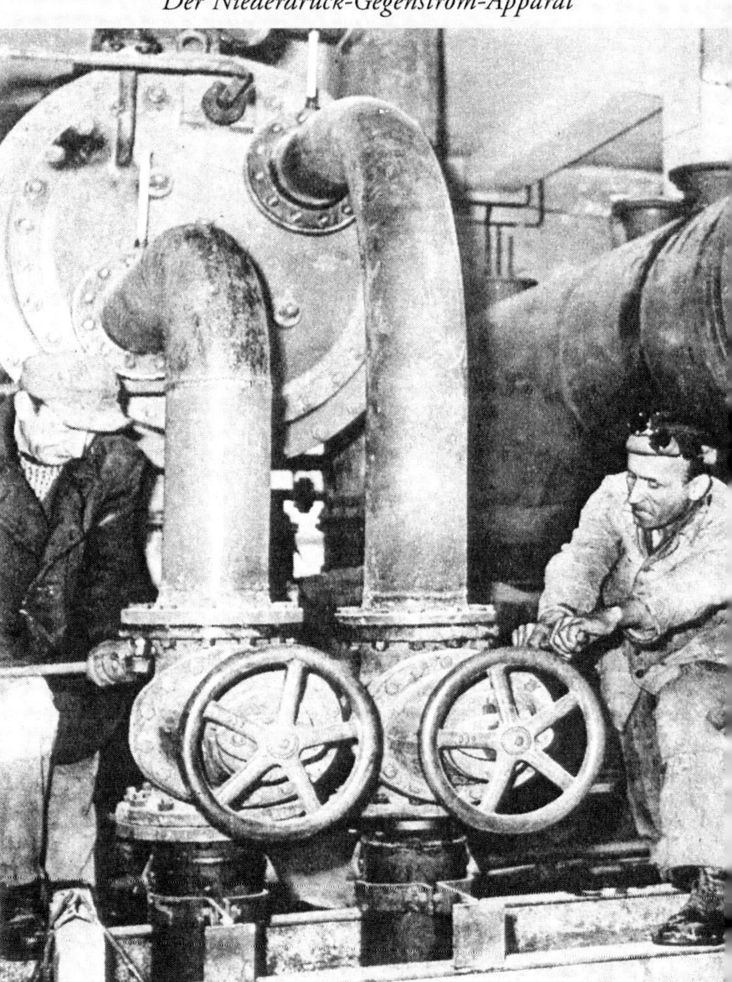

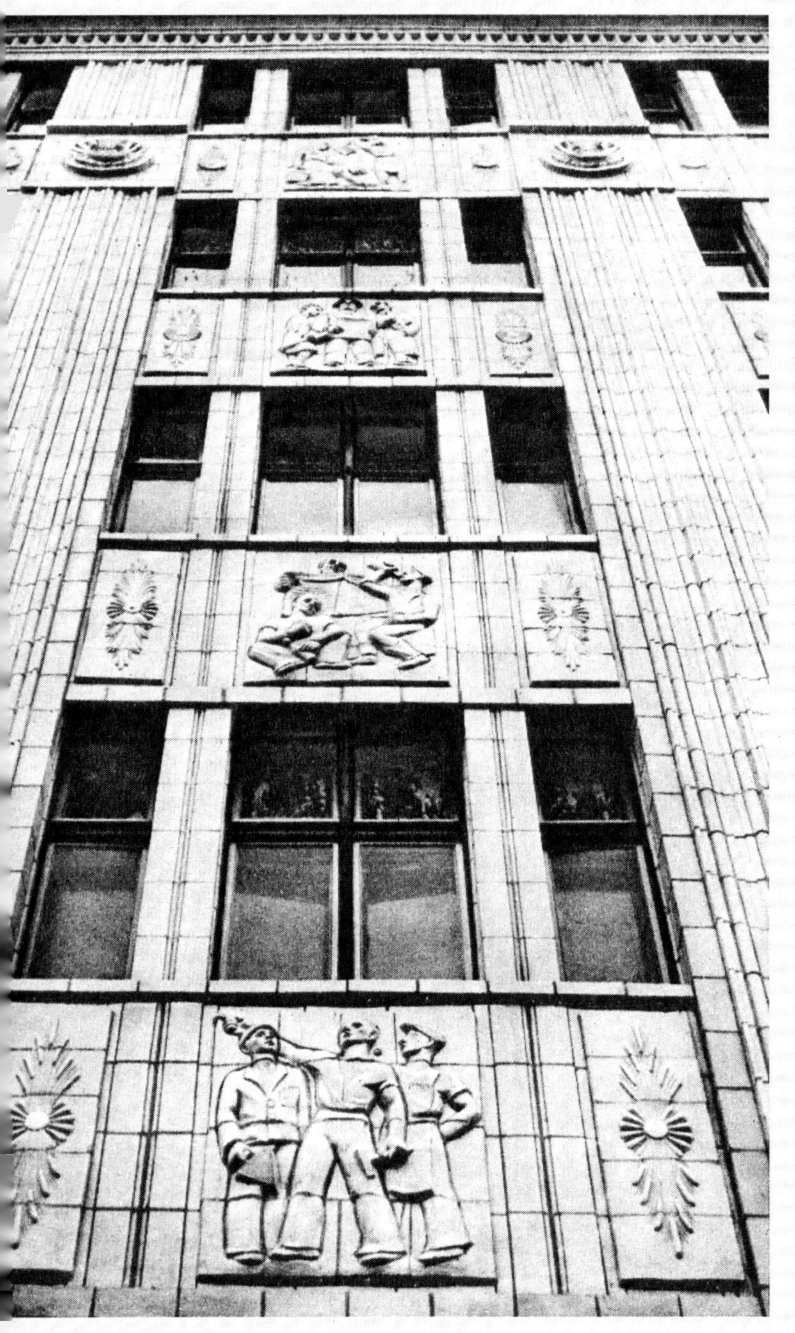

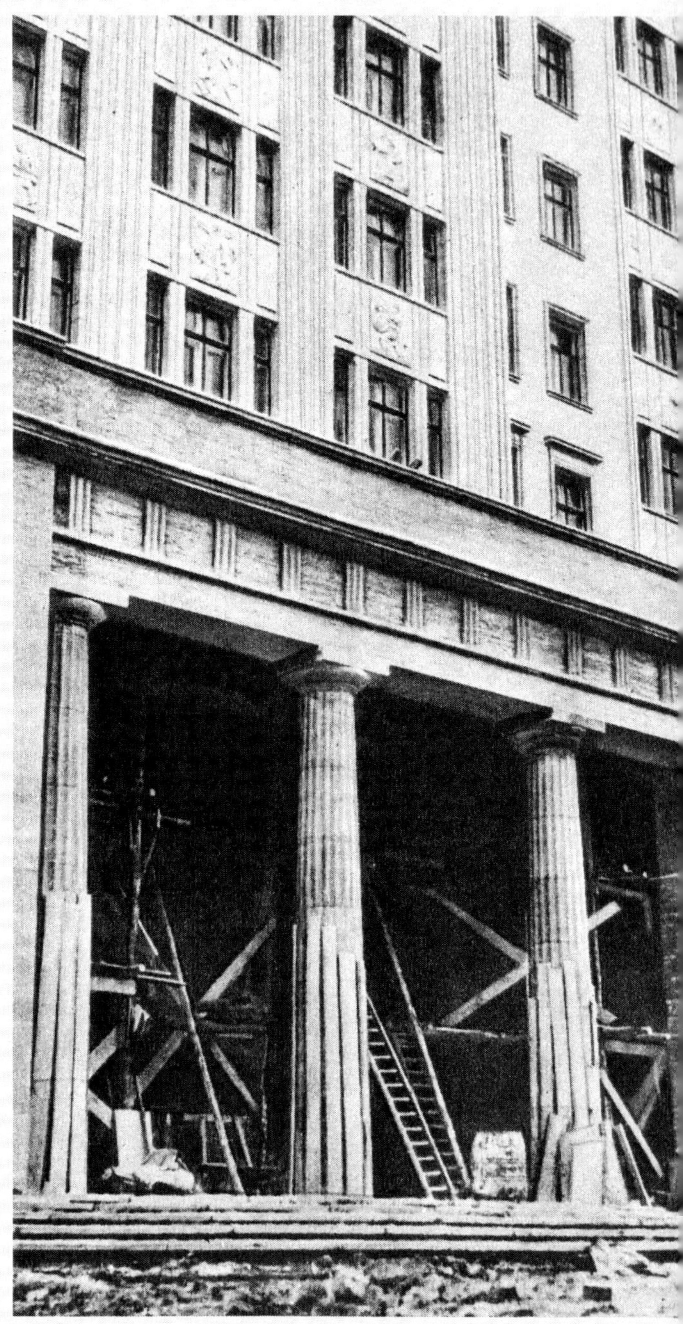

ARCHITEKTONISCHE GESTALTUNG

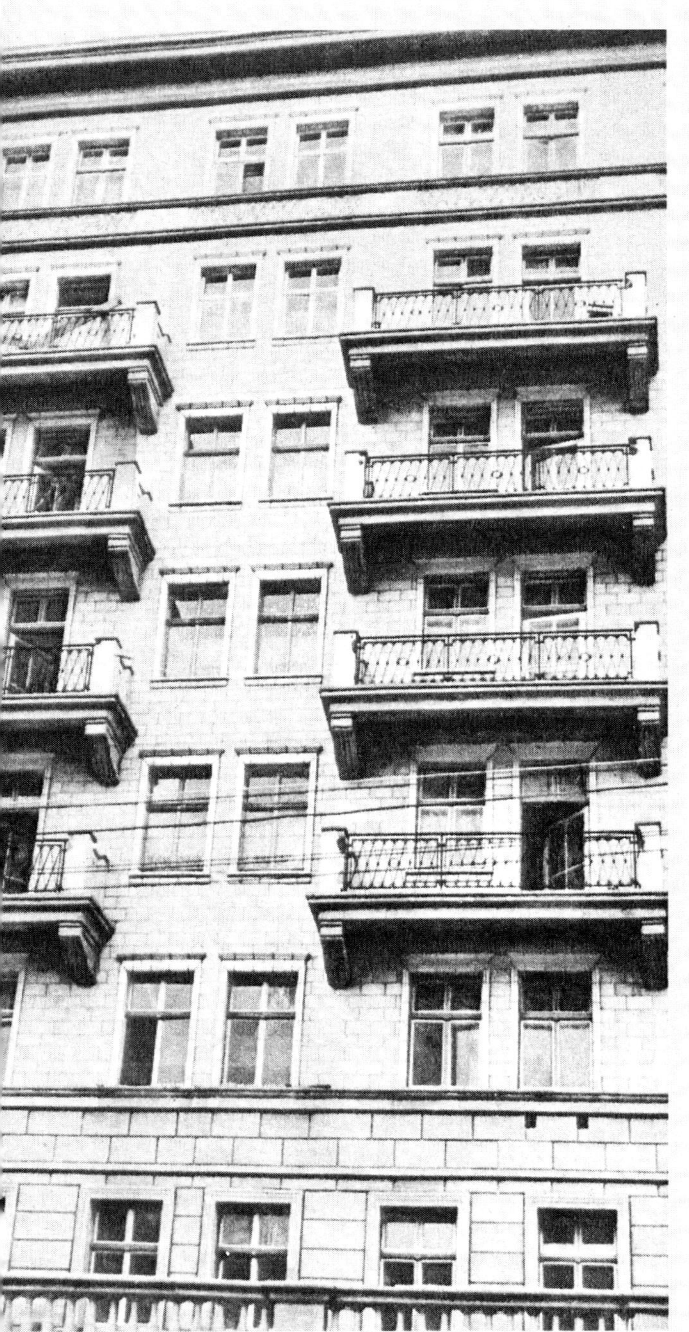

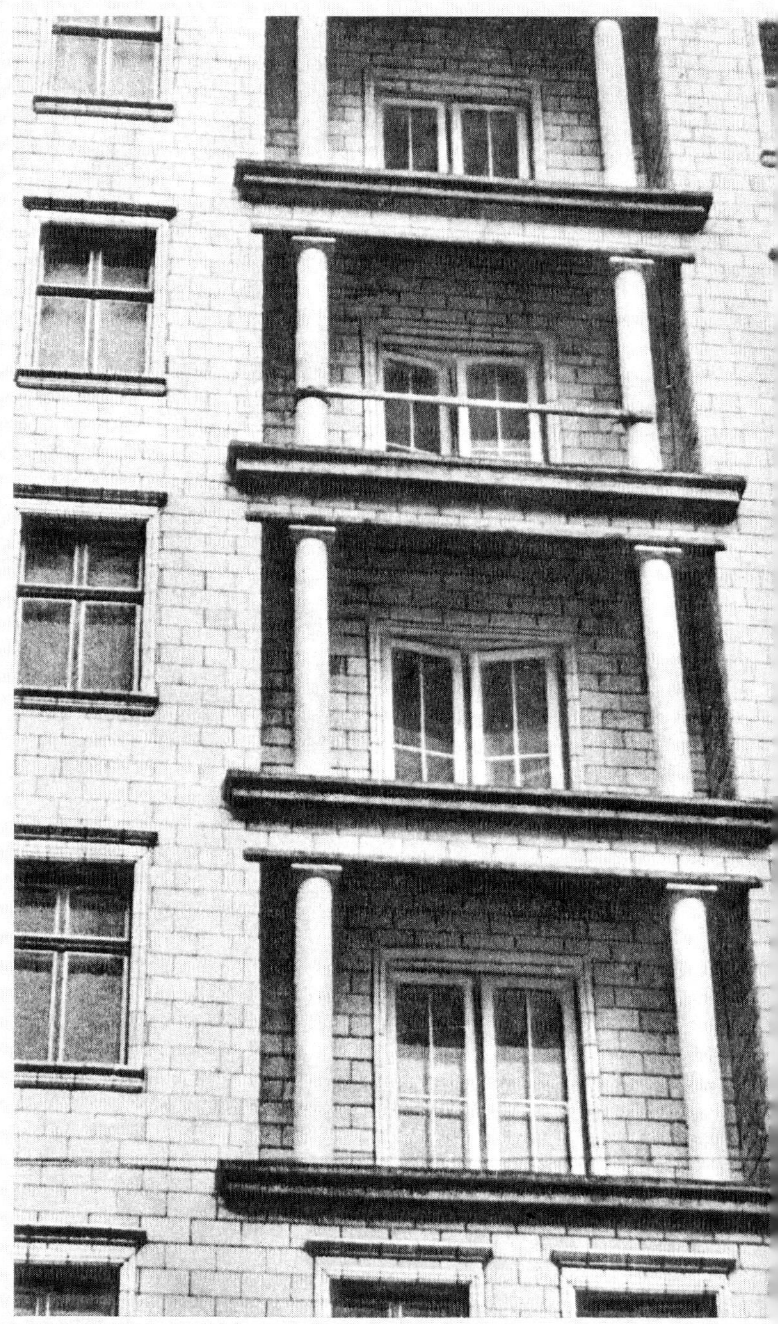

DER FASSADEN DER WOHNBAUTEN

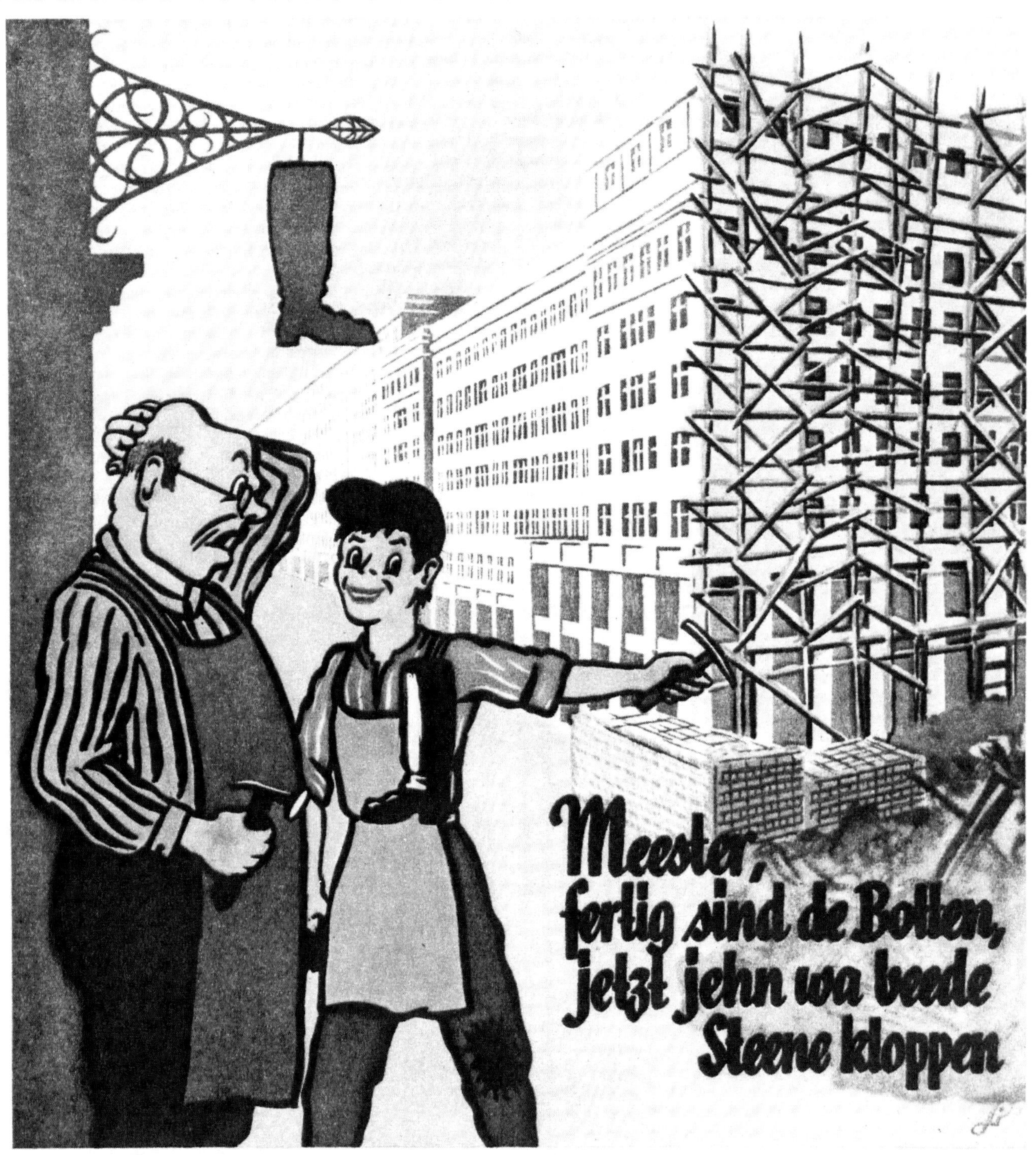

NATIONALES AUFBAUPROGRAMM BERLIN 1952

UNSERE	2 522 403 STEINE GESTAPELT
ERFOLGE	635 TONNEN SCHROTT GEWONNEN
IM AUGUST	58 085 cbm SCHUTT ABGEFAHREN

DIE BAUTEN SIND FERTIG

DIE MIETER ZIEHEN EIN

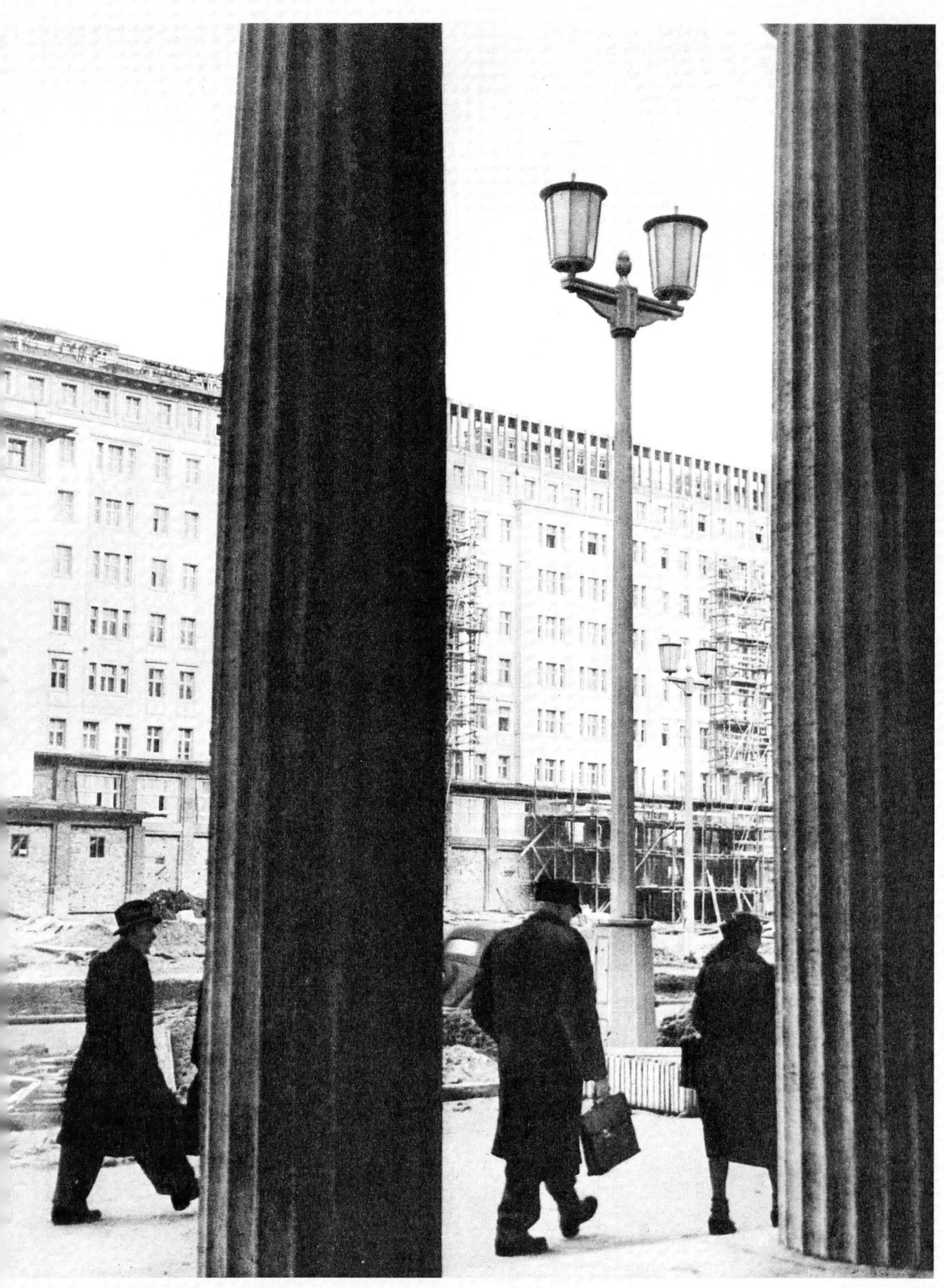

Blick vom Säulengang des Blocks C-Süd auf Block C-Nord

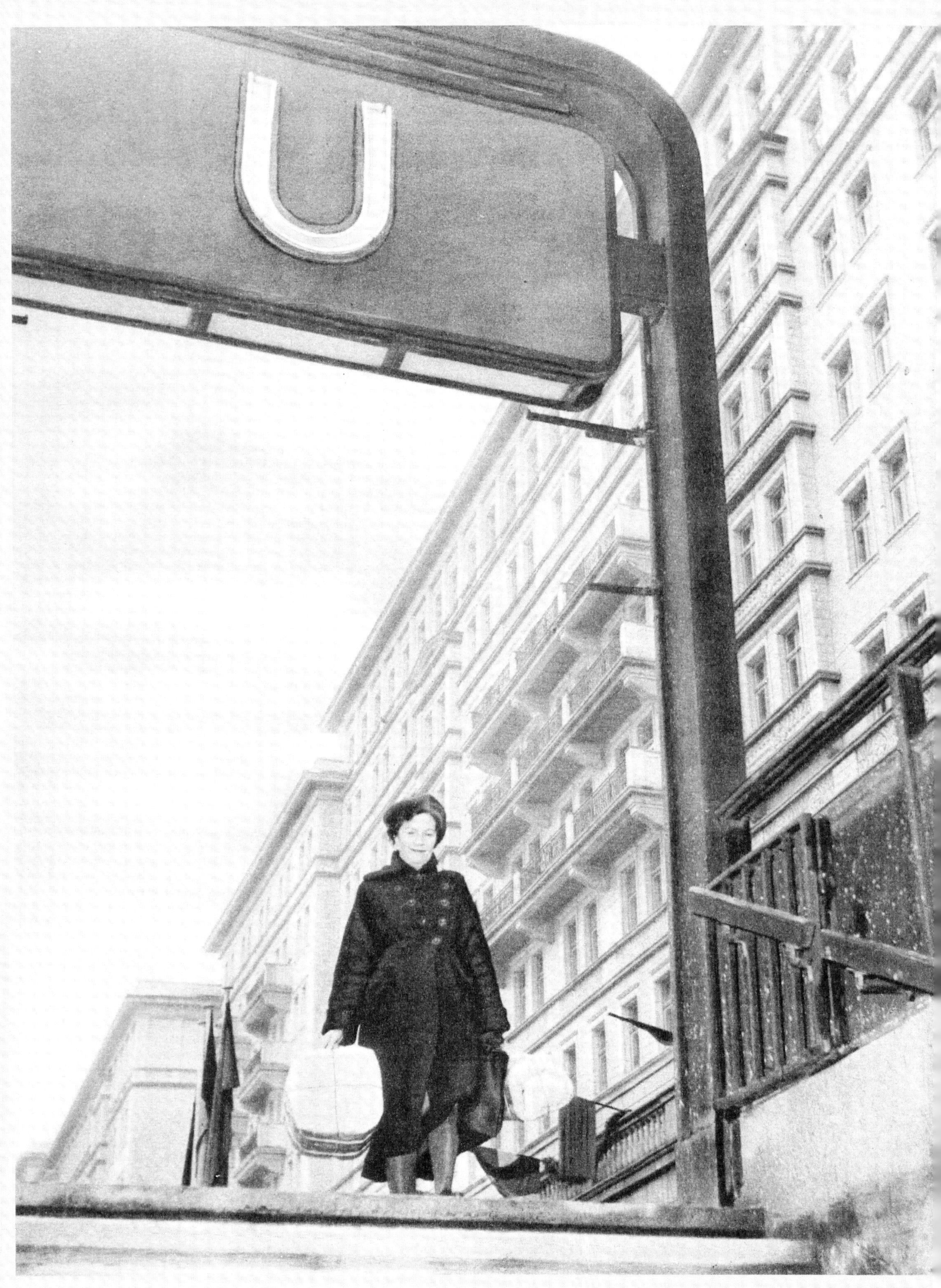

Perspektive vom Eingang des U-Bahnhofs Marchlewskistraße aus

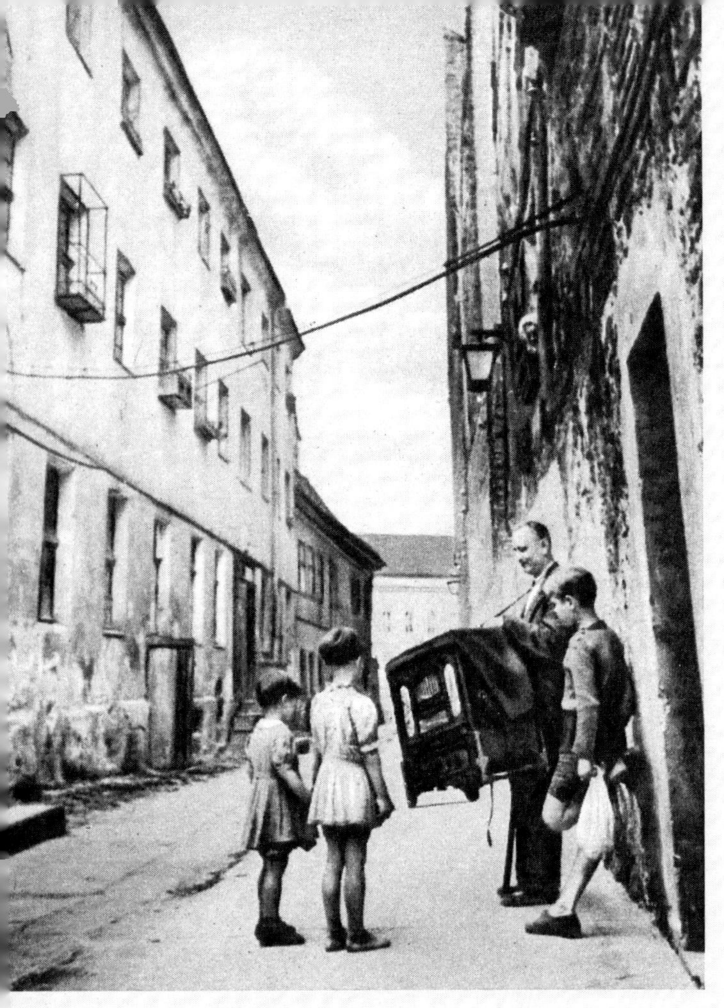

Hier wuchsen sie einst auf…

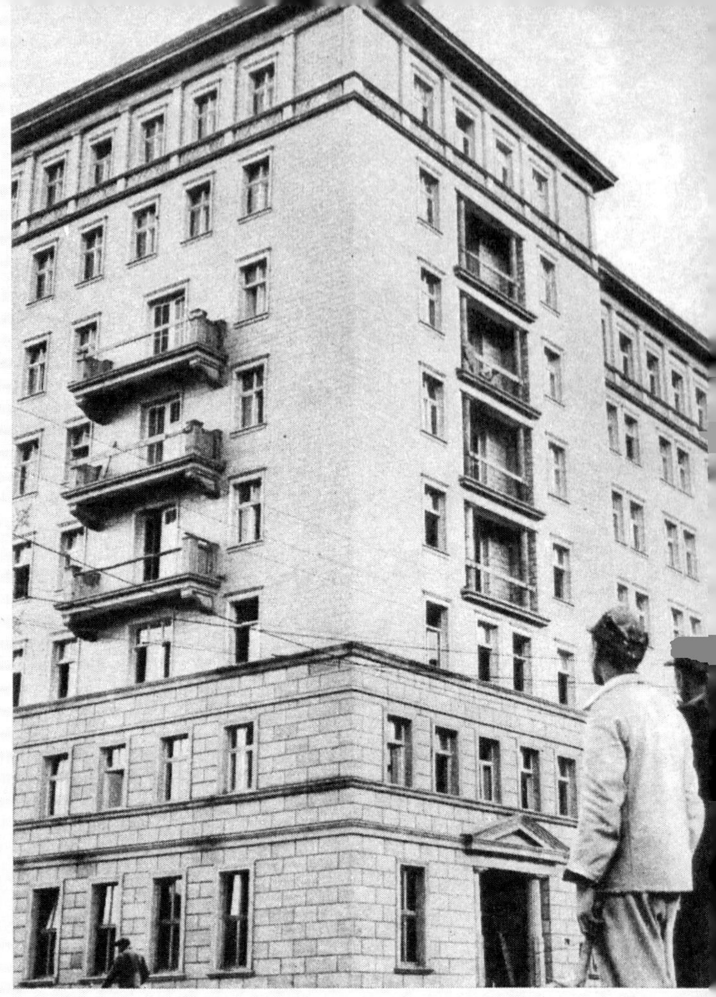

… hier werden ihre Kinder heranwachsen

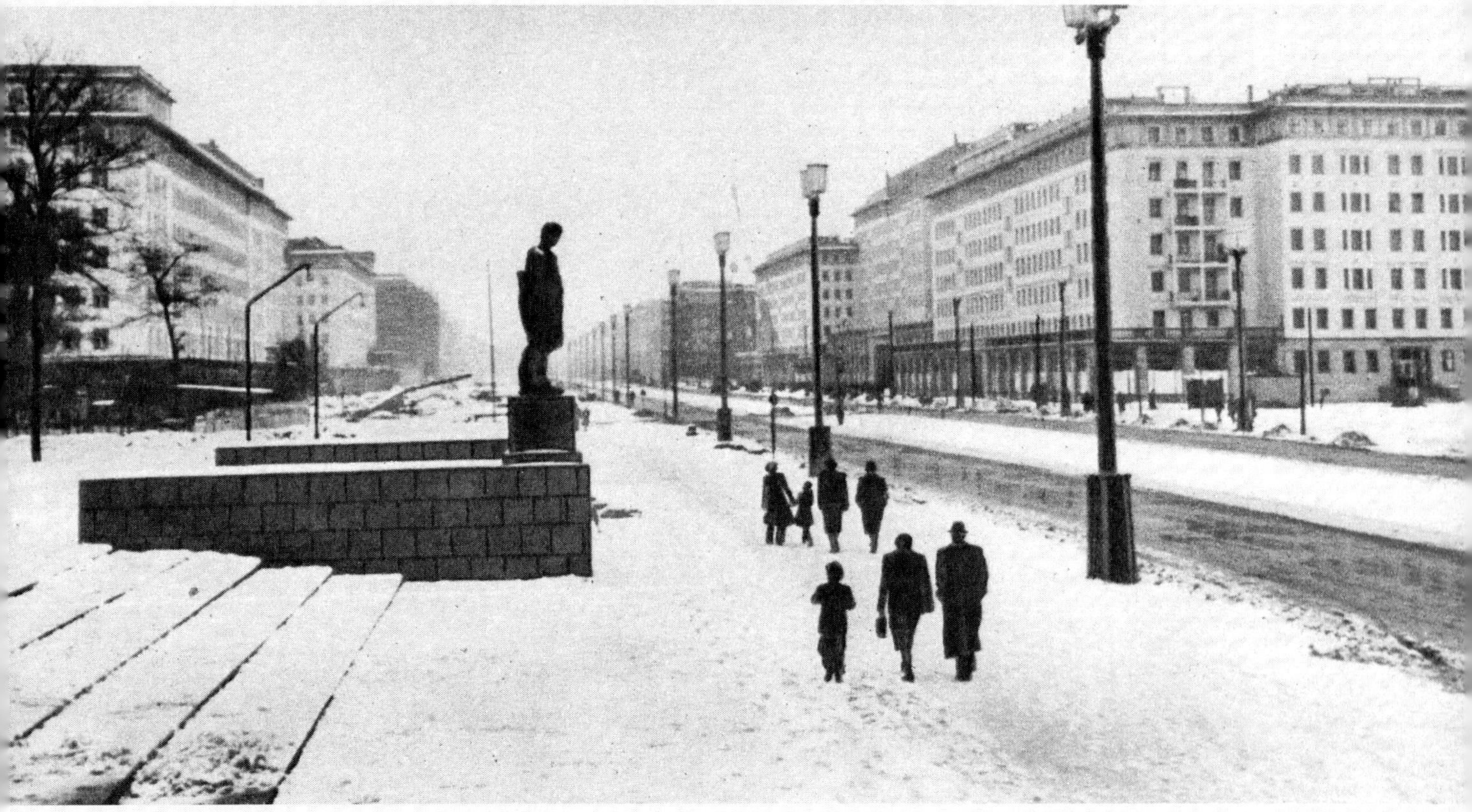

Winterliches Bild der neuen Wohnstraße

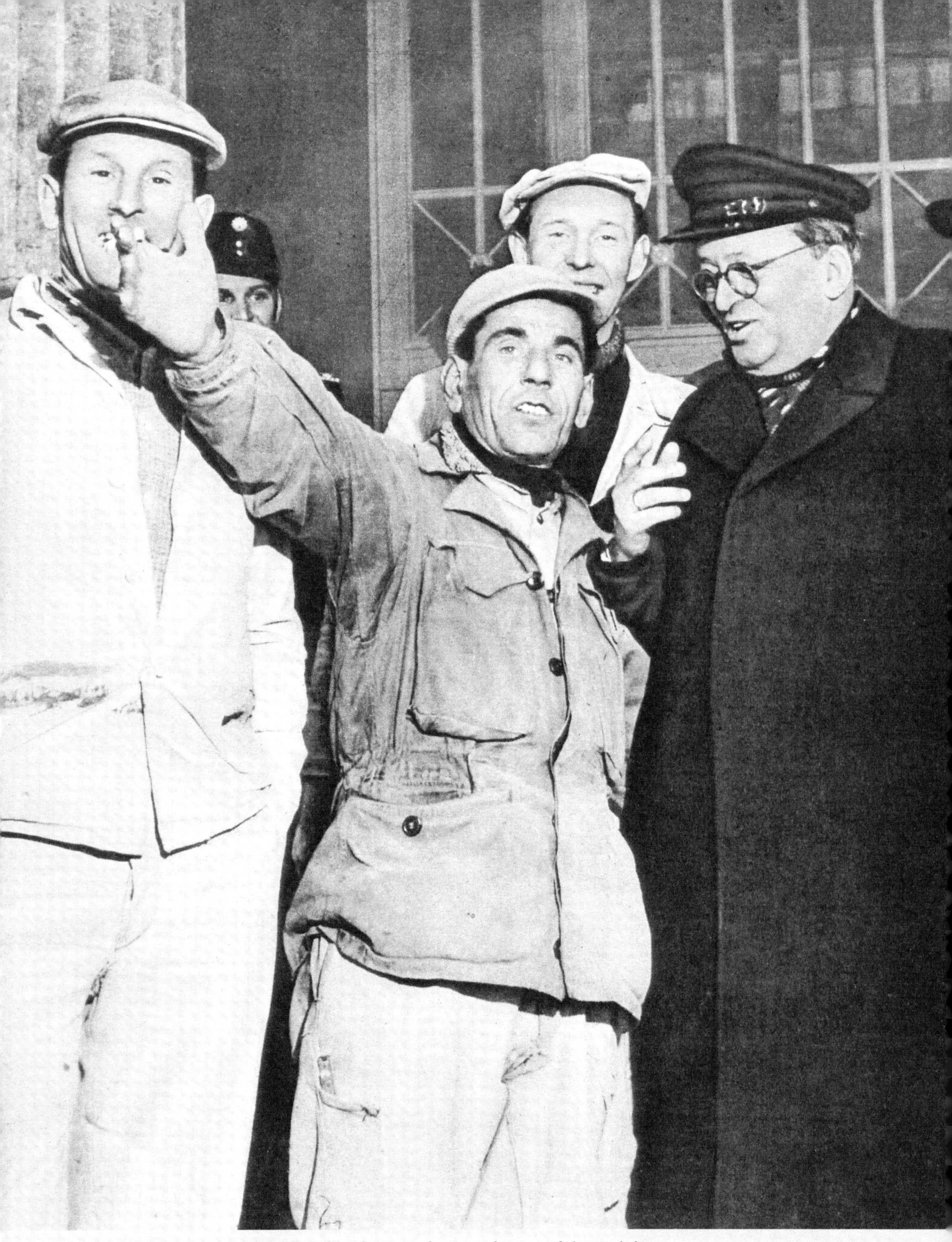

Freudestrahlend weisen die Bauarbeiter auf ihr Werk hin

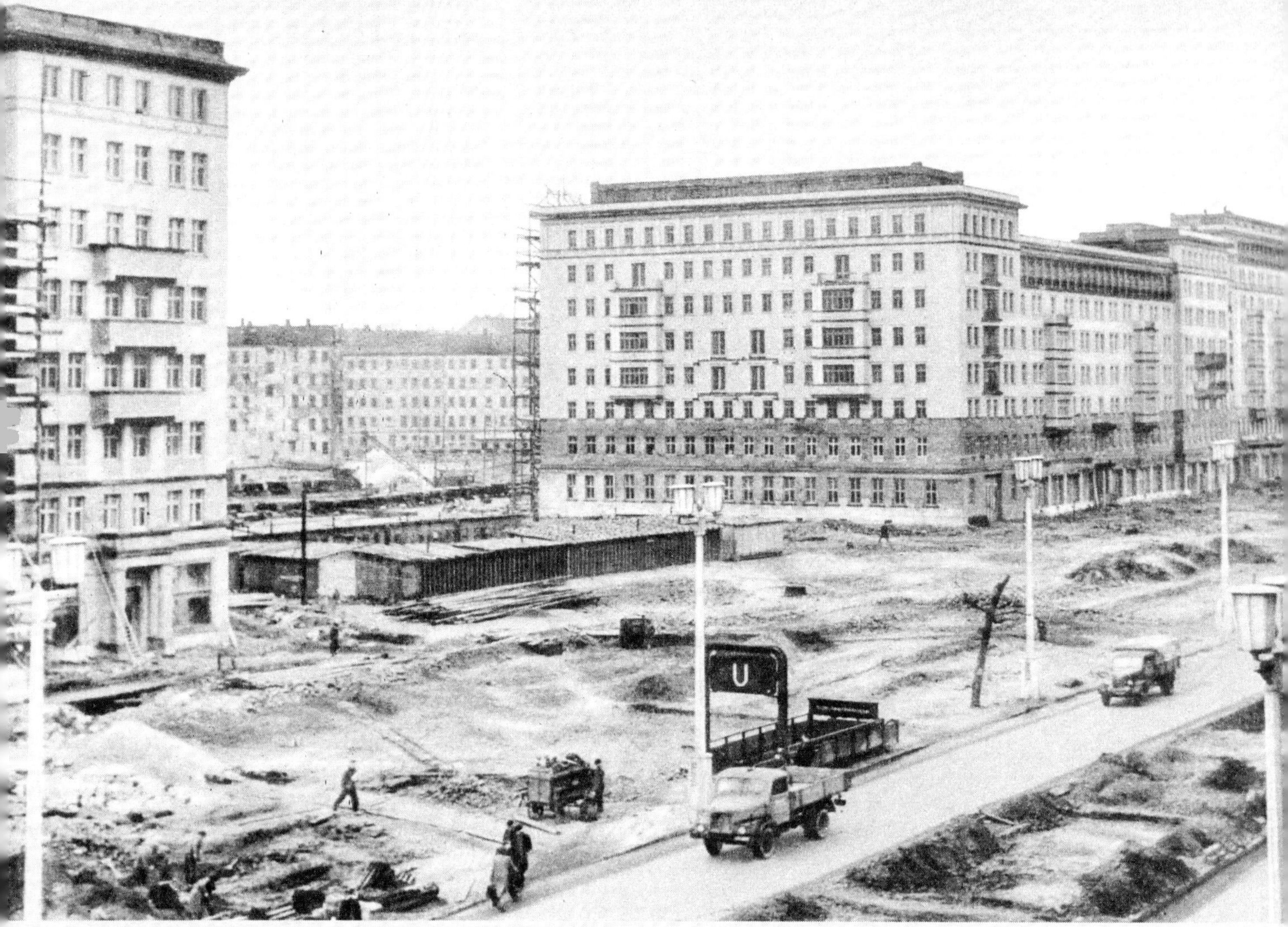

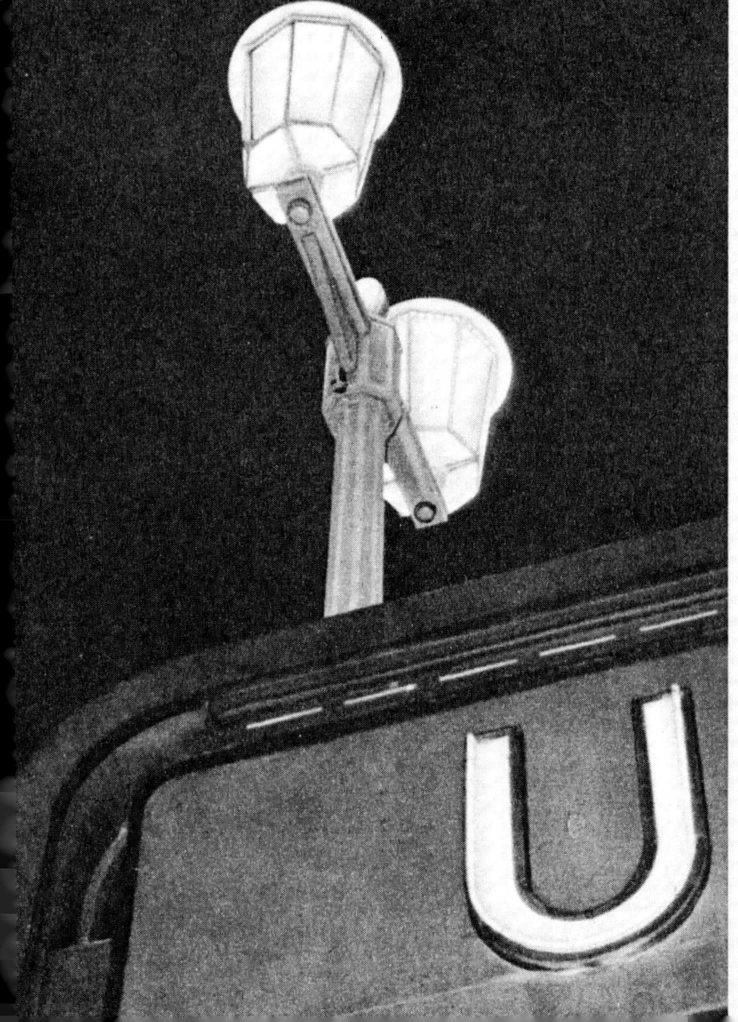

Die Gestaltung der neuen Bauten wurde bis ins kleinste sorgfältig vorbereitet. Die Architektur findet in jedem Schmuckdetail – sei es eine Säule, Relief, Ornament – ihre sinnvolle Ergänzung. Nichts ist darin willkürlich; vielmehr ist alles aufeinander abgestimmt. Die nationale Aufbautradition, wie sie Berlin darbietet, ist dabei weitgehend beachtet und fortentwickelt worden.

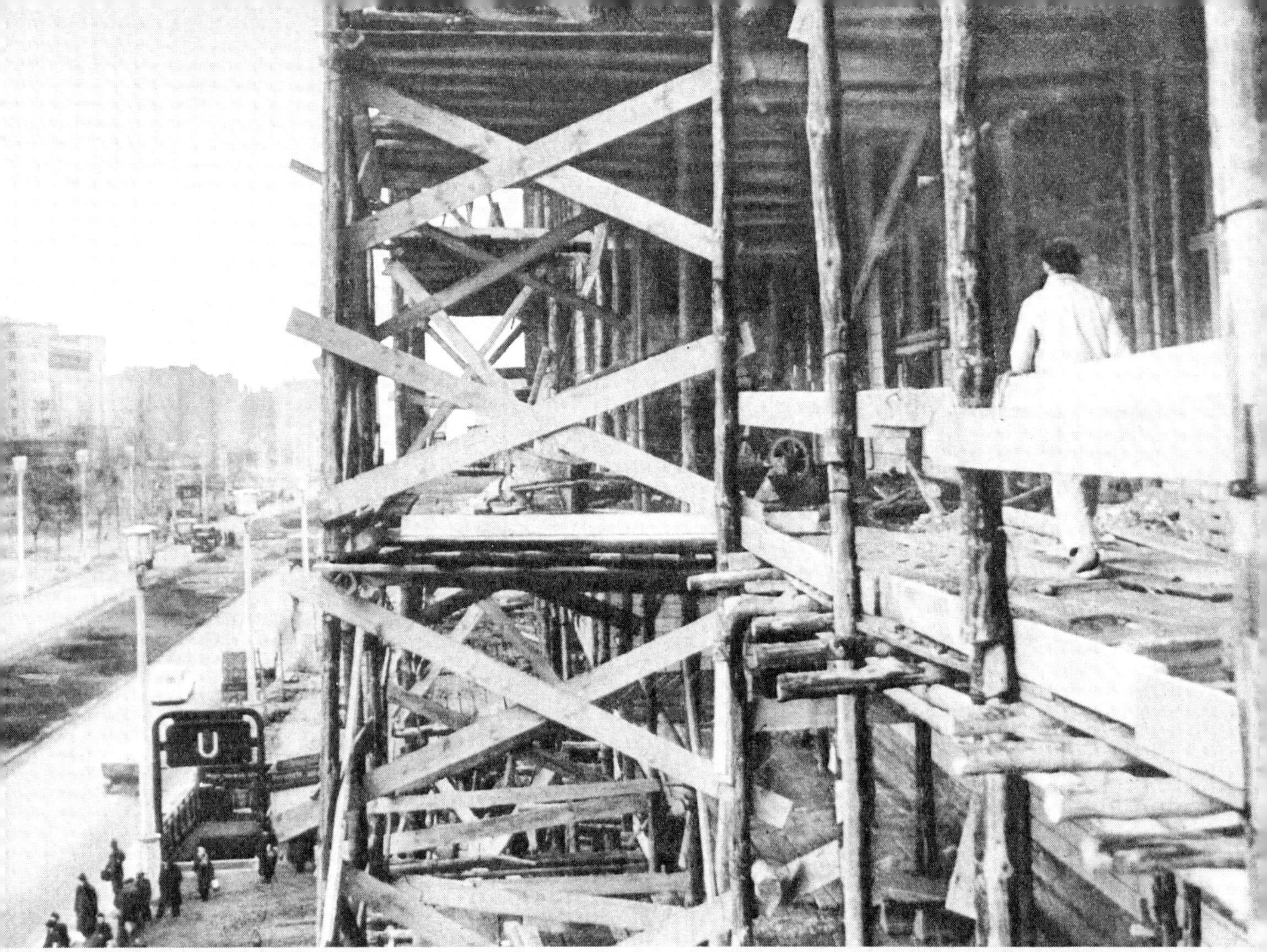

So entsteht hier – nach der anarchischen Bauweise der vorangegangenen Jahrzehnte – eine dem gesellschaftlichem Aufbau unseres neuen Deutschlands gemäße Baukultur. Die Wohnbauten des Nationalen Aufbauprogramms Berlin 1952 bilden den Beginn einer grundsätzlichen, verantwortungsbewussten, architektonisch schönen Neugestaltung unserer Hauptstadt.

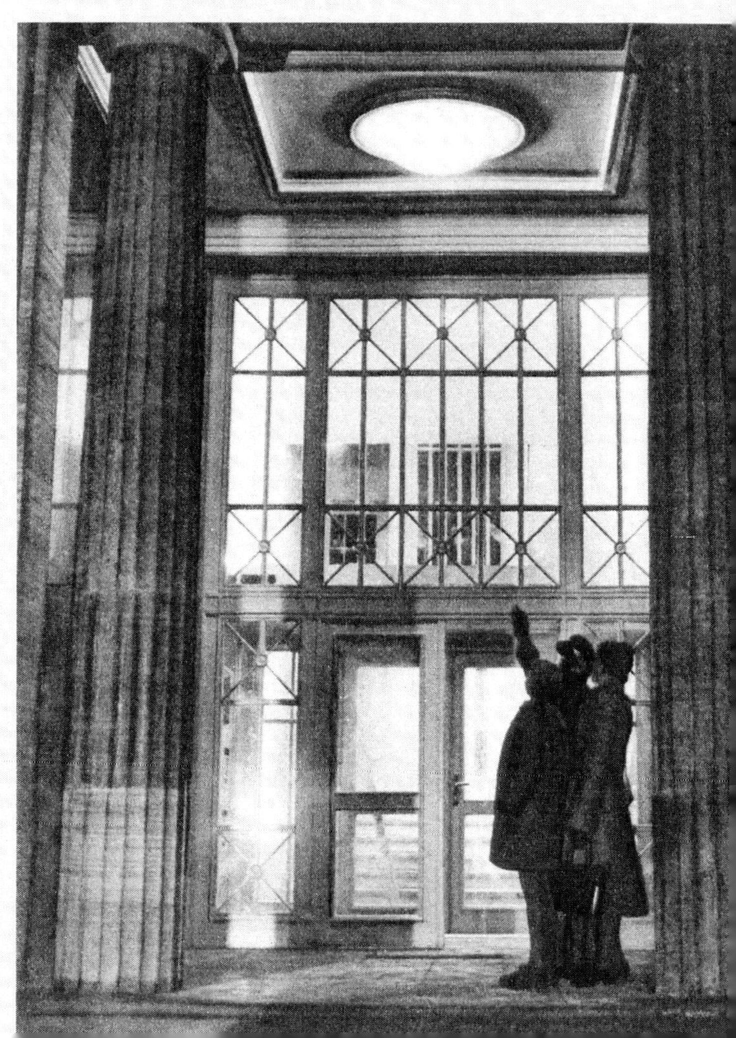

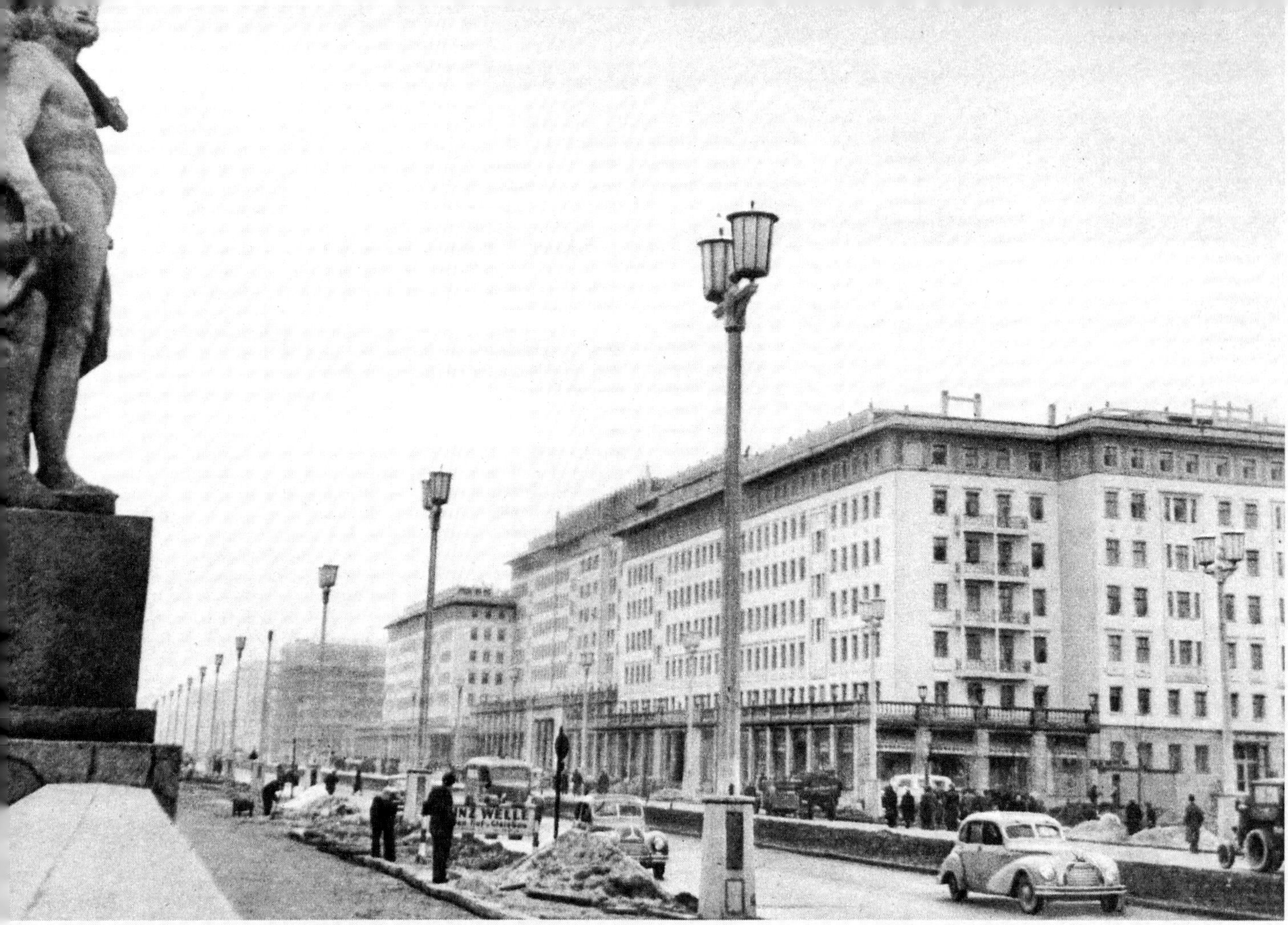

Der Herkules vor der Deutschen Sporthalle – das rechte Symbol für die gewaltige Bauleistung eines einzigen Jahres

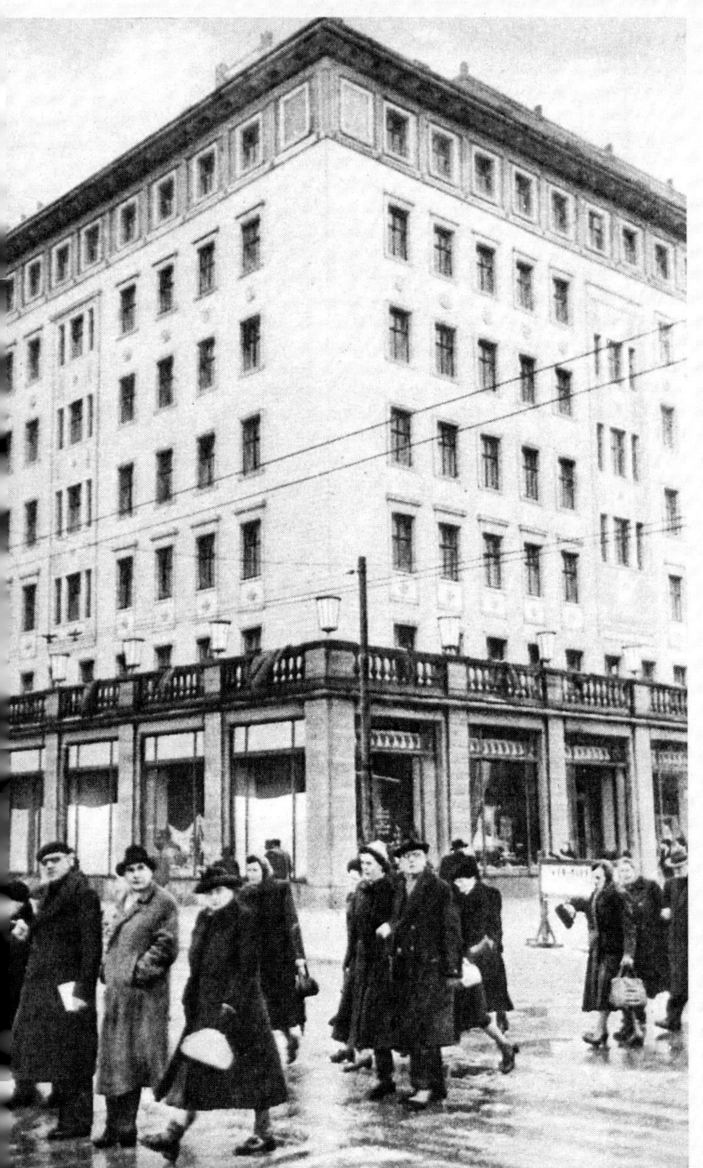

Von den insgesamt 2115 Wohnungen umfassen 6,6 vH (außer den Nebenräumen) ein Zimmer, 56,9 vH zwei Zimmer, 28,6 vH drei Zimmer, 8,4 vH vier Zimmer und 0,5 vH fünf Zimmer. Der Mietpreis beträgt 90 Pfennig je Quadratmeter.

Ständig bewundern zahlreiche Gäste aus allen Teilen Berlins und Deutschlands die imposanten Bauten

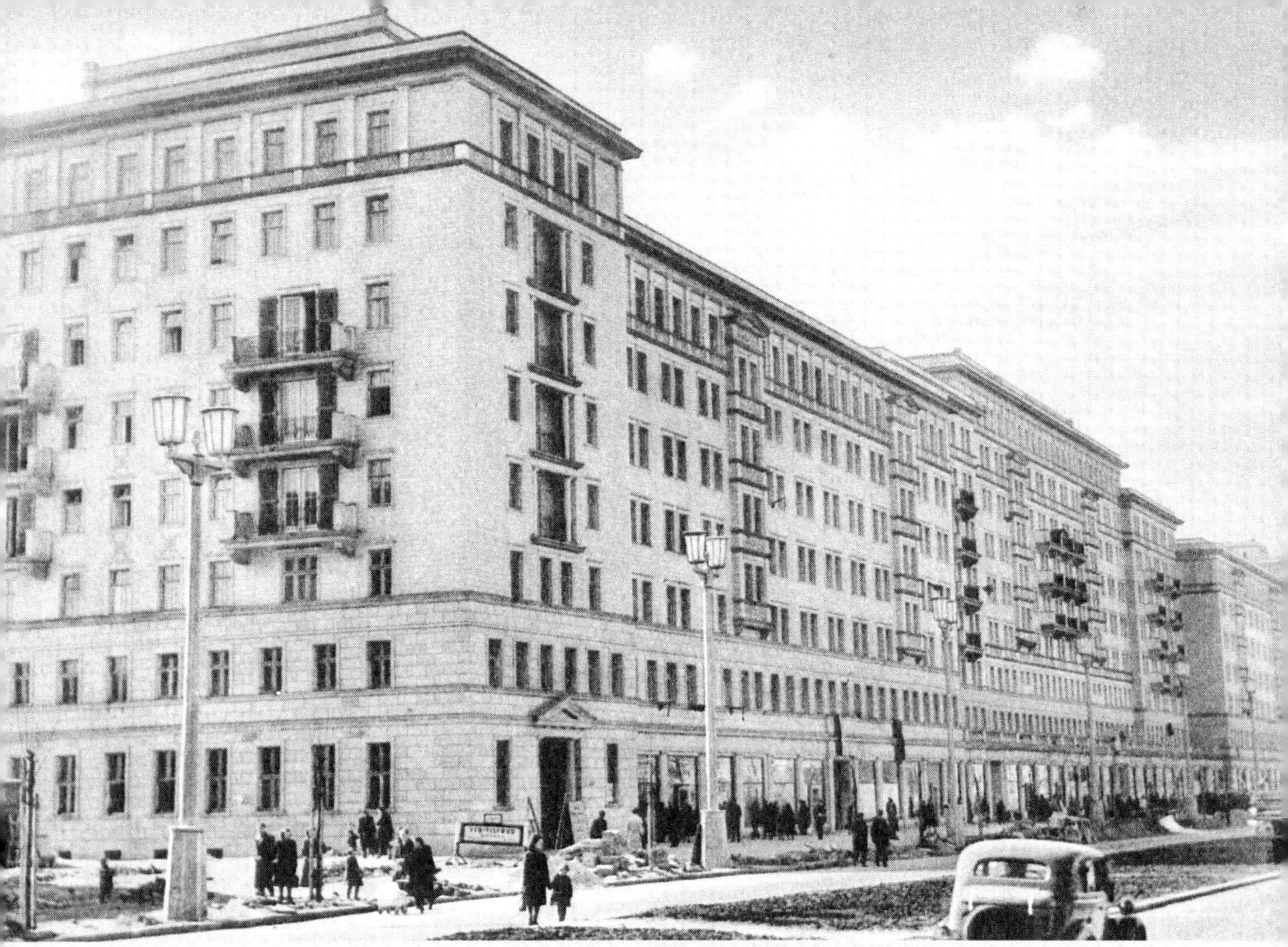

Block E-Süd bei Tageslicht

Block E-Süd im Glanz der neuen Beleuchtungsanlage

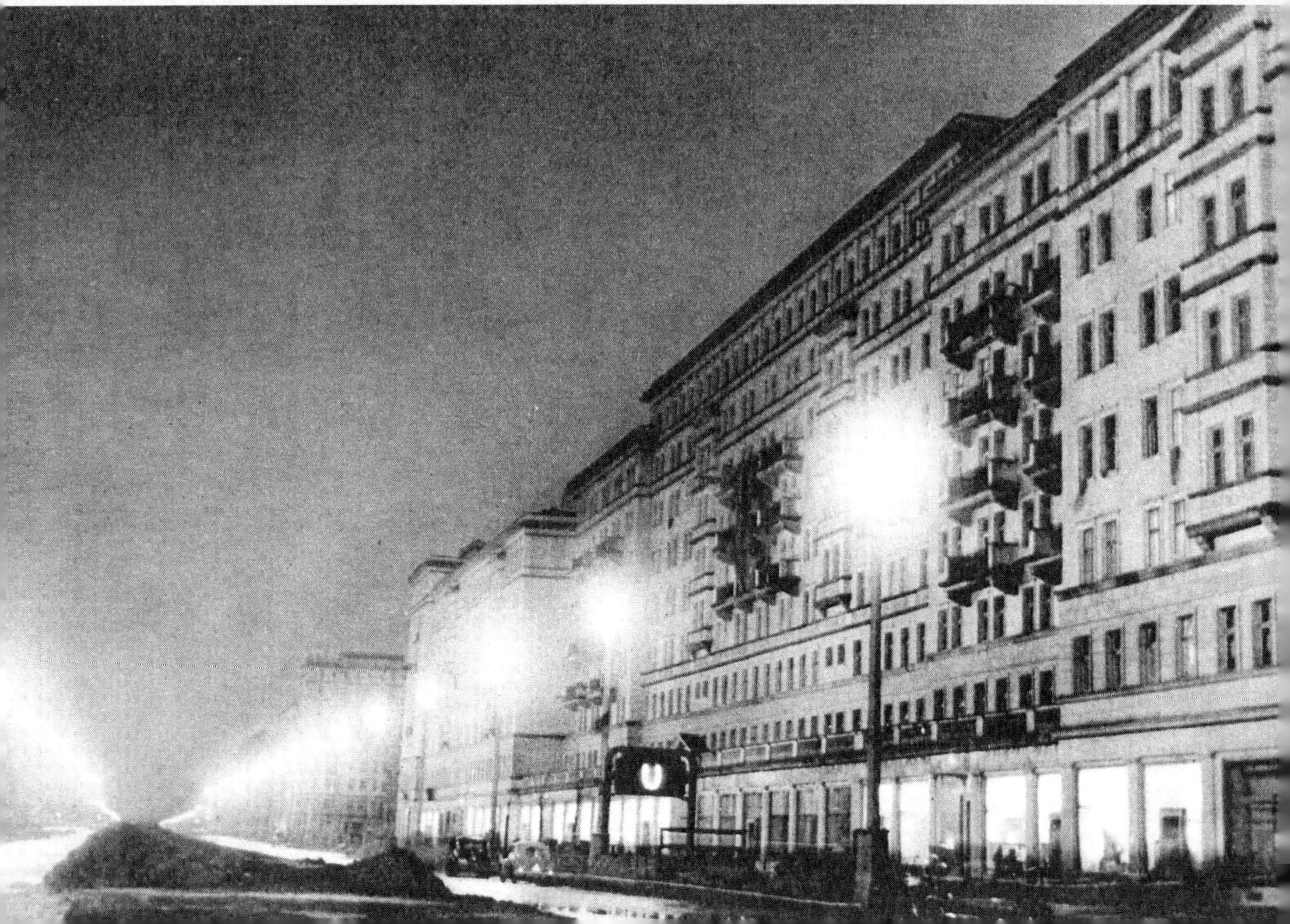

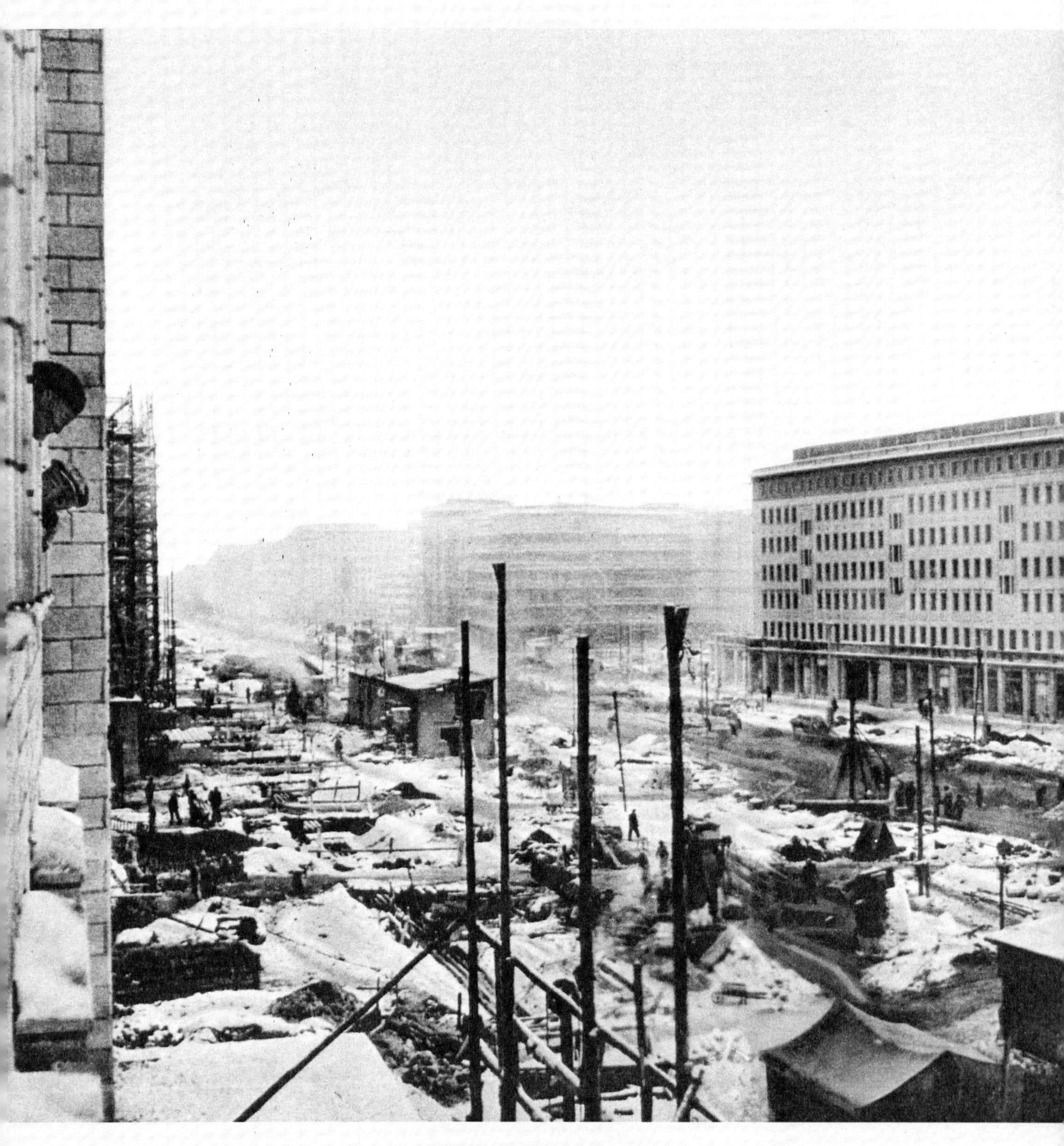

NACH ZEHN MONATEN BAUZEIT

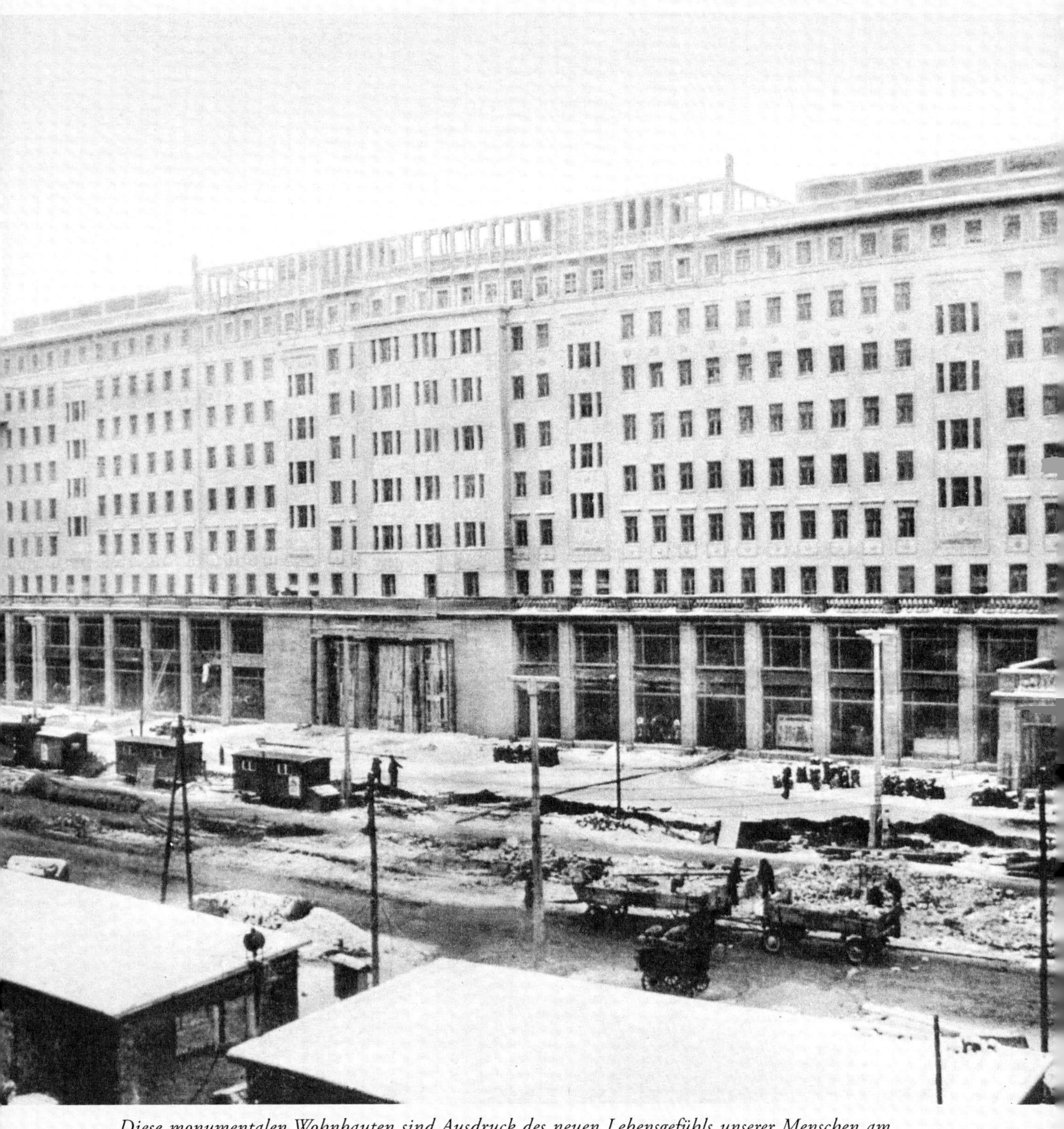

Diese monumentalen Wohnbauten sind Ausdruck des neuen Lebensgefühls unserer Menschen am Beginn einer neuen Gesellschaftsordnung

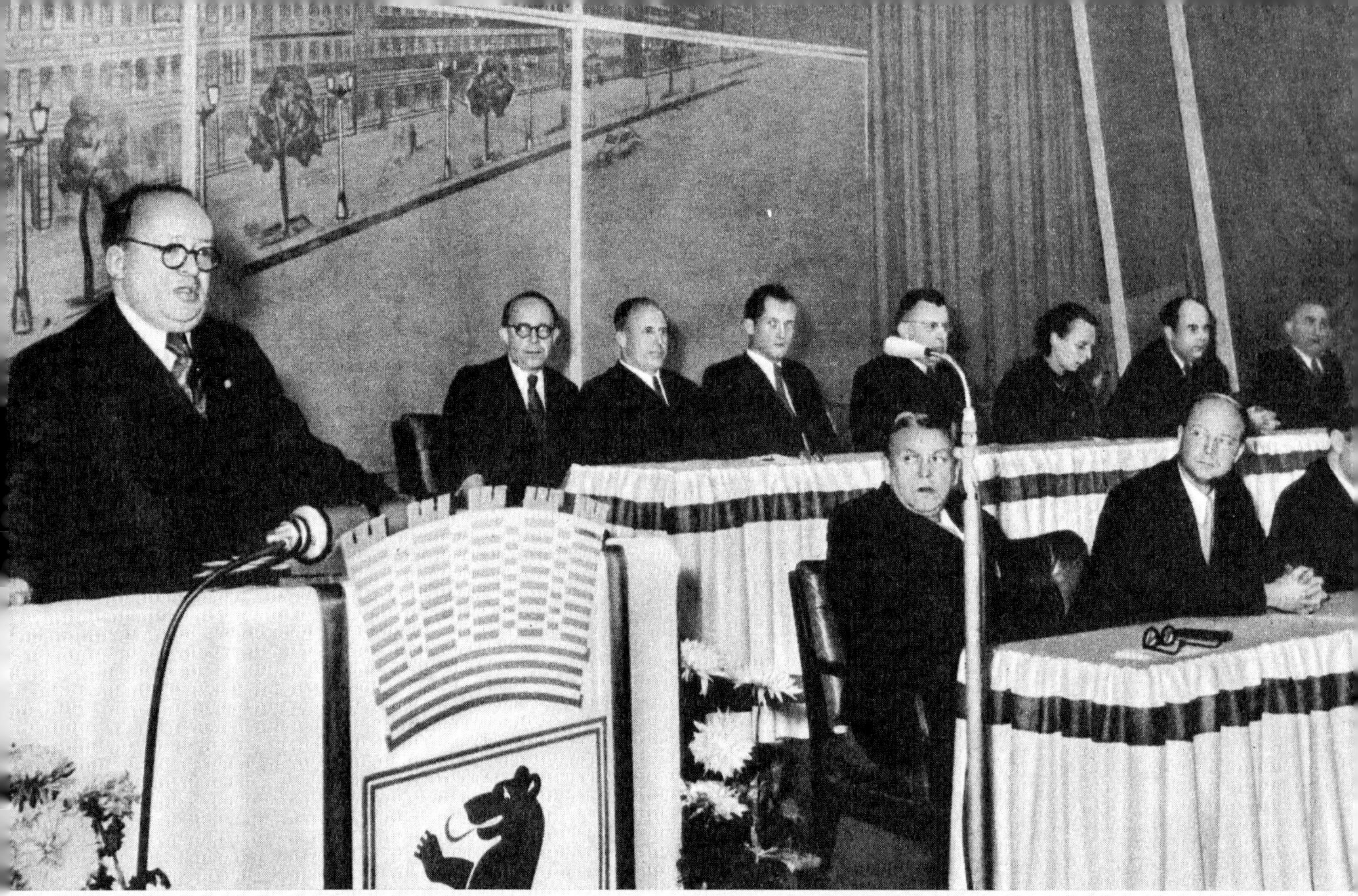

Im Rahmen eines Festaktes in der Deutschen Staatsoper werden am 21. Dezember 1952 die ersten Wohnungen in der Stalinallee an Arbeiter, Angestellte und Angehörige der Intelligenz vergeben

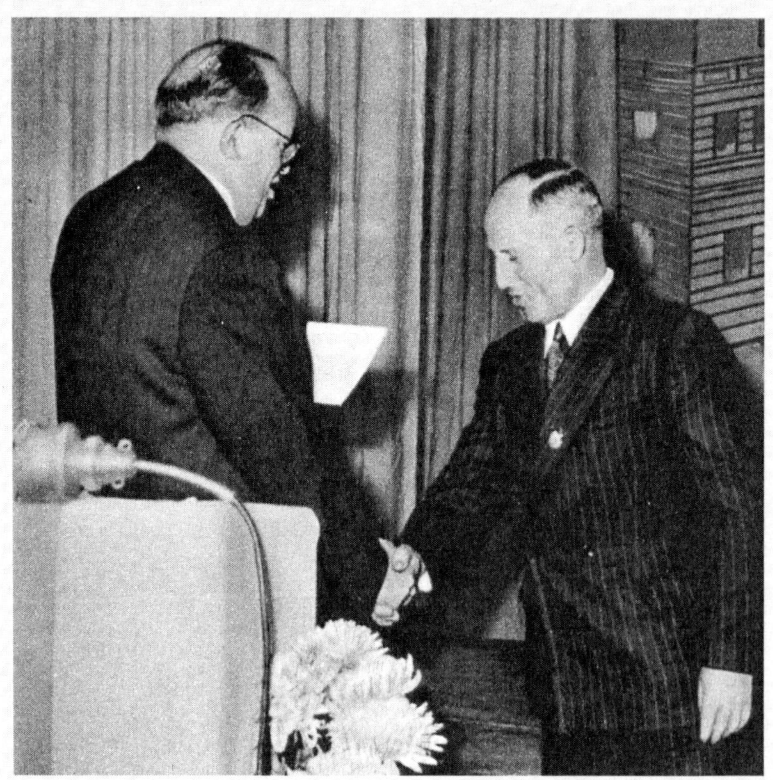

Einer der Glücklichen, Kurt Dorst, empfängt aus der Hand des Oberbürgermeisters die Einweisung in die neue Wohnung

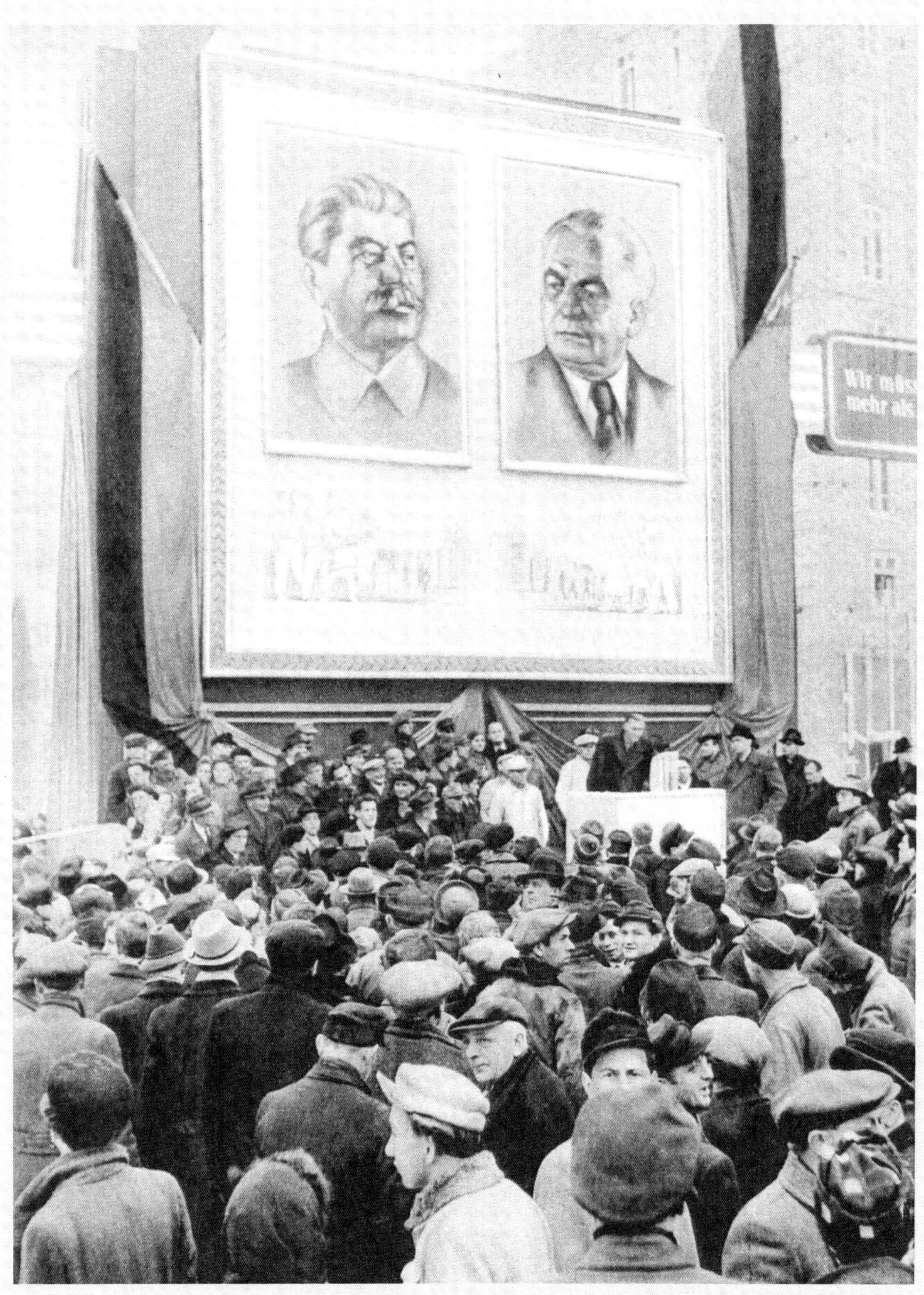

Die ersten 70 Mieter beziehen am 7. Januar 1953 ihre Wohnungen;
Bürgermeister Neumann begrüßt sie am Strausberger Platz

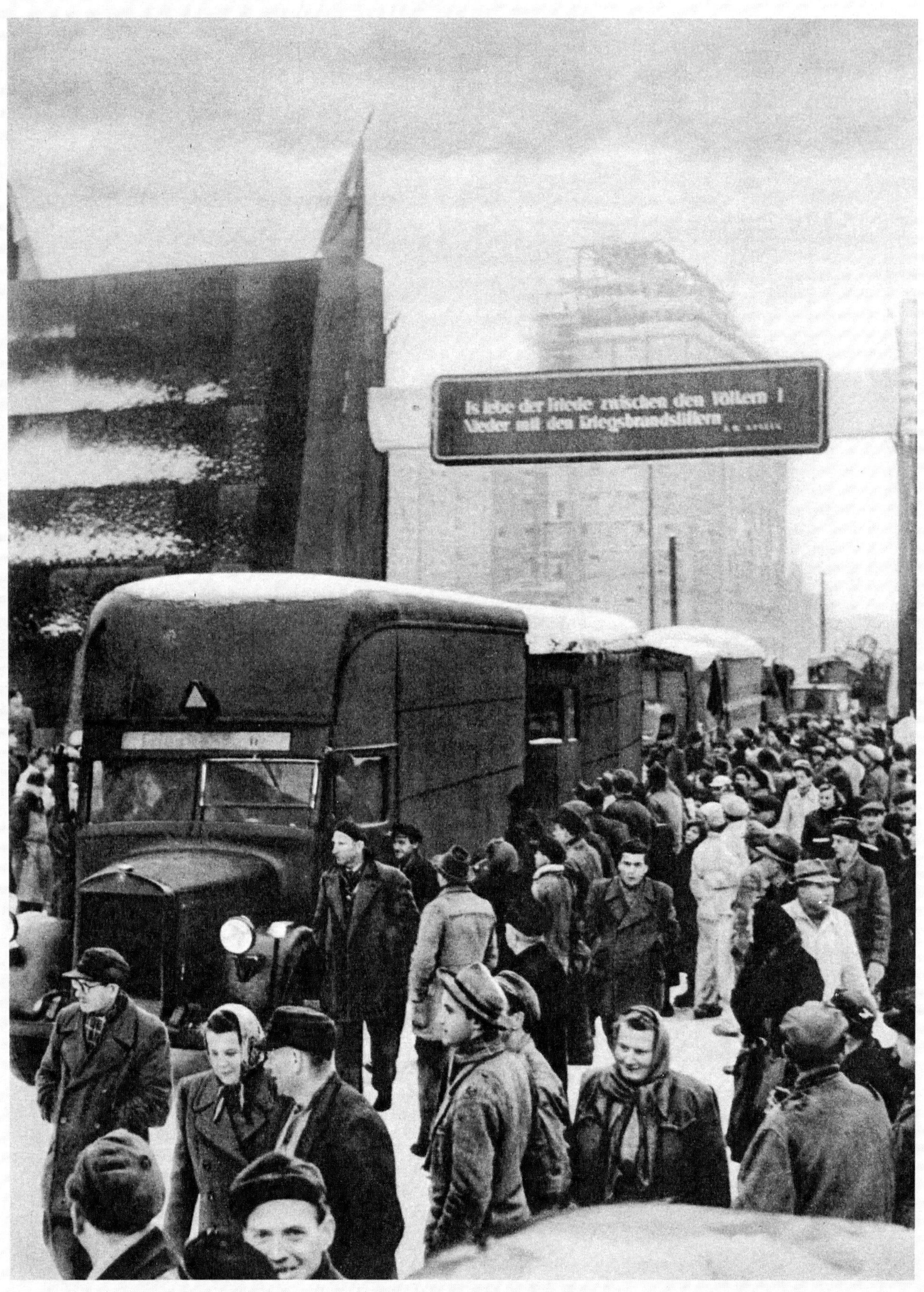

Ein Korso von Möbelwagen bewegt sich vom Strausberger Platz durch ein Ehrentor zu den Blocks E- und C-Süd

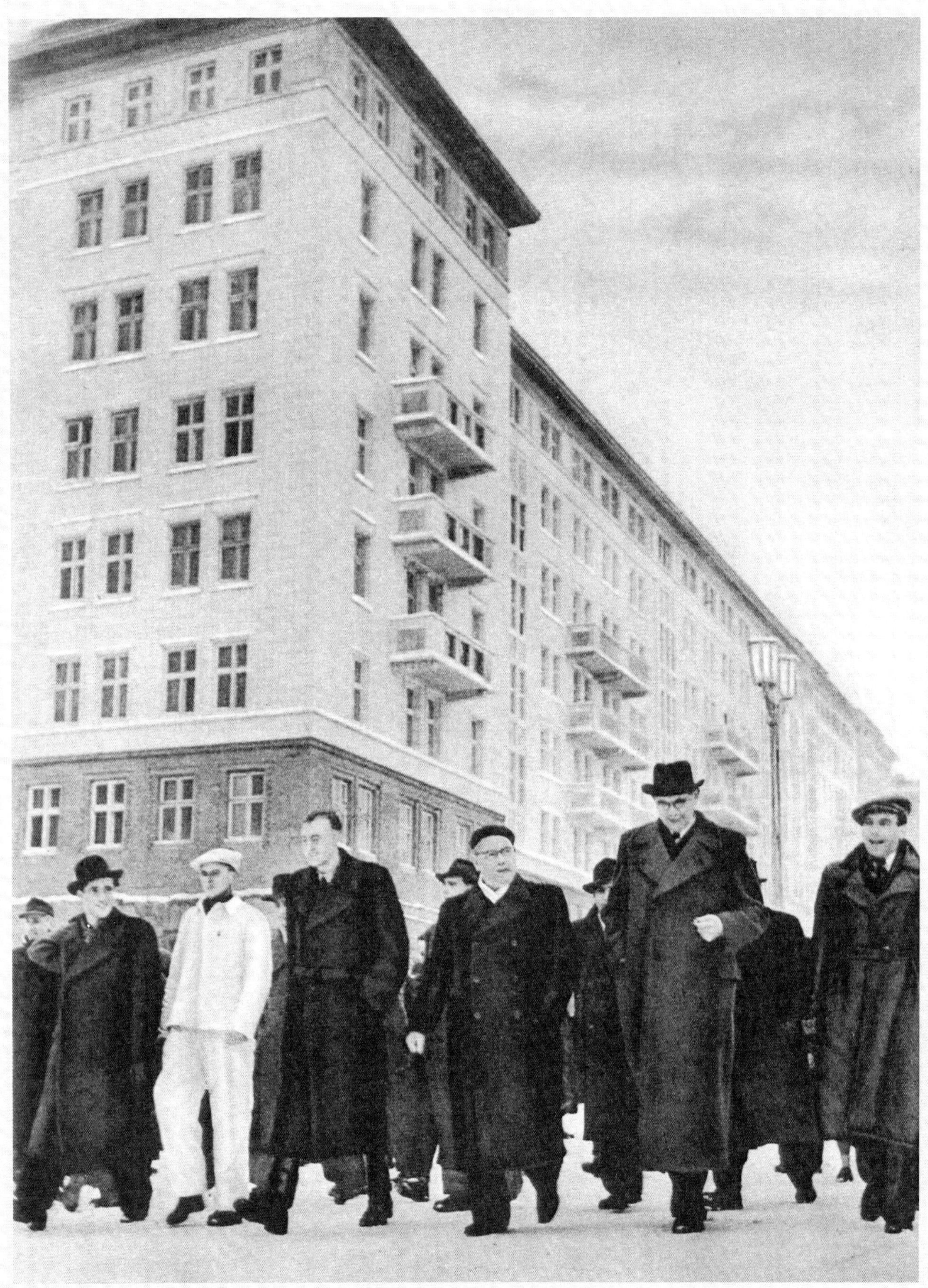

Der Stellvertreter des Ministerpräsidenten, Dr. Bolz, Bürgermeister Neumann und Vertreter des Sonderbaustabes an der Spitze des Möbelwagenzuges

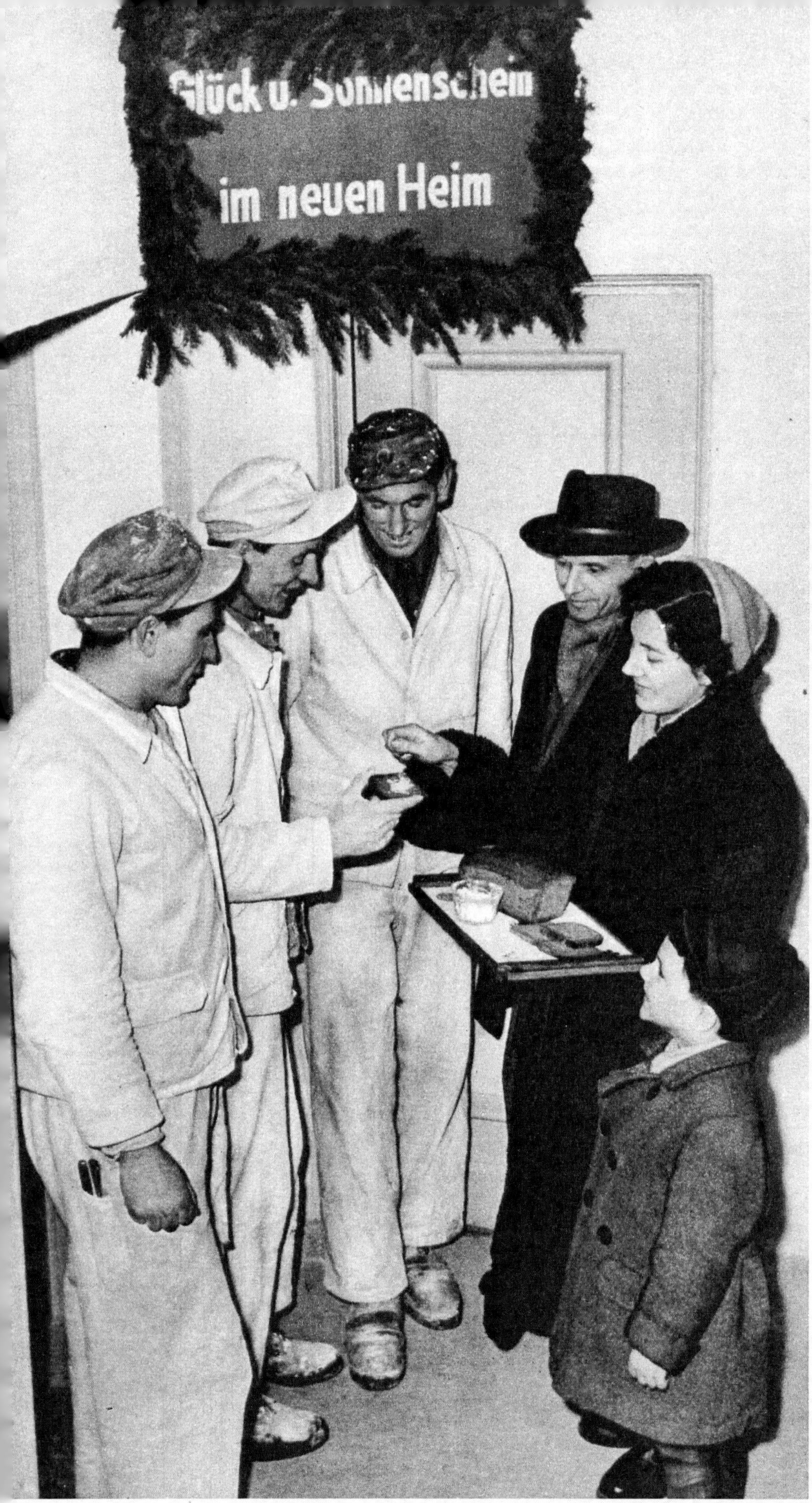

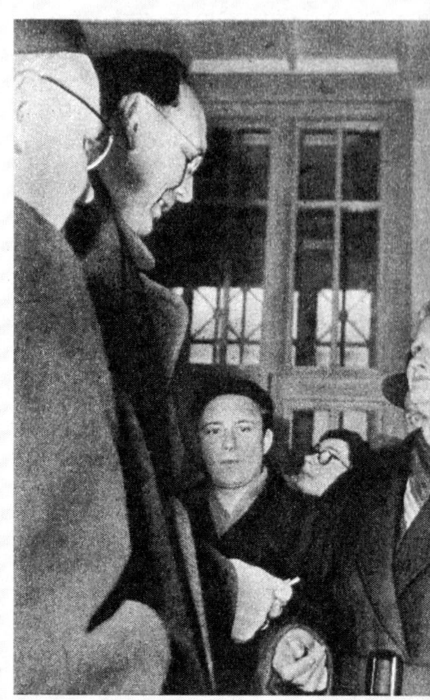

Der ersten Mieterin des Wohnblocks, Frau Trinkaus, wird ein versilberter Schlüssel übergeben

Die Wohnungen in der Stalinallee sind mit allen Mitteln moderner Technik ausgestattet: mit Gas- oder Elektroherd, Müllschlucker und zentraler Antennenanlage. Küchen und Bäder sind mit Fliesen ausgelegt, und auch für ausreichenden Abstellraum ist gesorgt. Sprechanlagen und Fahrstühle erhöhen den Komfort. Die Wohnungen sind so angeordnet, daß das Tageslicht alle Räume durchflutet.

Nach gutem altem Herkommen überreichen die Bauarbeiter von C-Süd der Mieterin Frau Schiele beim Einzug Salz und Brot

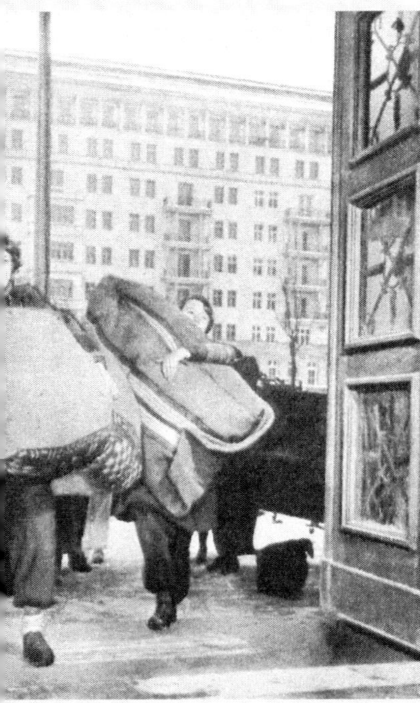

Freudestrahlend schaffen die jungen Frauen ihre Betten in die neuen Wohnungen

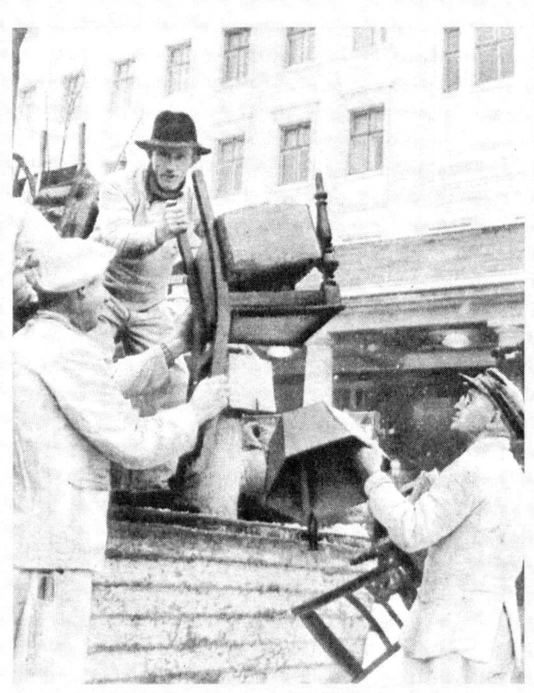

Tatkräftig unterstützen die Kollegen vom VEB Ausbau ihren Brigadier beim Einzug

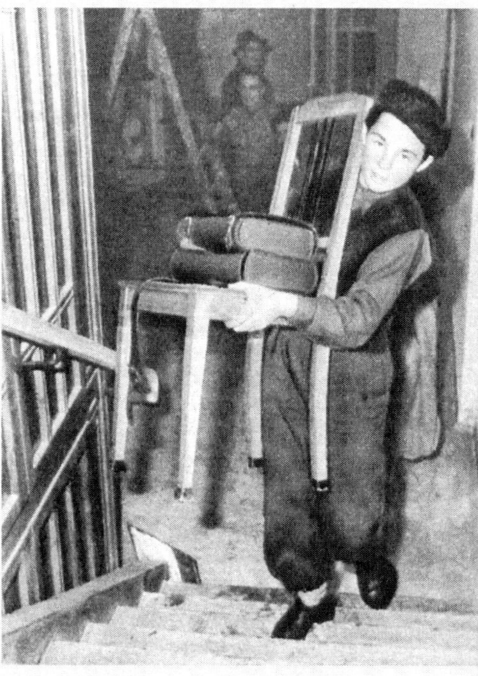

Peter hilft mit; dieser Tag ist einer der schönsten in seinem jungen Leben

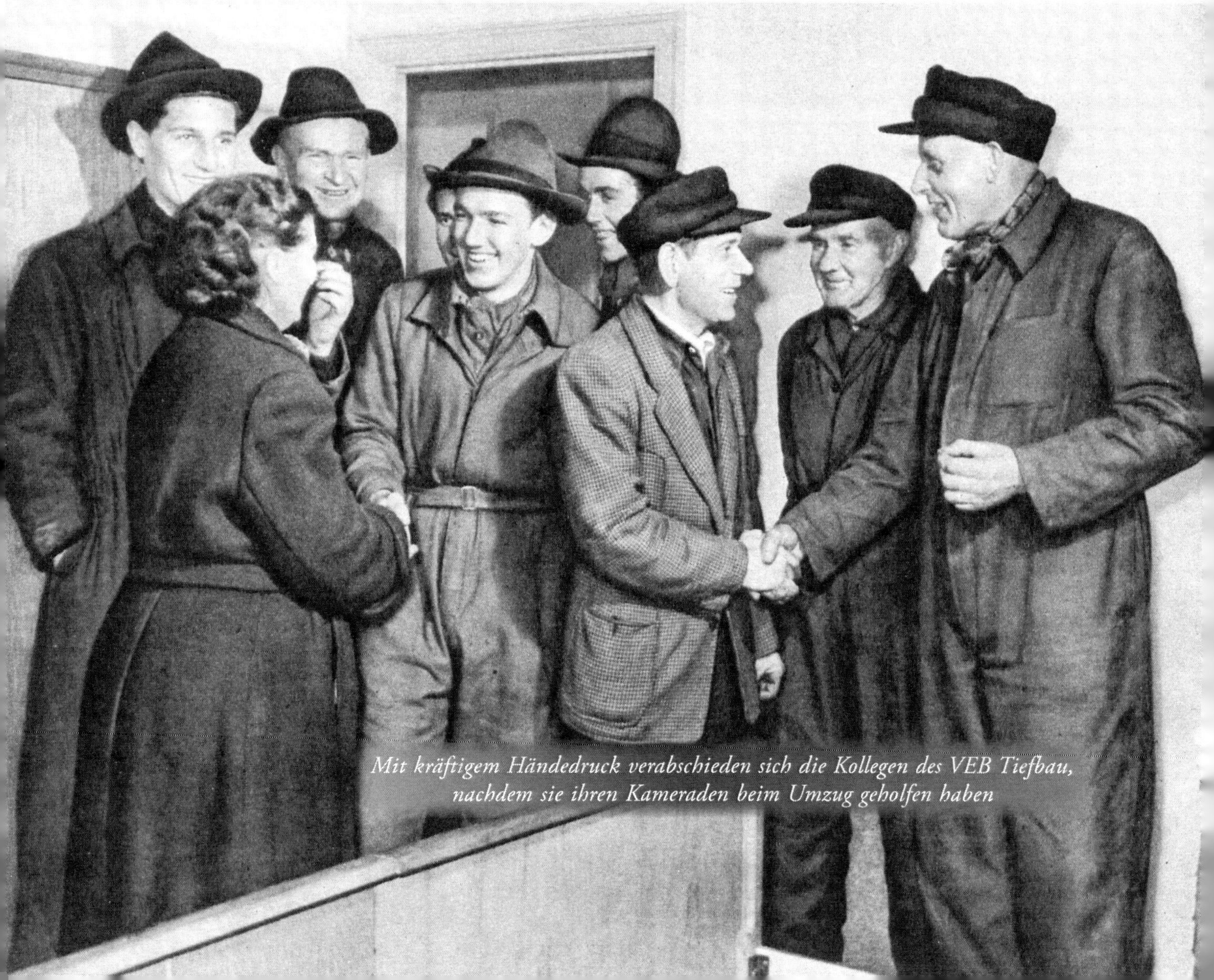

Mit kräftigem Händedruck verabschieden sich die Kollegen des VEB Tiefbau, nachdem sie ihren Kameraden beim Umzug geholfen haben

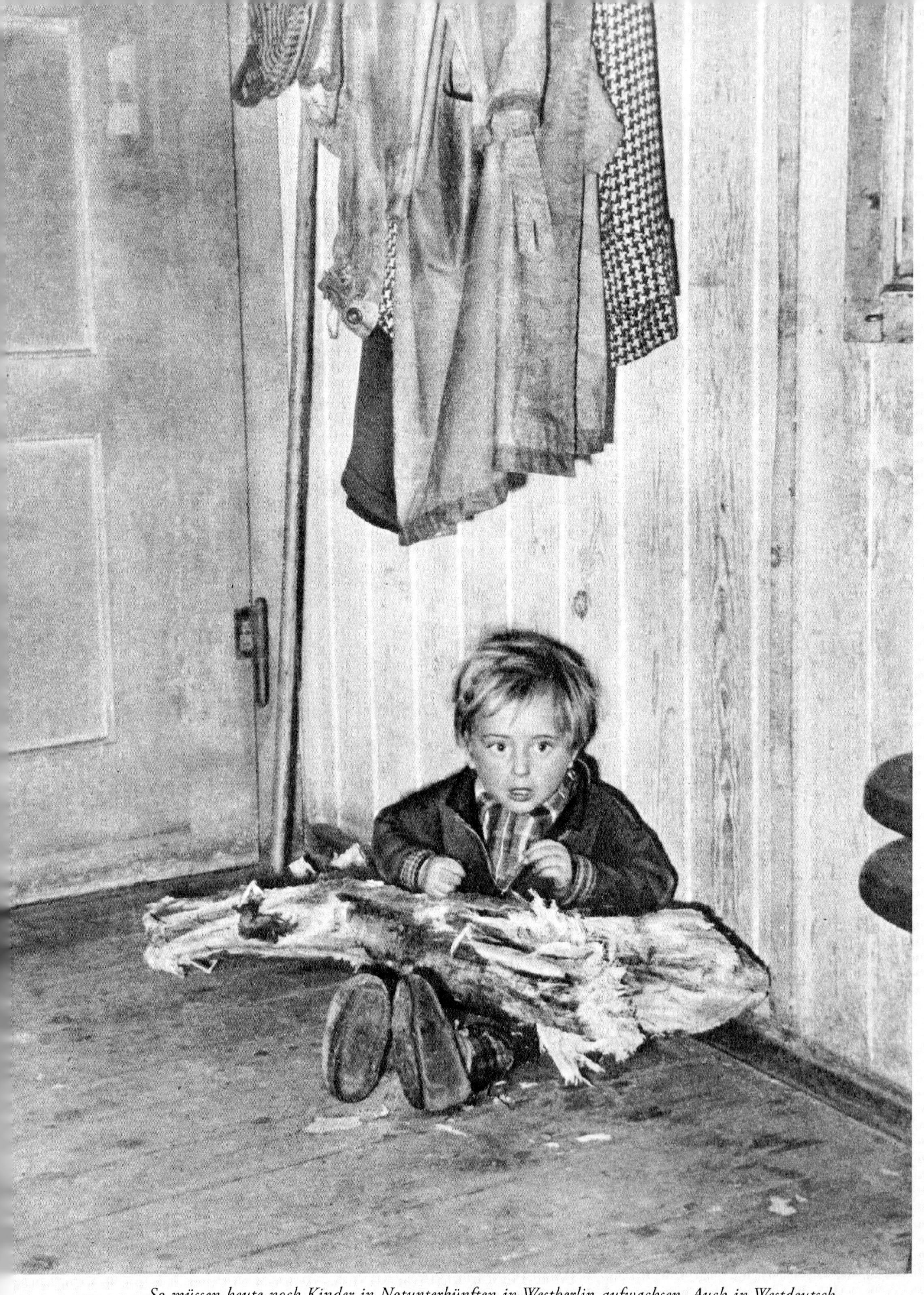

So müssen heute noch Kinder in Notunterkünften in Westberlin aufwachsen. Auch in Westdeutschland sind solche Elendsbilder keine Seltenheit.

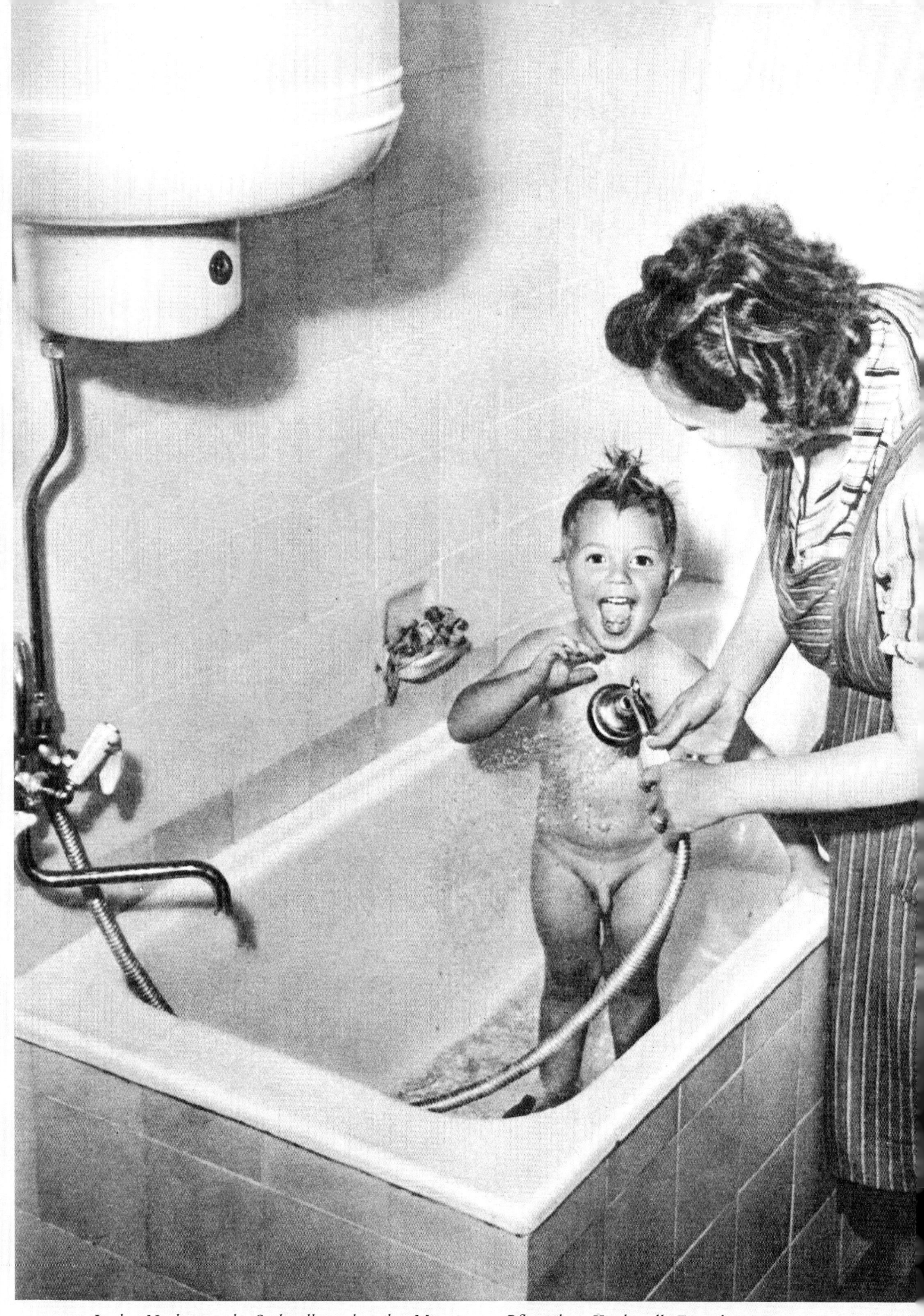

In den Neubauten der Stalinallee stehen den Müttern zur Pflege ihrer Kinder alle Einrichtungen moderner Hygiene zur Verfügung

FAMILIE FENSKE

Wilhelm Fenske, Aktivist im Transformatorenwerk Karl Liebknecht, mußte mit Frau und sieben Kindern in einer Behelfsunterkunft in Rahnsdorf hausen. Nun hat er über seinen Betrieb eine Vierzimmerwohnung im Block C-Süd erhalten. Damit beginnt für die Familie ein neuer, glücklicher Lebensabschnitt

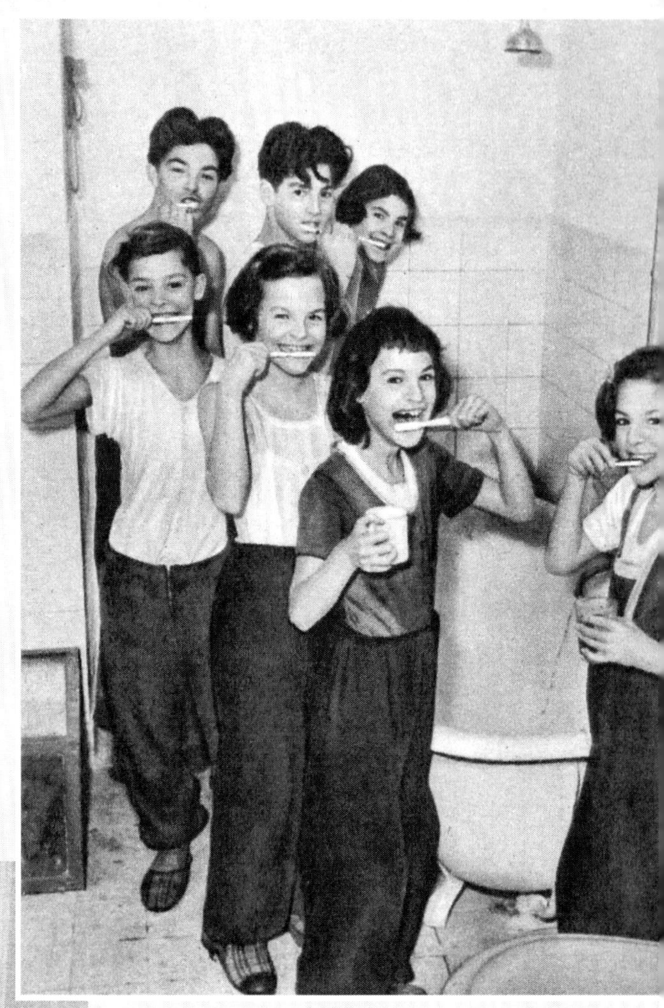

Sieben kleine Fenskes beim Zähneputzen in dem schönen neuen Bad

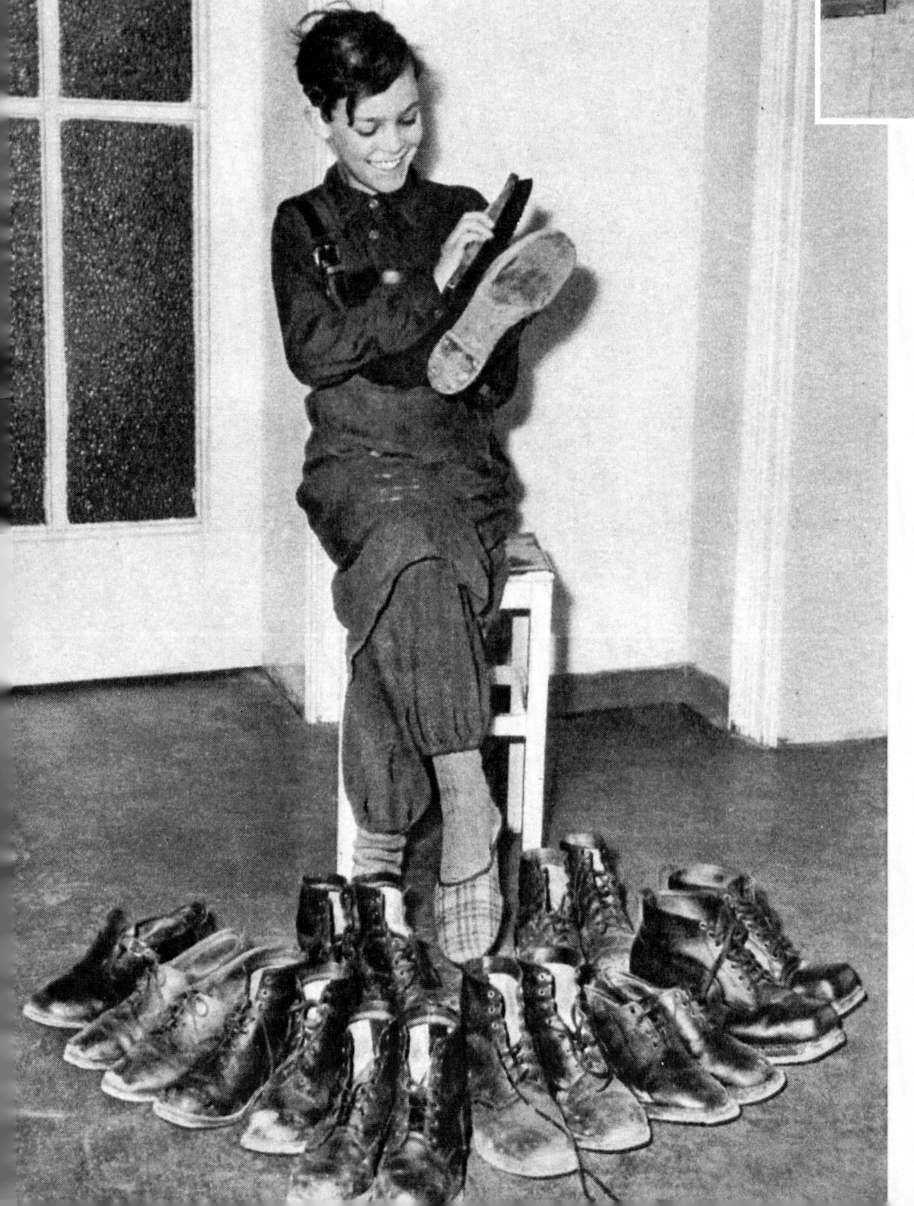

Neun Paar Schuhe putzt Bernd jeden Tag… Jetzt macht es ihm Freude

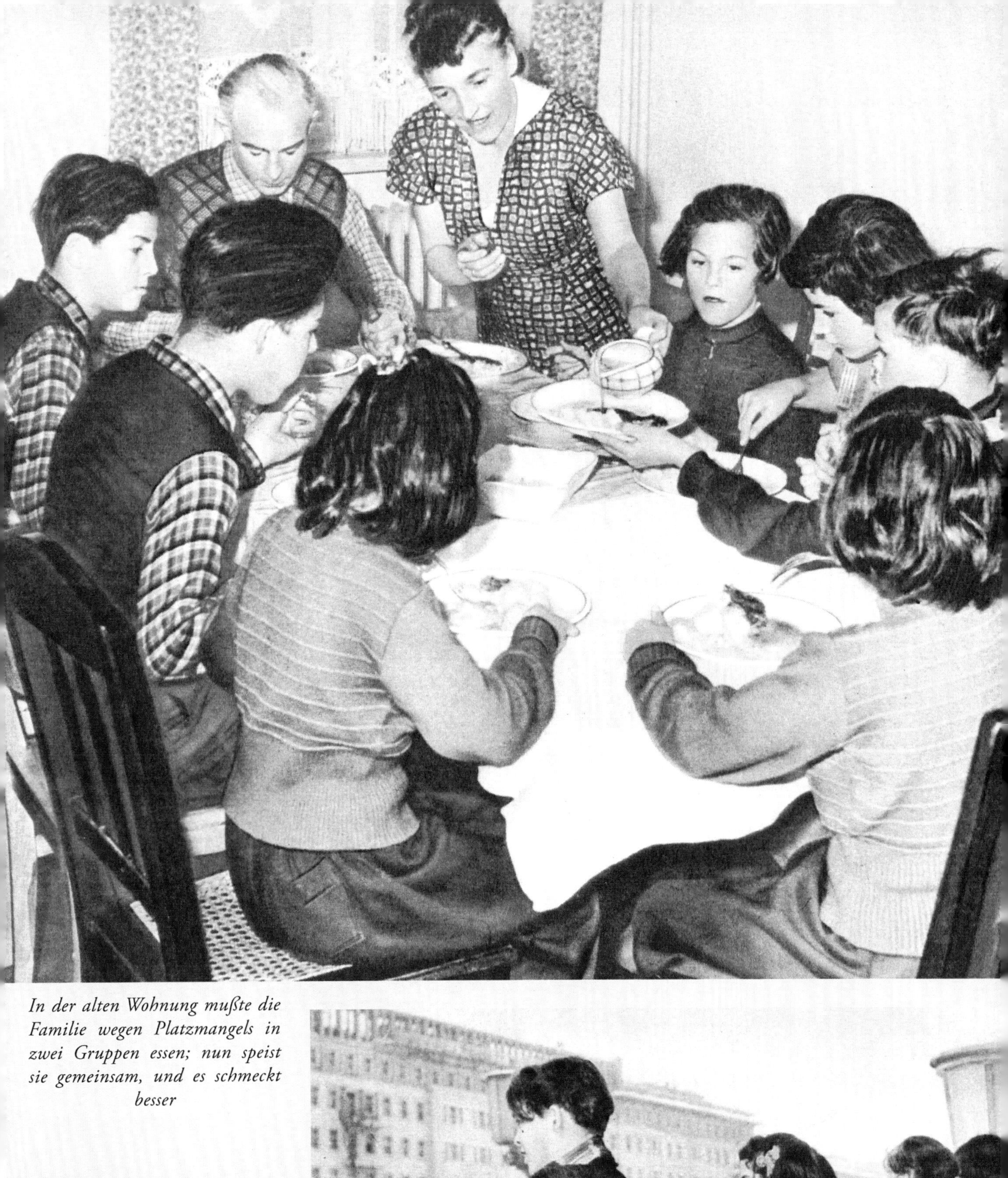

In der alten Wohnung mußte die Familie wegen Platzmangels in zwei Gruppen essen; nun speist sie gemeinsam, und es schmeckt besser

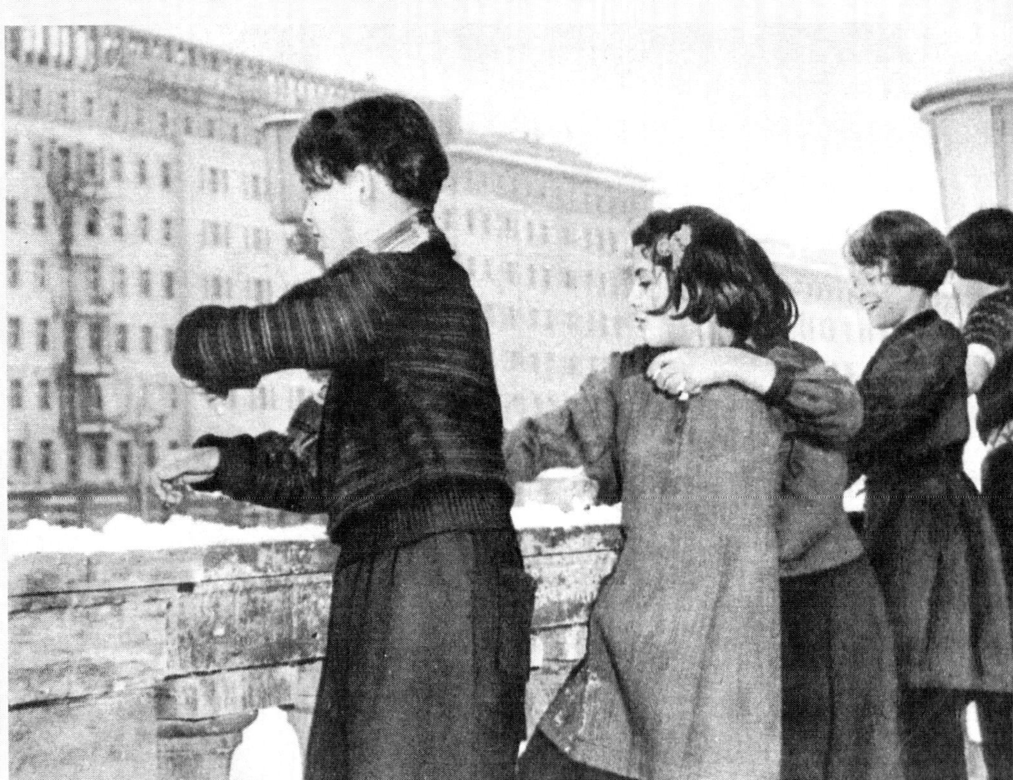

Eine Familien-Schneeballschlacht ist im Gange

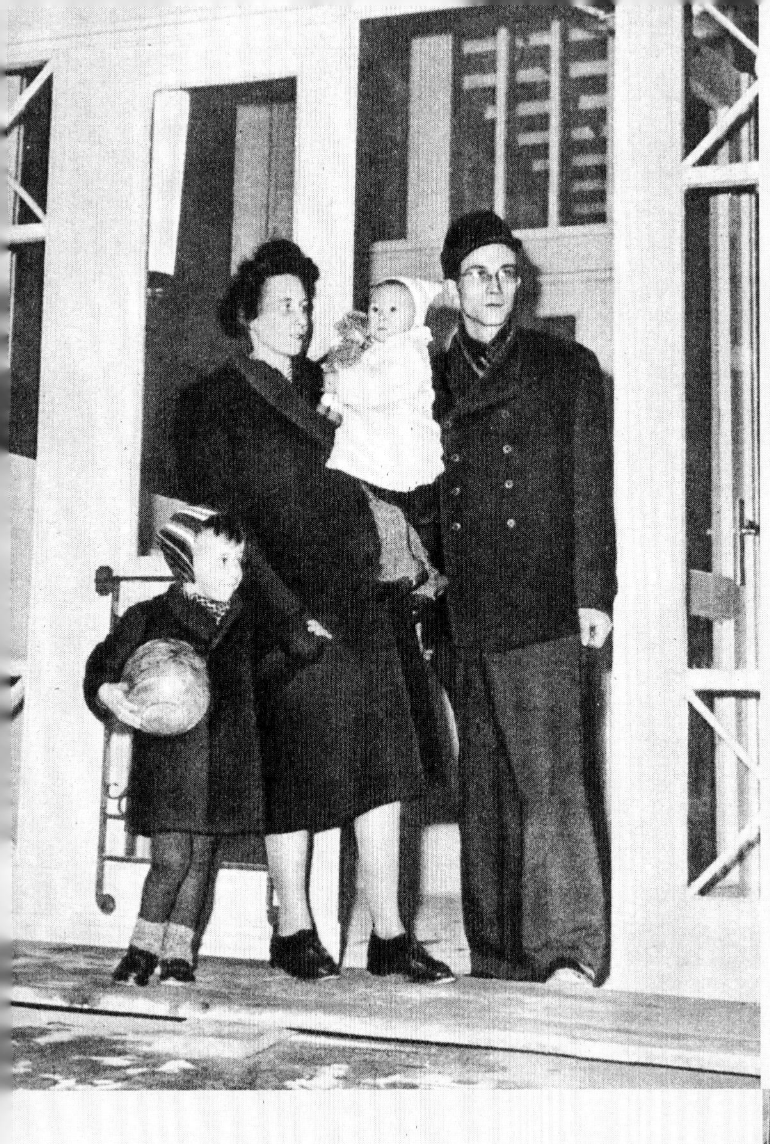

Familie Lenz durchschreitet, fast zaghaft noch, zum ersten Male die Eingangspforte des Block C-Süd

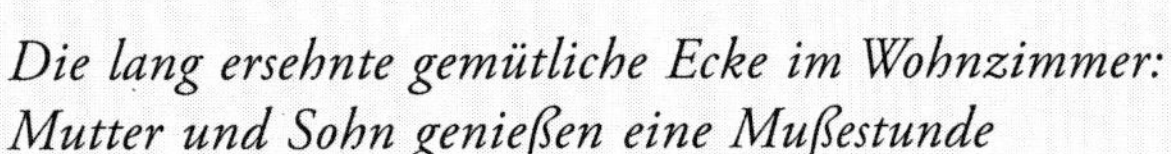

Die lang ersehnte gemütliche Ecke im Wohnzimmer: Mutter und Sohn genießen eine Mußestunde

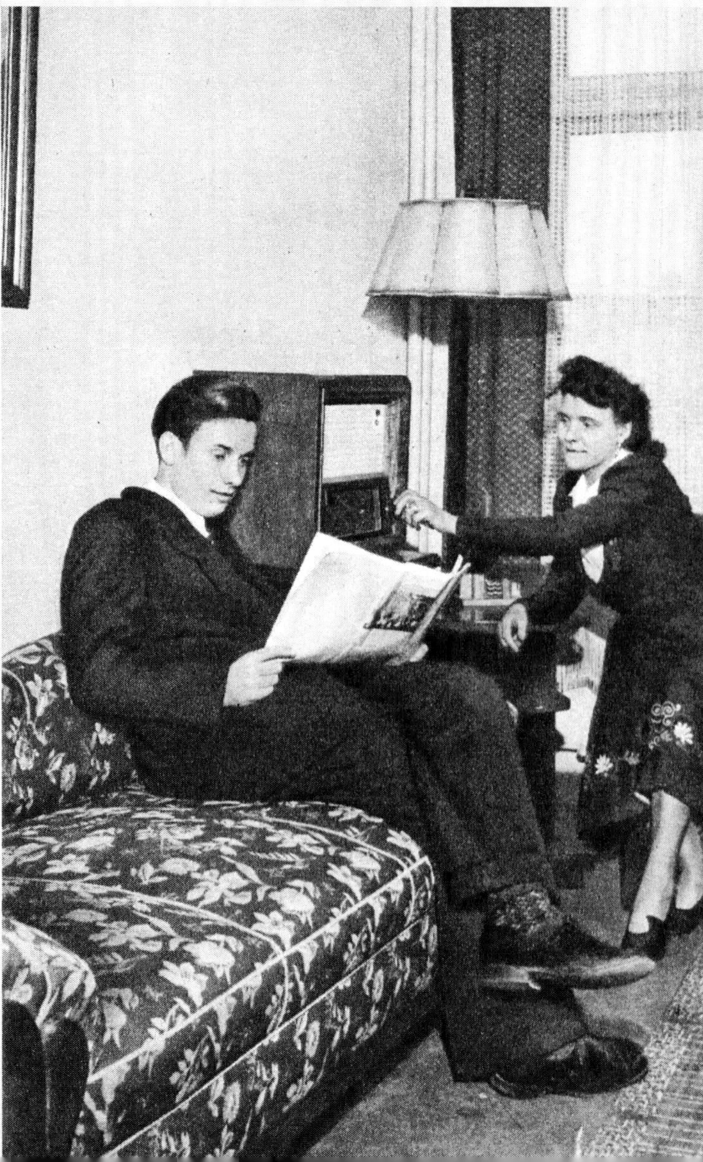

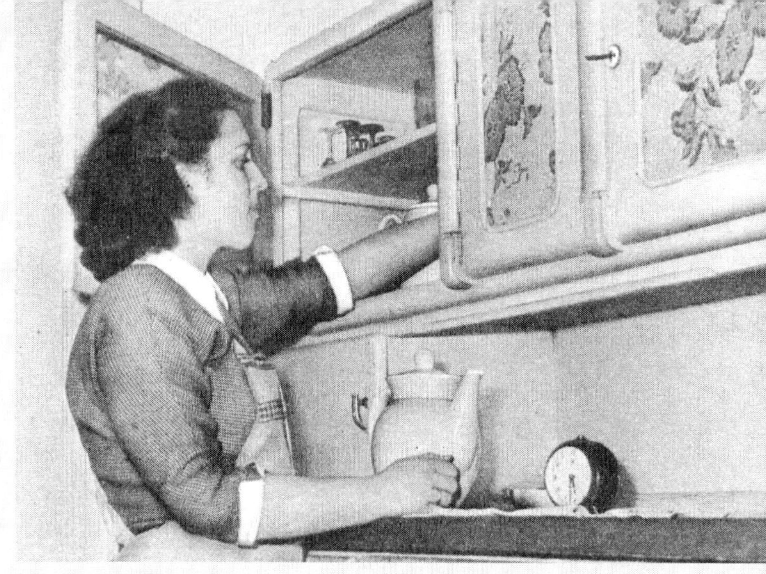

Hier wirtschaftet es sich gut

TRAUM WIRD WIRKLICHKEIT

Noch vor fünf Jahren träumten sie nur von einer eigenen Wohnung; denn die unerhörte Zerstörung Berlins gestattete es nicht, jeder Familie ein eigenes Heim zuzuweisen. Zwischen Ruinen hausten viele in Notunterkünften, mußten ebenso viele den geringen Wohnraum in den leidlich erhaltenen Häusern mit anderen teilen.

Als die ersten Grundmauern in der Stalinallee entstehen, gibt es noch genug Zweifler, die – in Gedanken an ihre traurigen Unterkünfte – den riesigen Vorbereitungen skeptisch zusehen. Doch mit dem immer schnelleren Voranschreiten der Bauten werden sie selbst vom Aufbaufieber gepackt: Sie helfen tatkräftig mit, zeichnen sich aus und gelangen bald in die Reihe derer, die Aussicht auf eine Wohnung haben. Und doch – als der Traum dann eines Tages Wirklichkeit wird und sie in die neuen, hellen Räume einziehen, können sie das Glück kaum fassen.

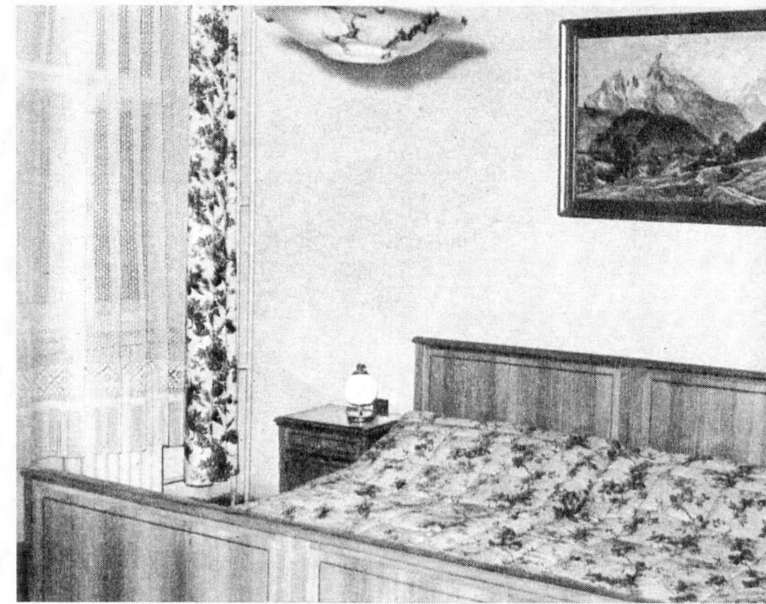

Ein lichtes, sonniges Schlafzimmer

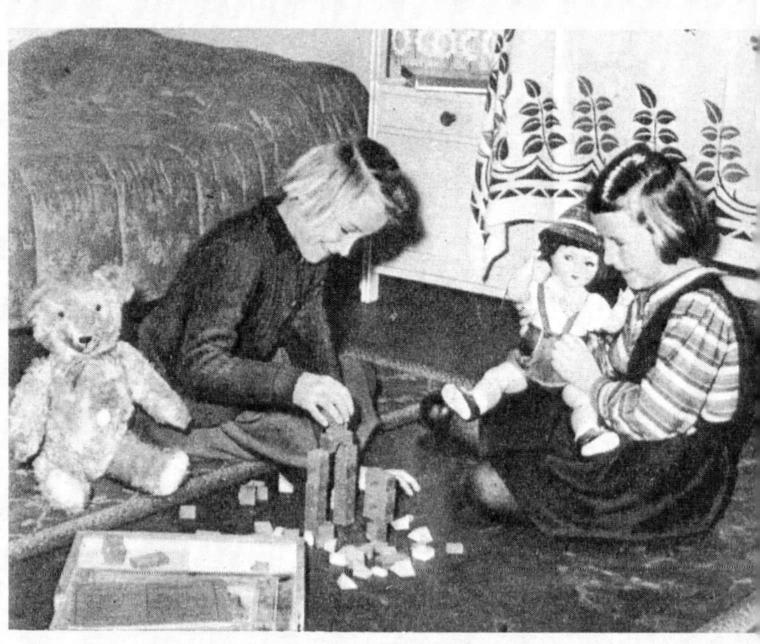

Den Kindern ihr eigenes Schlaf- und Spielzimmer

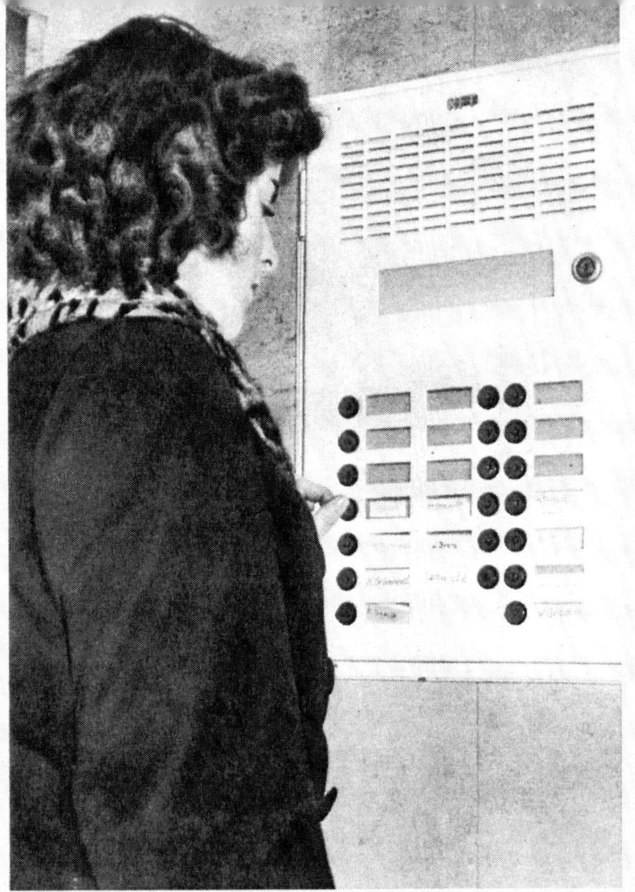

Ein Druck aufs Knöpfchen – und die Verständigung mit dem Mieter ist hergestellt

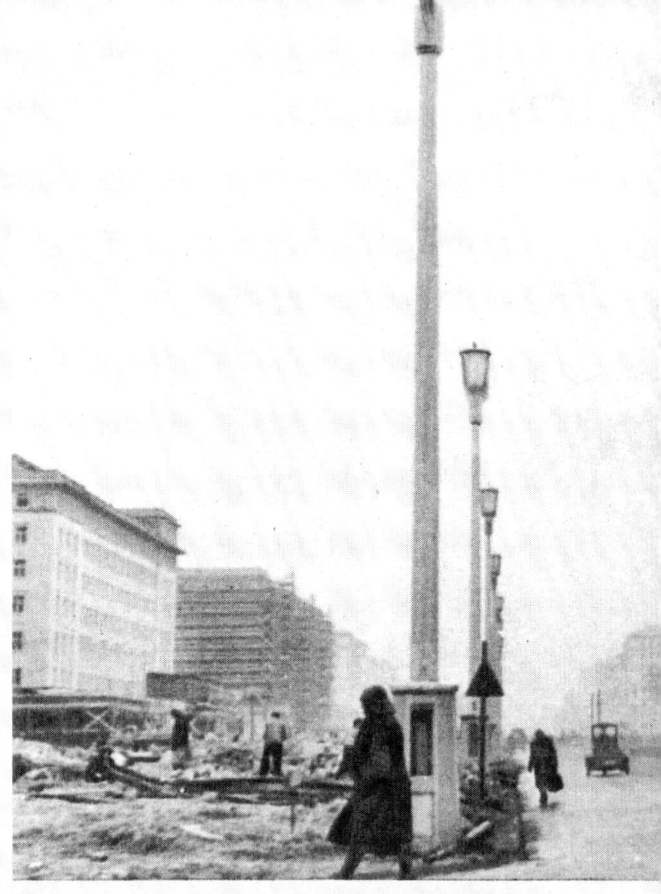

Ein Blick überzeugt –

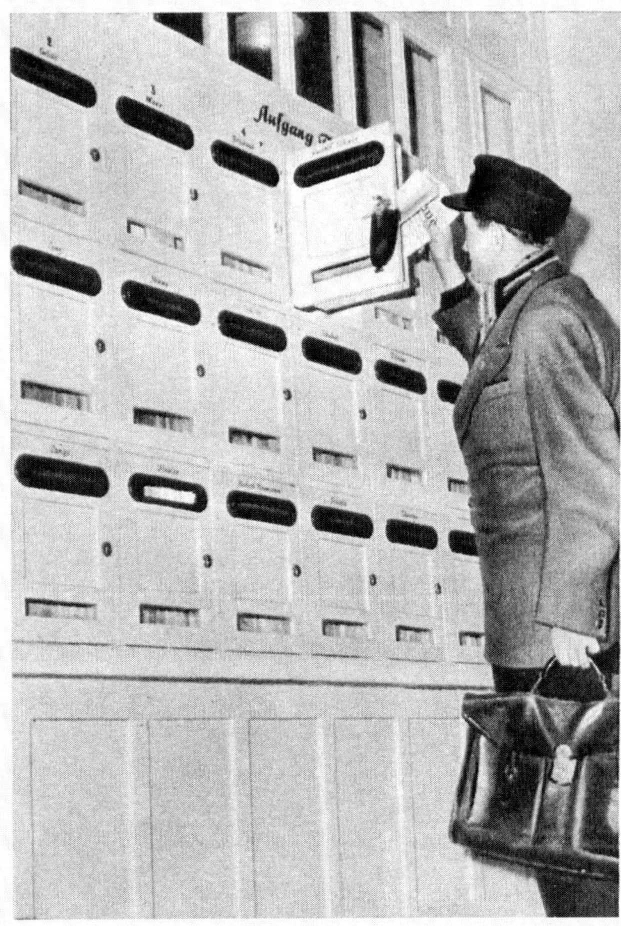

Die Briefkastenanlage im Erdgeschoß

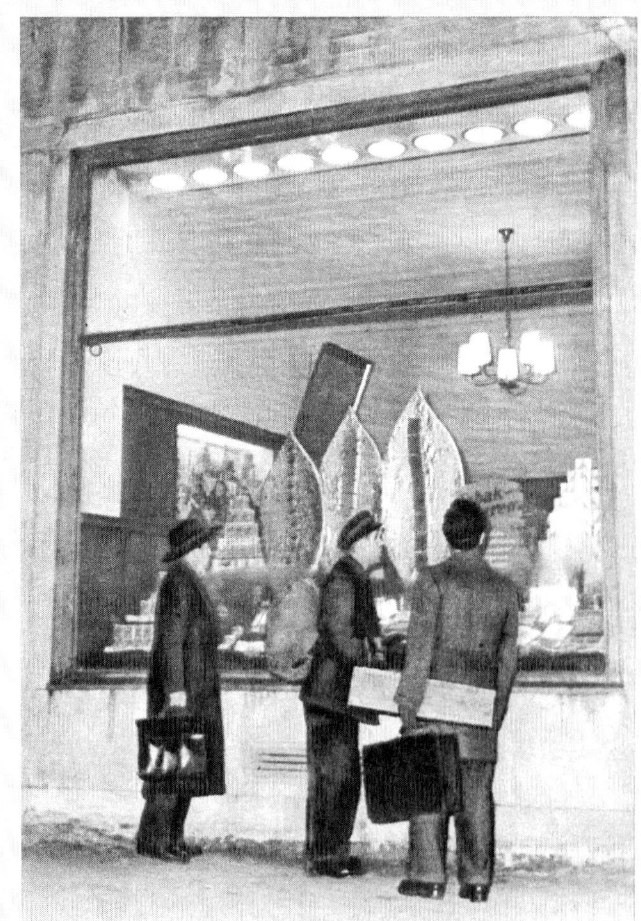

Ein Anziehungspunkt für Raucher

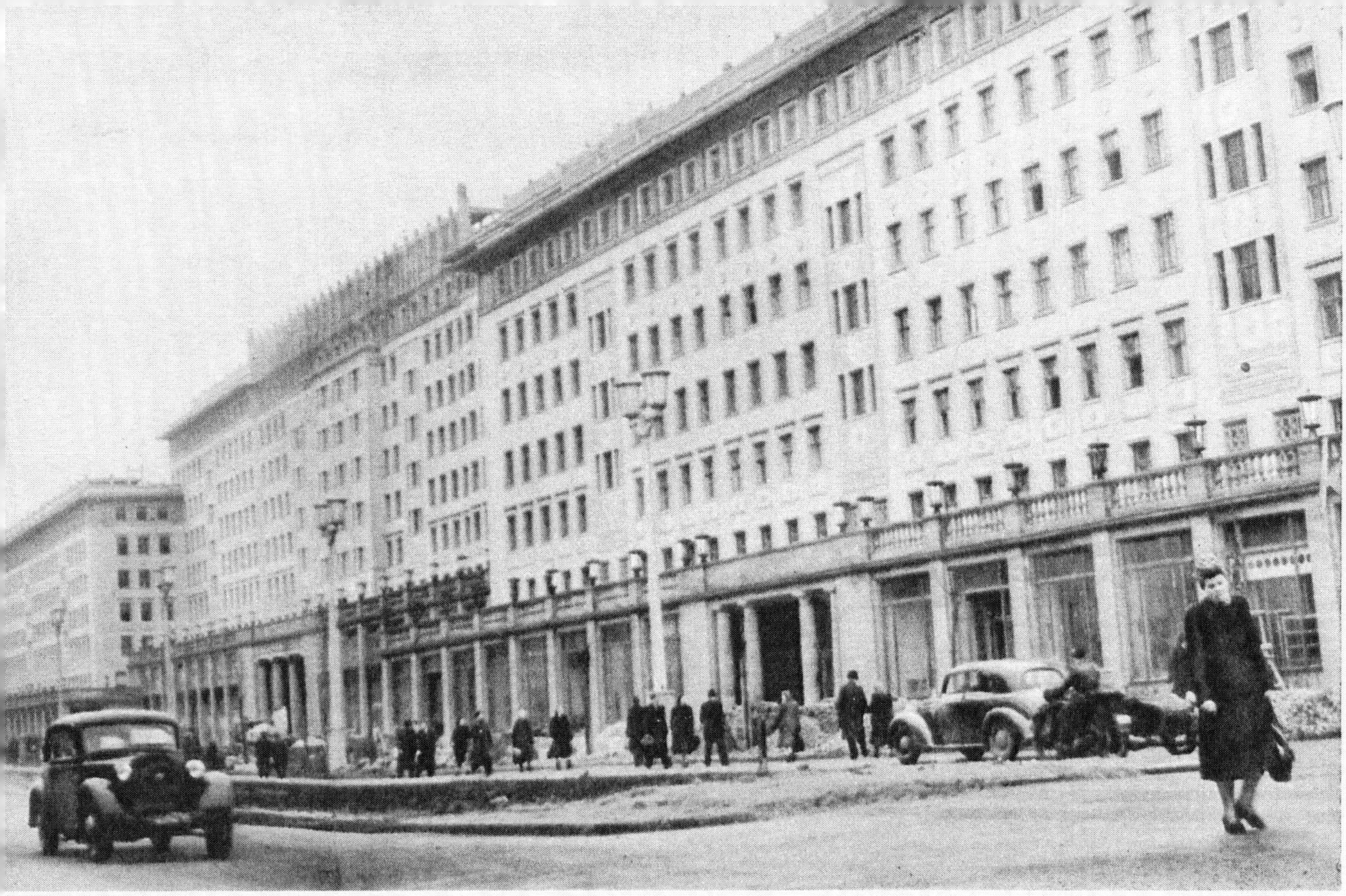

gegen diesen steingewordenen Willen zum Aufbau gibt's keine Argumente

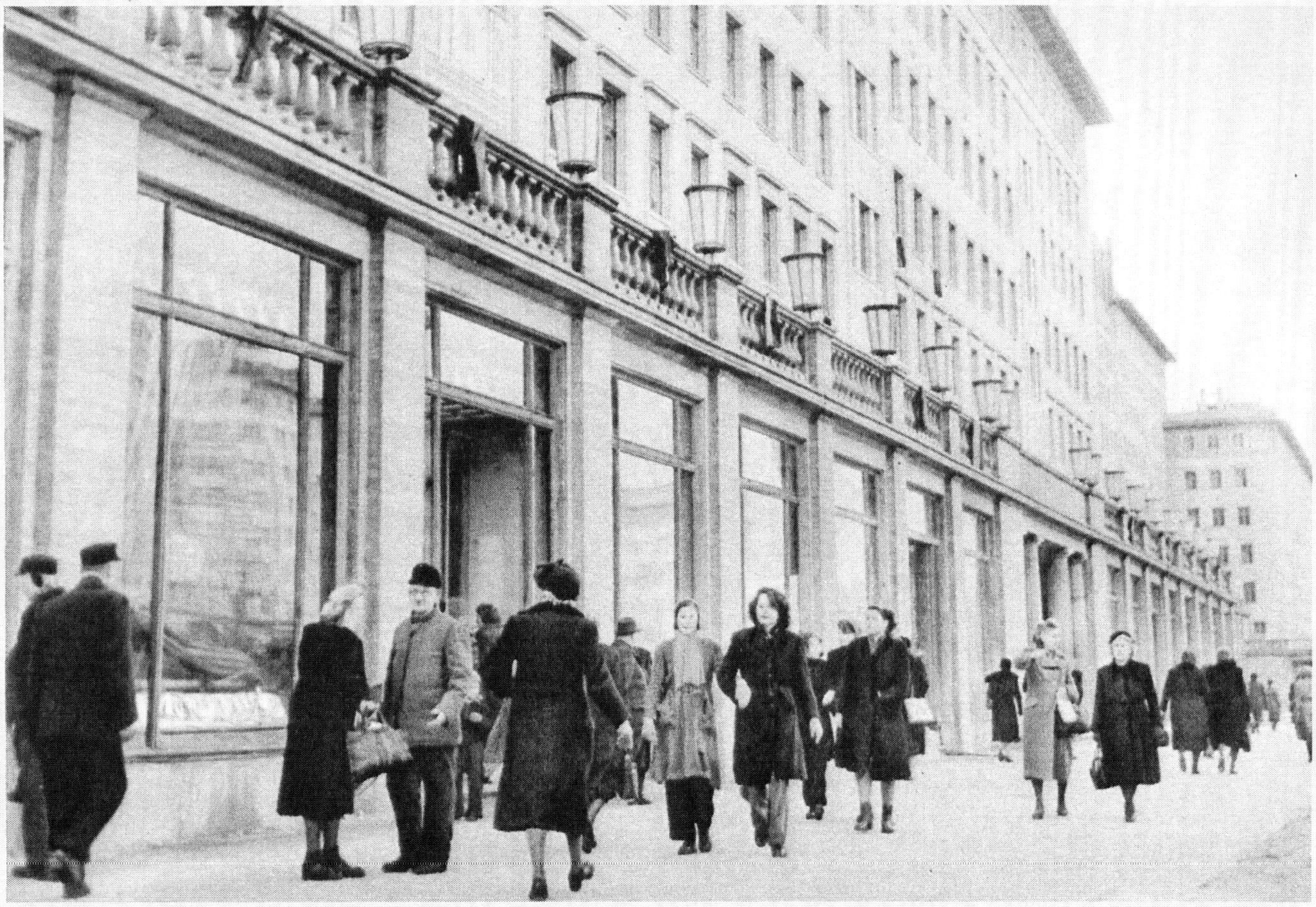

Dicht bei dicht folgen die Läden des staatlichen und genossenschaftlichen Handels aufeinander

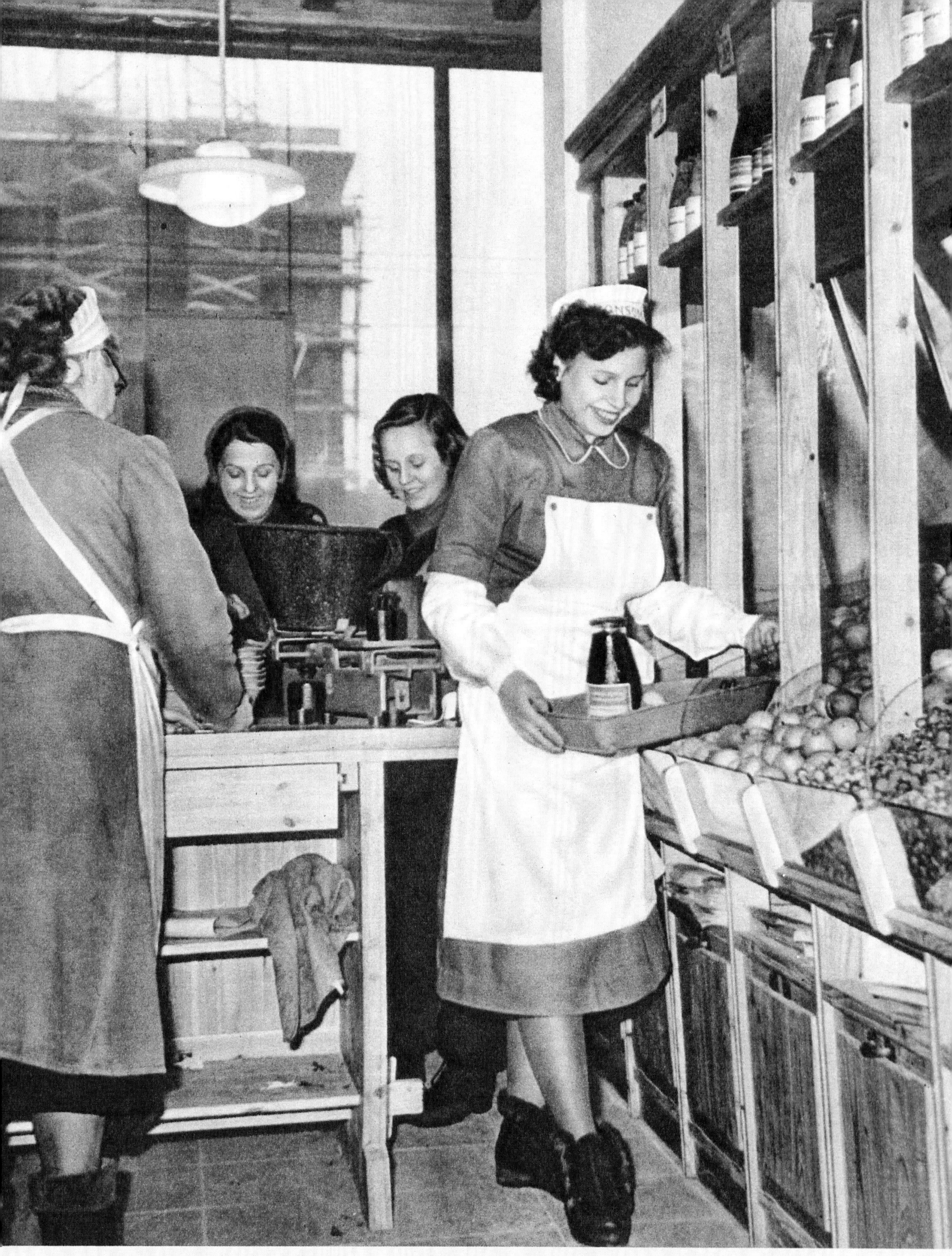

Große, helle Läden und übersichtlich angebotene Waren machen das Einkaufen zur Freude

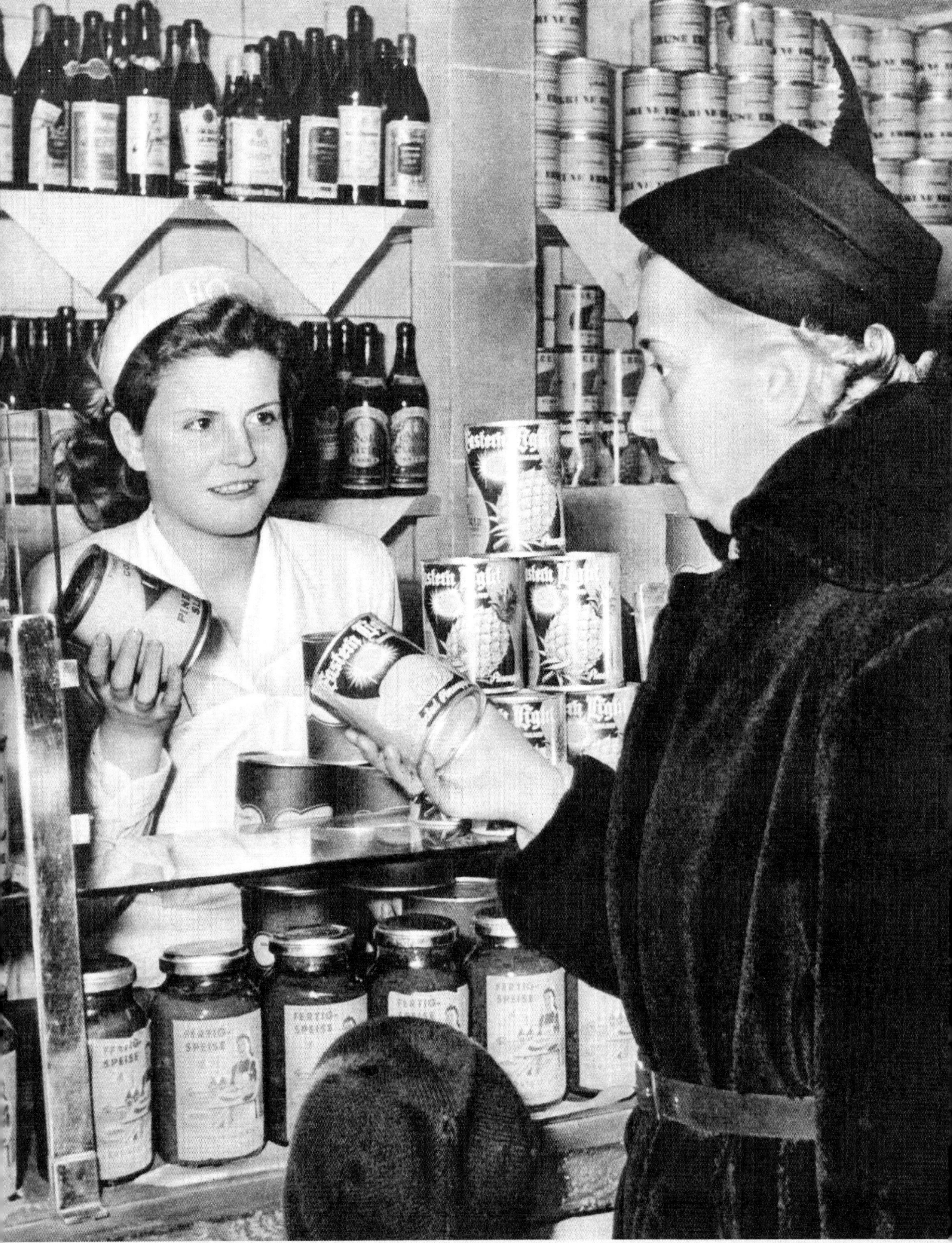

In den Lebensmittelgeschäften werden den Kunden Erzeugnisse aus aller Welt angeboten

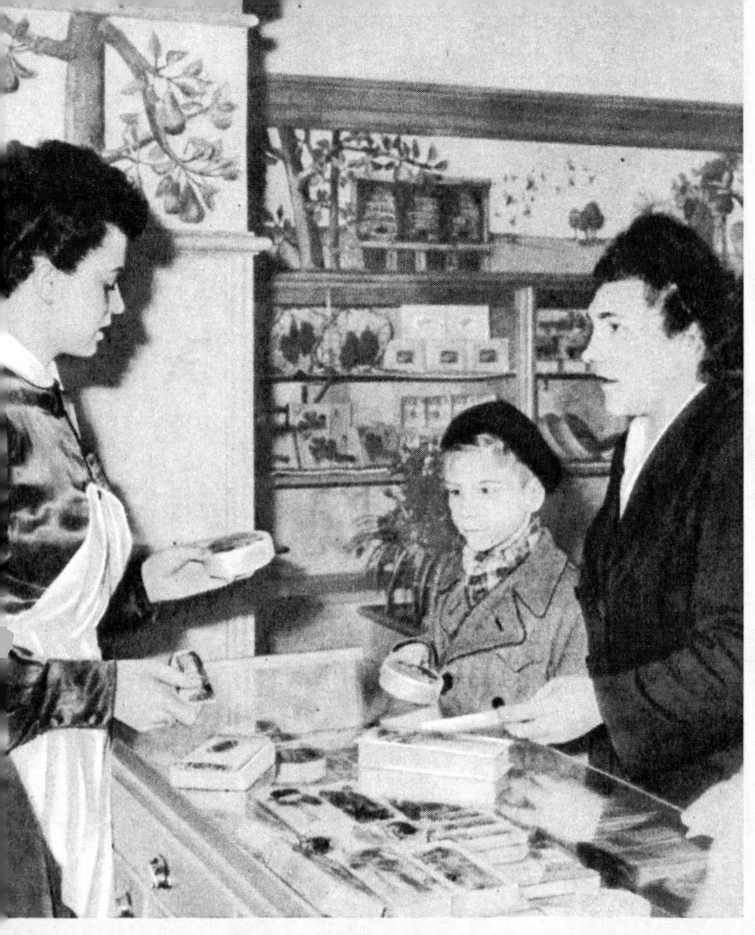

In der Stalinallee werden Industriewaren sowie Lebens- und Genußmittel nur in Spezialgeschäften verkauft. Vom Strausberger Platz, wo das erste Kinderkaufhaus steht, bis zum Block F-Süd lassen sich alle Wünsche verwirklichen

Süßigkeiten für jung und alt in reicher Auswahl

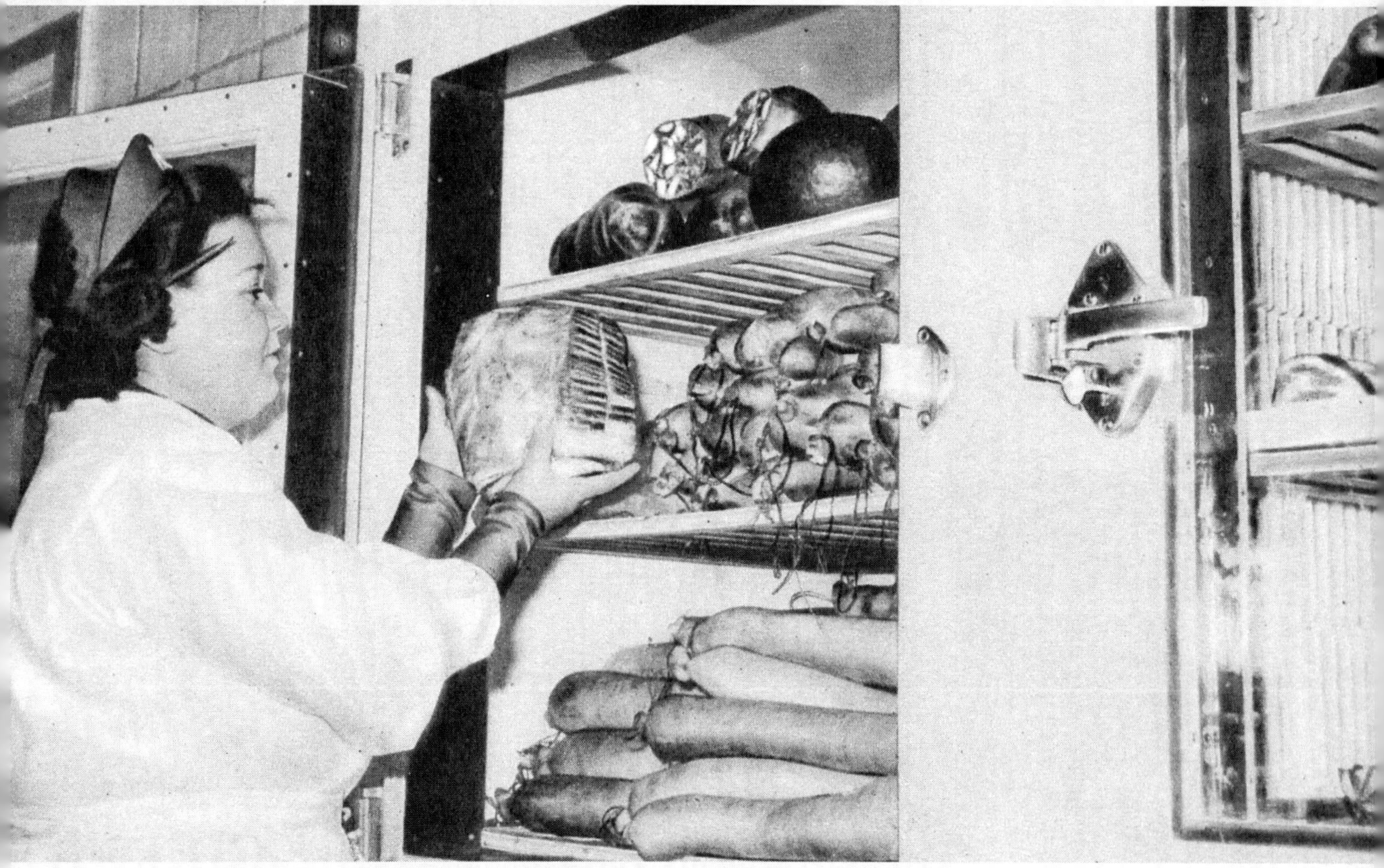

Spezialkühlschränke bürgen jederzeit für frische Ware

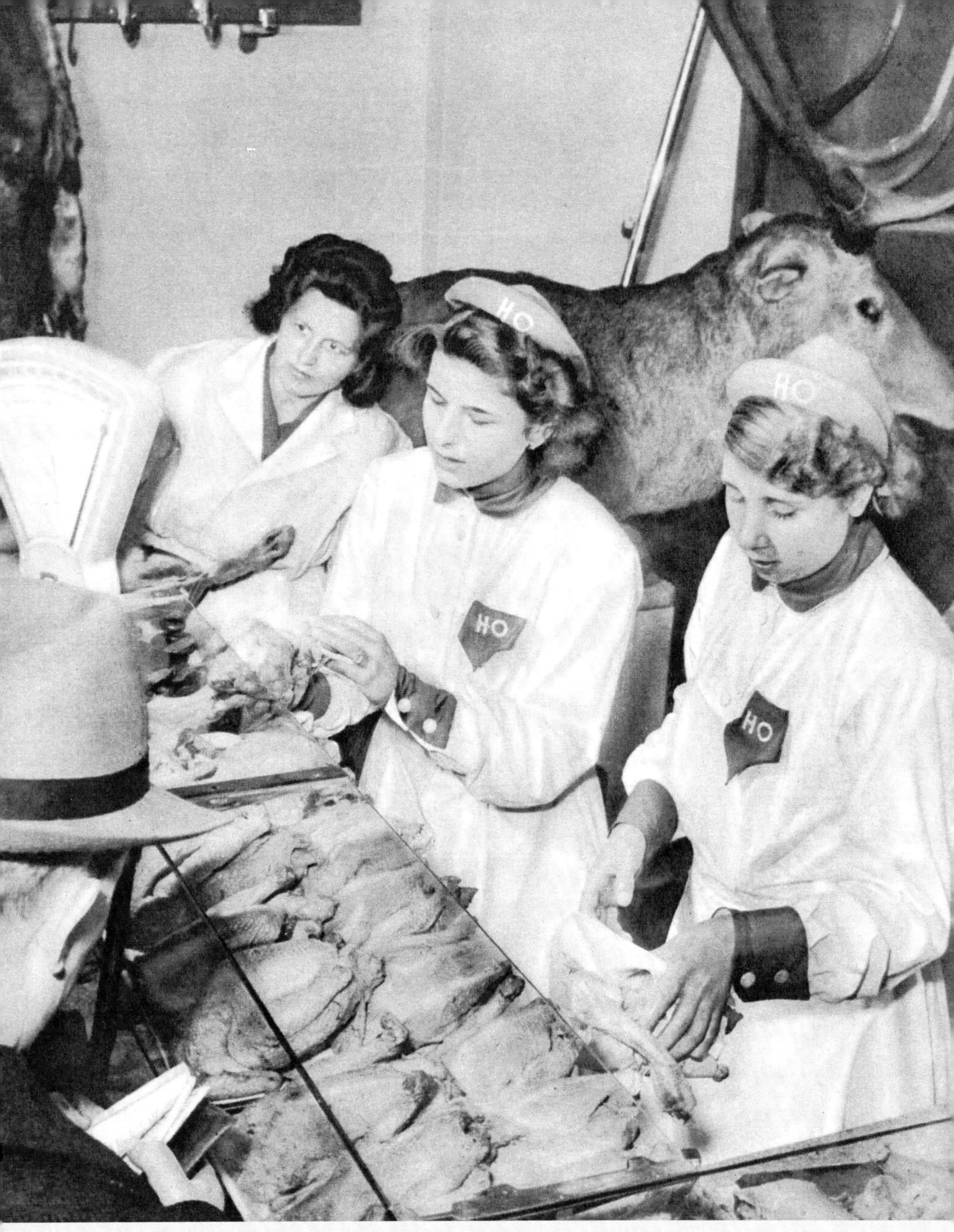

Wer die Wahl hat, hat die Qual: Vom Brathähnchen bis zur Hirschkeule ist alles zu haben

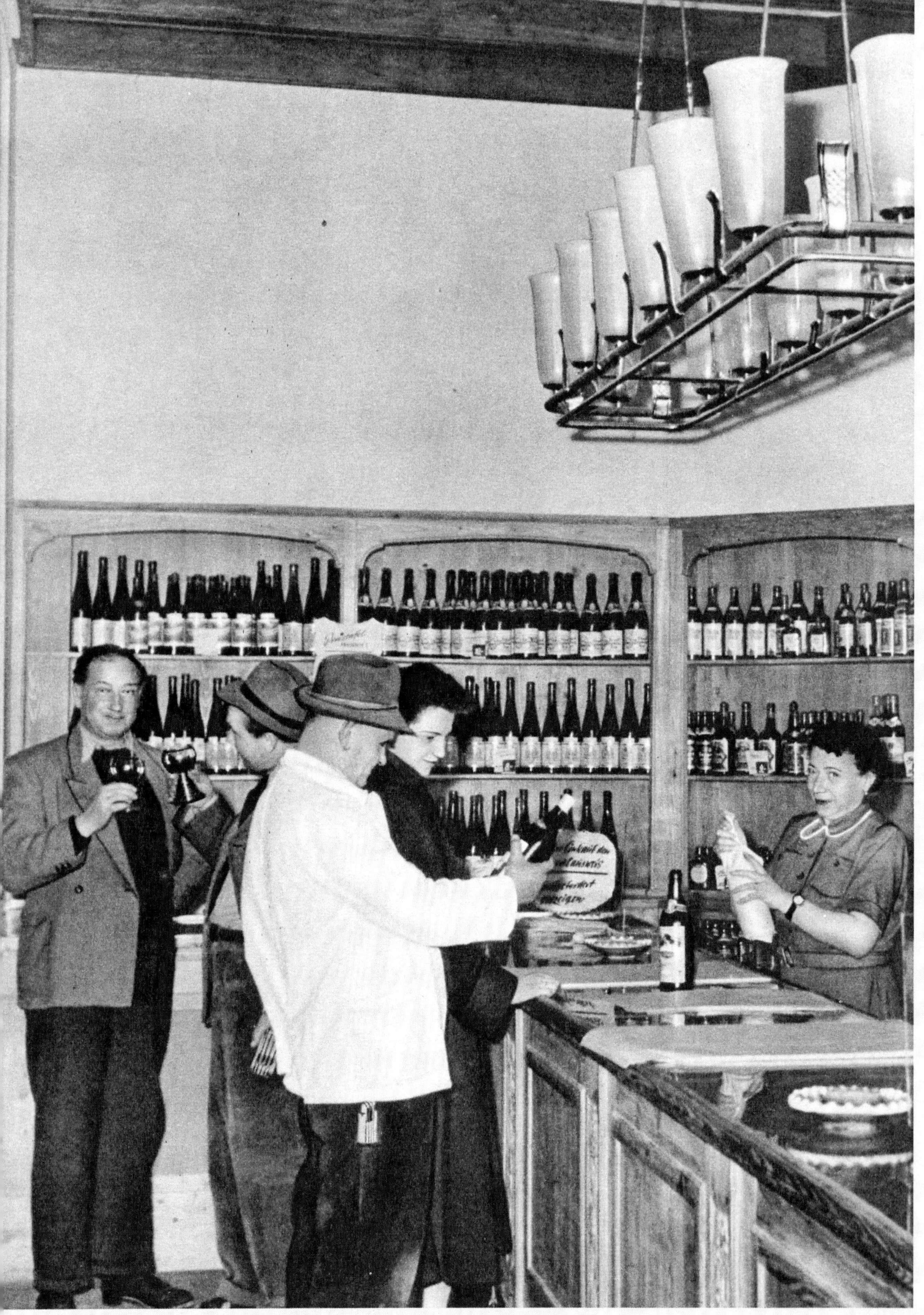

Erst besinn's, dann beginn's! In den geschmackvoll eingerichteten Wein- und Spirtuosenverkaufsstellen kann jeder Käufer kosten, ehe er seine Wahl trifft

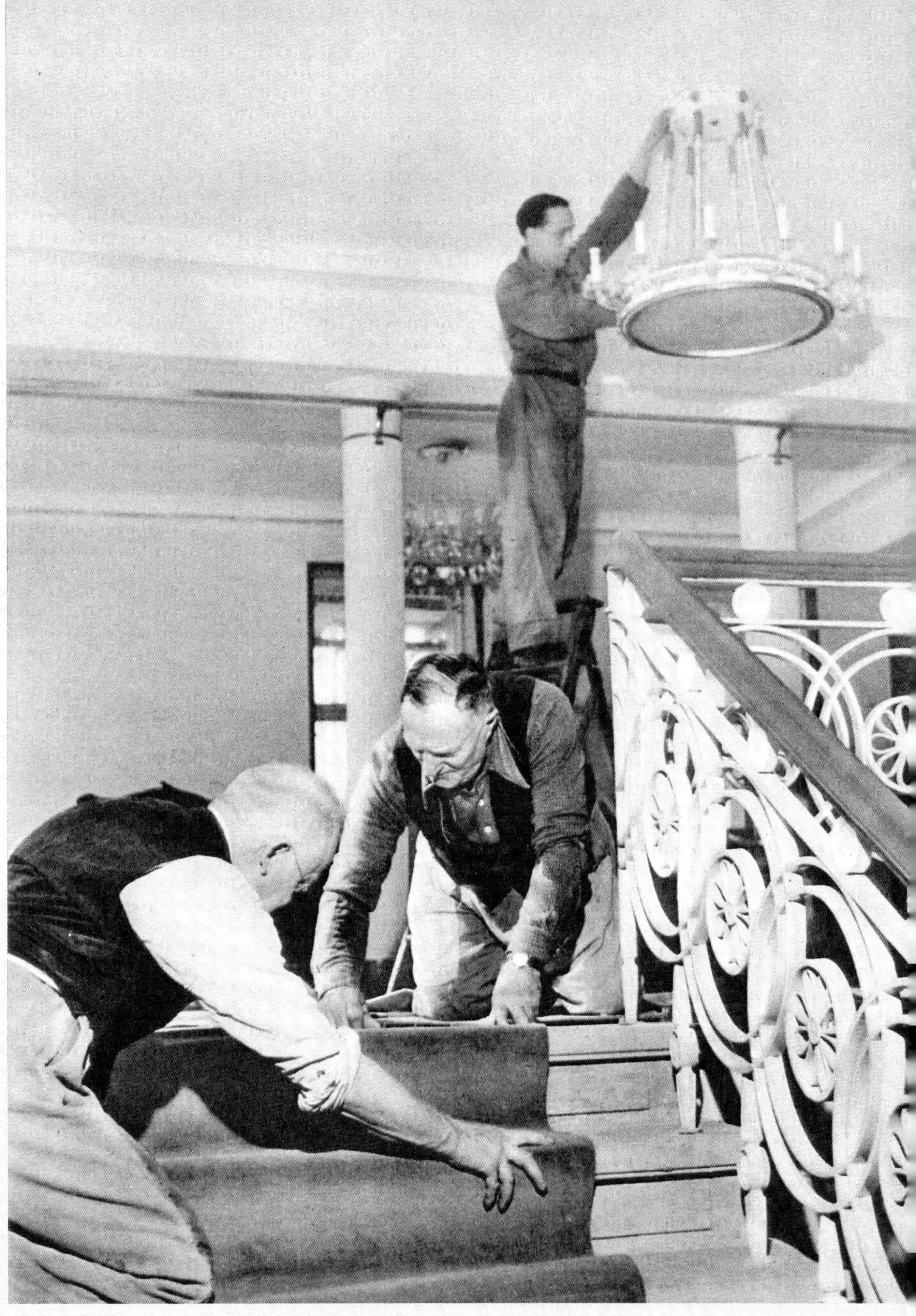

Das Café-Restaurant „Warschau" im Block D-Nord kurz vor der Eröffnung. Bald wird der Besucherstrom die strahlend erleuchteten Räume durchfluten

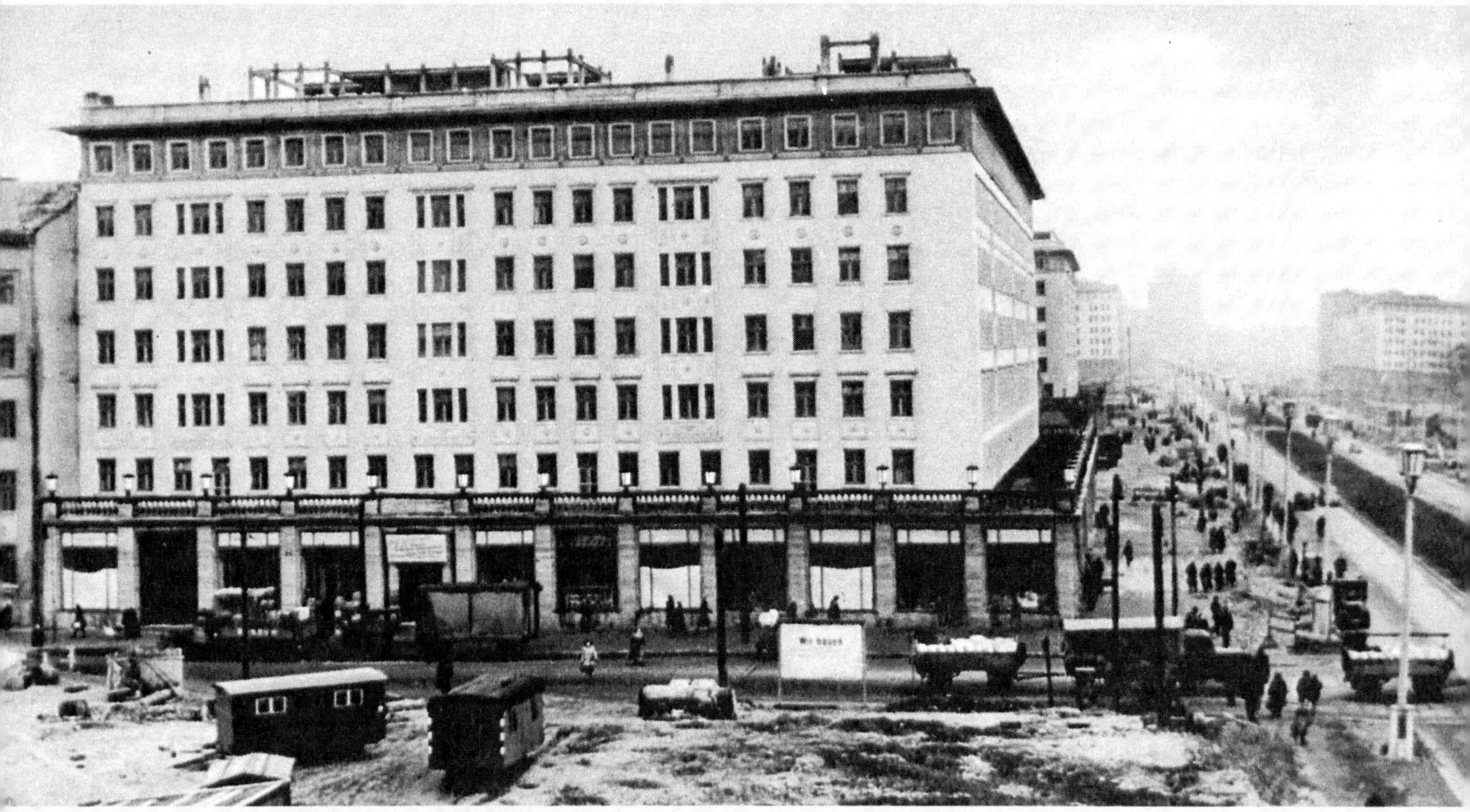

Blick nach Westen in Richtung auf den Strausberger Platz…

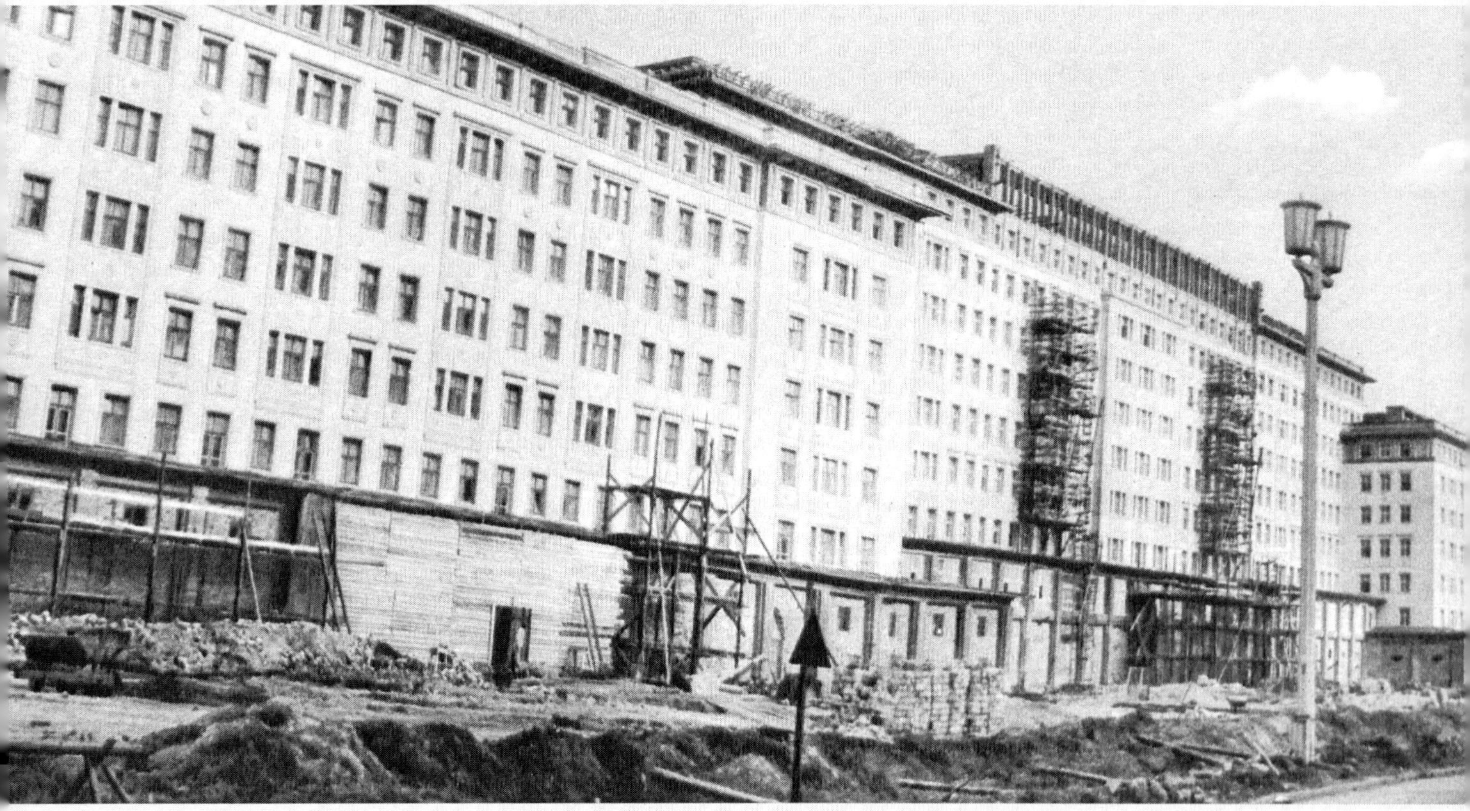

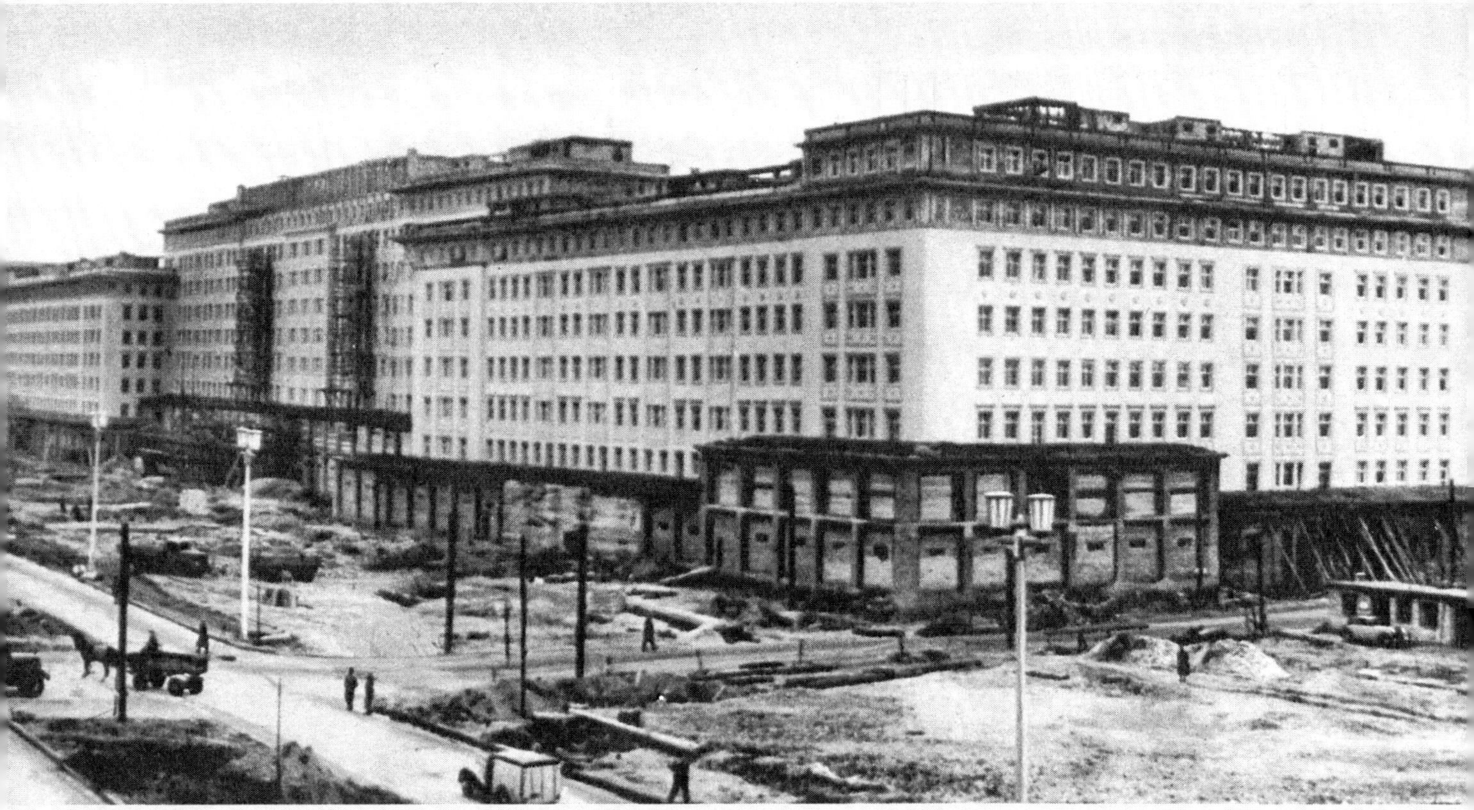

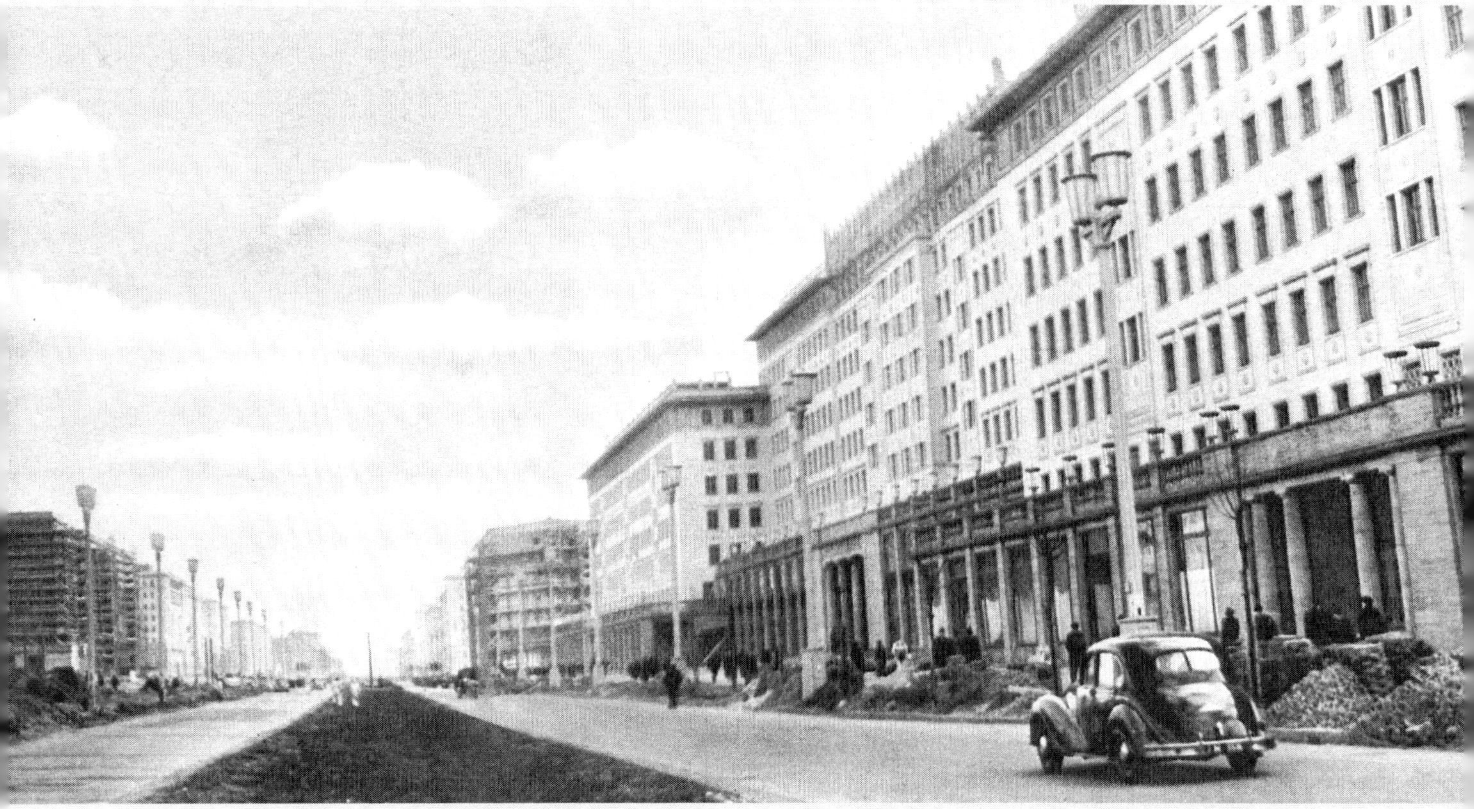

... und hier in östlicher Richtung bis zum Bersarinplatz

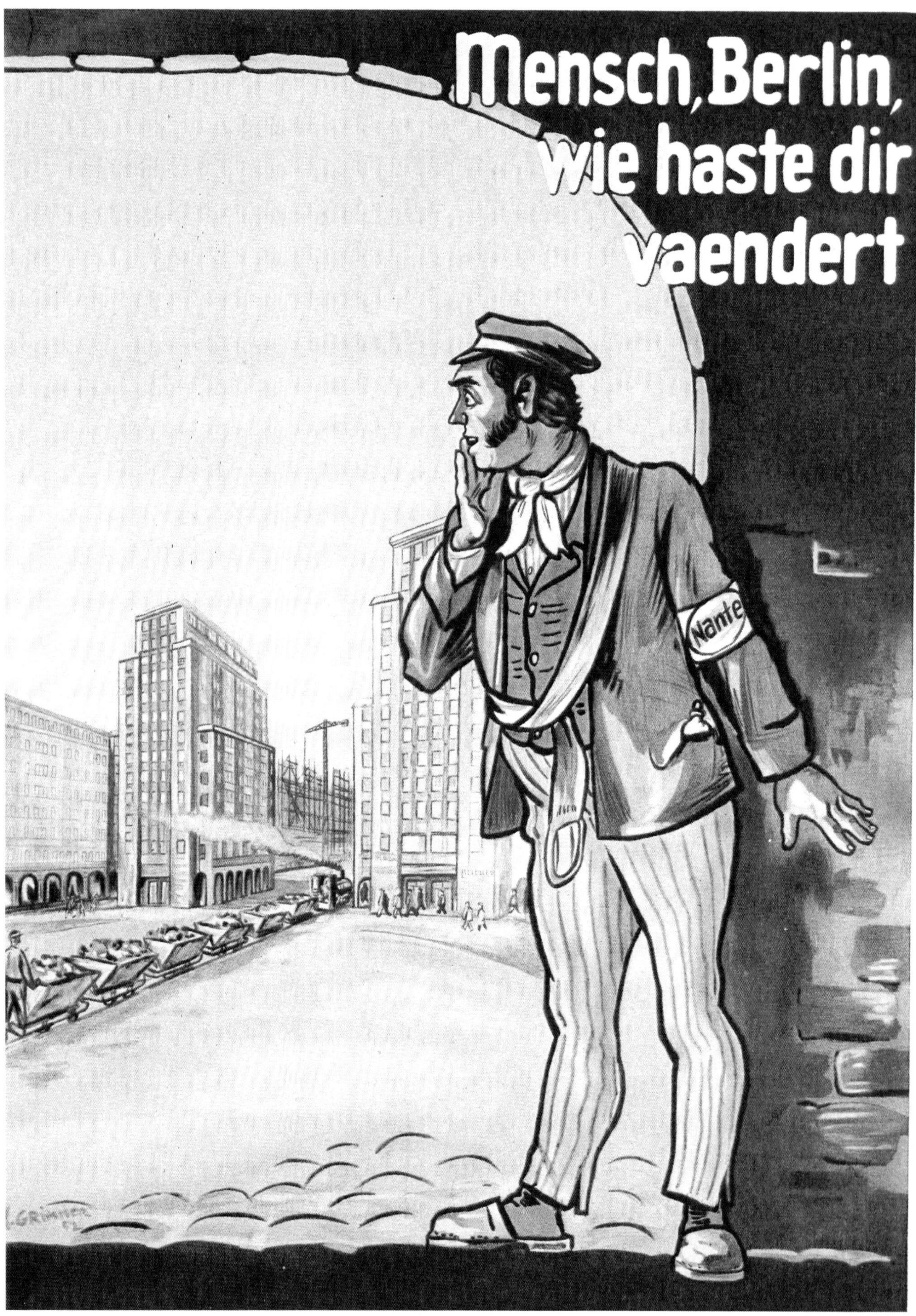
Mensch, Berlin,
wie haste dir
vaendert
Nante

AUS DEM AUFBAUPROGRAMM DES JAHRES 1953

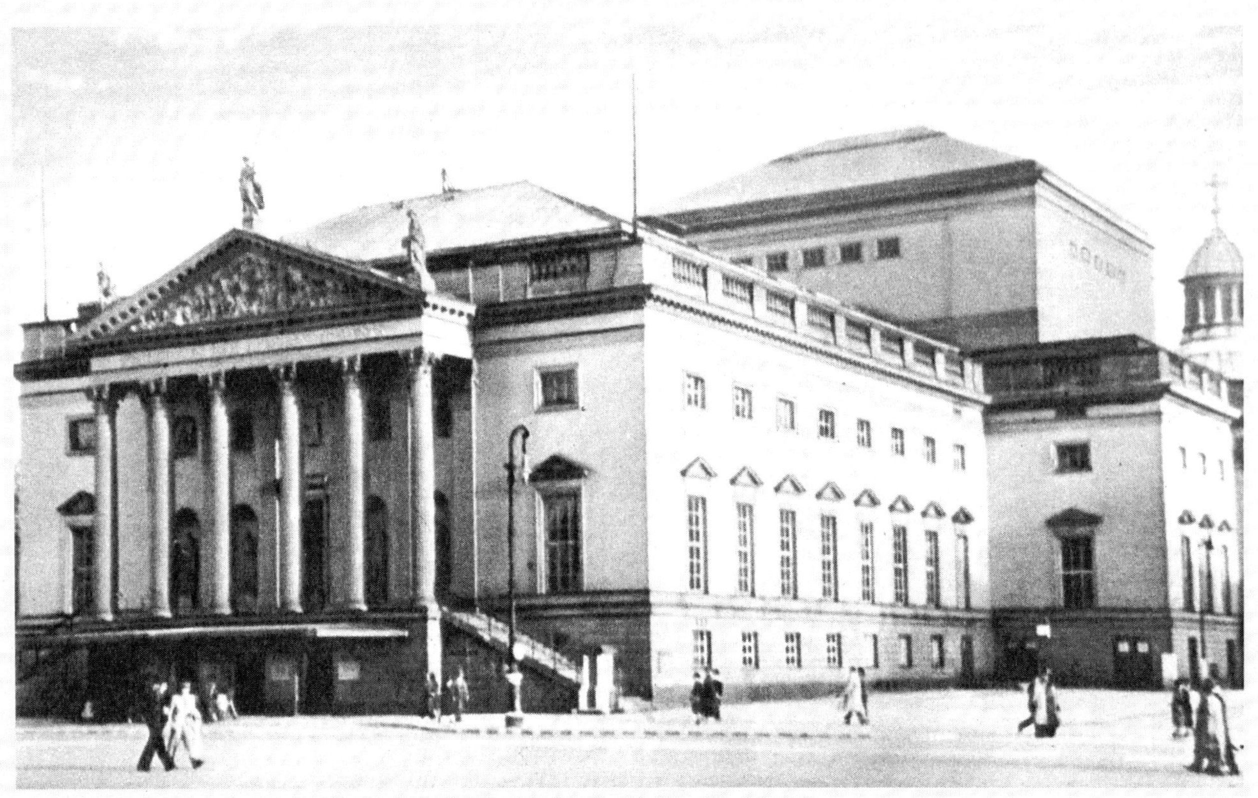

Vor der Zerstörung im letzten Krieg…

…und das blieb übrig

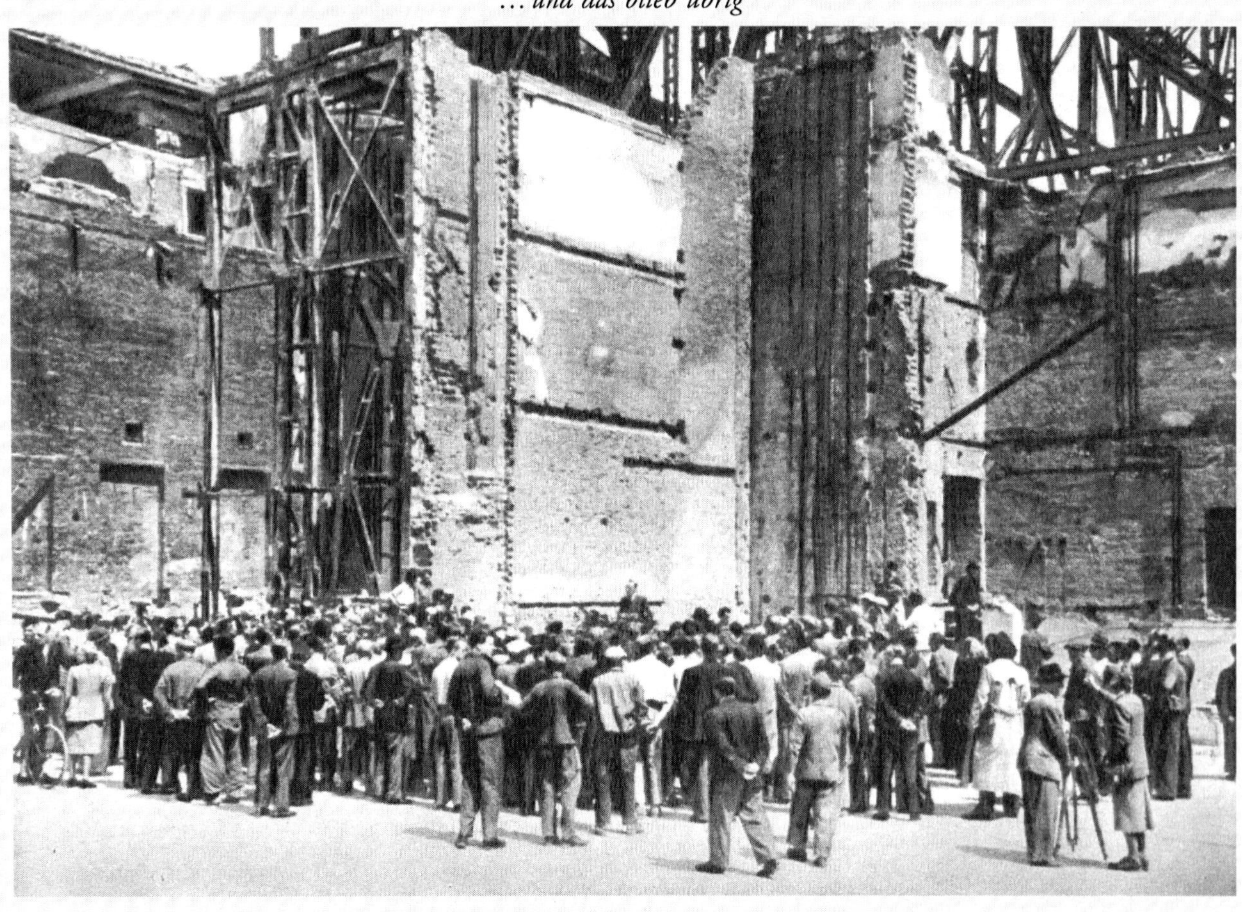

NATIONALES AUFBAUPROGRAMM

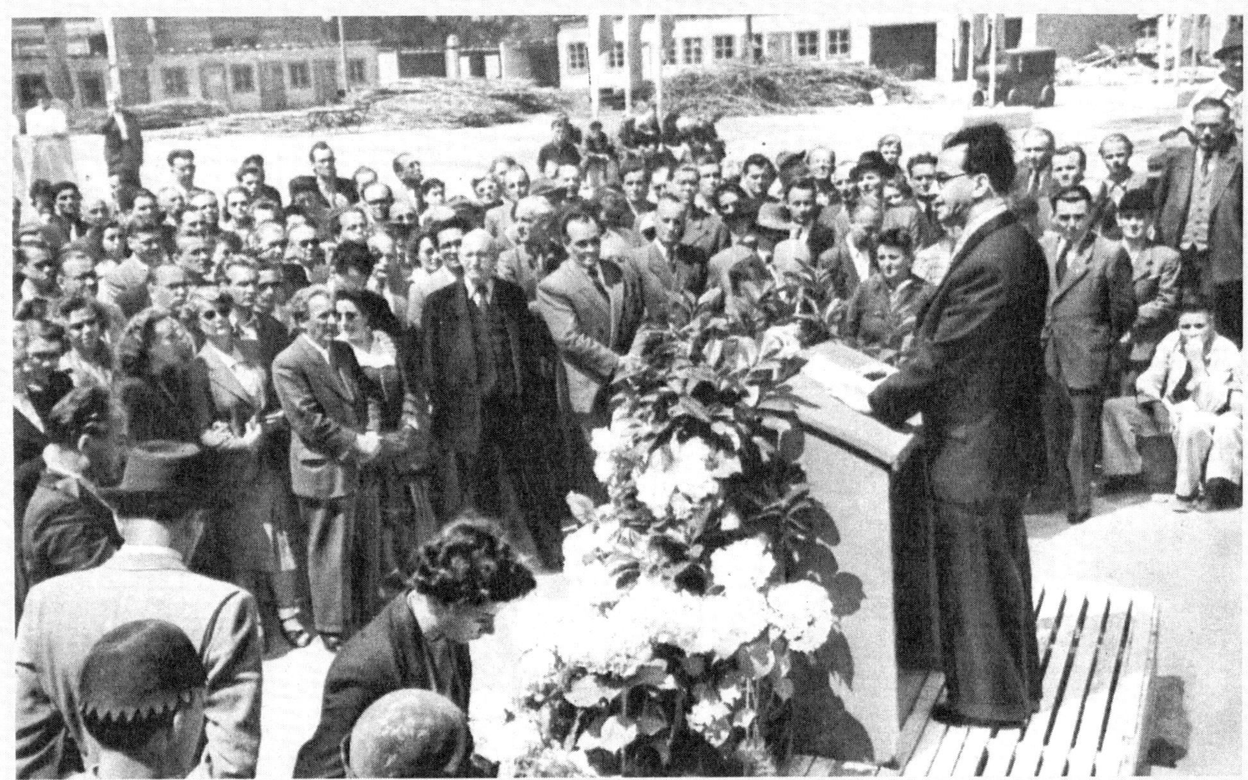

Der Leiter der Deutschen Bauakademie, Prof. Dr. Liebknecht, spricht anläßlich des Neuaufbaus der Staatsoper zu den Bauarbeitern und der schaffenden Intelligenz

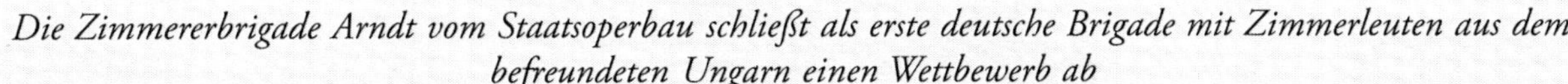

Die Zimmererbrigade Arndt vom Staatsoperbau schließt als erste deutsche Brigade mit Zimmerleuten aus dem befreundeten Ungarn einen Wettbewerb ab

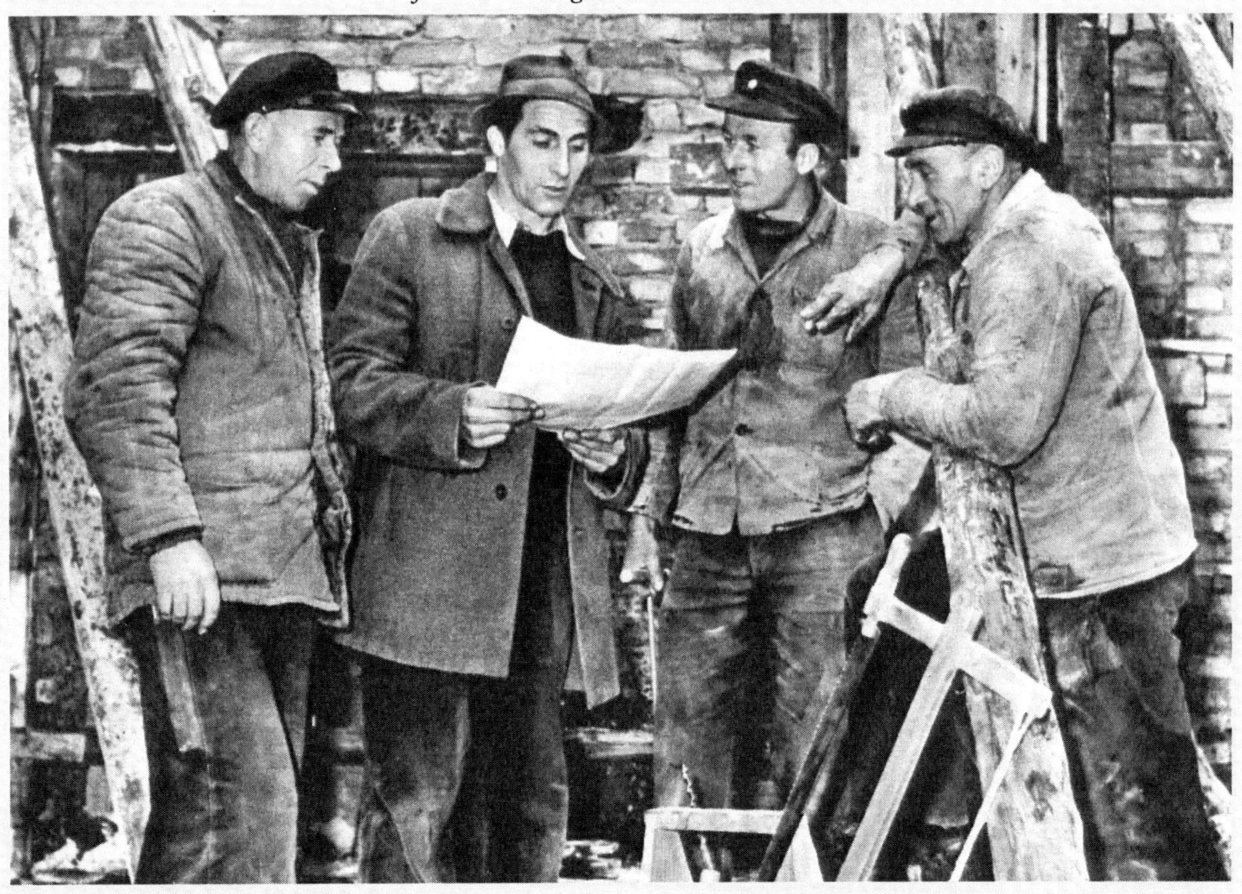

UND DEUTSCHE STAATSOPER

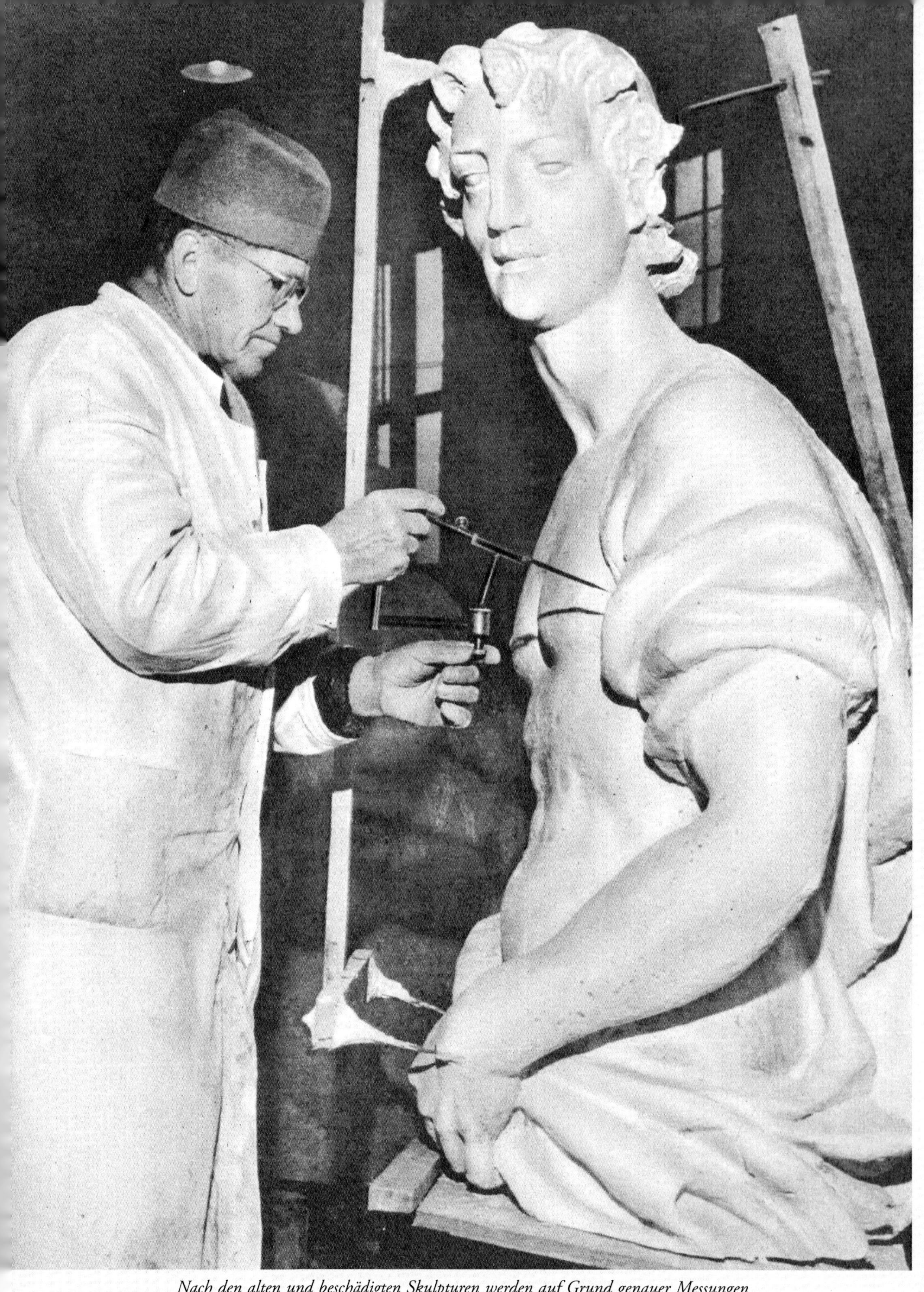

Nach den alten und beschädigten Skulpturen werden auf Grund genauer Messungen vom Kollektiv Felsmann Bildhauerarbeiten an der Staatsoper ausgeführt

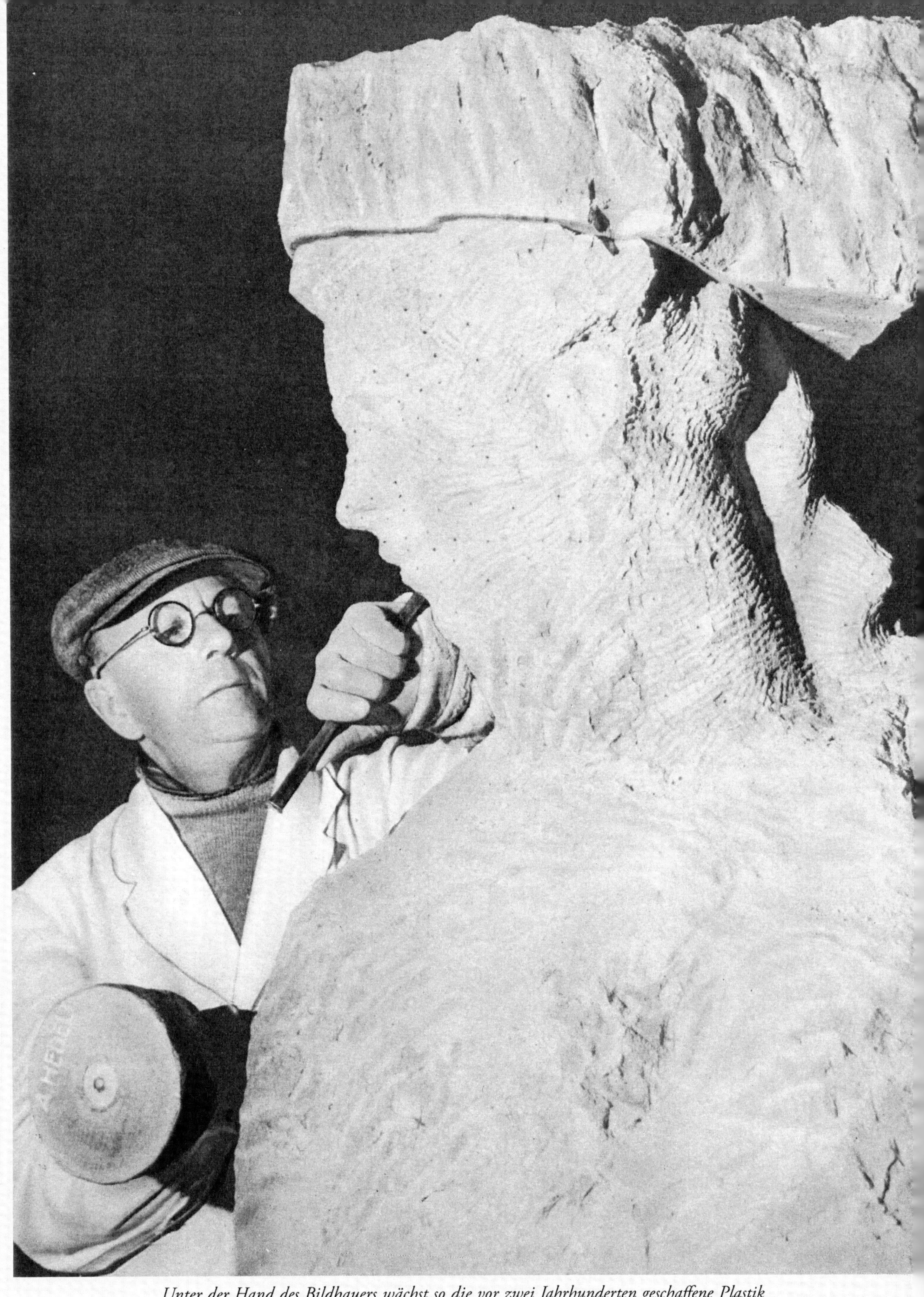

Unter der Hand des Bildhauers wächst so die vor zwei Jahrhunderten geschaffene Plastik zum zweiten Male aus dem Sandsteinblock hervor

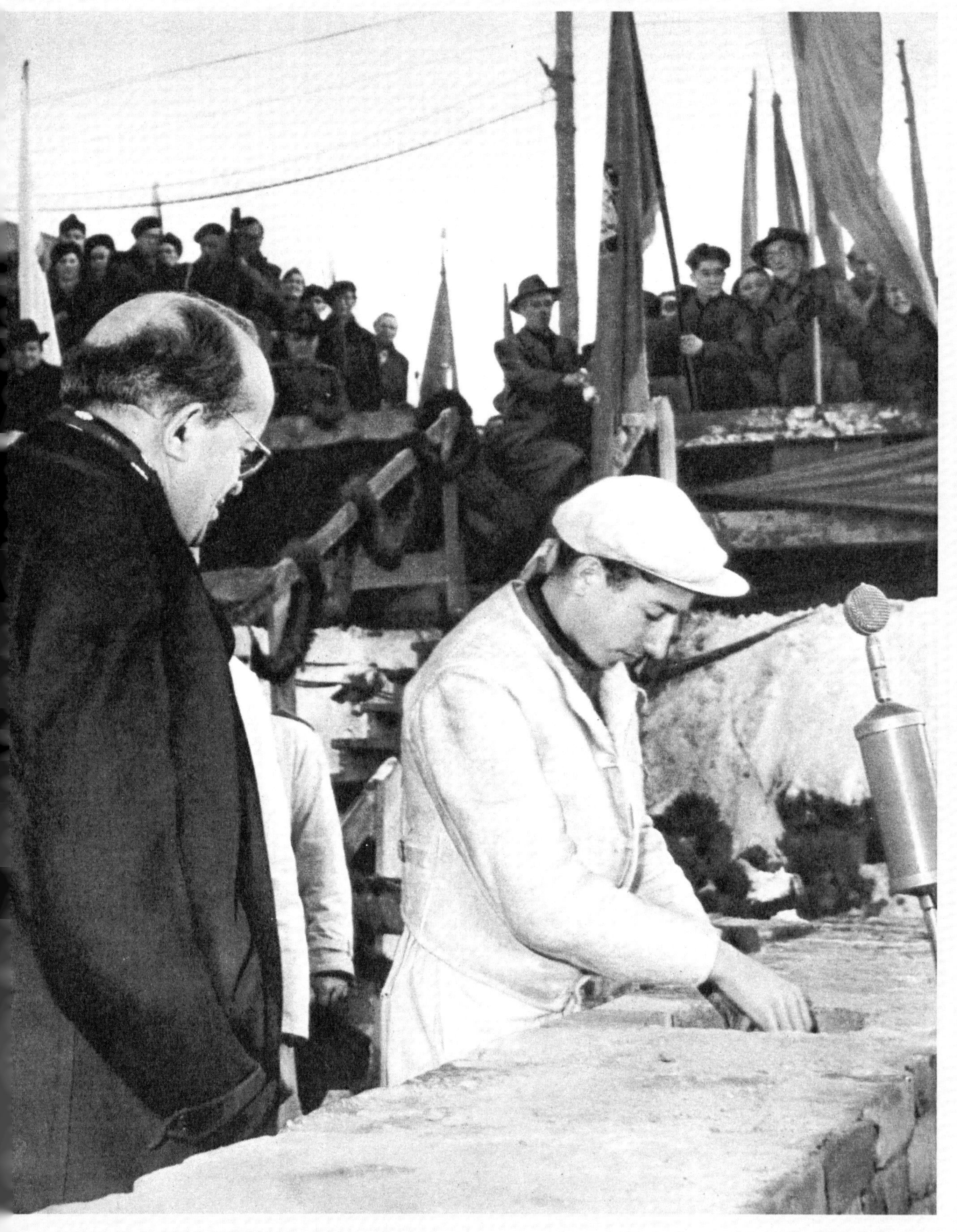

GRUNDSTEINLEGUNG IN DER AUERSTRASSE

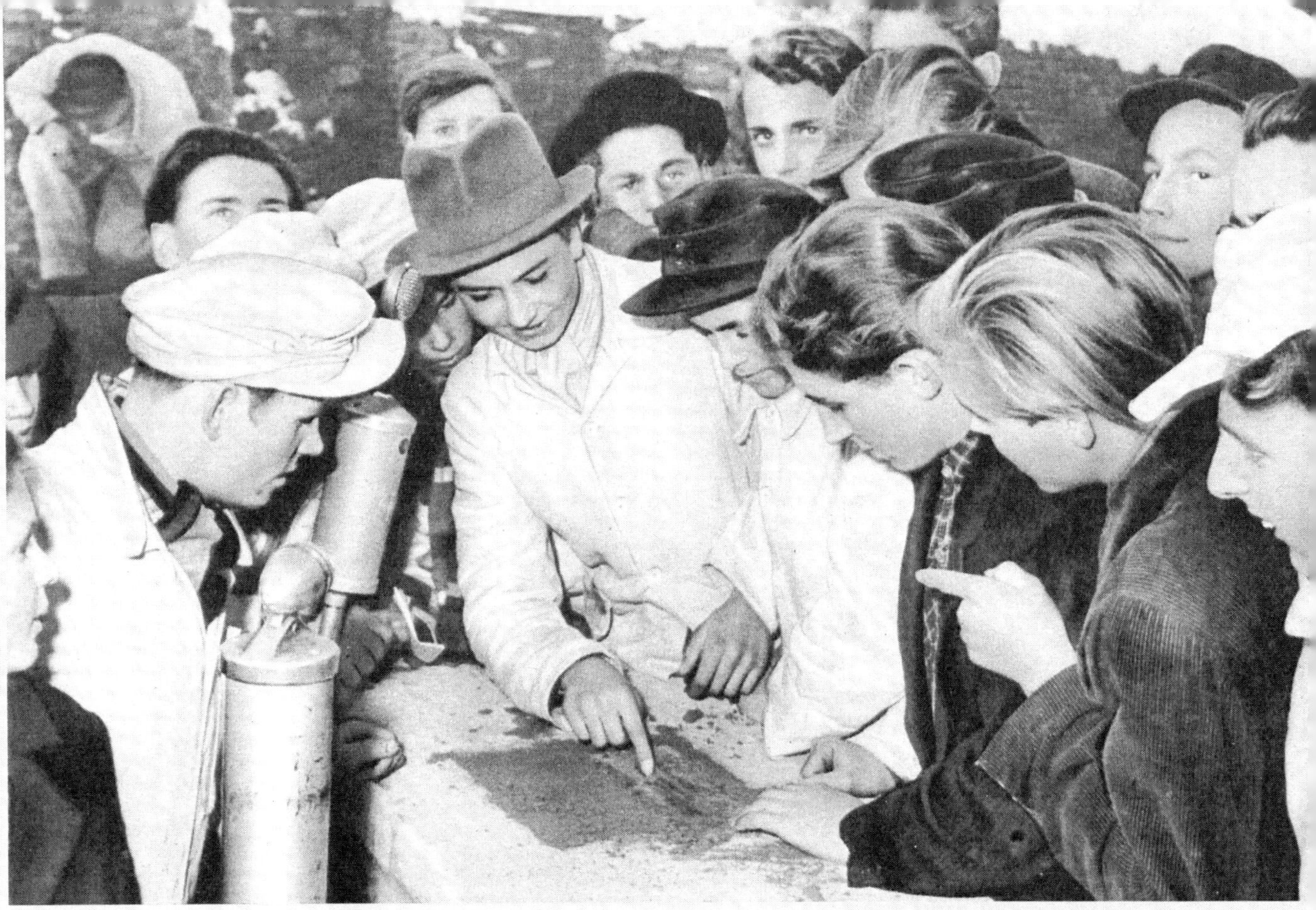

Wohnkomplex 40 in der Auerstraße ist zur Lehrlingsbaustelle erklärt. Neugierig umdrängen die Lehrlinge den Grundstein; es ist der millionste Stein, den das TRO Karl Liebknecht geborgen hat

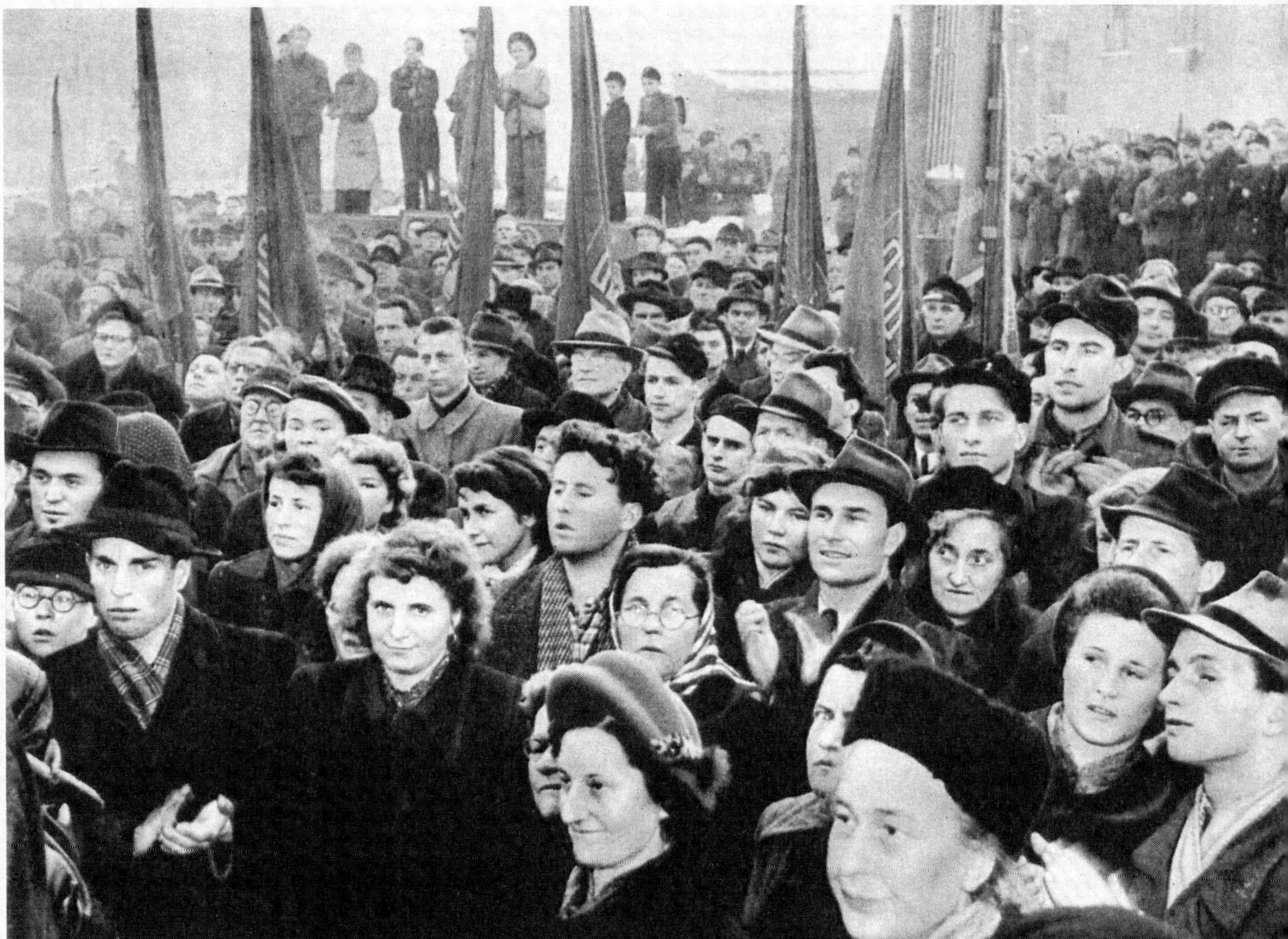

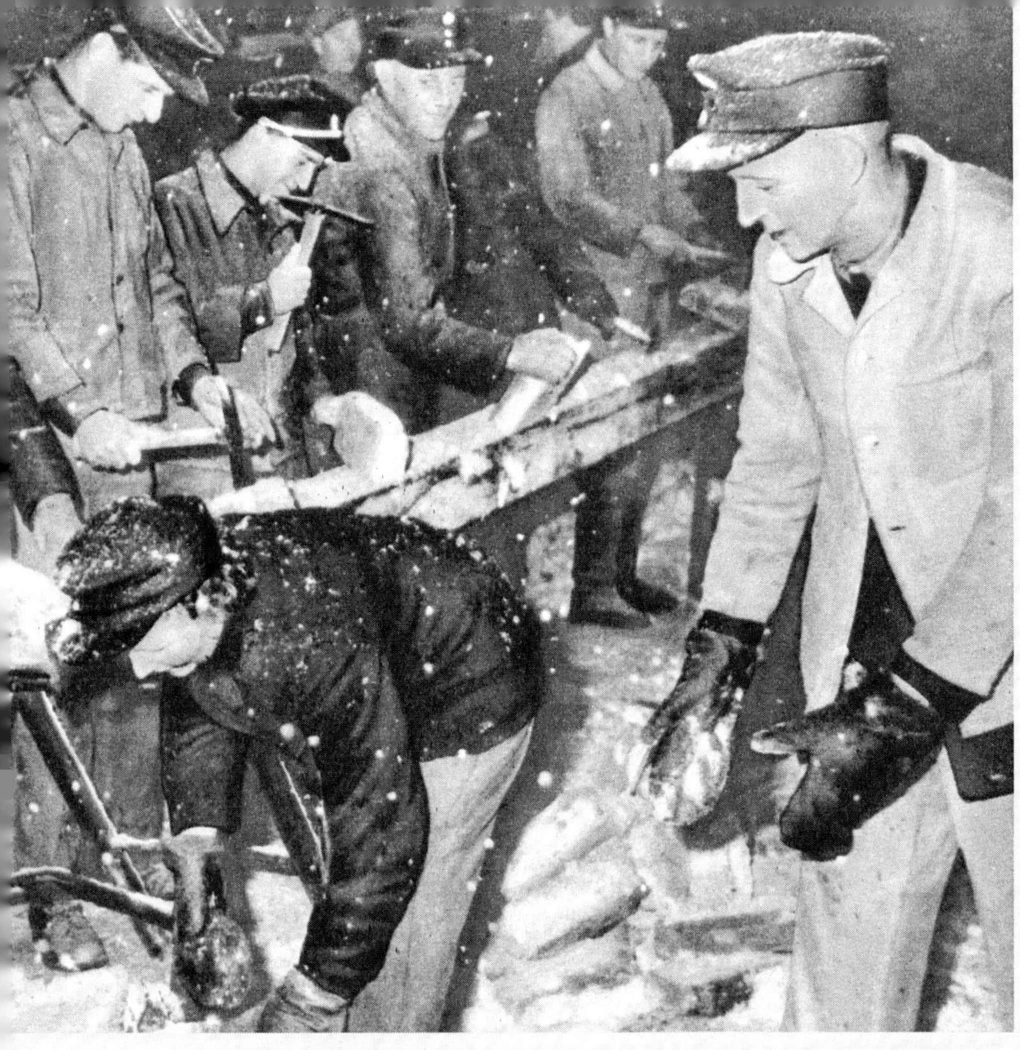

Hand in Hand mit der Volkspolizei rückt die Bevölkerung im Jahre 1953 erneut den Trümmern zu Leibe

„Stalinez 80“ – eine wesentliche Hilfe bei der Durchführung der Planierungsarbeiten

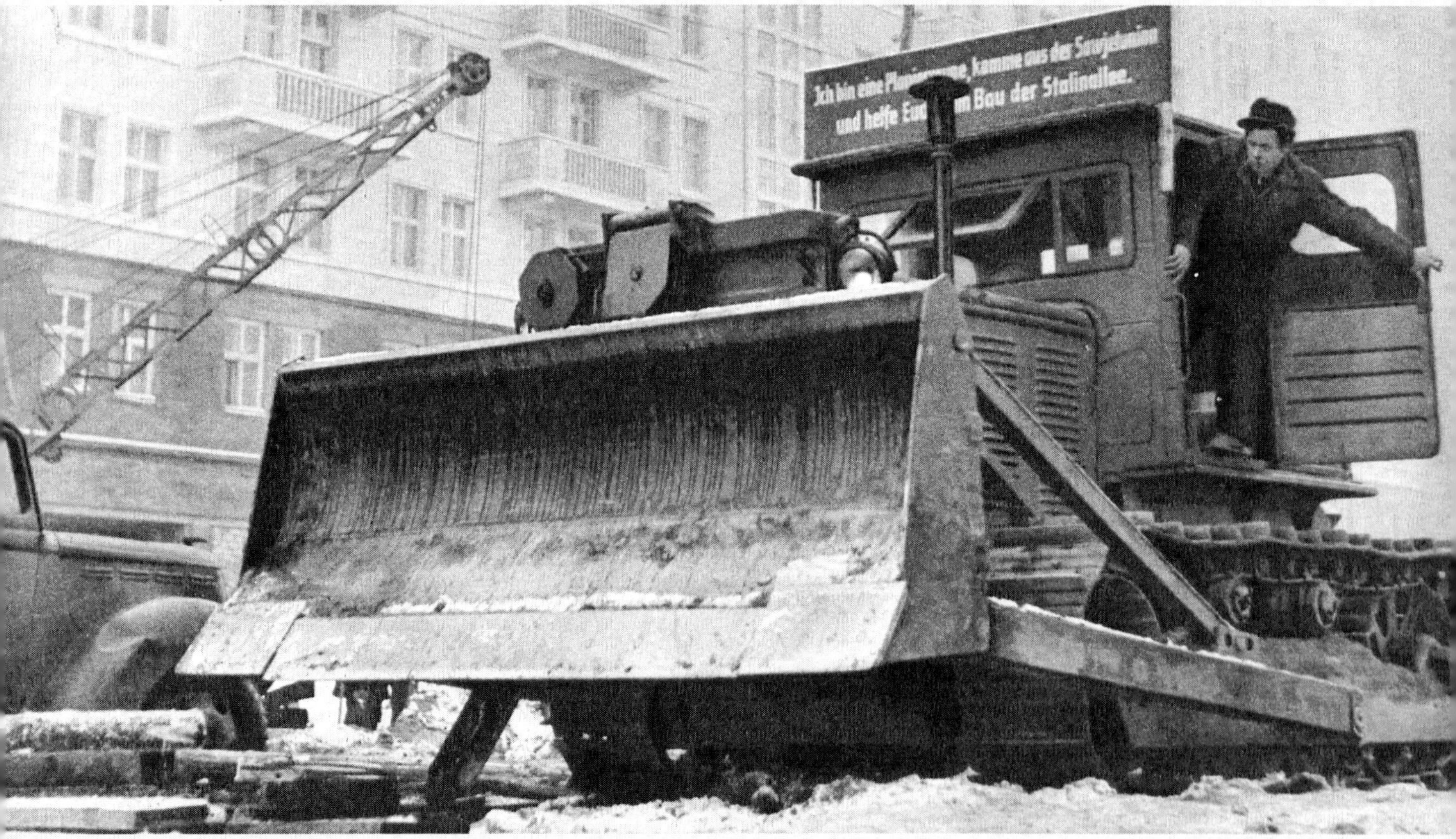

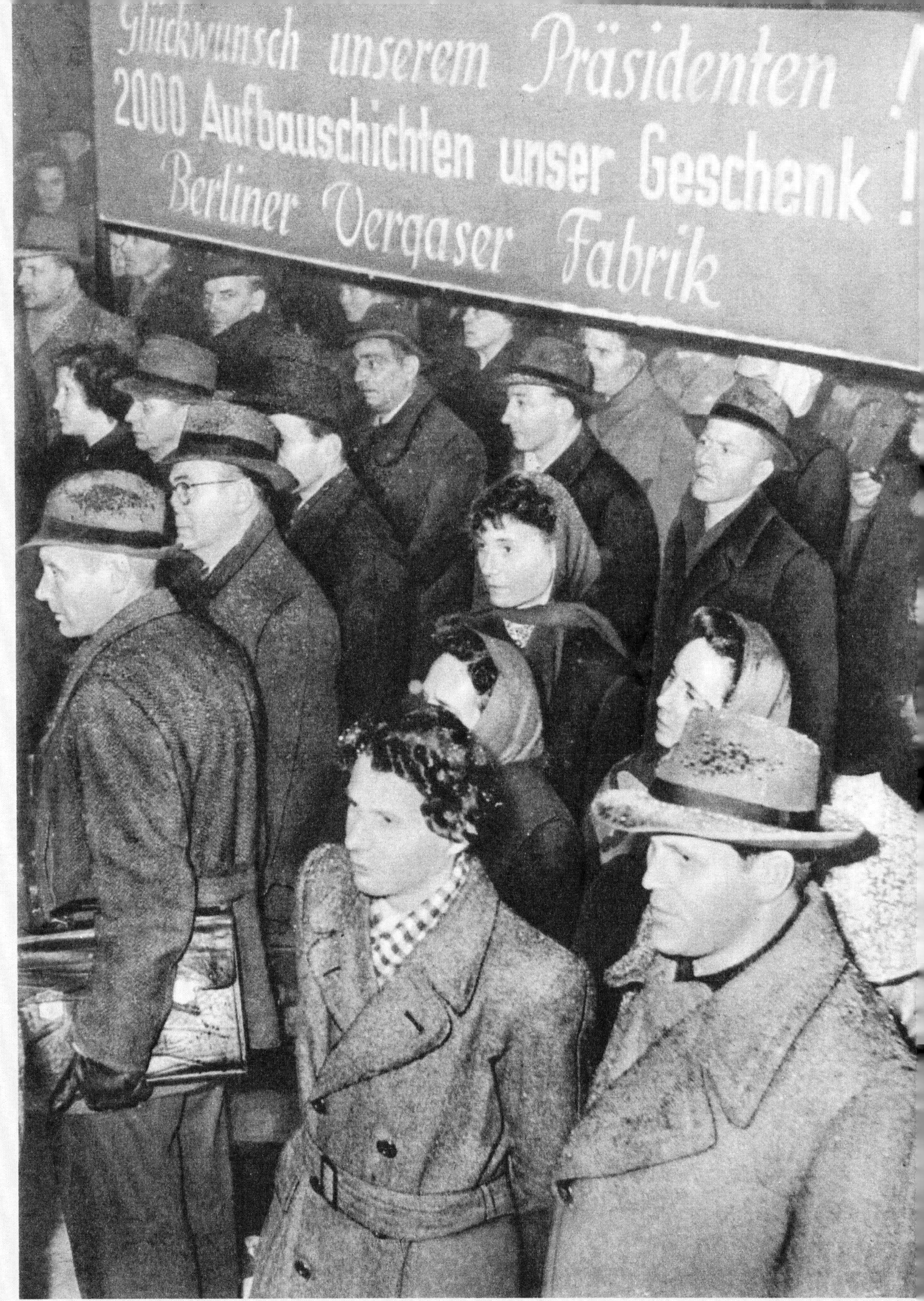
Glückwunsch unserem Präsidenten !
2000 Aufbauschichten unser Geschenk !
Berliner Vergaser Fabrik

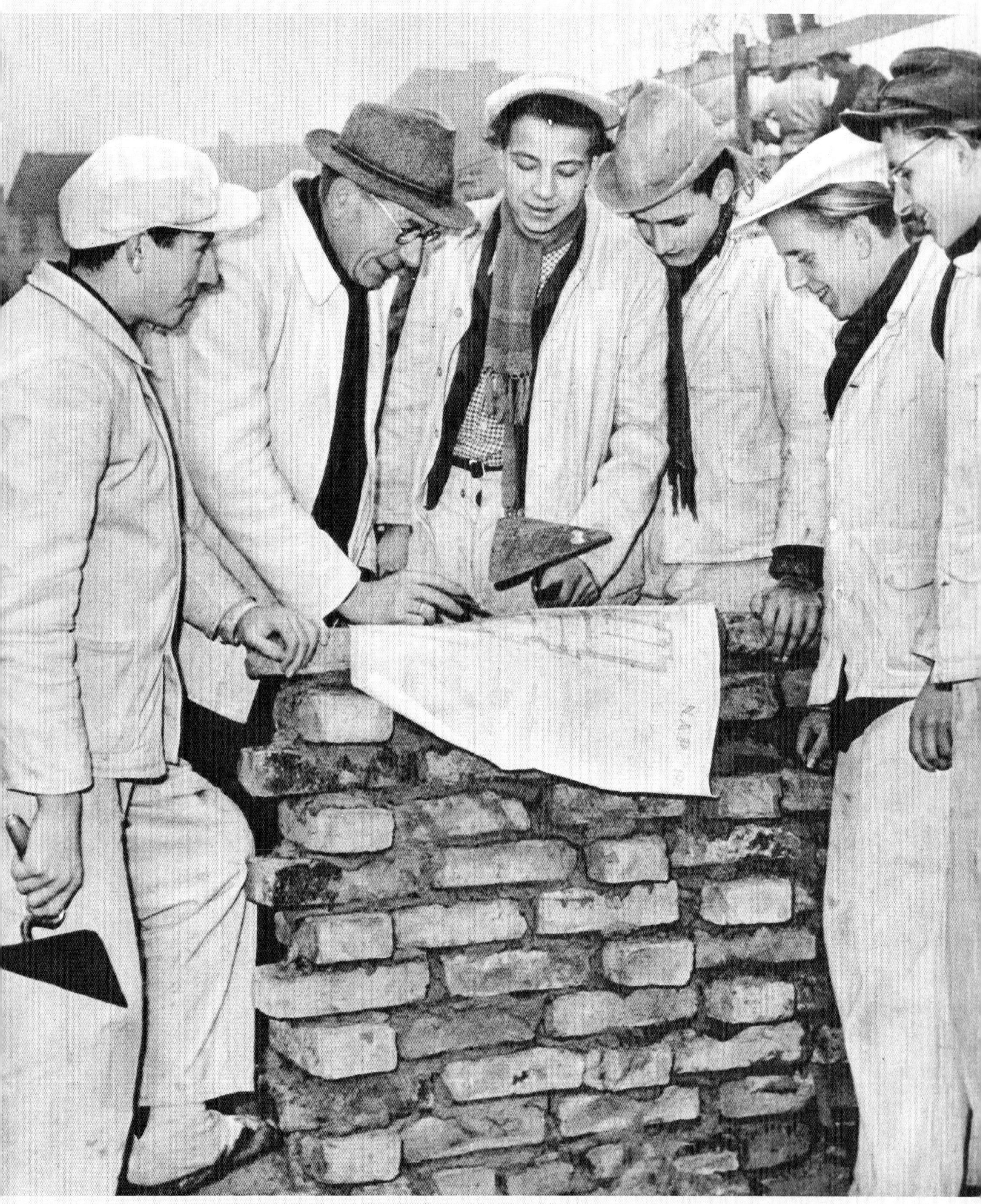

Polier Mertke bespricht mit seinen Lehrlingen den Bauplan des Blocks 40 in der Auerstraße

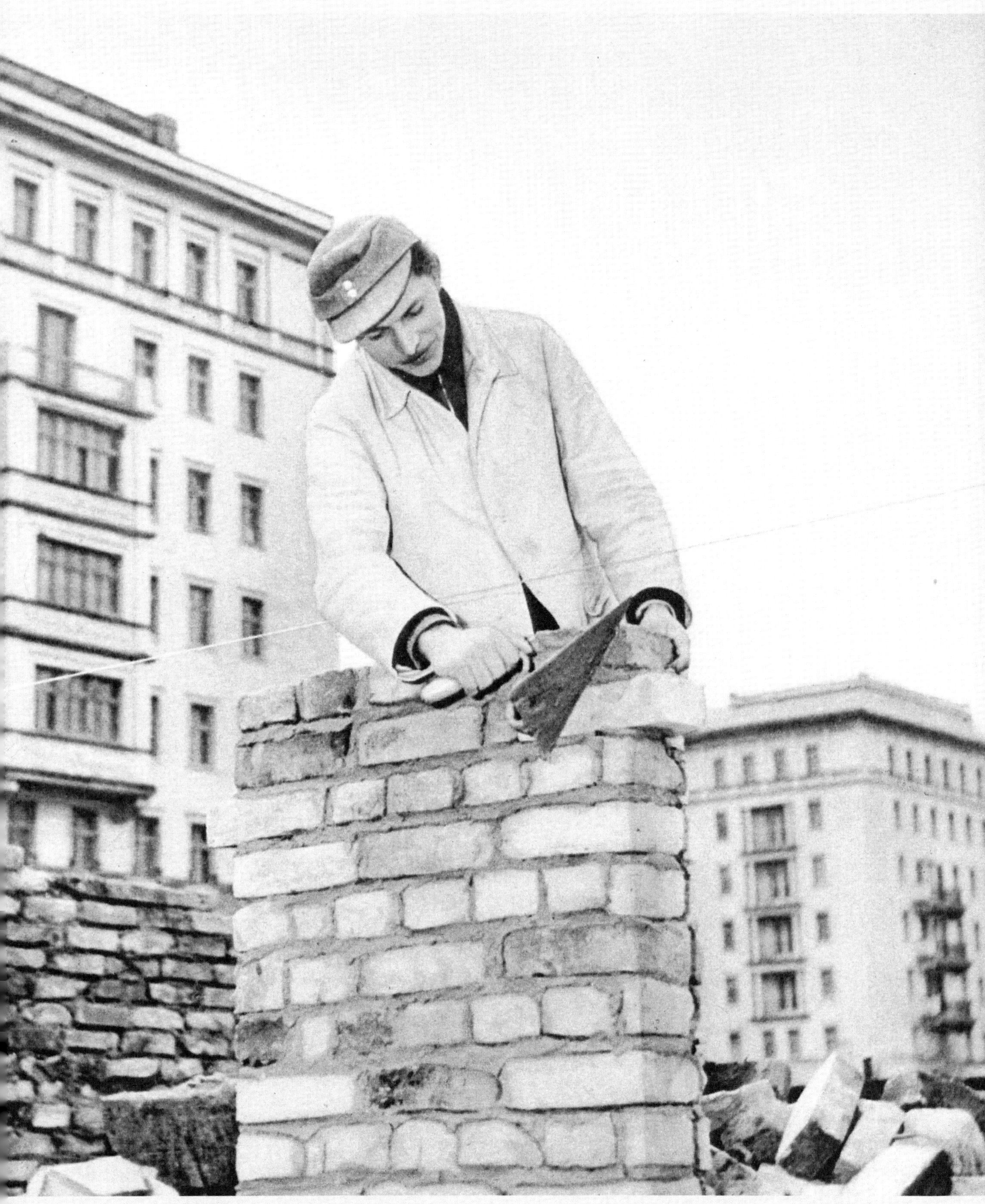

Vor dem Hintergrund der fertigen Neubauten beginnen die Bauarbeiten des Jahres 1953

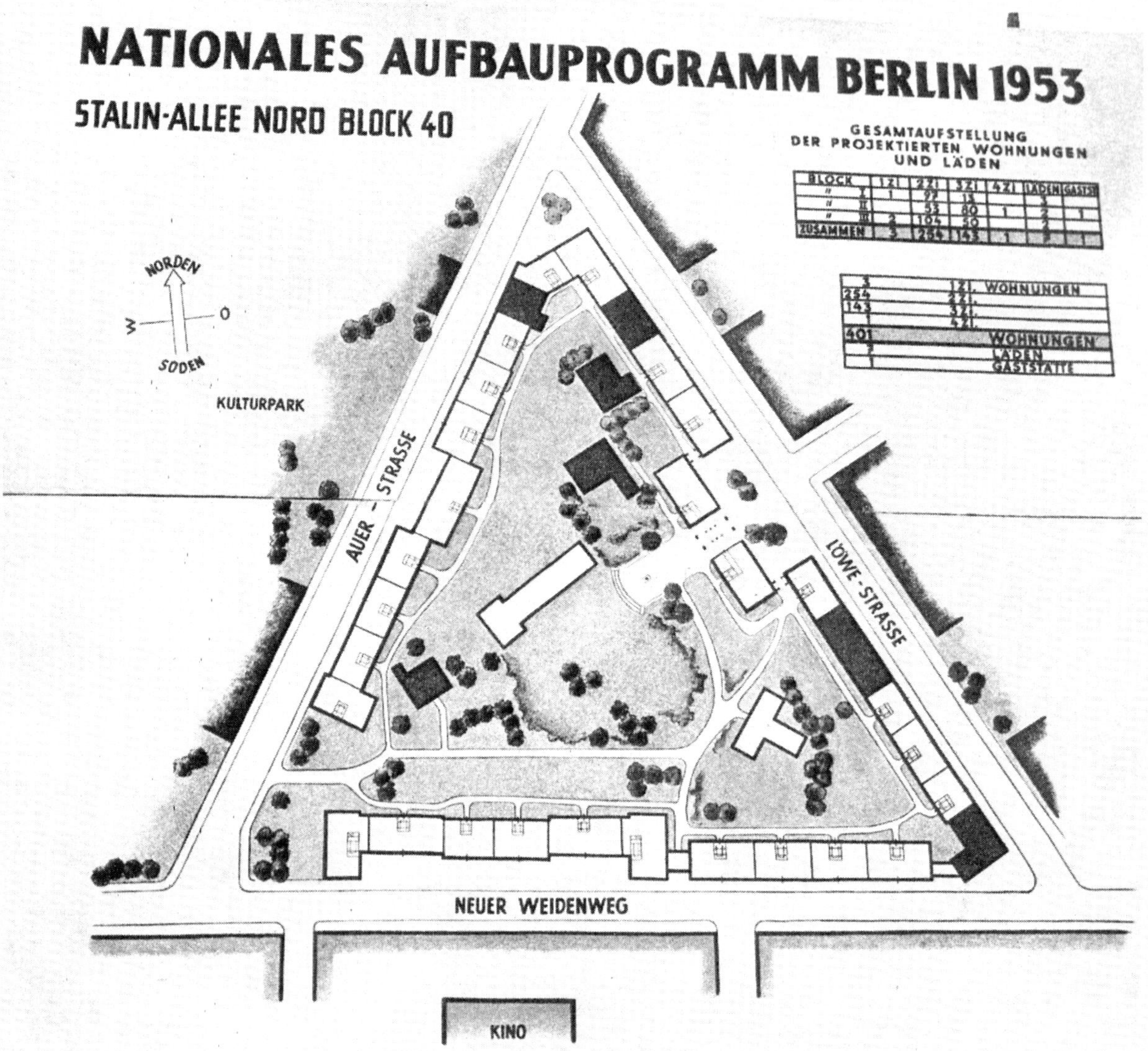

NATIONALES AUFBAUPROGRAMM BERLIN 1953

STALIN-ALLEE NORD BLOCK 40

GESAMTAUFSTELLUNG
DER PROJEKTIERTEN WOHNUNGEN
UND LÄDEN

BLOCK	1 ZI	2 ZI	3 ZI	4 ZI	LÄDEN	GASTST
" I	1	97	15		3	
" II		53	80	1	2	1
" III	2	104	50		2	
ZUSAMMEN	3	254	143	1	[illegible]	1

3	1 ZI. WOHNUNGEN
254	2 ZI.
143	3 ZI.
1	4 ZI.
401	WOHNUNGEN
[illegible]	LÄDEN
1	GASTSTÄTTE

NORDEN
W
O
SÜDEN
KULTURPARK
AUER-STRASSE
LÖWE-STRASSE
NEUER WEIDENWEG
KINO

Eine Schautafel gibt Aufschluß über den Komplex 40 zwischen Auer- und Löwestraße und dem Neuen Weidenweg, der parallel zur Stalinallee verläuft

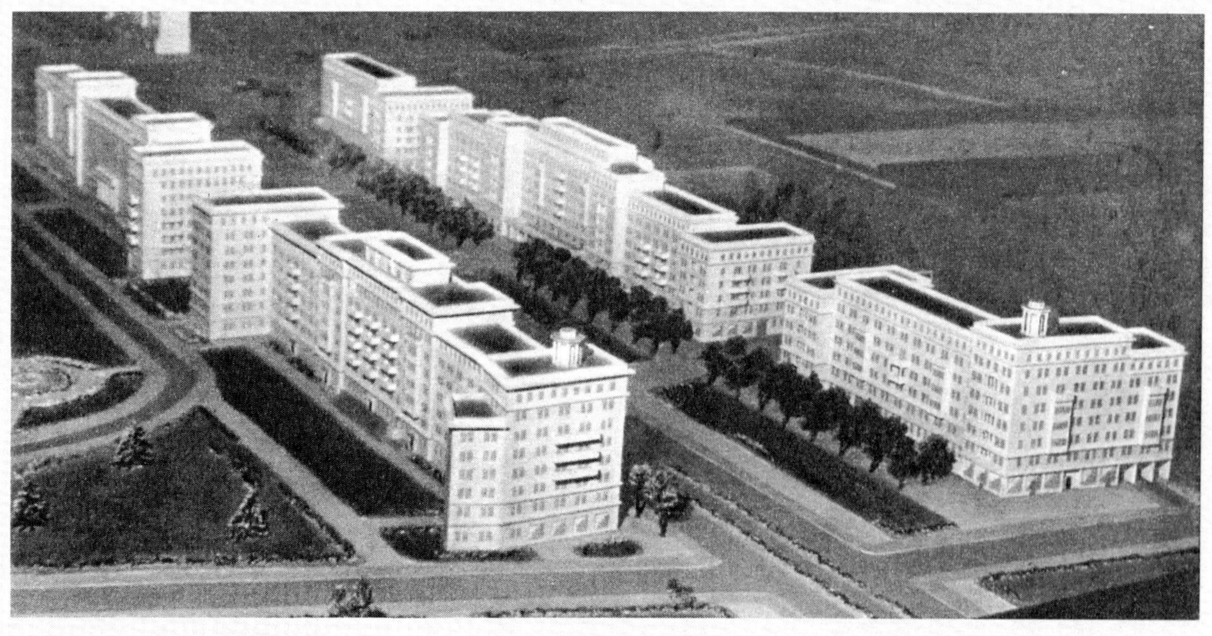

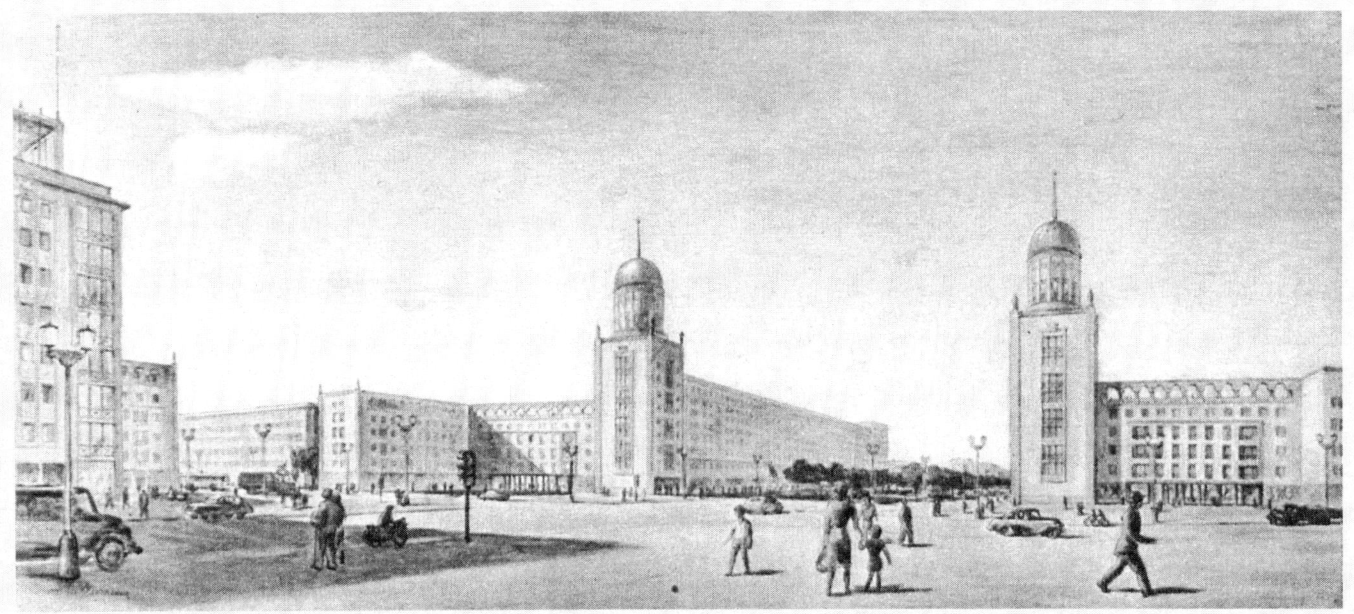

In dem Wettbewerb um die Gestaltung des Bersarinplatzes erhielt Professor Henselmanns Entwurf den 1. Preis

STALINALLE
DER PLATZ AN DER BERSARINSTRASSE

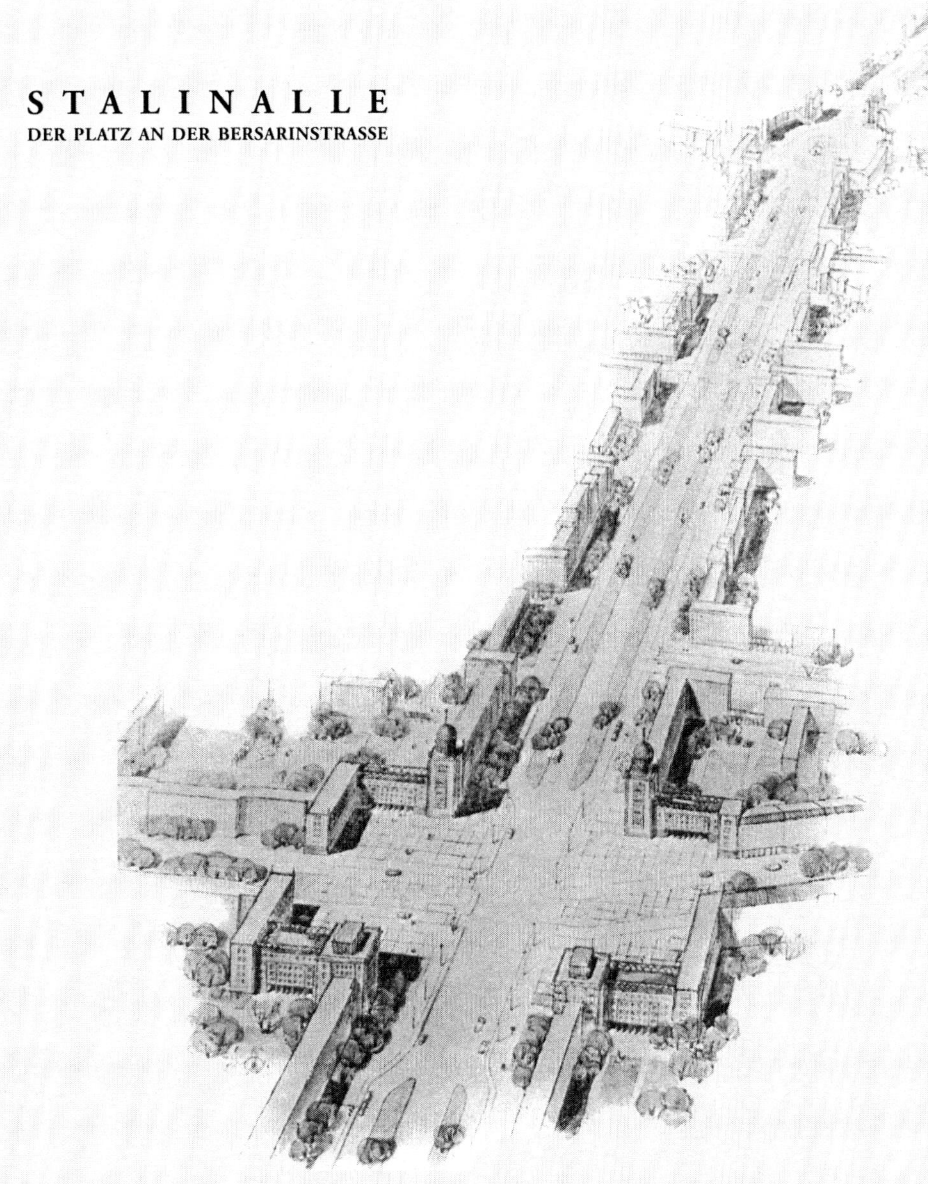

Das Nationale Aufbauprogramm Berlin wird in den Jahren 1953/54 fortgeführt. Nach Osten hin werden zwischen Bersarinplatz und Proskauer Straße weitere Wohnblocks entstehen; und auch die rückwärtigen Gebiete der Stalinallee werden bebaut. Bei der Projektierung sind die Erfahrungen des Jahres 1952 ausgewertet worden. Ebenso werden die Vorschläge der Bevölkerung, die die Entwürfe zum Bersarinplatz heiß diskutiert hat, bei der endgültigen Gestaltung berücksichtigt.

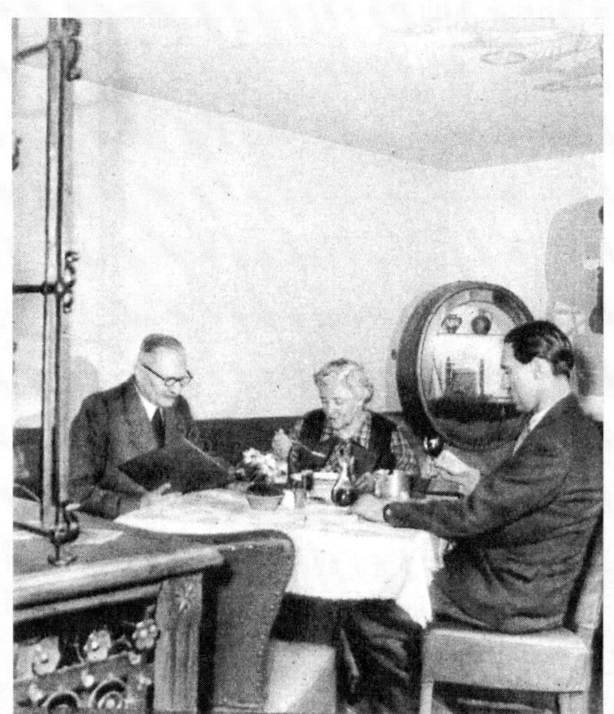

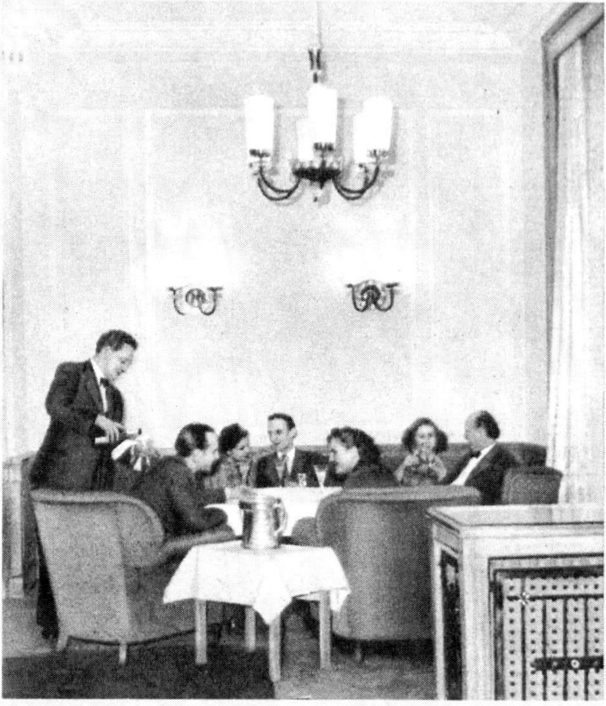

Die schönen Räume der geschmackvoll eingerichteten Café-Restaurants „Budapest“ und „Warschau“ bieten unseren Werktätigen willkommene Gelegenheit zu Entspannung und geselligem Beisammensein

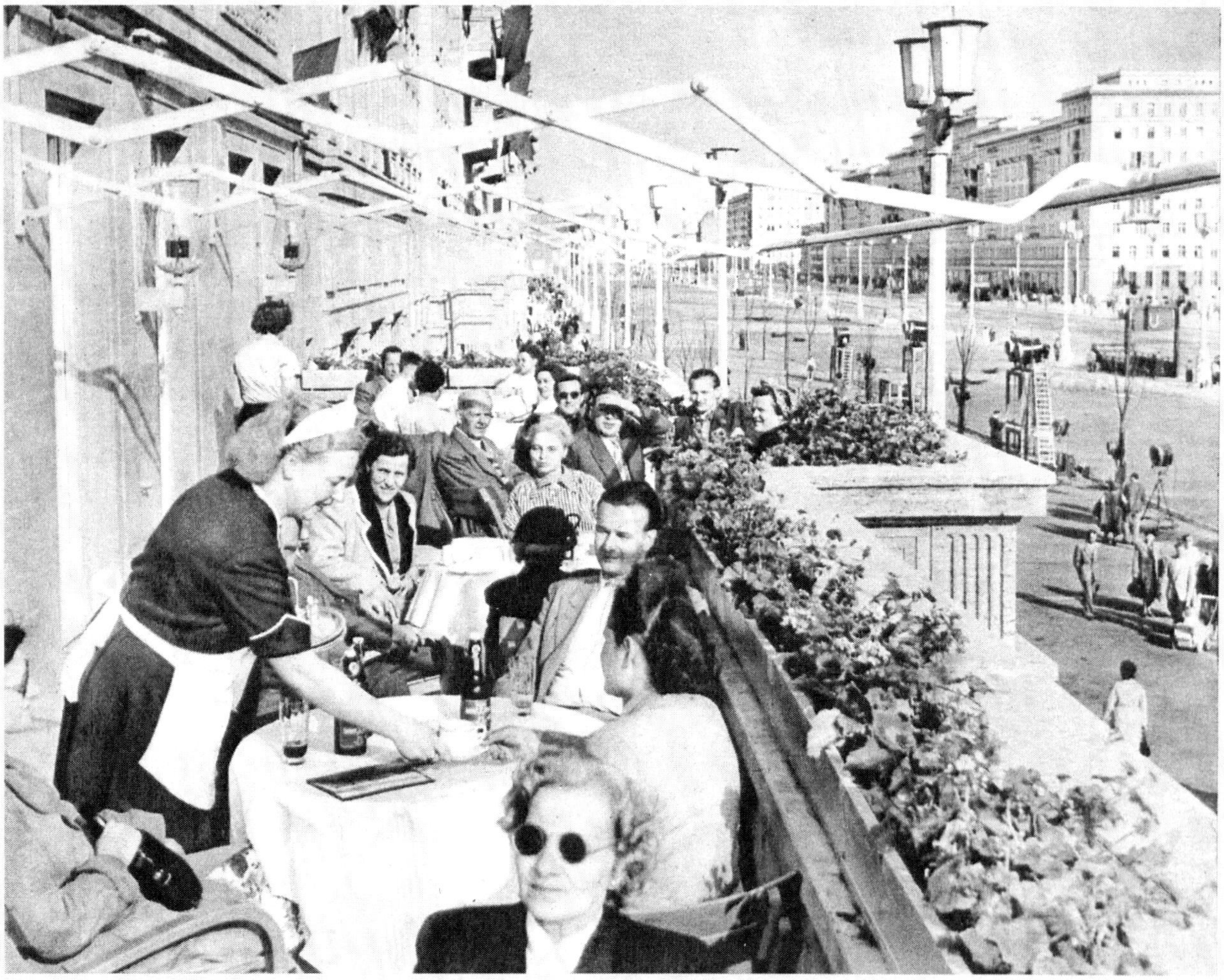

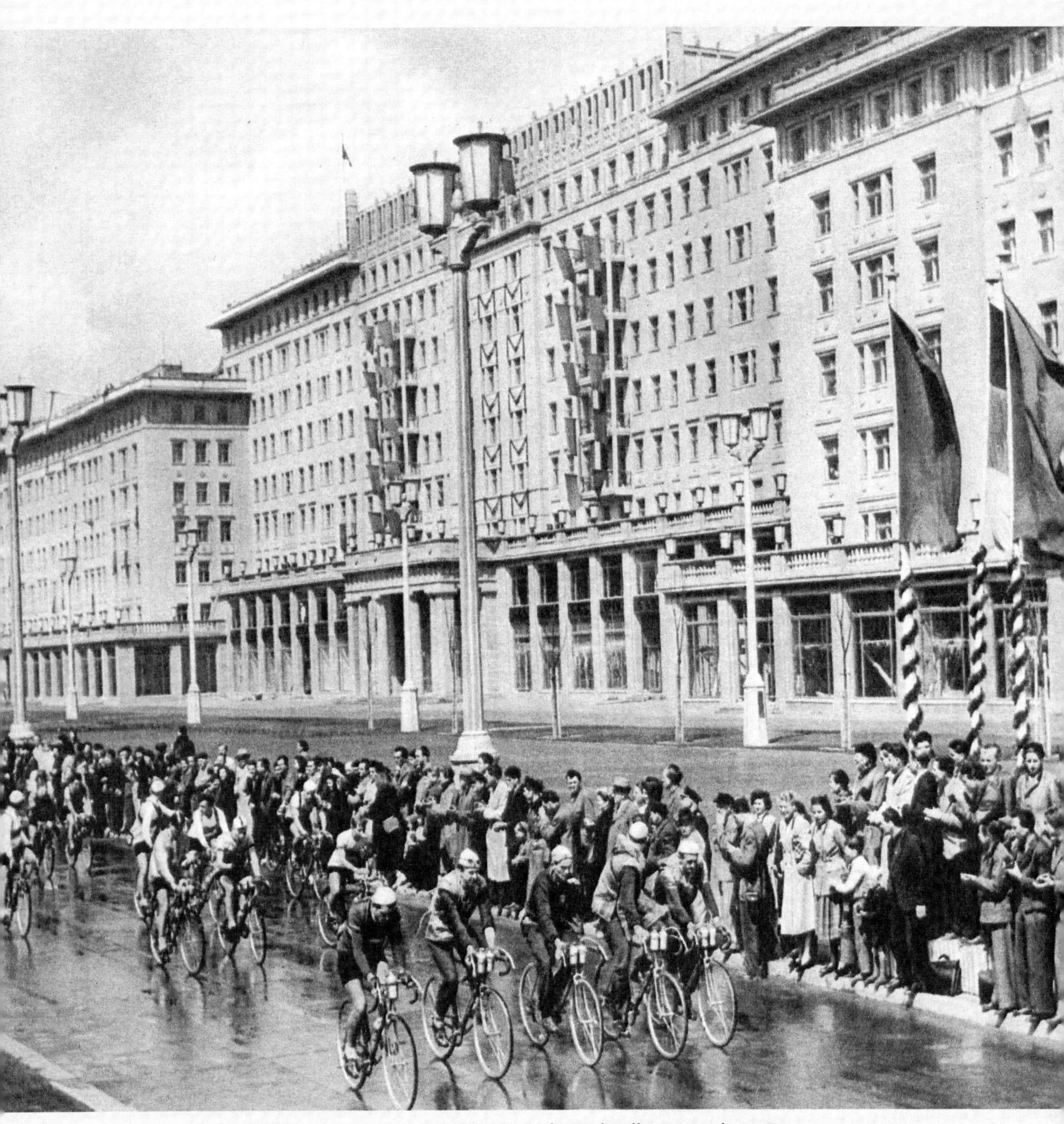

Friedensfahrer aus 16 Nationen starten in der Stalinallee zur nächsten Etappe

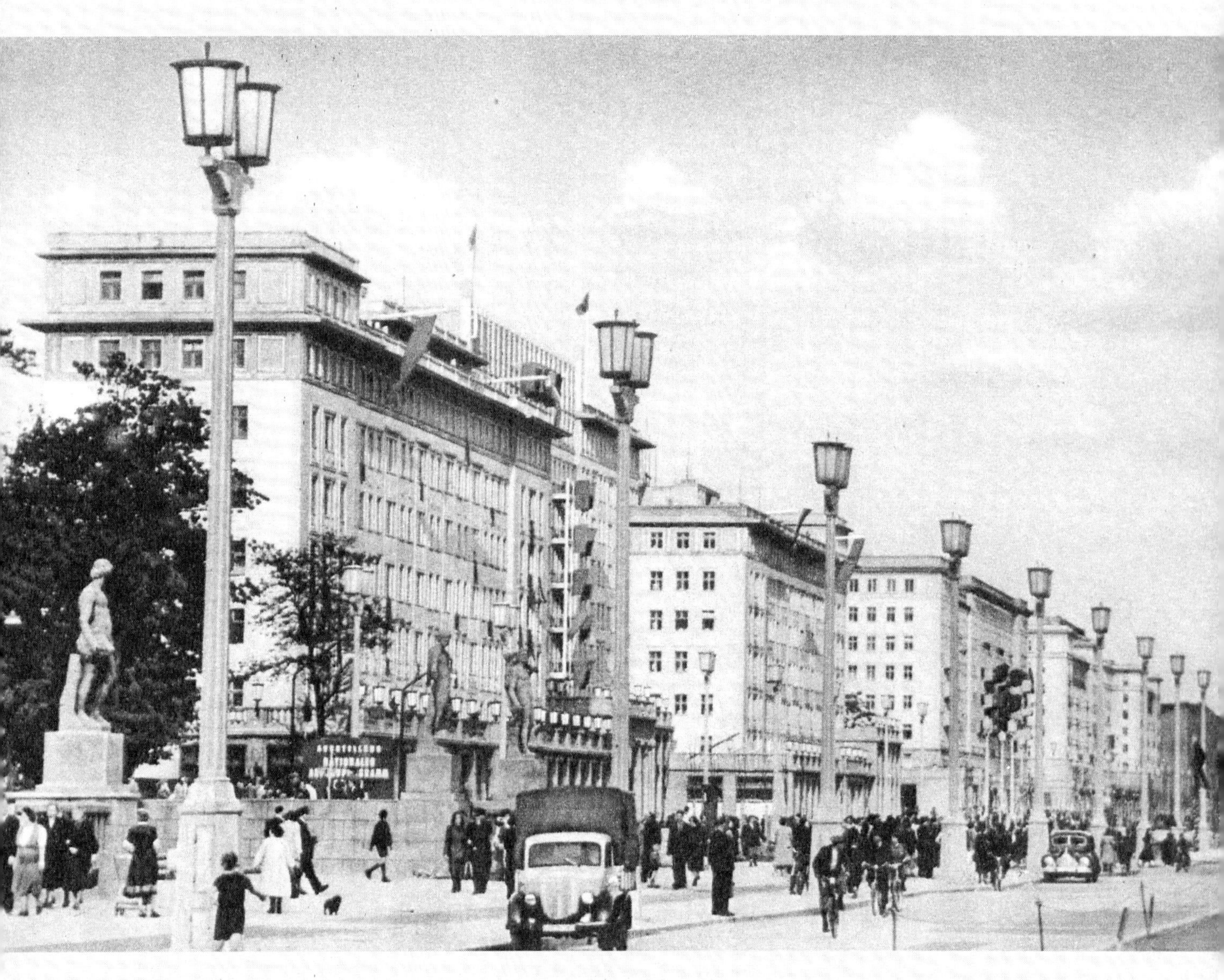

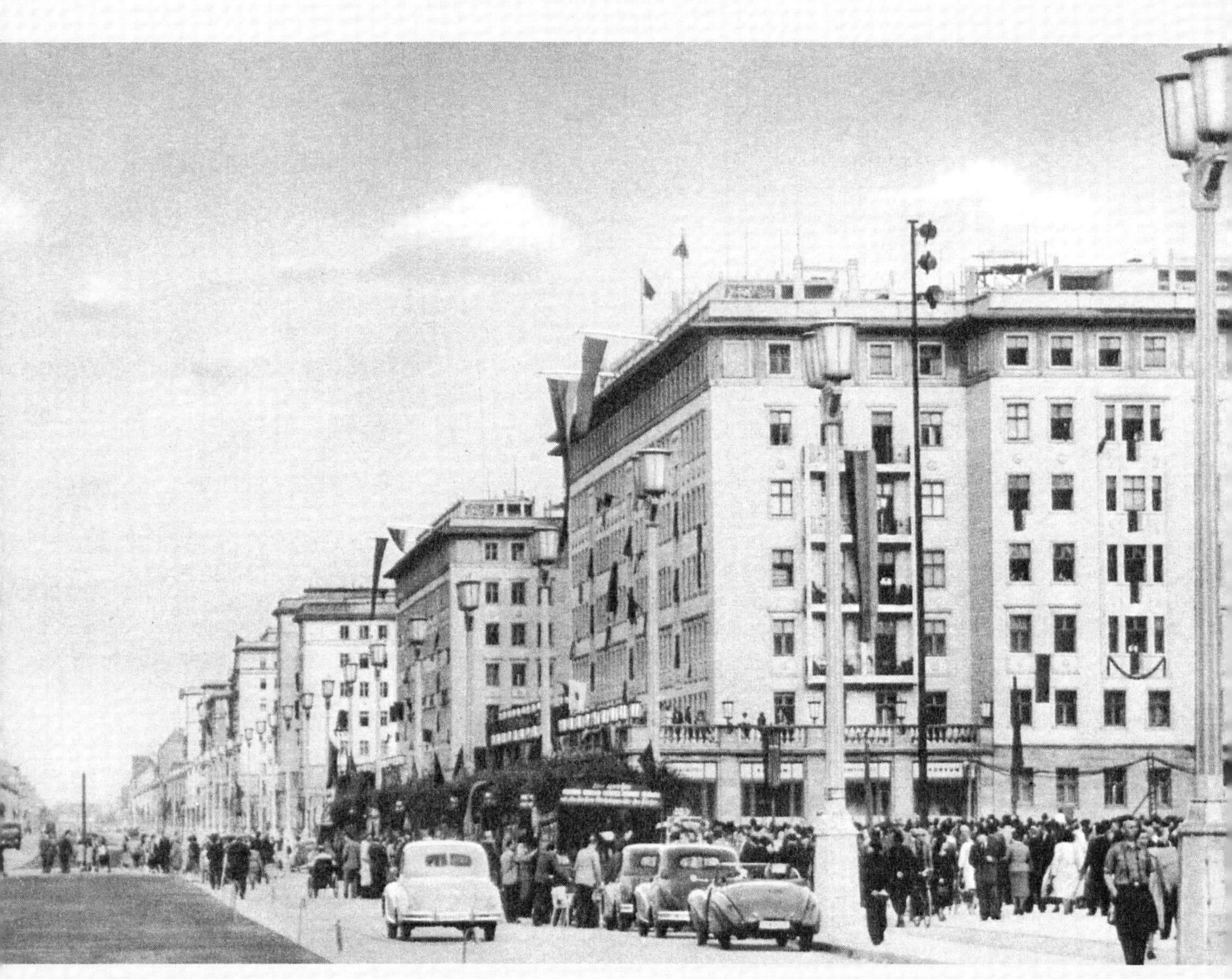

STALINALLEE NACHWORT

Gerhard Puhlmann wurde am 19. Oktober 1926 in Wiesbaden geboren und wuchs zunächst in Eltville am Rhein auf. 1936 erfolgte der Umzug nach Berlin-Köpenick, bedingt durch die Tätigkeit seines Vaters als Handelsreisender.

Nach dem Abitur 1944 wurde er zur Kriegsmarine eingezogen und blieb nach dem Ende des Zweiten Weltkriegs bis 1947 in der britischen Besatzungszone, um auf einem Hof zu arbeiten. Er kehrte in die sowjetische Besatzungszone zurück, sobald es für ihn möglich war.

1947 studierte Puhlmann an der Humboldt-Universität Journalistik und begann gleichzeitig sein Volontariat als Fotograf beim ADN, dem Allgemeinen Deutschen Nachrichtendienst, der einzigen Nachrichten- und Bildagentur der DDR. ADN belieferte fast alle Zeitungen des Landes mit Texten und Fotos, unterstand dem Ministerrat der DDR und wurde angeleitet und kontrolliert vom zentralen Parteiapparat der SED, der Sozialistischen Einheitspartei Deutschlands.

Der Druck auf die inhaltliche und visuelle Ausrichtung der Berichterstattung nahm mit den Jahren zu. ADN färbte sich allmählich mehr und mehr „rot". Das brachte Puhlmann in Konflikt mit seiner Überzeugung, besonders mit seinem Glauben als Katholik. 1951 machte er sich selbstständig und arbeitete als freier Fotograf für die auflagenstarke *B.Z. am Abend*, die von 1949 bis 1990 existierte, ein Vorläufer des heutigen *Berliner Kuriers.* Zu Puhlmanns Kunden gehörten auch *Die Tribüne*, das Zentralorgan des Freien Deutschen Gewerkschaftsbundes in der DDR mit einer Auflage von 300.000 Exemplaren im Jahr 1952 sowie die *Frau von heute,* eine illustrierte Frauenzeitschrift des Demokratischen Frauenbundes Deutschland, damals mit einer Auflage von 300.000 und im Jahr 1962 von 600.000 Exemplaren. Später wurde daraus *Für Dich.* Er arbeitete darüber hinaus auch für die mit mehr als 700.000 Exemplaren auflagenstarke wöchentliche Zeitschrift *NBI, Neue Berliner Illustrierte.* Die *NBI* sah sich in der Tradition der *Berliner Illustrirte Zeitung, BIZ,* des Ullstein Verlags, die von 1892 bis 1945 erschien.

Gerhard Puhlmann machte sich als freier Fotograf auch als Porträtfotograf von Schauspielern, Sportlern und Mannequins einen Namen. Zu den bekanntesten von ihm porträtierten Stars, mit denen ihn oft eine Freundschaft verband, gehörten die Schauspielerin Ruth Maria Kubitschek, die sich 1959 aus der DDR in den Westen absetzte und dort ihre Karriere ausbaute; die Kessler-Zwillinge, die 1947 beim Kinderballett der Oper Leipzig anfingen, aber bereits 1952 in die Bundesrepublik gingen; Arthur Brauner, aus einer jüdischen Familie stammend, die vor dem Holocaust in die Sowjetunion flüchten konnte, der 1946 in West-Berlin die Filmproduktionsgesellschaft CCC gründete. In vielen von Brauners 500 Filmen ging es um die Aufarbeitung der NS-Verbrechen. Auch der populäre französische Darsteller Gérard Philipe, die französische Charakterdarstellerin Simone Signoret, die DDR-Schauspielerin Angelika Domröse (später Hauptdarstellerin in „Paul und Paula") sowie die international gefeierte Caterina Valente und ihr Bruder Silvio Francesco gehörten zu Puhlmanns Kreis. Seine Meisterschüler waren Wolfgang Rademann und Fred Kastler.

Die sozialistisch geprägte Textdokumentation dieses Buchs war dem Geist der Zeit geschuldet, etwas, das ihn nach Aussage seiner Tochter sein ganzes Berufsleben lang als Begleitumstand seiner sonst schöpferischen Arbeit störte.

1953 bot sich die Chance für ein großes Bildwerk: ***Die Stalinallee***. Das Entstehen der Straße sollte ursprünglich nur filmdokumentarisch begleitet werden. Da Gerhard Puhlmann aber den Architekten Professor Hermann Henselmann persönlich kannte, verantwortlich für die Wohnbebauung am Strausberger Platz und den ersten Abschnitt der Stalinallee, sicherte er sich den Auftrag für die fotografische Begleitung des gesamten Bauvorhabens und konnte so die ganze Bandbreite seines Könnens auf brillante Weise unter Beweis stellen.

Die hohe Qualität von Puhlmanns Arbeit an diesem Projekt wurde geehrt mit dem Nationalpreis 1. Klasse, verbunden mit einem Geldpreis von 100.000 Mark. 1953 betrug das durchschnittliche Monatseinkommen in der DDR laut Rententabelle 324 Mark. Von dem Nationalpreis-Geld in Höhe von 26 Jahresgehältern kaufte sich der Fotograf in Berlin-Rahnsdorf ein Grundstück und baute darauf eine Villa. Seine Familie sollte nie in prekären Verhältnissen leben müssen. 1962 heiratete Gerhard Puhlmann eine junge Ärztin und bekam eine Tochter. Bis zu seinem krankheitsbedingten Ausscheiden aus dem aktiven Berufsleben 1988 war er weiter als Fotograf tätig, u.a. für den Nationalrat und die Liga für Völkerfreundschaft. Am 9. November 2009 verstarb er nach langer Krankheit.

Editionsgeschichte im Berlin Story Verlag

Als die Tochter von Gerhard Puhlmann 2021 mit der Idee eines Nachdrucks des Bandes *Die Stalinallee* an den Verlag herantrat, stieß sie auf offene Türen. Bereits 2006 hatten wir uns um dieses Projekt bemüht – erfolglos, weil der damalige Rechteinhaber, ein Verlag in Norddeutschland, auf wiederholte Nachfragen nicht reagierte.

Damals hatte der Verlag ein wertvolles Exemplar des lange Zeit nur antiquarisch zu erwerbenden Buches von

Bernd Müller erhalten, dem ehemaligen Bezirksschornsteinmeister und Autor von *Zukunft ist ohne Vergangenheit nicht möglich* – 50 Jahre Schornsteinfeger in Berlin. Bernd Müller brachte das Buch über die Stalinallee im November 2006 in die Berlin Story Buchhandlung Unter den Linden und schlug vor, es wieder zu veröffentlichen.

Die Stalinallee braucht keine einführende Erläuterung. Auf Puhlmanns Bildern sehen wir modernste Technik und glückliche Menschen, Männer und Frauen, Junge und Alte, Helfer aus vielen Ländern und aus Kreuzberg. Modernste Technik. Gezeigt werden schier überquellende Läden mit Angeboten von Hirschkeule bis Ananas. Helden der Arbeiterklasse von der ersten bis zur letzten Seite. Die Arbeiterklasse – heute gibt es sie bei uns nicht mehr so. Die Arbeiterklasse – was die eigentlich ist und was sie zu leisten vermag, darüber klärt das „Kleine politische Wörterbuch" aus dem Dietz Verlag der DDR von 1967 auf:

„Die führende Rolle der Arbeiterklasse ist objektiv begründet. Die A. entsteht und entwickelt sich mit der maschinellen Großproduktion und ist damit als wichtigste Produktivkraft die Klasse, die Schöpfer der neuen, fortschrittlichen sozialistischen und kommunistischen Produktionsweise ist. Durch ihre Arbeit ist die A. mit der industriellen Großproduktion verbunden, damit ist ihr rasches zahlenmäßiges Wachstum verknüpft, ihr alle lokalen Schranken sprengender Zusammenschluss, ihr internationalistischer Charakter, ihre Konzentration an den Schlüsselpunkten der Wirtschaft. Die A. ist deshalb als organisierte und disziplinierte Klasse mehr als alle anderen werktätigen Klassen zu zielbewussten, organisierten Aktionen fähig (...) Dazu bedarf es der Führung durch die marxistisch-leninistische Partei, die die wissenschaftliche Weltanschauung, den Marxismus-Leninismus, mit der Arbeiterbewegung verbindet und die A. zu bewusster politischer Aktion organisiert."

Bewusste politische Aktionen im Jahr 1953, als die Stalinallee fertiggestellt wurde? Die Partei hatte die Normen verschärft, die Bauarbeiter, zum Beispiel auch am Klinikum Friedrichshain, waren dem Druck der Mehrarbeit nicht gewachsen, der Lohn wurde ihnen gekürzt. In der Folge formierten sich Protestzüge, Arbeiter zogen durch die Stalinallee zum Haus der Ministerien, heute Finanzministerium an der Leipziger Straße Ecke Wilhelmstraße. Ohne Partei. Gegen die Partei. Am 17. Juni 1953 entwickelte sich der Unmut in Berlin und in anderen Städten und Dörfern der DDR zum Aufstand gegen die Führung der DDR. Mindestens 55 Frauen und Männer kamen ums Leben. Panzer der sowjetischen Truppen walzten den Aufstand nieder.

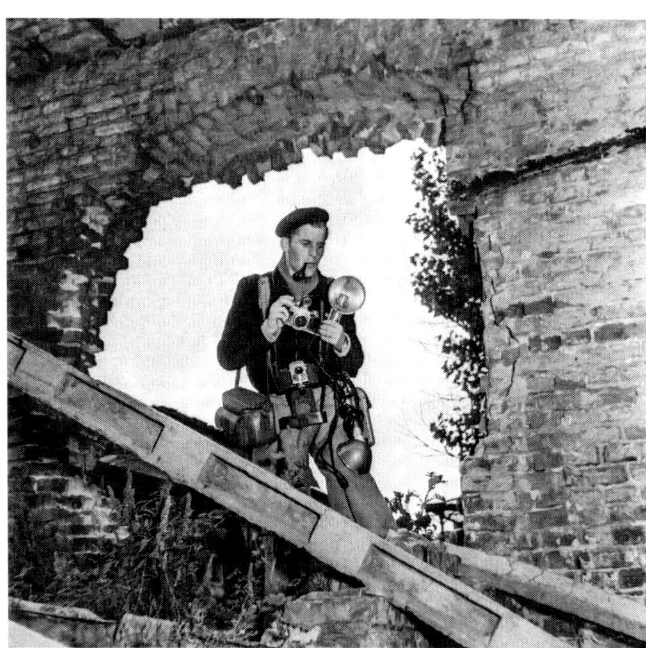

Das Foto zeigt Gerhard Puhlmann 1955 bei den Dreharbeiten zum Film Till Ulenspiegel mit Gérard Philipe

Dieses Buch über die Helden der Arbeit ist also ein Propagandawerk. „Making of Stalinallee", der Bau von Wohnungen für die Werktätigen, ist nur der eine Aspekt. Allerdings wird deutlich, dass sich gute Wohnungen auch schnell bauen lassen, wenn nur der Wille der Verwaltung vorhanden ist. Als noch wichtiger kann man den Versuch ansehen, die Identifikation der Bevölkerung mit diesem symbolischen Aufbauwerk und mit der DDR zu retten. Damals gab es sicher noch etliche, die an den Sozialismus glaubten. Der Strom derer jedoch, die in den Westen flüchteten, war nach der II. Parteikonferenz der Sozialistischen Einheitspartei Deutschlands im Juli 1952 erheblich angewachsen. 1953 flohen 331.400 Menschen, damit doppelt so viele wie im Jahr 1951, aus der DDR. Die Parteikonferenz beschloss, trotz oder wegen der schweren Versorgungskrisen, den Aufbau des Sozialismus zu beschleunigen, die Landwirtschaft weiter zu kollektivieren, den Staatsaufbau zu zentralisieren. Immer mehr private Unternehmen wurden enteignet und in Volkseigene Betriebe überführt. Wenige Wochen vor der II. Parteikonferenz war die innerdeutsche Grenze abgeriegelt worden. Man konnte nicht mehr von Thüringen nach Bayern oder Hessen. Deshalb flüchteten immer mehr Menschen über Berlin. Vor diesem Hintergrund entstand damals dieses Buch über die Stalinallee mit hohem inszenatorischem Aufwand.

Wieland Giebel